高等院校创新规划教材·经管系列(二维码版)

市场营销学

阳正义　舒　昌　主　编

杨　帆　曹金华　韦红梅　副主编

清华大学出版社
北　京

内容简介

本教材是为了适应市场营销本科教学发展的需要,在吸收国内外市场营销研究的新理念、新成果和近年来我国企业营销实践新经验的基础上编写的。全书分上下两篇,共十三章。上篇为"基础篇",共六章,包括市场营销导论、市场营销环境、市场购买行为分析、市场调查与预测、市场竞争战略、目标市场营销战略;下篇为"应用篇",共七章,包括产品策略、价格策略、分销渠道策略、促销策略、营销管理、市场营销新理念、国际市场营销。在内容的取舍上,较好地解决了与企业管理专业和市场营销专业其他课程教材的衔接问题;突出了理论与实践相结合,强调运用理论对实际问题进行分析,实用性强;适合本科教学的教师精讲、学生多练、"能力本位"的新型教学模式。同时每章都有较新的案例及案例思考题,使本书"与时俱进",内容更丰富且新颖。

本教材深入浅出、简明扼要、实用性强,非常适合作为本科院校市场营销及相关专业的专业课教材,也可作为高职高专院校和民办高等学校的市场营销专业的专业课教材,同时还可供企业管理人员、从事市场营销工作的人员参考。

本书封面贴有清华大学出版社防伪标签,无标签者不得销售。
版权所有,侵权必究。举报:010-62782989,beiqinquan@tup.tsinghua.edu.cn。

图书在版编目(CIP)数据

市场营销学/阳正义,舒昌主编. —北京:清华大学出版社,2019(2023.1重印)
(高等院校创新规划教材 经管系列:二维码版)
ISBN 978-7-302-52447-2

Ⅰ. ①市… Ⅱ. ①阳… ②舒… Ⅲ. ①市场营销学—高等学校—教材 Ⅳ. ①F713.50

中国版本图书馆 CIP 数据核字(2019)第 043588 号

责任编辑:梁媛媛
封面设计:李 坤
责任校对:王明明
责任印制:丛怀宇

出版发行:清华大学出版社
    网 址:http://www.tup.com.cn, http://www.wqbook.com
    地 址:北京清华大学学研大厦A座 邮 编:100084
    社 总 机:010-83470000 邮 购:010-62786544
    投稿与读者服务:010-62776969, c-service@tup.tsinghua.edu.cn
    质量反馈:010-62772015, zhiliang@tup.tsinghua.edu.cn
    课件下载:http://www.tup.com.cn, 010-62791865
印 装 者:三河市铭诚印务有限公司
经 销:全国新华书店
开 本:185mm×260mm 印 张:21.75 字 数:530千字
版 次:2019年7月第1版   印 次:2023年1月第4次印刷
定 价:59.00元

产品编号:076754-01

前　言

市场营销学是一门建立在经济学、现代管理学以及行为科学基础上的交叉应用学科，它研究和探讨以满足消费者需求为中心的营销活动及其规律性，源于实践、高于实践是它的特点。随着市场经济的发展和社会的进步，市场营销在企业经营和发展中所发挥的作用及其所带来的效益越来越明显，越来越得到企业的高度重视，营销已成为一个企业发展的重要驱动因素。教育部也于1999年将市场营销学列为高等学校工商管理类专业的核心课程。

本教材是为满足市场经济发展的需要，力求培养出德、智、体、美全面发展的，既具有一定系统理论知识，又具有较强实际动手能力的高等应用技术型营销人才而推出的。本教材的编写立足于提高学生的整体素质和营销综合应用能力，特别是创新能力和实践能力，力求准确地阐述市场营销学的基本概念、基本原理和基本方法。本教材充分吸收了国内外市场营销学科理论研究和营销实践的新理念、新经验和新成果，以理论与实务相结合为主线，从易于阅读、理解、掌握的角度出发，对营销理论和企业营销实践活动进行全面、系统、深入的阐述。

本教材具有如下特点。

(1) 遵循系统性。按照经典的市场营销理论架构来构建章节，以满足读者的阅读和理解，特别强调理论与实务相结合，留给读者更多的思考空间。在读者对基本营销理论、观念掌握理解的基础上，突出营销行为主体，抓住营销人员这一主线，从营销人员的视角透视与诠释企业营销全过程。

(2) 突出实用性。遵循理论联系实际的原则，注重对大学生"四种能力"的培养，避免了以往高校营销课程教学重理论轻实践，导致学生实践能力较差、高分低能、不能迅速适应社会和工作岗位要求的问题。每一章的内容都配有学习目标、关键概念、案例导入、本章小结、思考与练习、实践训练等具有特色的栏目，有助于学生的理解和学习。重点突出实操性，培养学生的实践能力和解决实际问题的能力。

(3) 抓住特色性。结合当前经济发展现状的"特色"因素，力求更适合中国国情，更适合中国企业，更具有中国特色。

本教材可作为市场营销、工商管理、广告、经济管理、电子商务、网络经济、物流管理、国际商务等相关专业的本科教材，也可供广大正在或志在从事营销及相关活动的人士阅读参考。

本书由桂林航天工业学院阳正义、舒昌担任主编，杨帆、曹金华、韦红梅担任副主编。全书共分十三章，其中，阳正义编写第一章、第三章、第六章、第十二章；舒昌编写第九章、第十章；杨帆编写第八章、第十一章、第十三章；曹金华编写第四章、第五章；韦红梅编写第二章、第七章，阳正义负责拟定编写大纲并总撰定稿，舒昌负责组织协调。在此对他们所付出的辛勤劳动表示衷心的感谢!

  本教材在近几年教学实践和研究的基础上增加了不少新的内容,如增加了市场营销前沿理论、市场竞争战略的章节,加强了基本概念的提示,特别是吸收了一些新的案例和素材;在内容的编排上,强调内容的逻辑性,更加凸显注重实践的要求,强化"应用篇"的地位,在新、实、严三个方面更能满足教学的需求。

  本书在编写过程中参阅了国内外许多有关市场营销学方面的文献,在此对这些作者深表谢意。因受编著者学识和认识水平所限,本书难免有许多有待商榷和不当之处,恳请广大读者和同行批评指正,以便下一版修改与完善。

编 者

目录

上篇 基 础 篇

第一章 市场营销导论 ... 1
第一节 市场营销的基本概念 ... 2
一、市场营销的含义 ... 2
二、市场及分类 ... 3
三、市场营销的核心概念 ... 6
四、顾客价值、满意与忠诚 ... 8
五、市场营销管理的任务与流程 ... 14
第二节 市场营销学的性质、研究对象和研究方法 ... 16
一、市场营销学的性质 ... 16
二、市场营销学的研究对象与特点 ... 17
三、市场营销学研究的基本内容 ... 18
四、市场营销学研究的基本方法 ... 18
第三节 市场营销学的形成与发展 ... 19
一、产生形成时期 ... 19
二、成熟发展时期 ... 20
三、市场营销学在我国的推广 ... 21
第四节 市场营销观念的演变 ... 21
一、生产观念 ... 22
二、产品观念 ... 22
三、推销观念 ... 23
四、市场营销观念 ... 23
五、客户观念 ... 24
六、社会营销观念 ... 24
第五节 现代市场营销理论框架 ... 25
一、市场营销组合的基本框架：4P ... 25
二、大市场营销组合：6P ... 26
三、服务营销组合：7P ... 27
四、整合营销理论：4C ... 27
五、关系营销理论：4R ... 28

本章小结 ... 29
思考与练习 ... 30
实践训练 ... 30

第二章 市场营销环境 ... 31
第一节 市场营销环境概述 ... 33
一、市场营销环境的含义 ... 33
二、市场营销环境的构成 ... 33
三、市场营销环境的特点 ... 34
第二节 市场营销微观环境 ... 35
一、企业内部环境 ... 35
二、企业的供应商 ... 35
三、营销中介机构 ... 36
四、目标顾客 ... 36
五、竞争者 ... 37
六、社会公众 ... 37
第三节 市场营销宏观环境 ... 38
一、人口环境 ... 38
二、经济环境 ... 41
三、政治法律环境 ... 43
四、社会文化环境 ... 44
五、科学技术环境 ... 45
六、自然环境 ... 47
第四节 环境分析与对策 ... 48
一、营销环境分析的意义 ... 48
二、市场机会与环境威胁分析 ... 48
三、营销环境的综合评价 ... 49
四、环境与企业对策 ... 50

本章小结 ... 53
思考与练习 ... 53
实践训练 ... 53

第三章 市场购买行为分析 ... 55
第一节 消费者市场与组织市场 ... 56
一、消费者市场及其特点 ... 56

二、组织市场及其特点 ………………… 60
第二节　消费者购买动机与行为分析 ……… 63
　　一、消费者动机的形成 ………………… 63
　　二、消费者购买行为的类型 …………… 65
　　三、消费者购买行为分析 ……………… 66
　　四、消费者购买行为的影响因素 ……… 69
　　五、消费者购买决策过程 ……………… 74
第三节　组织市场购买行为分析 …………… 77
　　一、产业市场及其购买行为分析 ……… 77
　　二、中间商购买行为 …………………… 80
　　三、政府采购者行为 …………………… 83
本章小结 ……………………………………… 87
思考与练习 …………………………………… 88
实践训练 ……………………………………… 88

第四章　市场调查与预测 …………………… 91
第一节　市场营销信息及其信息系统 ……… 92
　　一、市场营销信息 ……………………… 92
　　二、市场营销信息系统 ………………… 94
第二节　市场营销调研 ……………………… 98
　　一、市场营销调研的含义 ……………… 98
　　二、市场营销调研的作用 ……………… 98
　　三、市场营销调研的类型及内容 ……… 99
　　四、市场营销调研的步骤 ……………… 100
　　五、市场营销调研的方法 ……………… 101
　　六、问卷设计技术 ……………………… 103
第三节　市场营销预测 ……………………… 105
　　一、市场预测的含义和类型 …………… 105
　　二、市场预测的主要作用 ……………… 105
　　三、市场预测的步骤 …………………… 105
　　四、市场预测的方法 …………………… 106
本章小结 ……………………………………… 107
思考与练习 …………………………………… 108
实践训练 ……………………………………… 108

第五章　市场竞争战略 ……………………… 109
第一节　市场竞争者分析 …………………… 110

　　一、识别企业的竞争者 ………………… 110
　　二、竞争者的战略和目标分析 ………… 112
　　三、了解竞争者的优势和劣势 ………… 113
　　四、判断竞争者的市场反应 …………… 114
第二节　竞争战略的一般形式 ……………… 114
　　一、成本领先战略 ……………………… 114
　　二、差异化战略 ………………………… 115
　　三、集中化战略 ………………………… 115
第三节　市场竞争战略 ……………………… 116
　　一、市场领导者战略 …………………… 116
　　二、市场挑战者战略 …………………… 119
　　三、市场跟随者战略 …………………… 122
　　四、市场补缺者战略 …………………… 123
本章小结 ……………………………………… 124
思考与练习 …………………………………… 125
实践训练 ……………………………………… 125

第六章　目标市场营销战略 ………………… 127
第一节　市场细分 …………………………… 128
　　一、市场细分的含义 …………………… 128
　　二、市场细分的依据 …………………… 129
　　三、市场细分的方法及步骤 …………… 133
　　四、有效市场细分的条件 ……………… 134
第二节　目标市场选择 ……………………… 134
　　一、目标市场的含义 …………………… 134
　　二、评估细分市场 ……………………… 135
　　三、目标市场的战略选择 ……………… 136
　　四、影响目标市场选择的因素 ………… 139
第三节　市场定位 …………………………… 140
　　一、市场定位的含义 …………………… 140
　　二、市场定位的策略 …………………… 140
　　三、错误的定位策略 …………………… 143
　　四、市场定位的方法与步骤 …………… 144
本章小结 ……………………………………… 145
思考与练习 …………………………………… 146
实践训练 ……………………………………… 146

下篇　应用篇

第七章　产品策略 149

第一节　产品的整体概念及产品组合策略 149
一、产品整体概念 150
二、产品整体概念的意义 151
三、产品的分类 152
四、产品组合概念 153
五、产品组合策略 154
六、产品组合的优化调整 155

第二节　产品生命周期理论 157
一、产品生命周期的概念与形态 157
二、产品生命周期各阶段的特点与营销策略 160

第三节　新产品的开发策略 164
一、新产品的概念与分类 164
二、新产品开发的必要性 166
三、新产品开发应遵循的原则 167
四、新产品开发的方式 168
五、新产品设计与开发 168
六、新产品开发策略 170
七、新产品的开发程序 170

第四节　品牌策略与包装策略 173
一、品牌概述 173
二、品牌策略 180
三、包装策略 183

本章小结 188
思考与练习 188
实践训练 188

第八章　价格策略 189

第一节　定价目标选择 190
一、以获得利润为定价目标 190
二、以维持或提高市场占有率为定价目标 191
三、以投资报酬率为定价目标 191
四、以稳定市场价格为定价目标 191
五、以应付和防止竞争为定价目标 192

第二节　影响定价的因素 192
一、产品成本因素 192
二、市场状况因素 192
三、消费者心理因素 194
四、国家政策 194
五、其他环境因素 194

第三节　定价方法 195
一、定价的步骤 195
二、定价的方法 197

第四节　定价策略 199
一、新产品的定价策略 200
二、产品组合定价策略 201
三、折扣定价策略 202
四、心理定价策略 203
五、地区定价策略 204
六、差别定价策略 205

第五节　价格调整与企业对策 208
一、企业主动调整产品价格 208
二、企业被动调整产品价格 210
三、顾客对企业变价的反应 211
四、企业对竞争者变价的反应 211

本章小结 212
思考与练习 212
实践训练 213

第九章　分销渠道策略 215

第一节　分销渠道的概念与类型 216
一、分销渠道的概念、特征及功能 216
二、分销渠道的类型及各自结构 218

第二节　分销渠道的设计与管理 221
一、分销渠道的设计 221
二、分销渠道的管理与维护 224
三、分销渠道的变革 226

第三节 中间商概述 227
　一、中间商的类型 227
　二、批发商的主要类型 228
　三、零售商的主要类型 230
第四节 营销物流 232
　一、营销物流的概念和作用 232
　二、商品的储存 234
　三、商品的运输 235
　四、商品的配送 236
　五、商品的流通加工 237
本章小结 238
思考与练习 239
实践训练 239

第十章　促销策略 241

第一节 促销与促销组合的概念 242
　一、促销的概念 242
　二、促销的作用 243
　三、促销组合 244
　四、促销的基本策略 245
第二节 人员推销 246
　一、人员推销的特点及基本形式 246
　二、人员推销的策略和步骤 247
　三、推销人员的素质、选拔
　　　与训练 250
第三节 广告 253
　一、广告的概念 253
　二、广告的作用 254
　三、广告决策 254
　四、广告效果的测定 258
第四节 营业推广 259
　一、营业推广的对象 259
　二、营业推广的特征 259
　三、营业推广的形式 260
第五节 公共关系 261
　一、公共关系的含义 261
　二、公共关系的作用 262
　三、公共关系的特点及方式 263
　四、公共关系的原则与实施步骤 264

本章小结 265
思考与练习 266
实践训练 266

第十一章　营销管理 267

第一节 营销计划 268
　一、营销计划的概念 268
　二、营销计划的基本流程 268
　三、营销计划的主要内容 270
第二节 营销组织 272
　一、营销组织设计的原则 273
　二、营销组织设计的步骤 274
　三、营销组织结构的类型 274
　四、影响营销组织选择的因素 277
　五、营销组织系统的再设计 278
第三节 营销控制 279
　一、营销控制的基本过程 279
　二、营销控制的基本内容与方法 280
　三、营销审计 282
本章小结 283
思考与练习 283
实践训练 284

第十二章　市场营销新理念 285

第一节 关系营销 285
　一、关系营销的内涵与特征 286
　二、关系营销的市场模型 287
　三、关系营销的基本模式 288
　四、关系营销的实施策略 290
第二节 网络营销 291
　一、网络营销的内涵 291
　二、网络营销的特点 292
　三、网络营销中的营销组合 293
　四、网络营销与电子商务 295
　五、网络营销与传统营销的整合 296
第三节 直复营销 296
　一、直复营销概述 296
　二、直复营销的方式 298
　三、开发营销的数据库系统 300

第四节 服务营销 300
　一、服务与服务营销概述 300
　二、服务营销组合 301
　三、服务质量差距模型 306
第五节 市场营销前沿理论 308
　一、营销前沿理论的内涵与特征 308
　二、学习营销前沿理论的意义 309
　三、营销前沿理论的内容 309
本章小结 314
思考与练习 315
实践训练 315

第十三章　国际市场营销 317

第一节 国际市场营销概述 318
　一、国际市场营销的概念 318
　二、国际市场营销的特点 318
　三、国际市场营销与国际贸易的
　　　异同 319
　四、国际市场营销的演化 319
第二节 国际市场营销环境 320
　一、国际文化环境 320

　二、国际政治环境 323
　三、国际法律环境 323
　四、国际经济环境 324
　五、国际金融与外汇环境 325
第三节 进入国际市场的方式 326
　一、出口进入方式 326
　二、契约进入方式 327
　三、直接投资进入方式 328
第四节 国际市场营销策略 329
　一、国际市场产品策略 329
　二、国际市场定价策略 331
　三、国际市场分销策略 331
　四、国际市场促销策略 332
　五、国际公共关系 333
　六、大市场营销 333
本章小结 334
思考与练习 334
实践训练 335

参考文献 336

上篇 基 础 篇

第一章 市场营销导论

【学习目标】

通过本章的学习,掌握市场营销的核心概念,掌握市场营销的观念及其演变,了解市场营销学研究的主要对象、内容与方法,了解现代市场营销理论体系。

【关键概念】

市场营销 市场 需要 欲望与需求 市场营销观念 4P理论 营销新理论

【案例导入】

例一 赤脚、鞋子与市场

一家英国鞋厂和一家美国鞋厂的推销员同时来太平洋某岛推销鞋子。上岛后,他们发现岛上的人竟然不穿鞋子。于是,各自给本国鞋厂老板汇报。英国的推销员说:"这里的生意不好做,岛上人全都习惯赤脚走路,鞋子在这里根本没有市场。"而美国的推销员却说:"这回我们有大生意做了,这个岛上的人全都赤脚走路,还没有学会穿鞋子呢。这里市场潜力巨大,我将长驻此岛,留下来开辟市场。"后经美国鞋厂推销员的诱导和经营,终于唤醒了岛上长期沉睡的鞋子市场,当地人逐渐穿上了鞋子,美国鞋厂也因此狠狠地赚了一笔。

常言道:事在人为。其实搞经营、做生意也是如此。上述事例就说明了这一点。面对同样的市场条件,英国鞋厂的推销员被"岛上人不穿鞋"的观念所束缚,裹足不前,结果一"市"无成,空手而归;而美国鞋厂的推销员则通过深入了解和观察,发现了潜在市场,激发了潜在需求,加上合理地引导消费,结果取得了很大的收获。两种行为,两种结果,孰优孰劣,一目了然。

(资料来源:www.docin.com/p-47545517.html,2010-07-04)

例二 "嫦娥"桂花月饼的畅销

"嫦娥饼屋"是广西桂林市的一家民营小型食品企业。该企业的月饼每年都有一定的销量。但随着每年的"月饼大战",销售越来越困难。眼看又到中秋节了,企业的王老板非常着急,于是请某高校的营销专家出主意。该校专家组织队伍进行了调查分析,建议"嫦娥饼屋"避开高档和低档两种产品市场的竞争,选择中档及旅游市场,产品配以桂花馅和桂花酒,包装上还有风景名胜的宣传,既有了中秋节日的气氛,又突出了桂林的特点。产品推出后大受欢迎,不但市民喜欢(桂花是该市的"市花",当地民俗有"中秋团圆食月饼,饮酒观月赏桂花"),外地游客也以此为当地一绝,纷纷购买品尝,甚至购买带走作为礼物送给亲朋好友。结果不但"桂花月饼"大为畅销,"嫦娥饼屋"也因此打出了企业品牌。

(资料来源:李光明,等. 市场营销学[M]. 北京:清华大学出版社,2006)

引例中,英国、美国鞋厂和"嫦娥饼屋"解决的鞋与月饼的销售问题就是市场营销学问题。因此市场营销学又叫市场学、市场销售学等,它是研究面向市场的一切个人和组织如何根据市场需求来构想和出售自己的产出物和价值的学问。企业是市场营销活动的最基本的主体,市场营销学主要是研究企业市场营销的理论和实践问题。本章将从总体上阐述现代市场营销学的内涵、研究对象、基本内容、发展历史,以及市场的基本概念、市场营销观念等基本理论,为以后各章的学习打好基础。

第一节 市场营销的基本概念

一、市场营销的含义

市场营销由英语 Marketing 一词翻译而来,其中包含了多种含义。它可以指一门学科,即市场营销学(或市场学),也可以指某一项特殊的活动——市场营销(活动)。

麦卡锡(Jerome Macarthy)教授将市场营销定义为:"市场营销是企业经营活动的职责,它将产品及劳务从生产者直接引向消费者或使用者以便满足顾客需求及实现公司利润。"

美国著名市场营销学家菲利普·科特勒(Philip Kotler)在 1983 年提出的市场营销定义是:"市场营销是致力于交换过程以满足人类需要的活动。在交换过程中,卖方寻找买主,识别买者的需要,设计适当的产品,进行产品促销、储存和运输产品、出售产品等等。"市场营销是与市场有关的人类活动,即以满足人类各种需要和欲望为目的,通过市场交换实现潜在需求的活动。

美国市场营销协会(American Marketing Association,AMA)1985 年将其定义为:"市场营销是关于构思、货物和服务的设计、定价、促销和分销的规划与实施过程,目的是创造能实现个人和组织目标的交换。"

综上所述,所谓市场营销,是指在变化的市场环境中,围绕着与消费者进行交换,企业或其他组织以满足消费者需要为中心进行的一系列营销活动,包括市场机会选择、市场调研、营销环境分析、购买者行为分析、选择目标市场、产品开发、产品定价、渠道选择、产品促销、产品储存和运输、产品销售以及提供服务等一系列与市场有关的企业经营活动。通俗地说,市场营销就是商品或服务从生产者手中移交到消费者手中的过程,是企业或其他组织以满足消费者需要为中心而进行的一系列营销活动。可以从以下几个方面理解市场营销的含义。

(1) 市场营销分为宏观和微观两个层次。宏观市场营销是反映社会的经济活动,其目的是满足社会需要,实现社会目标。微观市场营销是一种企业的经济活动过程,它是根据目标顾客的要求,生产适销对路的产品,从生产者流转到目标顾客,其目的在于满足目标顾客的需要,实现企业的目标。

(2) 市场营销不同于推销或促销。市场营销是一个系统的管理过程，企业市场营销活动包括市场营销研究、市场需求预测、新产品开发、定价、分销、物流、广告、公关、人员推销、销售促进、售后服务等，而推销、销售仅是企业营销活动的一个环节或部分，是市场营销的职能之一，而且还不是最重要的职能。彼得·德鲁克(Peter F. Drucker)曾指出，"市场营销的目的就是使推销成为不必要。"海尔集团董事局主席张瑞敏曾提道，"促销只是一种手段，而营销才是一种真正的战略"，营销的本质不是"卖"，而是"买"。

(3) 市场营销是一种满足人们需要的行为。消费者的各种需要欲望是企业营销工作的出发点。因此，企业必须对市场进行调研，了解市场，研究并掌握消费者的需要和欲望，根据消费者及市场的需求来指导企业的生产经营活动，最后通过适销对路的产品或服务满足市场需求，赢得顾客的满意与忠诚。

(4) 市场营销活动的核心是交换。只有通过交换，企业才能有效地实现存在的价值，同时，企业其他职能也只有通过交换才能实现各自的价值。

(5) 市场营销一系列活动过程都应该紧紧围绕"以市场为中心"或"以消费者需求为中心"这一基本指导思想来进行。

【课堂讨论 1-1】

一般情况下，对营销的误解可分为以下五类。

(1)营销就是推销或促销；(2)营销就是价格战；(3)营销只是一个部门；(4)营销就是巧妙的欺骗；(5)营销理论是无用的。

讨论：辩证分析上述五种误解。

二、市场及分类

(一)市场的概念

1. 市场的定义

哪里有商品交换，哪里就有市场。对于市场这一概念的理解，往往由于人们所处的历史时期不同，所站的角度不同而存在很大的差异。

"市场"一词最早是指买主和卖主聚集在一起进行商品交易的场所，市场的形成必须具备下列三个基本条件：其一是存在着可供交换的产品(包括有形的实物产品和可供出售的无形产品)，这是市场的客体；其二是存在欲出售产品的卖主和具有购买力、购买欲望的买主，这是市场的主体；其三是具有买卖双方都能够接受的交易价格及其条件。只有满足以上三个基本条件，商品的交换才能成为现实，市场也才有实际意义。这种局限于地理空间概念上的市场概念已无法表达现代市场的全部意义。例如，占世界商品贸易总量60%的期货交易的买卖双方与交易所之间只有电信上的往来，而参与者却能遍及世界各地。现代的网络市场，已经不再局限于一般意义上的场所和区域，而是具有超时空的性质。

现代市场的含义不仅包括买卖双方现实的和潜在的交换活动，而且主要是买方的活动，即认为市场是由具有现实需求和潜在需求的消费者群所组成的，是指某种商品的现实购买者和潜在购买者的总和。当人们提出"中国是个很大的市场"这一说法时，并不是指地理区域的大小，而是说明中国的市场需求量很大，包括现实的需求和潜在的需求。这种"市场就是消费者群"的概念,是从商品生产者的角度提出来的。不难看出,现代市场营销学就是从卖方的角度来研究买方市场的,因此可以从下列四个方面来对市场进行理解。

(1) 市场是商品交换的场所,即买主和卖主发生交易关系的地点或地区。从空间形式来考察市场,是一个地理的概念,如安徽市场、国内市场、国际市场等。

(2) 市场是指某种或某类商品需求的总和。商品需求是通过买主体现出来的,因而也可以说,市场是某一产品所有现实买主和潜在买主所组成的群体。例如,人们说"上海的水果市场很大"时,显然不是指水果交换场所,而是指上海对水果的市场需求量很大,现实的、潜在的买主很多。

(3) 市场是买主、卖主力量的集合,是商品供求双方的力量相互作用的总和。这一含义是从商品供求关系的角度提出来的,反映的是"作为供求机制"的市场。"买方市场""卖方市场"这些名词反映了供求力量的相对强度,反映了交易力量的不同状况。在买方市场条件下,若商品的供给量大大超过了商品的需求量,则整个市场对买方有利,价格下降,服务质量要求高,顾客支配着销售关系;而在卖方市场条件下,若商品需求量大于供给量,则市场商品匮乏,品种不全,价格看涨,改善服务态度缺乏动力,由卖方支配着市场销售关系,整个市场对卖方有利。

(4) 市场是指交换关系的总和,是指一个"社会整体市场",即通常所说的"广义市场"。首先,市场是商品使用价值和价值及其外化形式——商品和货币的关系;其次,它反映了商品所有者(卖方)和货币所有者(买方)之间的关系;最后,现代商品经济的重要特征就是客观经济职能的形成,这一职能应由政府来行使,这就形成了企业、消费者和政府三要素的市场主体结构,市场所反映的经济关系就表现为三类主体的相互关系,这些关系及其性质支配着经济运行的过程。

2. 市场构成的三要素

从市场营销角度出发,市场构成有三个主要因素:一是人口,二是购买力,三是购买欲望,即有某种需要的人,有满足这种需要的购买能力和购买欲望。所以,从市场营销的角度来看,可以概括地用下列简单公式来表示市场。

市场=人口+购买力+购买动机

人口因素是构成市场的基本要素,人口越多,现实的和潜在的消费需求就越大;购买力因素是指人们支付货币购买商品或劳务的能力,购买力水平的高低是决定市场容量大小的重要指标;购买欲望是指导致消费者产生购买行为的动机、愿望和要求,它是消费者将潜在购买力变为现实购买行为的重要条件。例如:一个国家(或地区)虽然人口众多,但收入水平很低,购买力有限,则市场狭窄;反之,尽管一个国家或地区居民收入水平很高,但人口很少,市场同样十分有限,像瑞典、瑞士就是如此。而有的国家或地区,既人口众多,又有一定的收入水平,这就属于有潜力的市场。中国是一个人口众多的国家,改革开放以来,人民生活水平逐年得到大幅度提高,因此形成了一个庞大的市场。但如果商品货不对路,不能激发消费者的购买欲望,购买力不能转化为购买行为,则对卖方而言仍不能形成现实的市场。因此,对市场来说,人口、购买力和购买欲望这三要素互相制约,缺一不可。只有将这三者结合起来才能构成现实的市场,才能决定市场的规模和容量。

(二)市场的分类

1. 根据市场发展的时间划分

现实市场是指对企业经营的某种商品有需要、有支付能力、有购买欲望的现实顾客。

潜在市场是指有可能转化为现实市场的市场。在构成市场的三要素中，不具备后两个要素(购买能力和购买欲望)中的任何一个，都意味着市场是潜在市场。潜在市场有三类：其一是对某种产品有购买欲望但没有足够支付能力的人或组织机构；其二是对某种产品有支付能力但尚未形成购买动机的人或组织机构；其三是对某种产品具有潜在需要的人或组织机构。企业开发潜在市场的关键有两点：一是要通过市场调查明确潜在市场的类型；二是在此基础上制定出有针对性的营销措施，力促潜在市场向现实市场转化。

未来市场是指暂时尚未形成或只处于萌芽状态，但在一定条件下必将形成和发展成为现实市场的市场。

2. 根据顾客的性质划分

消费者市场(又称为消费品市场)是指为了个人或家庭消费需要而购买或租用商品或劳务的市场。

组织市场是指购买者由各类组织所组成的市场。组织市场又可分为生产者市场、中间商市场和政府市场。生产者市场的个体和组织取得货物和劳务的目的是为了生产其他产品和劳务，以便出售、出租或供给他人。这个市场上购买者的目的，不是为了个人消费，而是为了加工盈利。中间商市场是指那些采购商品再转卖以获取利润的个人或组织，主要包括批发商、零售商、经销商或代理商。政府市场是指由政府各级机关、各类社会团体及其他各种非营利性机构所组成的市场。其购买目的是为了保证这些非营利性机构的正常运转。由于组织市场的主体大多是组织机构，因此，在市场营销研究中，又将此类市场统称为集团购买市场。

3. 根据竞争程度划分

(1) 纯粹垄断市场。这是一种不存在竞争或基本不存在竞争的市场，在这种市场上，一个行业只有一家企业进行产品的生产和经营，没有或基本没有其他替代者。这类市场往往存在于一些典型的社会公用事业部门，如电力公司、自来水公司、煤气公司、铁路运输业等，其他行业则极其少见。当一家企业独自拥有制造某种产品的全部或绝大部分原料或材料时，该产品的市场也属于纯粹垄断市场。通过专利取得垄断地位的，同样属于纯粹垄断市场。在纯粹垄断市场上，企业的营销活动也相对简单，但政府的政策和法律限制通常会多一些，以保障消费者和用户的利益。

(2) 寡头垄断市场。这是由少数几家大企业控制的市场。在这种市场上，少数几家大企业控制了一种产品绝大部分的生产量和销售量。该市场往往存在于那些资源有限、技术先进及资本规模大、追求规模经济效益的行业，如汽车、石油等产品的市场。寡头垄断市场控制市场的几家大企业相互依存、相互制约，其中任何一家营销策略的变化都会对其他几家产生重大影响，并引起相关反应。寡头垄断市场的竞争往往采取非价格竞争，而注重树立企业形象。

(3) 垄断性竞争市场。这是最常见的一种企业市场模式。它是指在一行业中有许多企业生产和销售同一种产品，且每个企业的产量只占总产量的一小部分，有少量较大的企业占有一定份额的市场。在这种市场上，由于同行业企业很多，产品替代性很大，因而竞争激烈。由于一般都没有价格控制能力，因此企业较容易地进出这些行业，竞争的手段主要采取非价格竞争，注重产品质量和营销策略。这种市场大量存在，如食品、服装、百货等市场均属此类。

(4) 竞争性市场。这是指一个行业中有非常多的独立生产者，每个生产者的生产规模都很小，它们都以相同的方式向市场提供同类的、标准化的产品。由于对产品的需求没有太大差异，每个生产者提供的产量都只占总产量的很少一部分，因此，市场竞争主要表现为价格竞争，一般不采用非价格竞争，广告宣传等其他策略并不显得十分重要。

4．根据商品流通环节划分

根据商品流通环节，可以把市场分为批发市场和零售市场。批发市场是指个人或企业单位把自己的商品或替委托人把商品卖给最终消费者以外的任何购买者的交易活动。零售市场是指个人或企业单位把商品直接卖给最终消费者的交易活动。

5．根据市场范围划分

根据市场范围，可以把市场划分为区域市场、国内市场和国际市场。商品在地区范围内流通形成区域市场，区域市场一般是在经济区域的基础上形成的。区域市场又可分为本地市场和外地市场、城市市场和农村市场、沿海市场和内陆及民族地区市场等。国内市场则是在主权国家的范围内建立起来的，在国内市场(包括区域市场)上币制是统一的。国际市场是在国际分工的基础上形成的商品在世界范围内流通的市场，与国内(区域)市场不同，国际市场商品不完全是按照商品自由流通组织交换的，只有在若干个国内市场建立了自由贸易区的基础上，才能在国际市场上实行商品的自由流通。

三、市场营销的核心概念

市场营销作为一种复杂、连续、综合的社会和管理过程，是基于下列相关概念的运用之上的，如图1-1所示。

图1-1 市场营销的核心概念关系图

1．需要、欲望和需求

市场交换活动的基本动因是满足人们的需要、欲望和需求，这是市场营销的出发点。所谓需要，是指没有得到某些基本满足的感受状态。所谓欲望，是指想得到某种东西或想达到某种目的的要求。所谓需求，是指对于有能力购买并且愿意购买某个具体产品的欲望。这里"需要"(needs)、"欲望"(wants)、"需求"(demands)三个看来十分接近的词汇，其真正的含义是有很大差别的。"需要"是指人们生理上、精神上或社会活动中所产生的一种无明确指向性的满足欲，就如饥饿了想寻找"食物"，但并未指向是"面包""米饭"还是"馒头"，而当这一指向一旦得到明确，"需要"就变成了"欲望"。对企业的产品而言，有购买能力的"欲望"才是有意义的,才能真正构成对企业产品的"需求"。有这样的认识对企业来说十分重要。例如,当一个消费者在市场上寻找钻头时,以一般的眼光来看,这个人的"需要"似乎就是钻头。但以市场营销者的眼光来看,这人的需要并不是"钻头",而是要打一个"洞",他是为了满足打一个洞的需要而购买钻头的。那么这同前者的看法有什么本质区别呢?区别在于,如果只认为消费者的"需要"是钻头,那么企业充其量只能在提供更多更好的钻头上去动脑筋,这样并不能保证企业在市场上占有绝对的竞争优势。而如果认为消费者的"需要"是"打洞",那么企业也许就能创造出一种比钻头打得更快、更好、更便宜的打洞工具,从而就可能使企业在市场上占据更为有利的竞争地位。所以从本质上去认识,消费者购买的是对某种"需要"的"满足",而不仅仅是产品。

2. 产品

产品泛指满足人的特定需要和欲望的商品和劳务。人们在选择购买产品的同时,实际上也在满足着某种愿望和利益。作为营销者,如果只研究和介绍产品本身,忽视了对消费者利益的服务,就会因犯"市场营销近视症"而失去市场。本书在后面的有关章节将详细讨论。

3. 价值、满意和质量

人们是否购买产品并不仅仅取决于产品的效用,同时也取决于人们获得效用的代价。人们在获得使其需要得以满足的产品效用的同时,必须支付相应的费用,这是市场交换的基本规律,也是必要的限制条件。市场交换能否顺利实现,往往取决于人们对效用和代价的比较。如果人们认为产品的效用大于其支付的代价,再贵的商品也愿意购买;相反,如果人们认为代价大于效用,再便宜的东西也不会要,这就是人们在交换活动中的价值观。这里的价值主要是指顾客价值,即顾客从拥有和使用某产品中所获得的价值与为取得该产品所付出的成本之差。满意也是指顾客满意,它取决于消费者所理解的一件产品的性能与期望值的比较。顾客价值和满意又与产品或服务的质量密切相关。所谓质量,是指与一种产品或服务满足顾客需要的能力有关的各种特色和特征的总和。这种以顾客为中心的质量定义说明质量以顾客需要为开始,以顾客满意为结束。当今全面质量管理行动的基本宗旨就是使顾客完全满意。

4. 交换和交易

交换是指以提供某种回报而从他人处换取所需要的产品(或服务)的行为。人们可以通过四种方式获得自己所需要的东西:一是自行生产,获得自己的劳动所得;二是强行索取,不需要向对方支付任何代价;三是向人乞讨,同样无需作出任何让渡;四是进行交换,以一定的利益让渡,从对方处获得相当价值的产品或满足。市场营销活动仅是围绕第四种方式进行的。交换发生的基本条件如下。

(1) 交换必须在至少两人之间进行。
(2) 双方都拥有可用于交换的东西。
(3) 双方都认为对方的东西对自己是有价值的。
(4) 双方有可能相互沟通并把自己的东西递交给对方。
(5) 双方都有决定进行交换和拒绝交换的自由。

交换不仅是一种现象,更是一个过程,只有当交换双方克服了各种交换障碍,达成了交换协议时,我们才能称其为"交易"。交易是达成意向的交换,交易的最终实现需要双方对意向和承诺的完全履行。所以如果仅就某一次交换活动而言,市场营销就是为了实现同交换对象之间的交易,这是营销的直接目的。

5. 市场

有关市场的介绍在本书前面的内容中已经详细说明,此处不再重复。

6. 市场营销与市场营销者

通过上述分析,我们可以将市场营销理解为与市场有关的人类活动,即以满足人类各种需要和欲望为目的,通过市场变潜在交换为现实交换的活动。在交换双方中,如果一方比另一方更主动、更积极地寻求交换,则前者被称为市场营销者,后者被称为潜在顾客。所谓市场营销者,是指希望从别人那里取得资源并愿意以某种有价之物作为交换的人。市场营销者可以是卖主,也可以是买主。假如有几个人同时想买正在市场上出售的某种奇缺商品,每个准备购买的人都尽力使自己被卖主选中,那么这些购买者就是在进行市场营销活动。在另一种场合,买卖双方都在积极地寻求交换,那么,我们就把双方都称为市场营销者,并把这种情况称为相互市场营销。市场营销系统的主要行为者及其影响力量如图1-2所示。

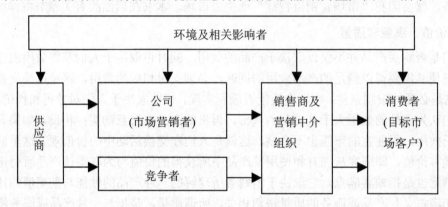

图1-2　市场营销系统的主要行为者及其影响力量

四、顾客价值、满意与忠诚

(一)顾客让渡价值

1. 顾客让渡价值的概念

顾客让渡价值(Customer Delivered Value)是指顾客总价值与顾客总成本之间的差额。需要注意的是,这里所讲的顾客价值与成本,绝不仅仅是通常所认为的产品价值与价格。

管理学大师彼得·德鲁克曾指出:顾客购买和消费的绝不是产品,而是价值。随着生活水平的提高,以及企业营销活动的进步,顾客的购买行为日趋多样化,越来越多的顾客对价值的判断已不仅仅局限于产品本身,在估计自己付出的成本时,货币支出不再是他们唯一考虑的因素。在此背景下,顾客让渡价值成为顾客进行消费决策的重要驱动因素。

2. 顾客让渡价值的构成

顾客让渡价值是顾客总价值与顾客总成本之间的差额,也就是指顾客从给定产品和服务中所得到的全部整体利益,去掉顾客购买产品或服务所耗费的总的成本而获得的价值。其用公式表示为

顾客让渡价值=顾客总价值-顾客总成本

顾客让渡价值的构成要素如图1-3所示。

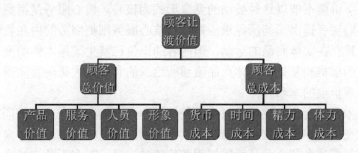

图1-3 顾客让渡价值的构成要素

顾客让渡价值概念的提出为企业经营方向提供了一种全面的分析思路。首先，企业要让自己的商品能被顾客接受，就必须全方位、全过程、全纵深地改善生产管理和经营，企业经营绩效的提高不是一种行为的结果，而是多种行为的函数，以往我们强调营销只是侧重于产品、价格、分销、促销等一些具体的经营性的要素，而让渡价值却认为顾客价值的实现不仅包含了物质的因素，还包含了非物质的因素；不仅需要有经营的改善，还必须在管理上适应市场的变化。其次，企业在生产经营中创造良好的整体顾客价值只是企业取得竞争优势、成功经营的前提，一个企业不仅要着力创造价值，还必须关注消费者在购买商品和服务中所倾注的全部成本。由于顾客在购买商品或服务时，总希望把有关成本，包括货币、时间、精力和体力降到最低限度，而同时又希望从中获得更多的实际利益，因此，企业还必须通过降低生产与销售成本，减少顾客购买商品的时间、精力与体力耗费，从而降低货币和非货币成本。

3．顾客总价值

顾客总价值是指顾客在购买某种产品或服务时所能获得的一组利益的总和，它是顾客让渡价值的重要组成部分，主要包括产品价值、服务价值、人员价值、形象价值四个方面。而企业为使顾客获得更大"让渡价值"的途径之一是通过改进产品、服务、人员与形象来提高产品或服务的总价值。其中每一项价值因素的变化都对总价值产生影响，进而决定了企业生产经营的绩效。

1) 产品价值

产品价值是由产品的质量、功能、规格、式样等因素所产生的价值。产品价值是顾客需求的核心内容之一，产品价值是顾客购买产品或服务的直接驱动因素，它的高低也是顾客选择商品或服务所考虑的首要因素。其中，产品质量是产品价值的基本属性，质量的优劣直接决定着产品的其他属性能否发挥其应有功效；在此基础上，产品的功能越丰富，就能帮助使用者解决越多的问题，其价值也越高；产品规格则需要根据产品的用途和针对的顾客群作出相应的调整；而产品式样作为产品的外在表现形式，也会在一定程度上影响顾客的购买意向。

2) 服务价值

服务价值是指顾客在购买经历中由于获得商家提供的各种服务而产生的价值，其大小主要取决于顾客对服务的满意程度。服务价值是构成顾客总价值的重要因素之一。一般而言，服务涉及售前、售中、售后三个方面；从顾客竞争的基本形式来看，服务可分为追加服务与核心服务两大类。其中，追加服务是伴随产品实体的购买而发生的服务，其特点表现为服务仅仅是生产经营中的追加要素。从追加服务的特点不难看出，虽然服务已被视为价值创造的一个重要内容，但它的出现和作用却是被动的，是技术和产品的依附物，显然在高度发达的市场竞争中，服务价值不能以这种被动的竞争形式为核心。核心服务是消费者所要购买的对象，服务本身为购买者提供了其所寻求的效用。核心服务则把服务的内在价值作为主要展示对象，这时，尽管存在实体商品的运动，但两者的地位已发生了根本性的变化，即服务是决定实体商品交换的前提和基础，实体商品流通所追求的利益最大化应首先服从顾客满意的程度，而这正是服务价值的本质。

现代科学技术和社会化大生产的进步，使得不同企业的同类产品之间同质化程度加强，服务价值在企业竞争力中的地位也日渐凸显。事实上，服务的提供最初本来是个别企业的独特优势，但随着越来越多的企业开始重视服务价值的提升，在今天的市场竞争中，服务价值已成为顾客眼中一种理所当然的价值。因此，在提供优质产品的同时，向顾客提供完善的服务，已成为现代企业市场竞争中新的焦点。

3) 人员价值

人员价值是指企业员工的经营思想、知识水平、业务能力、工作效率与质量、经营作风以及应变能力等所产生的价值。尽管在现代科技相对完善的今天，信息化在企业竞争中扮演着重要的角色，但企业间的竞争归根结底还是人的竞争。企业员工直接决定着企业为顾客提供的产品或服务的质量，决定着顾客购买总价值的大小。只有企业的所有部门和员工协调一致地成功设计和实施卓越的竞争性的价值让渡系统，营销部门才会变得卓有成效。因此，企业的全体员工是否就经营观念、质量意识、行为取向等方面形成共同的信念和准则，是否具有良好的文化素质、市场及专业知识，能否在共同的价值观念基础上建立崇高的目标，以及能否真正树立起以顾客为中心的理念，作为规范企业内部员工一切行为的最终准则，决定着企业为顾客提供的产品与服务的价值，从而决定顾客购买总价值的大小。由此可见，在其他因素相近的情况下，企业员工经营理念、业务能力、工作态度、工作效率与服务质量往往成为吸引顾客眼球的新亮点。

4) 形象价值

形象价值是指企业及其产品在社会公众中形成的总体形象所产生的价值，包括企业的产品、技术、质量、包装、商标、工作场所等有形因素所产生的价值，以及企业员工的职业道德行为、经营行为、服务态度、作风和企业的价值观念、管理哲学等无形因素所产生的价值等，对于企业来，它是一种宝贵的无形资产。形象价值是企业各种内在要素统一的反映，任何一个内在要素的质量不佳都会使企业的整体形象遭受损害，进而影响社会公众对企业的评价，因而塑造企业形象价值是一项综合性的系统工程，涉及的内容非常广泛，这就需要企业高度重视并着力塑造。显然，形象价值与产品价值、服务价值、人员价值密切相关，在很大程度上是上述三方面价值综合作用的反映和结果。所以，形象价值是企业知名度的竞争，是产品附加值的部分，是服务高水准的竞争，说到底是企业品牌和形象力的竞争，它是企业营销从感性走向理性化的轨道。

4. 顾客总成本

顾客总成本是指顾客在挑选和购买某种产品和服务的过程中所付出的各种形式的成本之和，主要包括货币成本、时间成本、体力成本、精神成本四个方面。要实现最高的顾客让渡价值，仅仅创造顾客总价值还是远远不够的，与此同时，还应该设法降低顾客购买的总成本。除此之外，顾客在购买商品时所耗费的时间、体力和精力也将成为其购买决策的重要影响因素。因此，企业要想创造最大的让渡价值，使顾客能充分满意，就必须解决如何帮助顾客降低非货币成本的问题。

1) 货币成本

货币成本是指顾客在购买产品或服务的过程中所需支付的货币资金的总和。货币成本是构成顾客总成本的主要因素和基本因素。通常情况下，货币成本是顾客购买产品或服务时的首要限制因素，如果货币成本超出了其负担能力，则其他成本的高低都将没有实质意义。

2) 时间成本

时间成本是指顾客为购买某种产品或服务而耗费或必须处于等待状态的所有与之相关的时间和代价。时间是一种无形的资产，顾客购买商品所花费的时间，也可以去工作或娱乐，并从中获得报酬或放松精神，因此，顾客在购买企业产品或服务时所消耗的时间也是一种隐性成本。时间成本可以看成是顾客满意和顾客让渡价值的减函数，在顾客总价值和其他成本一定的情况下，时间成本越低，顾客购买的总成本越小，从而"顾客让渡价值"越大，反之，"顾客让渡价值"越小。因此，为降低顾客购买的时间成本，企业经营者必须对提供商品或服务有强烈的责任感和事前的准备，在经营网点的广泛度和密集度等方面均须作出周密的安排，同时努力提高工作效率，在保证商品与服务质量的前提下，尽可能减少顾客为购买商品或服务所花费的时间支出，从而降低顾客购买成本，为顾客创造最大的"顾客让渡价值"，增强企业产品的市场竞争力。

3) 体力成本

体力成本是指顾客在购买过程中的体力消耗。体力成本涉及顾客的需求生成与确认、信息收集、方案对比评价、购买决策、购买实施以及购后评价与行为等各个方面。尽管网络购物在现代生活中扮演着重要的角色，但是在很多情况下，它还不能完全替代传统的购物方式。在购买决策及实施过程中，顾客常常需要消耗一定的体力。

4) 精力成本

精力成本是指顾客购买商品时，在精力、精神方面的耗费与支出。顾客在购买产品的过程中常常需要进行比较、选择，在这个过程中，除了时间与体力的支出外，顾客也需要耗费一定的精力、精神。

顾客在购买某些产品时常常需要事先了解产品的详细信息，在购买时顾客还要衡量和对比不同品牌之间的优劣，甚至在购买后还会担心售后服务的问题。当购买的产品设计的技术或本身结构比较复杂时可能还需要花费精力去学习如何使用，特别是当购买的产品比较重要、价值高、不熟悉、风险大的时候，精神的消耗更加明显。在顾客总价值与其他成本一定的情况下，精神成本越小，顾客为购买商品所支出的总成本越低，从而"让渡价值"越大。

因此，从企业经营的各个方面和各个环节为顾客着想并提供便利，使顾客以最小的成本耗费，取得最大的实际价值是每个企业需要深入研究的问题。

(二)顾客终身价值

顾客终生价值(Customer Lifetime Value，CLV)是指一个顾客一生所能给企业带来的价值，它是以顾客带来的收益减去企业为吸引、开发、推销、维系和服务该客户所产生的成本来计算的，并且要将这个现金量折为现值，它反映的是某个顾客在过去和未来可能为企业带来的收益总合。

顾客带来的收益包括顾客初期购买给企业带来的收益、顾客重复购买带来的收益、顾客增量购买及交叉购买给企业带来的收益、由于获取与保持顾客的成本较低及提高营销效率给企业带来的收益、顾客向朋友或家人推荐企业的产品或服务给企业带来的收益、客户对价格敏感性降低而给企业带来的收益等。

顾客终生价值既包括历史价值,又包括未来价值,它随着时间的推移而增长。因此,企业千万不能仅仅关注顾客一次花了多少钱,购买了多少产品或服务,而应该考虑他们一生可能给企业带来多少财富。例如,可口可乐公司预测其一位忠诚顾客 50 年能给公司带来的收益是 1.1 万美元,万宝路公司预测其一个忠诚的烟民 30 年能给公司带来的收益是 2.5 万美元,AT&T 公司预测其一位忠诚的顾客 30 年能给公司带来的收益是 7.2 万美元。

顾客终生价值概念的提出,对于企业摒弃传统交易营销观念,树立关系营销观念具有现实意义。

(三)顾客满意

1. 顾客满意的概念

顾客满意是指顾客通过将某种产品可感知的效果(或结果)与其期望值进行比较后,所形成的愉悦或失望的感觉状态,它是顾客的一种主观感觉状态,是顾客对企业产品和服务满足需要程度的体验和综合评估。在现代企业以满足顾客需求为中心的营销活动中,顾客满意无疑对企业营销活动的成败起着举足轻重的作用。

从以上定义可以看出,顾客购买后是否满意以及满意的状态取决于其实际感受到的绩效与购买前的期望之间的差异。当消费者实际感知效果达到其在购买前的期望时,顾客会感到满意;而当企业提供的产品或服务超过顾客的期望值时,顾客会感到高度满意或"惊喜";如果消费者购买后的感知效果未能达到其在购买前的期望时,顾客则会感到不满意。产品或服务的感知效果主要取决于企业,而顾客在购买前的期望则主要取决于先前的购买经历、身边其他人所传递的信息、企业的营销活动三个方面。研究表明,顾客满意既是顾客本人再购买的基础,也是影响其他顾客购买的要素。对企业来说,前者关系到能否保持老顾客,后者则关系到能否吸引新顾客。因此,使顾客满意,是企业赢得顾客、占领和扩大市场、提高效益的关键。

2. 顾客满意度的概念

顾客满意度这个概念源自 1982 年日本企业的顾客满意战略。顾客满意度一经提出,就引起了世界营销界的普遍关注和重视。通过满足需求达到顾客满意,最终实现包括利润在内的企业目标,是现代市场营销的基本精神。这一观念上的变革及其在管理中的运用,曾经带来美国等西方国家 20 世纪 50 年代后期和 60 年代的商业繁荣以及一批跨国公司的成长。然而,对于许多企业来说,尽管以顾客为中心的基本思想是无可争辩的,但理论和企业资源与生产能力之间的联系却很脆弱。"利润是对创造出满意的顾客的回报"这个观点,似乎只是建立在信念之上而不是建立在牢靠的数据之上的。对顾客满意度的基本内涵可以从个人层面和企业层面来理解。

(1) 从个人层面上讲,顾客满意度是顾客对某项产品或服务的消费经验的情感体验,或者说是顾客通过对某项产品或服务的感知效果或结果与他的期望值相比较后所形成的愉悦或失望的感觉状态。满意程度是可感知效果与期望值之间的差异函数。如果可感知效果低于期望值，顾客就不会满意；如果可感知效果与期望值匹配，顾客就满意；如果感知效果超过期望值，顾客就会高度满意或欣喜。应该明确，顾客的满意不仅仅体现在对一件产品、一项服务、一种思想、一次机会的满意，还体现在对一种系统、一种体系的满意。在整个消费过程中，顾客不仅追求对经济收益的满意，而且还追求对社会性和精神性的满意。

(2) 从企业层面上讲，顾客满意度是企业用以评价和增强企业业绩，以顾客为导向的一整套指标。它代表了企业在其所服务的市场中所有购买和消费经验的实际和预期的总体评价。它是企业经营"质量"的衡量方式。企业营销管理层面上的顾客满意度研究，实际上是对其服务的市场中所有顾客个人满意度的研究和群体行为满意过程的研究的结合。

在激烈竞争的市场上，保持老顾客、培养顾客忠诚度具有重大意义。而要有效地保持老顾客，仅仅使其满意还不够，只有使其高度满意，才能有效地做到。据一项消费者调研资料显示，44%宣称满意的消费者经常变换其所购买的品牌，而那些十分满意的顾客却很少改变所购买的品牌。另一项研究则显示，在丰田公司产品的购买者中，有75%的顾客表示十分满意，而且这75%的顾客均声称愿意再次购买丰田产品。这些情况说明，高度的满意能培养一种对品牌在感情上的吸引力，而不仅仅是一种理性偏好。企业必须十分重视提高顾客满意度，争取更多高度满意的顾客，以建立起高度的顾客忠诚度。

3. 顾客满意度的测量

顾客满意是顾客自身所产生的一种感觉状态，而这种感觉状态对企业来说具有重要意义。因此，为了获得关于顾客是否满意的信息，企业有必要采取适当的措施和方法，对顾客满意情况进行衡量。一般来说，衡量客户满意度可以从以下几个指标来进行：①美誉度；②知名度；③回头率；④投诉率；⑤购买额；⑥对价格的敏感度。就预测方法来讲，主要可以从以下几个方面着手：①投诉与建议系统；②顾客满意度调查；③伴装购物者。

(四)顾客忠诚

1. 顾客忠诚的概念

顾客忠诚是指顾客在对某一产品或服务的满意度不断提高的基础上，重复购买该产品或服务，以及向他人热情推荐该产品或服务的一种行为表现。管理大师德鲁克告诫我们：衡量一个企业是否兴旺发达，只要回头看看其身后的客户队伍有多长就一清二楚了。在市场竞争趋于白热化的今天，企业间的竞争归根结底是争取顾客的竞争。为了在竞争中求得生存与发展，实现持续盈利的目标，顾客的忠诚越来越受到重视。

我们可以从情感和行为两个维度来理解顾客忠诚。就情感而言，顾客忠诚通常表现为对企业的经营理念、行为和形象具有高度的认同、信赖、满意和支持，核心在于顾客对企业形成的一种情感偏好与依赖；就行为而言，顾客忠诚则通常表现为在较长时期内对企业产品或服务的持续购买，以及愿意向他人推荐企业的产品或服务的行为，核心在于能够自觉抵制和排斥来自竞争企业的各种利益诱惑。

对企业而言，忠诚的顾客常常能够带来持续的盈利和自发的口碑效应，这对于企业竞争优势的保障无疑会产生重要影响。为了提高顾客的忠诚，企业可以从以下两个方面作出努力：一方面，为了争取顾客在主观情感上对企业产品或服务的偏好和依赖，企业必须从顾客的角度出发，不断改进和创造优质的顾客让渡价值，同时也要加强对顾客满意的关注，从而使企

业创造的价值能够真正达到吸引顾客的目标;另一方面,顾客的行为表现尽管受到很多外界因素的干扰,但企业通过自身努力完全可以降低甚至规避这些制约因素,努力培养顾客忠诚。

2. 顾客忠诚的测量

虽然顾客忠诚是由顾客的情感和行为两个维度共同构成的,但在实际操作中,由于情感难以被量化处理而不易被测量,企业可以从顾客的行为表现入手来对顾客忠诚情况进行测量。其主要方法有以下几种:①顾客的购买次数和重复购买率;②顾客购买的种类、数量和比例;③顾客购买时挑选的时间;④顾客对价格的敏感程度;⑤顾客对企业产品质量事故的包容程度;⑥顾客对待竞争品牌的态度。

五、市场营销管理的任务与流程

(一)市场营销管理的任务

在现代企业管理中,营销职能是属于核心位置的管理职能。这是因为:第一,企业经营的主要任务是吸引、保持和扩大顾客。如果企业不能赢得更多的顾客,企业就失去了存在的价值和意义。市场营销的基本任务就是在动态的管理过程中(市场调查——市场定位——生产——销售——目标顾客),以优质的产品、合理的价格、全方位的服务,来实现顾客满意的利益和需求。第二,企业管理是一个复杂的系统工程。要实现顾客需求的高度满意,就必须要有职能部门的通力合作和协调配合,然而这种配合协作应以营销管理为中心,脱离营销宗旨和任务的生产管理、财务管理和人力资源管理,无论其管理效益有多高,也没有实际意义。第三,企业经营管理的基本任务是认识和研究目标市场的顾客需求,并在此基础上将企业各种资源优化组合,提供能充分满足顾客欲望和需求的产品或服务。市场营销正是实现市场需求与企业经营有效连接的基本功能。与其相比,生产管理、人力资源管理均属于辅助职能,必须围绕着提高市场管理能力而提供辅助功能。第四,市场营销管理实质上是顾客需求管理,是企业由内至外、内外结合的管理。企业能否赢得顾客,是衡量企业绩效和竞争地位的首要标准,失去了顾客便失去了企业的生命力。企业在开展市场营销的过程中,一般要设定一个在目标市场上预期要实现的交易水平,然而,实际需求水平可能低于、等于或高于这个预期的需求水平。换言之,在目标市场上,可能没有需求、需求很小或超量需求。根据需求水平、时间和性质的不同,可归纳出八种不同的需求状况。在不同的需求状况下,市场营销管理的任务有所不同。

1. 扭转性营销——负需求

扭转性营销是针对负需求实行的。负需求是指市场上全部或大部分人对某种产品或服务不仅没有需求,反而厌恶,甚至宁愿付出一定的代价来躲避该产品。比如,素食主义者对所有肉类有负需求;有些旅客对坐飞机有畏惧心理,也是负需求。针对这类情况,营销管理的任务是扭转人们的抵制态度,使负需求变为正需求。营销者必须首先了解这种负需求产生的原因,然后对症下药,采取适当措施来扭转。

2. 刺激性营销——无需求

刺激性营销是在无需求的情况下实行的。无需求是指人们对某种产品或服务既无负需求,也无正需求,表现出毫无兴趣或漠不关心的一种需求状况。形成这种状况的原因通常有三个：人们认为无价值的废旧物资；人们认为其有价值，但在特定的目标市场却无价值，如沙漠地区对游泳衣、救生圈的需求；新产品或消费者不熟悉的产品，人们不了解或买不到，所以无需求。针对无需求的状况，市场营销管理的任务是设法引起消费者的兴趣和欲望，刺激需求，使无需求逐步变成有需求。

3．开发性营销——潜在需求

开发性营销是与潜在需求相联系的。潜在需求是指相当一部分消费者对某种产品或服务有强烈的需求，而现有产品或服务又无法使之满足的需求状况。例如，人们渴望有一种味道好而对身体无害的卷烟。因此，营销管理的任务是，通过市场调查研究及预测工作，努力开发新产品，设法提供满足消费者潜在需求的新产品或服务，将潜在需求转变为现实需求。

4．重振性营销——下降需求

下降需求是指某种产品或服务的需求呈下降趋势的状况。针对下降需求，市场营销的任务是重振市场营销，即企业采取适当的市场营销措施，改变引起下降的因素，如完善产品性能、改变广告宣传内容、销往新的目标市场、开发新的销售渠道等，使下降趋势得以抑制，变下降需求为上升需求。

5．协调性营销——不规则需求

不规则需求是指有些商品或服务的需求在一年的不同季节、不同月份，或者在一周的不同时间，甚至在一天的不同时点上下波动很大，有时多，有时少，呈不规则的状况。针对不规则需求的状况，营销管理的任务是协调市场营销，即通过各种措施均衡需求。例如，采取需求差别定价策略，在需求少时降低价格，以鼓励人们在淡季消费；在需求多时提高价格，限制消费。变不规则需求为均衡需求、规则需求。

6．维持性营销——充分需求

在需求饱和的情况下，应实行维持性营销。充分需求是指某种产品或服务需求的时间和水平正好等于预期需求的时间和水平的状况。这是一种理想的需求状况。针对这种需求状况，营销管理的任务是维持市场营销，即企业采取措施维持目前的需求水平。例如，保持产品的质量、广告频率及次数等，努力降低产品营销成本。

7．限制性营销——过量需求

当某种产品或服务需求过剩时，应实行限制性营销。如对风景区里过多的游人，对市场中过多的能源消耗等，都应实行限制性营销。限制性营销就是长期或暂时地限制市场对某种产品或服务的需求，通常可采取提高价格、减少服务项目和供应网点、劝导节约等措施。

8．抵制性营销——有害需求

抵制性营销是针对有害需求实行的。有些产品或服务对消费者、社会公众或供应者有害无益，对这种产品或服务的需求，就是有害需求。营销管理的任务是抵制和消除这种需求，实行抵制营销或禁售。抵制性营销和限制性营销不同，限制性营销是限制过多的需求，而不是否定产品或服务本身；抵制性营销则是强调产品或服务本身的有害性，从而抵制这种产品或服务的生产和经营。例如对毒品、赌博、黄色书刊等，就必须采取抵制措施。

(二)市场营销管理的流程

一方面，营销活动是面向顾客需求的；另一方面，企业所能满足的顾客需求又是有限的，即企业不可能满足所有市场上的所有需求。因此，营销活动必须找到合适的重心，即确定企业的目标市场，进而比竞争对手更有效地满足目标市场中的顾客需求。这一过程事实上就是市场营销管理的过程，其具体流程可归结为四个环节：分析环境和市场机会、确定目标市场、制定营销战略和战术、实施和控制营销活动。

1. 分析环境和市场机会

企业营销活动总是在一定的环境中进行的，从本质上讲，这是一种发现和利用市场营销规律来实现企业盈利的活动。同时，市场中存在着诸多对企业营销活动有利或不利的因素，对这些因素加以全面认识，有利于企业更好地利用市场规律。因此，企业必须对环境进行分析，以求识别和把握市场机会，即发现顾客需求的变化或者新出现的需求，进而决定是否或怎样满足这种需求。同时，环境分析的另一个目的就是及时发现环境中存在的威胁并采取相应的规避措施。

2. 确定目标市场

顾客的需求总是处于变动之中，因此只要企业善于发现，就能找到很多机会。尽管在条件允许的情况下，企业应该满足尽可能多的需求以获得更多的市场回报，但事实上，企业不可能为所有人服务，如果尝试为所有人服务，那么最终任何顾客都得不到好的服务。因此，在经过系统科学的环境分析并发现市场切入点时，就要有针对性地选择企业将要服务的顾客群体，即目标市场。在选定目标市场时，企业一方面要考虑自身的能力，即能否满足目标市场的需要，另一方面要综合衡量将要选择的目标市场能够给企业带来的获利潜力及需要承担的风险，进而决定是否要进入该市场。

3. 制定营销战略和战术

在确定目标市场后，企业就要开始制定具体的营销战略，并部署相应的营销战术去满足其需要。在具体的方案制定时，主要涉及两个方面的内容：①就长期而言，企业应采取何种战略去满足目标市场的需要，即企业在满足目标市场的过程中应该奉行一种怎样的原则；②就当下而言，企业应该怎样合理安排各种营销手段或工具，即对营销组合的确定。

4. 实施和控制营销活动

市场营销管理的最后一个步骤是在确定的营销战略和战术的指导下对营销活动进行具体的实施和控制，以及在实施过程中根据市场环境等因素的变化对预先设计好的营销方案进行系统调整。显然，这也是连接先前三个环节同企业目标最终实现的重要媒介，在这一环节之前的所有工作恰当与否最终要在这一环节中得到检验。因此，企业应对这一过程引起足够的重视，组织和配备相应的专业管理人员去完成这项工作。

第二节　市场营销学的性质、研究对象和研究方法

一、市场营销学的性质

市场营销专家菲利普·科特勒对于市场营销学的学科性质作了阐述：市场营销学是一门

建立在经济科学、行为科学、现代管理理论基础上的应用科学。他清晰地阐明了市场营销学的学科性质、特点以及它与其他学科之间的关系。

从历史上看，市场营销学是从西方经济学中分化出来的一门独立的学科，它建立在经济学、行为科学、现代管理理论和现代科学技术的基础上，并且大量运用了这些学科的研究成果，经过一个世纪的发展和演变，市场营销学已经成为建立在多种学科基础上的一门应用学科，具有综合性、边缘性的特点。

二、市场营销学的研究对象与特点

(一)市场营销学的研究对象

市场营销学是一门以经济科学、行为科学、现代管理理论和现代科学技术为基础，研究以满足消费者需求为中心的企业营销活动及其规律性的综合性应用科学。

市场营销学是在20世纪初从经济学的母体中脱胎出来的，其中，经济学、心理学、社会学以及管理学等相关学科对市场营销思想的贡献最为显著。市场营销学的研究对象是以满足消费者需求为中心的企业营销活动的过程及其规律性。营销学作为一门应用型科学是和实践紧密相连的。

(二)市场营销学的特点

在经济学和管理科学基础上发展起来的市场营销学，反映了市场经济活动的一些基本规律，有着自己的学科特点。

(1) 动态性。在当代社会里，随着经济的发展和科学技术的进步，市场总是处在不断变化之中的。因此，就要求企业能够根据变化了的市场环境，及时调整自己的各项营销策略，以适应新的市场环境的需要。所以，市场营销学的内容也是随着市场环境和企业营销策略及经营活动方式的改变而不断更新的，市场营销学的动态性要求我们要运用发展的观点来学习、研究市场营销学。

(2) 实用性。市场营销学是为了适应商品经济的需要而产生和发展起来的，具有很强的实用性。企业在从事生产经营活动的过程中，不仅要面对异常复杂、变化着的市场环境，还要面对企业自身的诸如企业的规模、资源的状况、产品系列的多少、企业的组织结构以及企业的相对优势和劣势等问题。而市场营销学恰恰可以为企业提供一把解决这类问题的钥匙，实实在在为企业家出谋划策、开拓思路，求得企业更大的发展。

(3) 系统性。市场营销学与其他学科一样，处在不断发展与完善之中，但就其理论体系而言却是一个完整的体系。市场营销学系统地研究了企业在产前、产中和产后的整个生产经营过程，指出企业要以市场为中心，要积极参与市场竞争，把握市场走势，按质、按量、适时、适地、适价地为市场提供产品和劳务，以最大限度地满足市场的需求。

(4) 预见性。市场营销学重视市场的调查、分析和研究，收集的相关资料准确、及时和全面，为企业家经营决策提供了可靠的依据，避免了企业生产经营活动的盲目性，减少了企业的经营风险，使企业掌握了从事营销活动的主动权，这些都与市场营销学所具有的预见性特点有关。

三、市场营销学研究的基本内容

市场营销学是一门建立在经济科学、行为科学和现代管理理论基础之上的应用科学。其内容具有综合性、实践性、应用性的特点。在市场营销学的发展过程中，研究对象在不断地修正，研究内容也在不断丰富。

1964年，美国麦卡锡(Jerome Mecertry)教授首先将市场营销学的研究内容概括为易于记忆的"4P"。"4P"理论认为影响企业经营的诸因素中，市场营销环境是企业不可控制的因素，而产品、分销、促销、价格等因素是企业可以控制的变量，所以市场营销学就是研究企业针对所选定的目标市场如何综合配套地运用这四个可以控制的变量，组成一个系统化的营销组合策略，以实现企业经营目标。由于产品(Product)、分销(Place)、促销(Promotion)和价格(Price)英文的第一个字母均为P，所以简称"4P"。1984年，美国著名的市场学家菲利普·科特勒首次提出了大市场营销理论。大市场营销理论在原来的"4P"基础上，再加两个"P"，即"政治权力"(Power)和"公共关系"(Public Relations)。

综合起来，市场营销研究的主要内容可以归纳为以下几个方面。

第一是关于市场的质的分析。分析市场的构成及类型，研究影响市场活动的各种可控和不可控因素；对市场消费因素进行分析，并研究消费者的购买行为等。这些内容是研究市场营销活动的理论基础。

第二是关于市场的量的分析。研究市场调查与市场预测的方法，确定市场规模，合理地组织营销力量和制订销售计划的方法等。

第三是关于市场营销的战略及具体策略分析，其中包括市场细分策略、市场营销组合策略、市场进入和发展策略，以及产品策略、定价策略、销售渠道策略和促进销售策略等。

四、市场营销学研究的基本方法

市场营销学的研究对象是市场营销活动及其规律性，研究内容是市场营销活动中的内外部因素。纵观国内外市场营销学的理论和实践，研究市场营销学的具体方法主要有以下五种。

(1) 产品研究法。这是以物为中心的研究方法，即在产品分类的基础上，对各类产品市场分别进行研究。例如，产品可分为农产品、矿产品、工业品和服务等。不同的产品有不同的生产和营销规律，也有不同的顾客和分销渠道。人们可以对某类产品进行特定营销，包括对某类产品的需求调研、设计、定价、分销、促销，以使特定的顾客满意。

(2) 机构研究法。这是以研究市场营销制度为出发点，体现以人为中心的研究方法，即集中对整个市场营销系统中的各特定机构的性质和功能进行研究。这种方法对市场营销系统中的制造商、批发商、零售商和各种代理商等机构及其在市场营销中的功能和作用分别进行研究。

(3) 职能研究法。这是以研究产品从生产者到消费者手中所进行的各种营销活动过程中，市场营销组织所发挥的功能的方法。市场营销组织的主要职能有调研、推销、储存、促销等。其研究目的是明确各种职能的效应及其相互关系，以便有效地开展各种市场营销活动，求得企业最佳的综合效益。

(4) 管理研究法。这是一种脱离了所经营的具体商品而从管理的观点来研究市场营销的方法，将企业的市场营销活动看作是企业对市场营销的管理过程，即决策、计划、组织和控制。企业的任何一项市场营销活动实质上就是一个管理过程，企业根据目标市场的需要，在产品、价格、促销、渠道这四个方面进行决策、计划、组织和控制，形成最佳的市场营销组合，以便在满足目标市场需要的同时，取得预期的利润。目前，西方国家的市场营销学者主要采用这种研究方法。

(5) 社会研究法。这种研究法从宏观角度研究社会产品和资源的分配、各种市场营销活动和市场营销机构所产生的成果和社会效果以及所发生的费用。这种研究方法主要研究市场的功能、市场营销活动的合法性、各宏观营销环境因素对市场营销活动的影响以及市场营销对生态环境的影响等问题。

第三节　市场营销学的形成与发展

一、产生形成时期

1. 产生时期

把市场营销作为一门科学来系统地研究市场营销活动的规律性问题，起源于19世纪末的美国。从19世纪开始，随着工业革命对生产力的解放，西方资本主义有了很大的发展。1825年，西方世界爆发了第一次以"生产过剩"为特征的大规模经济危机，之后十年左右就要出现一次周期性的经济危机，从而使产品销售成为企业所关心的问题。一些企业开始重视对市场的研究，并着手开展一些以市场为导向的营销活动。资本主义市场经济的发展，推动了人们对市场营销活动的认识从经验走向理论。但市场营销作为一种实践活动，却有着悠久的历史，可以说市场营销是伴随着商品而出现的。

从19世纪末，就有一些学者开始对推销、广告等营销行为进行研究。20世纪初，一些学者比较系统地提出了促销和分销方面的有关理论。1905年，克罗伊西(W. E. Kreusi)在美国的宾夕法尼亚大学第一次讲授了"产品的市场营销"(The Marketing of Products)的课程，提出了"市场营销"(Marketing)这个词；1912年，被誉为市场营销学鼻祖的肖(A. W. Shaw)在《经济学杂志》上发表了题为《关于市场分配的若干问题》的论文。市场营销能够从经验走向科学，形成专门的一整套系统的理论，是人类社会工业化和市场化发展的产物。

2. 形成时期

从19世纪末到20世纪30年代是市场营销理论体系形成的准备阶段，20世纪30年代到50年代是现代市场营销观念与技术的基本形成阶段。在这一时期，从1929年到1933年的经济危机造成整个西方世界商品积压、企业倒闭、市场萧条、失业上升。各资本主义国家的工业生产下降了37%，世界贸易额减少了三分之二。面对严峻的市场考验，许多企业纷纷推出各种各样的销售方式和手段，经济学家和企业管理学家也把更多的精力投入到市场理论研究中。这样，从销售实践中归纳升华而形成的理论在指导企业的销售活动中发挥了前所未有的巨大作用，从而使20世纪二三十年代成为市场营销活动在西方企业中迅速普及的时期，这一时期也被称为市场营销理论的应用阶段。到1931年，美国市场营销协会(American Marketing Association，AMA)成立，对市场营销的研究活动趋于社会化。在这一时期，有关市场营销的文章和论著急剧增加，而且越来越趋向于对市场营销理论的系统研究，注重于市场营销理论框架的塑造，其中比较有代表性的是克拉克(F. E. Clark)在1922年写的《市场营销学原理》。但从现代市场营销观念来看，这一时期关于市场营销的研究还主要局限于商品流通领域，致力于如何把企业现有的产品推销出去，因此，它与现代营销观念还有相当长的一段距离。

二、成熟发展时期

1．成熟时期

市场营销学的理论与实践在20世纪50年代之后进入成熟阶段。在这一时期，以美国为代表的发达国家经历了一场广泛而深刻的现代科技革命，并由此导致了劳动生产率的极大提高、社会产品数量急剧增加，同时，由于消费者收入水平的提高，也导致了市场购买能力的增加，并且潜在的社会需求出现了进一步增长的趋势。越来越多的企业由单纯研究产品的宣传和销售，开始转向对市场潜在需求的发现和研究，并开始研究如何以市场需求为导向，指导企业的生产和经营活动，组织有系统的市场营销活动。美国的可口可乐公司、国际商用机器公司(IBM)、通用电气公司、沃尔玛零售商业公司等跨国公司和企业集团都在实践中创造出了一整套的市场营销的策略和技术。在这样一种社会背景下，市场营销的概念和原理也发生了根本性的变革。市场营销的研究对象突破了流通这一传统的领域，进入了企业的生产经营管理领域，实现了从传统市场营销向现代市场营销的过渡，为理论上的研究奠定了基础。

从20世纪50年代开始，市场营销学说就开始在欧洲广为传播；从20世纪60年代开始，进入了苏联和日本，特别是在日本得到了灵活的运用和新的发展。20世纪70年代以后，东南亚地区和中国也开始引进和接受了市场营销的理论。在此期间，出现了一批对于市场营销学说的发展具有重要贡献的营销学者，其中，最值得推崇的是杰罗姆•麦卡锡(Jerome Mecartry)和菲利普•科特勒(Philip Kotler)。1960年，麦卡锡和普利沃特合著的《基础市场营销》第一次将企业的营销要素归结为四个基本策略的组合，即著名的"4P"理论(Product，Price，Place，Promotion)，这一理论已取代了此前的各种营销组合理论，成为现代市场营销学的基础理论；菲利普•科特勒于1967年出版了《营销管理——分析、计划与控制》一书，该书从企业管理和决策的角度，系统地提出了营销环境、市场机会、营销战略计划、购买行为分析、市场细分和目标市场以及营销策略组合等市场营销的完整理论体系，成为当代市场营销学的经典著作，使市场营销学理论趋于成熟。

2．发展时期

从20世纪70年代以来，现代市场营销理论一直处在不断完善的过程中。麦卡锡和科特勒的著作都是每隔三年左右就再版一次，在理论上不断有所创新，如菲利普•科特勒在1991年《市场营销学》第七版中增加了"营销计划背景分析""竞争者分析"和"服务营销"等内容；在1994年第八版中讨论了"营销近视"的问题，并提出了"通过质量、服务和价值来建立顾客满意度"；在1997年第九版中，又讨论了"21世纪营销"的新内容——"网上营销"(online marketing)；而在2000年出版的"千禧版"中则对网络营销、电子商务等因高科技的推动而发展起来的新的营销方式作了更为全面而深入的分析。在这一阶段，人们对市场营销理论与实践的充实和完善主要表现在两个方面：一是市场营销的理论研究与经济学、管理学、心理学、社会学等相关学科的联系更加紧密，这些相关学科的研究成果被越来越多地引进到市场营销理论体系中,使得市场营销成为一门综合性的边缘学科,并在市场营销活动中得到广泛的重视和应用;二是信息科学和计算机科学被广泛应用于企业的市场营销管理中,使得传统的市场营销工作实现了向现代化、系统化和实用化方面的发展。

三、市场营销学在我国的推广

市场营销学于20世纪70年代末引入中国大陆,我国重视市场营销学是1980年以后的事。在高度集中的计划经济体制下,企业是政府机构的附属物,生产出来的产品由政府统购包销,企业与市场不发生直接关系。同时,产品长期短缺,是"皇帝女儿不愁嫁",企业也就不会去专门研究市场。所以当在美国诞生的市场营销学在"二战"后广泛传播到欧洲、日本,甚至东欧、苏联时,中国人对它却很陌生。1978年,中国开始采取改革开放政策,计划经济体制开始被打破,市场在资源配置中的基础性调节功能逐渐得到发挥。企业直接面临市场,成为独立的经营主体。这样,市场营销学开始引起我国政府部门、学术界和企业界的重视。

1980年,国家经济贸易委员会、国家科学技术委员会和当时的高等教育部与美国政府合作,在大连建立了高级管理干部培训中心,组织美国的大学教师来中国讲授"市场营销学"课程。1981年8月,企业管理出版社把美国教授的市场学讲课内容进行整理后公开出版,取名为《市场学》。这可以说是中国实行改革开放政策后的第一本公开正式出版的市场营销学著作。与此同时,1980年,中国外贸部与联合国国际贸易中心合作,在北京举办了两期市场营销培训班,由美国、加拿大等国的专家讲课。同样类型的培训班在其他地方也举办过多期,这对于市场营销学的推广起到了良好的作用。到1982年,我国正式公开出版的市场营销学著作已达近十本。1983年10月,在西安召开了市场营销学教学研究会的筹备会议。在各省、市纷纷成立由学术界与企业界共同参加的市场营销学会的基础上,1991年3月,中国市场学会在北京正式成立。

进入20世纪90年代以后,全国大专院校都普遍开设了"市场营销学"课程,并把它作为经济管理类专业的主要课程。许多高等院校还设置了市场营销专业,而且已成为最热门的专业之一。在企业界,越来越多的企业开始自觉地运用市场营销学的原理与方法来指导经营活动。很多企业通过聘请专家学者进行学术讲课、举办培训班、派人去高等院校旁听、进修,以及招聘市场营销专业的毕业生等方式逐渐掌握了一些市场营销的基本理论和知识。与此同时,大量国外市场营销学的教材和论著被翻译出版,引进中国。中国的学者们也在对市场营销学进行悉心研究的基础上,编著了大量市场营销学方面的教材和专著。据不完全统计,目前中国"市场营销学"方面的教材和专著已达100余种,在促进市场营销学的普及和发展上发挥了重要作用。人们越来越认识到,要使企业在市场竞争中取胜,就必须依靠市场营销学的理论和方法。

第四节　市场营销观念的演变

所谓市场营销观念,是指企业在一定时期、一定生产经营技术和市场环境条件下,进行全部市场营销活动,正确处理企业、顾客和社会三者利益方面的指导思想和行为的根本准则。市场营销观念的演变过程,迄今为止,大致经历了以下几个阶段。

一、生产观念

在 20 世纪 20 年代以前，由于社会生产力发展水平的限制，商品市场处于供不应求的状态。在这种情况下，企业生产的产品，只要质量较好、价格合理，即使花色品种单一，也能够在市场上销售出去。这是一种建立在卖方市场基础上的市场营销观念，是一种典型的"以产定销"的思想。这种观念能够得以存在，是以产品供不应求、不愁无销路为条件，以大批量、少品种、低成本的生产更能适应消费需求为前提的。美国福特汽车公司的创始人福特先生曾对建议其生产彩色汽车的人说过这样的话，"不管顾客需要什么，我们生产的汽车就是黑色的。"因为他认为福特公司的汽车物美价廉，不愁没有销路。然而当其他公司所生产的彩色汽车开始风靡于市场之后，福特才醒悟到自己决策的错误，单纯的"生产观念"给他带来了很大的损失。中国在 20 世纪 80 年代之前，大多数企业奉行的主要是"生产观念"，中国当时许多消费工业品(如手表、缝纫机、自行车、电视机等)都要凭票凭证供应，根本没必要去考虑市场销售问题。

生产观念容易产生于三种市场环境条件之下：一是产品明显地供不应求。西方在 20 世纪 20 年代以前，中国在 20 世纪 20 年代以前的情况基本上都是如此。二是价格竞争是市场竞争的基本形态。在这种情况下，企业竞争的主要手段是降低产品的价格，而降低价格的前提则是通过生产规模的扩大和对生产成本的控制，所以企业必然以主要精力去扩大生产和降低成本。三是实行计划经济体制，资源和产品的分配不属于企业的责权范围，所以企业也无须考虑除生产之外的其他问题。

(扫一扫，看案例 1-1)

二、产品观念

产品观念是在生产观念的基础上发展的，其特征在于企业不是主要靠降低成本，而是主要靠提高产品的质量来开发和占领市场的。"皇帝的女儿不愁嫁"，经营者认为顾客关注的主要是产品的性能、质量和特色，设计和开发优良产品是企业市场竞争的主要手段。注意以产品质量的改变和提高去赢得企业的市场地位比只重视产量和成本的"生产观念"前进了一步。产品观念的局限性在于对于产品的设计与开发只是从企业的角度出发，以企业为中心进行的，而并没有认识到顾客所购买的实际上是对于某种需要的满足。所以企业经营者仍只是把眼光注视着企业内部的生产领域，而没有把眼光转移出去，注意研究企业外部的市场，即所谓的"营销近视症"。如日本有家保险箱生产公司的经理抱怨消费者没有眼光，对该公司生产的"牢不可破"的保险箱很少有人问津。一次在对一位朋友谈起此事时，他怒不可遏，竟然抬起一台该公司的产品从五楼扔了下去，然后让这位朋友去看这保险箱有没有损坏。然而这位朋友只是淡淡地一笑，说道："我想您的顾客购买保险箱决不会是为了从楼上往下扔吧？"这个例子说明了如果不是从消费者的需要出发去开发和设计产品，再好的产品也可能没有市场。

产品观念产生的市场环境条件同生产观念差不多，但此时产品的

(扫一扫，看案例 1-2)

供应已经比较丰富，出现了品种和类型上的差异，顾客对产品的选择性也开始增强，从而使企业在一定范围内面临市场竞争，促使企业开始重视产品的改良和提高。

三、推销观念

从 20 世纪 20 年代开始到第二次世界大战结束这一阶段，由于社会生产力的提高，从整体上讲，商品总供给超过了市场总需求，表现为即使商品的质量高、价格合理也不一定能卖出去。这就迫使企业开始重视市场销售问题，千方百计地实施"企业卖什么、人们就买什么"的销售策略，以销售保生产、保利润，实现企业的市场目标。推销观点产生于卖方市场向买方市场转换的过程之中，这种变化虽然提高了销售工作在企业经营管理中的地位，但这种强调推销的经营观念是从既有的产品出发的，仍然没有超越"以产定销"的观点。

推销观念同生产观念和产品观念相比有明显的进步，主要表现为企业经营者开始将眼光从生产领域转向了流通领域，不仅在产品的设计和开发，而且在产品的销售促进上投入了精力和资本。但是推销观念仍然是以企业为中心，是以说服和诱导消费者接受企业已经生产出来的产品为目的，仍然没有把消费者放在企业经营的中心地位。再好的推销手段也不能使消费者真正接受他所不需要或不喜欢的产品，特别是当市场竞争变得日益激烈的时候，推销的效应就会逐渐递减。

（扫一扫，看案例 1-3）

四、市场营销观念

20 世纪 50 年代以后，科学技术得到了迅速发展，西方社会的生产力水平发生了革命性的深刻变革，社会产品丰富、品种多样，商品供过于求的矛盾更加突出，使整个资本主义市场已经由卖方市场完全转变为买方市场。与此相适应，西方先进企业的经营思想也由推销观念发展成为市场营销观念，即企业必须生产能够在市场上卖得出去的商品。为此，企业必须以消费者的需要为中心，组织产品的设计、生产和销售，采取适应消费者消费行为的营销组合措施，才能实现商品交换和企业经营目标。市场营销观念是在根本上区别于前两个阶段的"以产定销"观念的现代企业经营思想，实行"以销定产"，强调按照目标市场顾客的需要与欲望去组织生产和销售，通过满足顾客的需要，来不断扩大市场销售，从而获得长期的利益。

总的来讲，市场营销观念的基本特征可表现在以下四个方面。

第一，市场营销观念把企业经营的重点放在消费者身上，一切营销努力都在于使消费者满意。而以前的经营观念则是把经营的重点放在产品上。

第二，市场营销观念要求从市场的整体出发，运用各种市场营销方法，不断地对市场动态进行预测和研究，满足以消费者需要为前提来组织全部营销活动。而以前的经营观念只是把销售作为一般手段和经营的一个环节，将其放在次要的位置上。

第三，市场营销观念对利润的取得不拘泥于每一次交易，而是从市场全局考虑，着眼于长期的、综合的、最后的利益。而以前的经营观念对利润的取得则着眼于每一次的交易活动上，有利则干，无利则休。

第四，市场营销观念要求企业的管理体制和组织结构要服从于满足消费者需要的共同目标，合理分工，协调行动，以经营部门或销售部门为核心部门，不允许各部门只根据本位利益而各行其是。而以前的经营观念则要求企业管理体制和组织结构以生产部门、采购部门和财务部门为主，销售部门和经营部门在企业经营管理中处于次要地位。

一般来说，市场营销观念只有在市场经济发展比较成熟、市场竞争十分激烈的市场环境条件下，才容易被企业接受。这是因为真正采用市场营销观念的企业会在原有的基础上增加很多新的工作和投资(如市场调研与营销策划等)，以营利为目的的企业只有在其认为确实有必要的情况下，才会接受并相应地增加这方面的投入，随着营销必要性的逐步增强，而提高市场营销在企业中的地位。

(扫一扫，看案例1-4)

【课堂讨论1-2】

某医药公司销售广东某正规药厂的流感预防针，销路很好，但由于进销差价小，利润不大。过了一阵子，该公司从浙江的非正规药厂以比广东正规药厂低50%的价格购进一批流感预防针，仍按正规品价格出售，且消费者没有发现，从而使该公司的利润大幅上升。

该医药公司的行为是一种什么行为？

五、客户观念

客户观念也称客户管理观念，是指企业注重收集每一个客户以往的交易信息、人口统计信息、心理活动信息、媒体习惯信息以及分销偏好信息等，根据由此确认的不同客户的类型，分别为每一个客户提供各自不同的产品和服务，通过提高客户忠诚度，增加每一个客户的购买量，从而确保企业的利润增长。

客户能够给企业带来利润价值、聚客效应、信息价值、口碑价值，也是企业对付竞争的利器。市场竞争其实就是企业争夺客户的竞争，客户的存在是企业存在的前提。

市场营销观念强调的是满足每一个子市场的需求，而客户观念则强调满足每一个客户的特殊需求。

客户观念最适用于那些善于收集单个客户信息的企业，尤其是第三产业的服务型企业，例如金融、保险、医疗、旅游、餐饮等行业的企业。这些企业所经营的产品能够借助客户数据库的运用实现交叉销售，如产品需要周期性的重购或升级。

六、社会营销观念

20世纪70年代以来，市场营销观念已经被西方许多发达资本主义国家的企业广泛采用，但有些企业在经营过程中只片面地强调了市场需求，而忽视了企业本身的资源和能力，结果往往生产的不是自己擅长的产品。更有些企业，为了迎合一部分消费者，采取各种方式扩大生产和经营，而不顾及对其他消费者和社会整体利益的损害。面对这样的现实，人们开始认识到，单纯的市场营销观念还不能解决消费者个别需求与社会总体利益之间的矛盾。正是在这样的背景下，社会市场营销观念应运而生。社会市场营销观念的基本内容是：企业提供的产品不仅要满足消费者的需求与欲望，而且要符合消费者与社会的长远利益，企业要关心与增进社会福利。它强调了企业的市场营销活动应使企业发展、公众需要与社会长期发展协调一致，以使社会生产和经济发展处于最佳状态。

社会营销观念也是随着企业经营实践的发展而逐步为企业所接受的。因为如果企业在其经营活动中不顾社会利益，造成社会利益的损害，就必然会因受到社会公众和舆论的压力而影响企业的进一步发展；另一方面，近年来社会对于环境保护和健康消费的重视，也使得政府的政策对于有损社会利益的生产行为和消费行为的约束越来越严厉，从而迫使企业不得不通过树立良好的社会形象和主动协调各方面的关系来改善自己的经营环境，社会营销观念也因此而被普遍接受。

(扫一扫，看案例1-5)

第五节　现代市场营销理论框架

市场营销组合是市场营销理论体系中的一个重要概念。麦卡锡曾指出企业的市场营销战略包括两个不同而又互相关联的部分：一是目标市场，即一家公司拟定投其所好的、颇为相似的顾客群；二是市场营销组合，即公司为了满足这个目标顾客群的需要而加以组合的可控制的变量。

一、市场营销组合的基本框架：4P

麦卡锡教授在其《营销学》(1960年)一书中最早提出了这个理论，他将企业的一系列营销活动简单概括为企业可以控制的四个变量，提出来以"产品(Product)、价格(Price)、分销(Place)、促销(Promotion)"为核心的理论框架，简称"4P"。1967年，菲利普·科特勒在其畅销书《营销管理——分析、规划与控制》中进一步确认了以"4P"为核心的营销组合方法。

"4P"理论的提出奠定了营销管理的基础理论框架，该理论以单个企业作为分析单位，认为影响企业营销活动效果的因素有两种：一种是企业不能够控制的，如政治、法律、经济、人文、地理等环境因素，称为不可控因素，这也是企业所面临的外部环境；另一种是企业可以控制的，如生产、定价、分销、促销等营销因素，称为企业可控因素。企业营销活动的实质是一个利用内部可控因素适应外部环境的过程，即通过对产品、价格、分销、促销的计划和实施，对外部不可控因素作出积极动态的反应，从而促成交易的实现和满足个人与组织的目标。所以市场营销活动的核心在于制定并实施有效的市场营销组合。

"4P"营销组合理论具有以下几个特点。

(1) 市场营销组合因素对企业来说都是"可控因素"。企业根据目标市场的需要，可以决定自己的产品结构，制订产品价格，选择分销渠道(地点)和促销方法等。对这些市场营销手段的运用和搭配，企业有自主权，但这种自主权是相对的，不是随心所欲的。因为企业市场营销过程不但要受本身资源和目标的制约，而且要受各种微观和宏观环境因素的影响和制约，这些是企业所不可控制的变量，即"不可控因素"。因此，市场营销管理人员的任务就是适当安排市场营销组合，使之与不可控制的环境因素相适应，这是企业市场营销能否成功的关键。

(2) 市场营销组合是一个复合结构。四个"P"之中又各自包含若干小的因素，形成各个"P"的亚组合，因此，市场营销组合是至少包括两个层次的复合结构。企业在确定市场营销组合时，不但应求得四个"P"之间的最佳搭配，而且要注意安排好每个"P"内部的搭配，使所有这些因素达到灵活运用和有效组合。

(3) 市场营销组合又是一个动态组合。每一个组合因素都是不断变化的，是一个变量；同时又是互相影响的，每个因素都是另一因素的潜在替代者。在四个大的变量中，又各自包含着若干小的变量，每一个变量的变动都会引起整个市场营销组合的变化，形成一个新的组合。

"4P"理论为营销提供了一个简洁和易于操作的框架，因此，该理论提出以后便为人们广泛接受，成为长期占据市场营销学统治地位的基本理论。如何在"4P"理论指导下实现营销组合，实际上也是企业市场营销面临的基本运营方法问题。即使在今天，几乎每份营销计划书都是以"4P"的理论框架为基础拟定的，几乎每本营销学教材和每个营销课程都把"4P"理论作为教学的基本内容，而且几乎每位营销经理在策划营销活动时，都自觉或不自觉地从"4P"理论出发思考问题。因此，迄今为止，"4P"理论模型仍然是营销决策实践中一个非常有效的指导理论。

(扫一扫，看案例1-6)

二、大市场营销组合：6P

大市场营销观念是指在市场壁垒、企业难以进入的情况下，以满足守门人(指可以阻止企业进入市场的个人或团体，包括政府、立法机关、劳动工会、宗教团体及其他利益集团等)的需求为中心，争取进入市场的指导思想。其核心是综合协同地运用政治的、经济的、心理的、公共关系等的技巧和策略，赢得守门人的合作与支持，成功地打开市场大门，进入市场，开展营销活动。大市场营销观念是在20世纪80年代国际上贸易保护主义盛行时，各国政府为保护本国的民族工业，采取了一系列关税和非关税壁垒状况下产生的。菲利普·科特勒于1984年提出，企业能够影响自己所处的市场营销环境，而不应单纯地顺从和适应环境。因此，市场营销组合的"4P"之外，还应该再加上两个"P"，即权力(Power)与公共关系(Public Relations)，成为"6P"。他把这种新的战略思想称为"大市场营销"。

例如，印度饮料市场过去一直为美国可口可乐公司所占领。20世纪70年代末，由于可口可乐公司未协调好与印度政府等方面的关系，被印度政府禁止进入该国市场，最后不得不退出。与此同时，可口可乐公司的竞争对手——百事可乐公司就乘机插足，通过政治的和公共关系的活动成功地打入印度软饮料市场。百事可乐公司取得成功的经验，在于通过向印度提供一项政府难以拒绝的援助，出口一定数量的农产品，帮助发展当地的经济，转让食品加工、包装和水处理技术等。这些措施赢得了印度各利益集团的支持，排除了议员们对跨国公司的反对，终于使百事可乐公司进入印度市场。

自从菲利普·科特勒提出"大市场营销"观念之后，中国学者很快将其引入国内，并写进了教科书中。但是，这一战略思想却很少在中国市场营销的实践中得以应用。

(扫一扫，看案例1-7)

三、服务营销组合：7P

20世纪70年代以来，随着服务业的迅速发展，布姆斯(Booms)和比特纳(Bitner)将服务业市场营销组合修改、扩充为七个因素，即产品(Product)、定价(Price)、渠道(Place)、促销(Promotion)、人员(People)、有形展示(Physical Evidence)和过程(Process)。

(1) 产品。服务产品所必须考虑的是提供服务的范围、服务质量、服务水平、品牌、保证以及售后服务等。服务产品的这些因素组合的差异相当大，例如一家供应数样菜肴的小餐馆和一家供应各色大餐的五星级大饭店的因素组合就存在着明显差异。

(2) 定价。价格方面要考虑的因素包括：价格水平、折让和佣金、付款方式和信用。在区别一项服务和另一项服务时，价格是一种识别方式，顾客可从一项服务的价格感受到其价值的高低。而价格与质量间的相互关系，也是服务定价的重要考虑因素。

(3) 渠道。服务提供者的所在地以及其地缘的便利性都是影响服务营销效益的重要因素。地缘的便利性不仅是指实体意义上的便利，还包括传导和接触的其他方式。所以分销渠道的类型及其涵盖的地区范围都与服务便利性密切相关。

(4) 促销。促销包括广告、推销、销售促进、公共关系等各种市场营销沟通方式。

(5) 人员。在服务企业担任生产或操作性角色的人员，在顾客看来其实就是服务产品的一部分，其贡献也和其他销售人员相同。大多数服务企业的特点是操作人员可能承担服务表现和服务销售的双重任务。因此，市场营销管理者必须和作业管理者协调合作。企业工作人员的任务极为重要，尤其是那些经营"高接触度"服务业务的企业，所以，营销管理者还必须重视雇员的挑选、培训、激励和控制。此外，对某些服务而言，顾客与顾客间的关系也应引起重视。因为某顾客对一项服务产品质量的认知，很可能要受到其他顾客的影响。

(6) 有形展示。有形展示会影响消费者和顾客对于一家服务企业的评价。有形展示包含的因素有：实体环境(装潢、颜色、陈设、声音)，服务提供时所需用的装备实体(比如汽车租赁公司所需要的汽车)，以及其他实体性信息标志，如航空公司所使用的标识，干洗店将洗好的衣物加上"包装"等。

(7) 过程。在服务企业，人员的行为很重要，而过程，即服务的传递过程也同样重要。表情愉悦、专注和关切的工作人员，可以减轻必须排队等待服务的顾客的不耐烦感，还可以平息技术上出问题时的怨言或不满。整个系统的运作政策和程序方法的采用、服务供应中器械化程度、员工决断权的适用范围、顾客参与服务操作过程的程度、咨询与服务的流动等，都是市场营销管理者需特别关注的问题。

四、整合营销理论：4C

随着经济的发展，市场营销环境发生了很大变化，消费个性化、人文化、多样化的特征日益突出，传统的"4P"理论已不适应新的情况。为此，美国市场营销专家罗伯特·劳特朋(Robert Lauteerbom)于20世纪90年代提出整合营销的概念，用新的"4C"理论取代"4P"理论。整合营销是强调顾客、注重沟通的现代营销理论。它与传统营销最大的区别在于重心的转移，从传统的消极、被动地适应消费者，转向积极、主动地与消费者沟通交流，它把企业营销战略的重心由"4P"转向了"4C"，体现了现代整合营销理论强调顾客、注重沟通的思想。

(1) 顾客(Customer)。"4C"理论认为，消费者是企业一切经营活动的核心，企业重视顾客要甚于重视产品，这体现在两个方面：一是创造顾客比开发产品更重要；二是消费者需求和欲望的满足比产品功能更重要。如美国的一家制鞋公司，通过设计出能够引起顾客感情共鸣的鞋子，赋予鞋子以不同的情感色彩，如男性情感、女性情感、优雅感、轻盈感、成熟感，从而大受消费者青睐。

(2) 成本(Cost)。"4C"理论将营销价格因素延伸为生产经营全过程的成本，包括：企业生产成本，即企业生产适合消费者需要的产品成本。价格是企业营销中值得重视的，但价格归根结底是由生产成本决定的，再低的价格也不可能低于成本。消费者购物成本，不单是指购物的货币支出，还包括购物的时间耗费、体力和精力耗费以及风险承担(指消费者可能承担的因购买到质价不符或假冒伪劣产品而带来的损失)。近年来出现了一种定价的新思维，以往企业对于产品价格的思维模式是"成本+适当利益=产品价格"，新的模式则是"消费者接受的价格-适当的利润=成本上限"。也就是说，企业界对于产品的价格定义，已从过去由厂商的"指示"价格，转换成了消费者的"接受"价格，企业要想不断地追求更高利润，就不得不想方设法降低成本，从而推动生产技术、营销手段进入一个新的水平。

(3) 便利(Convenience)。"4C"理论强调企业提供给消费者的便利比营销渠道更重要。便利，就是方便顾客，维护顾客利益，为顾客提供全方位的服务。便利原则应贯穿于营销的全过程：在产品销售前，企业应及时向消费者提供充分的关于产品性能、质量、使用方法及使用效果的准确信息；顾客前来购买商品时，企业应给顾客以最大的购物方便，如自由挑选、方便停车、免费送货等；产品售完以后，企业更应重视信息的反馈，及时答复和处理顾客意见，对有问题的商品要主动包退包换，对产品使用故障要积极提供维修服务，对大件商品甚至要终身保修。目前国外经营成功的企业，无不在服务上下苦功，很多企业为方便顾客，还开办了热线电话服务、咨询导购、代购代送，遇到顾客投诉应当答复，并根据情况及时为顾客安排专人维修和排除故障。与传统的渠道战略相比，新的"4C"理论更重视服务环节，强调企业既出售产品，也出售服务；消费者既能购买到商品，也能购买到便利。

(4) 沟通(Communication)。"4C"理论用沟通取代促销，强调企业应重视与顾客的双向沟通，以积极的方式适应顾客的情感，建立基于共同利益之上的新型的企业、顾客关系。企业营销不仅仅是企业提出承诺，单向劝导顾客，更重要的是追求企业与顾客的共同利益，互利的交换与承诺的实现是同等重要的。同时，强调双向沟通，应有利于协调矛盾，融合感情，培养忠诚的顾客，而忠诚的顾客既是企业稳固的消费者，也是企业最理想的推销者。

五、关系营销理论：4R

20世纪80年代的关系营销理论的出现对传统的营销理论提出了挑战。格隆罗斯把关系营销定义为："营销就是在一种利益之下建立、维持、巩固与消费者及其他参与者的关系，只有这样，各方面的目标才能实现，这要通过相互的交换和承诺去达到。""这种关系哲学重在强调与顾客建立合作、信任的关系，而不是与顾客持对峙态度；重在强调公司内部的合作而不是劳动分工职能专业化；认为营销是一种遍及组织内部的兼职营销人员以市场导向的管理活动，而不是一部分营销专家的独立职能活动。"

20世纪90年代，美国学者唐·舒尔茨(Don Shultz)教授将关系营销思想进行总结，提出了基于关系营销的4R组合,受到了广泛的关注。4R阐述了一个全新的市场营销四要素,即关联(Relevance)、反应(Response)、关系(Relationships)和回报(Returns)。

(1) 与顾客建立关联。在竞争性市场中,顾客具有动态性。顾客忠诚度是变化的,他们会转向其他企业。要提高顾客的忠诚度,赢得长期而稳定的市场,重要的营销策略是通过某些有效的方式在业务、需求等方面与顾客建立关联,形成一种互助、互求、互需的关系。

(2) 提高市场反应速度。在今天相互影响的市场中,对经营者来说最现实的问题不在于如何控制、制订和实施计划,而在于如何站在顾客的角度及时地倾听顾客的希望、渴望和需求,并及时答复和迅速作出反应,以满足顾客的需求。

(3) 关系营销。在企业与客户的关系发生了根本性变化的市场环境中,抢占市场的关键已转变为与顾客建立长期而稳固的关系,从交易变成责任,从顾客变成朋友,从管理营销组合变成管理和顾客的互动关系。

(4) 回报是营销的源泉。对企业来说,市场营销的真正价值在于其为企业带来短期或长期的收入和利润的能力。

总之,从4P、4C到4R,反映了营销观念在融合和碰撞中不断深入、不断整合的趋势。因此,这三者不是简单的取代关系而是发展和完善的关系。由于企业情况千差万别,企业环境和营销还处于发展之中,所以至少在一个时期内,4P还是营销的一个基础要素框架,4C也是很有价值的理论和思路。4R不是取代4P和4C,而是在4P和4C基础上的创新与发展,所以不可把三者割裂开来,甚至对立起来。根据企业的实际,把三者结合起来指导营销实践,有助于取得更好的效果。

本 章 小 结

市场营销学是一门专门研究企业市场营销活动规律性的学科。它经历了产生时期、形成时期、成熟时期和发展时期四个阶段。

市场营销学的研究对象是企业为了通过满足消费者需求并达到自身目标,对产品、劳务的设计、分销、促销和定价等方面进行计划和实施的市场营销活动及其规律性。市场营销就是通过创造和交换产品和价值,从而使个人或群体满足欲望和需要的社会和管理过程。它涉及的核心概念有:需要、欲望和需求、产品、价值、满意和质量、交换、交易、市场、市场营销者。

市场是商品经济特有的经济范畴,是一种以商品交换为内容的经济联系形式。市场的形成必须具备一定的条件。从营销的角度来看市场,市场是由人口、购买力和购买动机(欲望)有机构成的总和。市场营销学的具体方法有产品研究法、机构研究法、职能研究法、管理研究法和社会研究法。

企业营销观念是指导企业经营活动的根本指导思想。营销观念的发展经历了生产观念、产品观念、推销观念、营销观念、社会营销观念等阶段。

市场营销理论框架以"4P"为基础,并随着企业营销实践的发展不断优化创新,构建了较为完善的市场营销理论框架体系。

思考与练习

1. 如何根据市场的含义估计市场大小？
2. 营销观念为什么会向前演进？
3. 为什么说市场营销不单纯是产品的推销活动？市场营销的核心概念是什么？
4. 营销观念与推销观念的主要区别是什么？
5. 市场营销的理论框架体系是如何演变发展的？

实 践 训 练

1. 某市某旅游景点要估计市场的大小，请写出其操作步骤。
2. 给某品牌方便面提出营销方面的建议，步骤如下。
(1) 老师提出"我为什么吃该品牌方便面"的问题。
(2) 班级同学按自然学习小组围绕老师提出的问题进行讨论。
(3) 组长引导同学拓宽思路。
(4) 就同学讨论的共性问题进行归纳。
(5) 从产品名称、品质、功能、包装、价格、促销等方面对某品牌方便面提出合理化建议。
3. 请将下列市场进行分类。

服装市场、国内市场、大米市场、水果市场、国际市场、北京市场、儿童市场、老人市场。

(扫一扫，看案例分析)

第二章 市场营销环境

【学习目标】

了解市场营销环境对市场营销活动的重要影响,掌握微观环境和宏观环境的主要构成,掌握应用分析、评价市场机会与环境威胁的基本方法以及分析企业面对市场营销环境变化所应采取的对策。

【关键概念】

市场营销环境 微观环境 市场机会 环境威胁 愿望竞争者 消费者收入

【案例导入】

星巴克,打出文化牌

星巴克(Starbucke Coffee)的起源是1971年西雅图的一间小咖啡屋,在30多年时间发展成国际最著名的咖啡连锁店品牌。星巴克的成长称得上是一个奇迹:它在全球的连锁店达4000多家。星巴克1992年在美国上市,如今,股票价值在经历了四次分拆之后已经攀升了20多倍,收益之高超过了通用电气、百事可乐、微软、IBM等大公司的收益总和。星巴克于1996年正式跨入国际市场,在时尚的东京银座开了第一家海外咖啡店。在不到十年的时间里,星巴克已打入了世界32个国家的市场,现在更是以每一天在这个地球上增加3~4家星巴克的速度在成长,这样惊人的速度令人不得不想一窥个中奥妙。

固然,高品质的咖啡、忠诚的员工关系策略都是星巴克得以在市场上经久不衰的原因,而星巴克最吸引人的地方,则是把这样一种在西方传承数百年的古老消费品,变成时尚的代名词,重新演绎着现代人的生活方式和文化内涵。

星巴克从品牌名称到LOGO设计都让人产生联想,并充满好奇。"星巴克"一名取自美国古典冒险小说《大白鲨》,主人公是船上的一位大副,他有着丰富的航海经验,幽默坚定,爱喝咖啡。星巴克的LOGO形象设计则来自于多数人都熟悉的古老的海神故事。荷马在《奥德赛》中描述了海神如何将水手引诱到水中,让他们在销魂的音乐中幸福快乐地死去。中世纪的艺术家们把这些生灵刻画成美人鱼,从此这些生灵传遍了整个欧洲,人们用它们装饰大教堂的屋顶和墙壁。星巴克商标中的那个年轻的双尾海神,便是由中世纪的故事演绎而成的。星巴克自助式的经营方式,使顾客强烈地感受到它的自由风格。

星巴克成为知名品牌并不是销售一杯香甜的咖啡那么简单,更多的是销售一种在淡淡优雅的氛围中,拥有放松感觉和愉悦心情的美妙咖啡体验。正是这种独特的文化定位使星巴克从平凡的咖啡店中脱颖而出,而正是萧兹给了星巴克这样一个创新飞跃的契机。

萧兹加入星巴克负责市场营销半年后,1983 年到米兰参加商展,他走在街头,发现浓缩的咖啡馆一家接一家,而且都挤满了人。意大利人早中晚都会在咖啡馆徘徊片刻才回家,大家一进门就像参加朋友聚会一般,彼此会在歌剧和音乐声中相互攀谈聊天。萧兹对于人的需求的敏感让他捕捉到了扭转星巴克,也是扭转他自己一生的灵感。什么才是咖啡馆能够真正吸引顾客一来再来的主要因素,这是美国人在家里喝了上百年的咖啡,而星巴克销售了 10 多年的咖啡豆也仍无法体验和总结出来的,那就是一种舒适的人文环境和生活体验更多于对咖啡本身的消费需求。于是,萧兹把米兰的经验稍作调整,搬到了美国,歌剧音乐换成了美国崇尚流行的爵士乐,在柔和的暖暖的灯光下,恣意流畅在星巴克的是一种悠闲和自在,你可以挑选在看似随意设置的舒服柔软的沙发或木质桌椅前就座,尽情地享受在嘈杂和忙乱的工作和生活的节奏中偷得的片刻闲暇,无论是朋友小聚,还是悠然独酌,加上一杯高品质的咖啡,谁不会为这样的情趣所心动,从而小小奢侈一把呢?尽管星巴克每杯咖啡的价格是其他咖啡店的两倍,但星巴克的这种颇具文化品位的优雅的经营理念,却开启了现代都市人们自己都不曾觉察到的需求。于是星巴克成了安静的早餐店,成了小聚的社交地,成了许多人静静思考的个人办公室,也成了除去家和办公室的人们最爱去的第三类场所。在中国,几十平方米的咖啡店里,常常可以看到衣着光鲜的白领们手捧咖啡杯,或聊天、或摊开资料、打开笔记本电脑讨论工作。现在世界上每周都会有 2000 万人次光临星巴克,几乎是每个星期就能够积累出一个上海的人口。

星巴克在中国的成功也有赖于上面所提及的浓浓的文化情调和舒适的环境氛围,这和星巴克将目标群体定位在具有一定消费能力的"小资"人群和商务人士上无疑是一致的。

星巴克在选址上非常注重靠近所定位的目标群体。经过实践调查,下午和傍晚时分人气最旺,不少分店直到零点还有顾客。当地的店长介绍说,这些大都是附近的人。这点不像酒店,也不像娱乐场所,人们不会为喝一杯咖啡而跑得很远,一般都是就近就便。所以星巴克的选点一般是在写字楼集中的商务区域、休闲娱乐场、繁华的商业区等地方。在风格上,星巴克主要突出美式风格。每个新店的地点定下来之后,都要及时将店面形状绘成图纸发往美国,由位于西雅图的星巴克总部统一设计,然后再发回国内进行装修。在色调上一般用的是暗红与橘黄色,加上各种柔和略带暖色的灯光以及体现西方抽象派风格的一幅幅艺术作品,再摆放一些流行时尚的报纸杂志、精美的欧式饰品等,写一些诸如"咖啡是你一辈子的情人"等软语温存的话语,那种亦真亦幻的氛围就烘托出来了,人们在这里交往就会觉得非常富有亲和力。

进入星巴克,你会感受到空中回旋的音乐在激荡你的心魄。店内经常播放一些爵士乐、美国乡村音乐以及钢琴独奏等。这些正好迎合了那些时尚、新潮、追求前卫的白领阶层。他们天天面临着强大的生存压力,十分需要精神安慰,这时的音乐正好起到了这种作用,确确实实让你在消费一种文化的过程中,催醒你内心某种也许已经消失的怀旧情感。

一位顾客反映,星巴克人对此显得很会算计,他们会尽量选一些舒缓、优美的轻柔音乐,使人们沉醉其间,增加消费,这一点和一些快餐店截然相反。那些快餐店的音乐一般都是快节奏的,以期在音乐的暗示下,让你快点吃完走人。天津一位星巴克店长也直言不讳地说,星巴克期望你久坐在店中，然后用音乐来俘获你的心。不少人本来待不到一小时就准备走的，结果为美妙的乐曲所诱，一下子待了两三个小时，咖啡也从一杯可能增加到三四杯。人流量不增，咖啡销量却有可能翻番。如果店内的气氛不好，人家喝不完一杯咖啡就想走人，而且很可能再也不会来了。

这位店长还指着一些正在上网的人说道，你来到店里，只要带上一台笔记本电脑，加插一块无线网卡，就可以无线高速上网。这里不仅可以聊天、玩游戏，还可进行亲情交流、和远在天涯的人谈生意等。在我们这里，梦想中便捷而浪漫的现代生活已经成真。

(资料来源：www.docin.com/p-47545517.html，2010-07-04)

第一节　市场营销环境概述

一、市场营销环境的含义

环境是指事物外界的情况和条件，或者说是影响人或组织活动的各种因素。市场营销环境是企业营销职能外部的不可控制的因素和力量，是影响企业生存和发展的外部条件。企业营销活动要以环境为依据，企业要主动地适应环境，而且要通过营销努力地去影响外部环境，使环境有利于企业的生存和发展，有利于提高企业营销活动的有效性。

市场营销环境是一个不断发展和完善的动态概念。在19世纪，西方工商企业仅仅将市场当作销售环境，到20世纪30年代，又把政府、工会、投资者等有利害关系者也看作环境。进入20世纪60年代后，自然生态、科学技术、社会文化等环境因素列入了企业市场营销所必须考虑的范畴。从20世纪70年代起，企业开始重视对政治、法律的研究。20世纪80年代以后，世界各国对环境保护、生态平衡的重视程度日益提高，通过立法、制定标准等各种途径保护人类的生存环境。这些环境的变化，既给企业的经营活动造成了环境威胁，又营造了新的市场机会。因此，现代市场营销观念认为，企业的决策者必须采取适当的措施，经常监视和预测其周围的市场营销环境的发展变化，并善于分析和鉴别由于环境变化而造成的主要机会和威胁，及时调整市场营销中的各种可控制因素，使其经营管理与市场营销环境的发展变化相适应。

二、市场营销环境的构成

企业的市场营销环境是由一系列相互影响、相互作用的重要参加者、市场和其他相关力量构成的。一般企业的市场营销环境可以分成两个层次：第一个层次是企业所处的微观环境，包括处于市场营销环境中心的企业本身、市场营销渠道企业(供应商与中介单位)、企业的目标顾客、竞争者(他们也向企业所服务的市场提供商品)和公众；第二个层次是宏观环境，所有的企业和市场都要受宏观环境力量的影响和制约，并且这些环境因素不是静态不变的，而是经常处于变动之中，会对企业的经营管理活动造成一定的冲击。如20世纪70年代初期，由于石油价格暴涨引发了第二次世界大战后最严重的一次经济危机，许多企业因没有预料到这一形势的环境变化而损失惨重，但日本制造商却把握时机，推出了世界上最省油的汽车，从而一举打入了世界汽车市场。市场营销环境如图2-1所示。

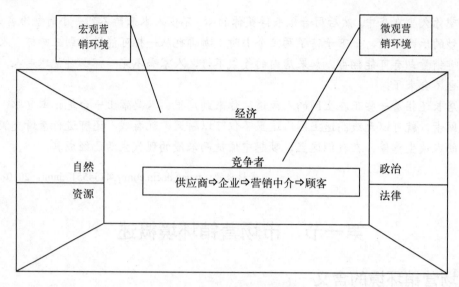

图 2-1　市场营销环境图

三、市场营销环境的特点

1. 客观性

企业总是在特定的社会经济和其他外界环境条件下生存、发展的。企业无法摆脱和控制营销环境，环境对企业营销活动的影响具有强制性和不可控性的特点。

2. 差异性

市场营销环境的差异性不仅表现在不同的企业受不同环境的影响，而且同样一种环境因素的变化对不同企业的影响也不相同。由于外界环境因素的差异性，因而企业必须采取不同的营销策略才能应付和适应市场营销环境。

3. 相关性

市场营销环境是一个系统，在这个系统中，各个影响因素是相互依存、相互作用和相互制约的。营销环境某一因素的变化，会带动其他因素的相互变化，从而形成新的营销环境。

4. 多变性

营销环境是企业营销活动的基础和条件，这并不意味着营销环境是一成不变的、静止的。构成营销环境的诸因素都受众多因素的影响，每一个环境因素都会随着社会经济的发展而不断变化。

5. 不可控性

影响市场营销环境的因素是多方面的，也是复杂的，并表现出企业的不可控性。例如，一个国家的政治法律制度、人口增长以及一些社会文化习俗等，企业不可能随意改变这些因素。

6. 可影响性

企业可以通过对内部环境要素的调整与控制，来对外部环境施加一定的影响，最终促使某些环境要素向预期的方向转化。现代营销学认为，企业经营成败的关键，就在于企业能否适应不断变化着的市场营销环境。"适者生存"既是自然界演化的法则，也是企业营销活动的法则。企业对营销环境的影响主要表现在以下两方面。

首先，企业可借助科学的营销研究手段认识并预测环境的变化趋势，及时调整营销计划。例如，目前许多企业意识到消费者对自身健康和社会环境的关注将对市场需求产生深远影响，因此纷纷开发绿色产品，力争在市场竞争中获得先机。据预测：环保、休闲、健康是21世纪最时尚、最持久的时装主题，天然纤维的棉、麻、丝或高新技术合成的特殊保健纤维面料将成为消费者的偏好。

其次，企业可以通过各种宣传手段，如广告、公共关系等来创造需求、引导需求，促使某些环境因素向有利的方向发展变化。在现实生活中，绝大多数的消费流行或时尚潮流都是由企业创造出来的。牛仔服刚进入我国市场时，被人们视为"异物"，与游手好闲、不三不四的形象联系在一起，是服装企业通过一系列的营销努力，使牛仔服成了广大消费者喜爱的一大服饰种类。

第二节　市场营销微观环境

企业的微观营销环境主要由企业内部环境、企业的供应商、营销中介机构、目标顾客、竞争对手和社会公众组成。

供应商——企业——营销中介单位——目标顾客这一链条构成了企业的核心营销系统。一个企业的成功，还受到另外两个群体的影响，即竞争者和社会公众。

一、企业内部环境

企业内部环境是指公司内部划分组织和层级以及非正式组织所构成的整体。企业内部环境不仅强调组织的正式和非正式结构，更强调组织成员的协作关系。企业内部环境是企业市场营销环境的中心。营销管理者在制订营销计划时，必须考虑到与公司其他部门的协调和协作。例如，财务部门负责解决实施营销计划所需的资金来源，并将资金在各产品、各品牌或各种营销活动中进行分配；会计部门则负责成本与收益的核算，帮助营销部门了解企业利润目标实现的状况；研究开发部门在研究和开发新产品方面给营销部门以有力支持；采购部门则在获得足够的和合适的原料或其他生产性投入方面担当重要责任；而制造部门的批量生产则保证了适时地向市场提供产品。

二、企业的供应商

企业的供应商是影响企业营销微观环境的重要因素之一。供应商是指向企业及其竞争者提供生产产品和服务所需资源的组织或个人。供应商所提供的资源主要包括原材料、设备、能源、劳务、资金等。原材料、零部件、能源及机器设备等货源的保证，是企业营销活动顺利进行的前提。对中间商来说，供应商则是商品的提供者。

供应商对企业营销活动的影响程度主要表现在三个方面：第一，资源供应的可靠性，即资源供应的保证程度，这直接影响企业产品的销售量和交货期；第二，资源供应的价格及其

变动趋势,这将直接影响到企业产品的成本;第三,供应资源的质量水平,这将直接影响到产品的质量。正因为资源供应对企业营销活动起着重要的作用,因此企业要重视与供应商的合作和采购工作。其主要策略是采取一体化经营策略和多渠道采购策略,以增强企业营销工作的主动性。

三、营销中介机构

营销中介机构是协助企业推广、销售和分配产品给最终买主的那些企业。它们包括中间商、物流机构、市场营销服务机构及金融机构等。

1．中间商

中间商是协助企业寻找顾客或直接与顾客进行交易的商业企业或个人。中间商分两类:代理中间商和经销中间商。代理中间商(如代理人、经纪人、制造商代表等)专门介绍客户或与客户磋商交易合同,但并不拥有商品所有权。经销中间商(如批发商、零售商和其他再售商)购买产品,拥有商品所有权,并再次出售商品。中间商是联系生产者和消费者的桥梁,他们直接和消费者打交道,协调生产厂商与消费者之间所存在的数量、地点、时间、品种以及持有方式之间的矛盾。因此,他们的工作效率和服务质量就直接影响着企业产品的销售状况。

2．物流机构

物流机构是帮助企业储存、运输产品的专业组织,包括仓储公司和运输公司。企业从成本、运送速度、安全性和方便性等因素方面选择合适的实体分配计划。实体分配单位的作用在于使市场营销渠道中的物流畅通无阻,为企业创造时间和空间效益。近年来,随着仓储和运输手段的现代化,实体分配单位的功能越来越明显和重要了。

3．市场营销服务机构

市场营销服务机构是指市场调研公司、广告公司、各种广告媒介及市场营销咨询公司,它们协助企业选择最恰当的市场,并帮助企业向选定的市场推销产品。

4．金融机构

金融机构包括银行、信贷公司、保险公司以及其他对货物购销提供融资或保险的各种公司。企业的营销活动会因贷款成本的上升或信贷来源的限制而受到严重的影响。

四、目标顾客

顾客是指企业产品服务针对的对象,也就是企业目标市场的成员。企业的一切营销活动都应以满足顾客的需要为中心。顾客是企业最重要的环境因素。企业的目标市场可以是下列五种顾客市场中的一种或几种。

1．消费者市场

消费者市场是指个人或家庭为了生活消费而购买或租用商品或劳务的市场。

2．生产者市场

生产者市场是由为了加工生产来获取利润而购买的个人和企业构成的。组织机构购买产品与劳务，供生产其他产品及劳务所用，以达到盈利或其他的目的。

3．中间商市场

中间商市场由为了通过转卖来获取利润而购买的批发商和零售商构成。

4．社会集团市场

社会集团市场是指由政府机关、社会团体、部队、企业、事业及各种集体组织，用国家拨付的经费或集体资金，购买公用消费品(主要是办公用品和设施)构成的市场。

5．国际市场

买主在国外，这些买主包括外国消费者、生产厂、转售商及政府。

五、竞争者

企业的营销系统总是被一群竞争者包围和影响着，因此企业必须识别和战胜竞争对手，才能强有力地在顾客心目中确定其所提供产品的地位，以获取战略优势。一般来说，一个企业在市场上所面对的竞争者主要有以下几类。

1．愿望竞争者

愿望竞争者是指提供不同产品以满足不同需求的竞争者。消费者的需求是多方面的，但很难同时满足，在某一时刻可能只能满足其中一个需求。消费者经过慎重考虑作出的购买决策，往往是提供不同产品的厂商为争取该消费者成为现实顾客竞相努力的结果。

2．属类竞争者

属类竞争者是指提供不同产品以满足同一种需求的竞争者。例如，消费者为锻炼身体准备购买体育用品，他要根据年龄、身体状况和爱好选择一种锻炼的方法，是买篮球还是买游泳衣，或是买哑铃，这些产品的生产经营者就是属类竞争者。

3．形式竞争者

形式竞争者是指满足同一需求的产品的各种形式间的竞争。同一产品，规格、型号不同，性能、质量、价格各异，消费者将在充分收集信息后作出选择。例如购买彩电的消费者，要对规格、性能、质量、价格等进行比较后再作出决策。

4．品牌竞争者

品牌竞争者是指满足同一需求的同种形式产品不同品牌之间的竞争。例如购买洗衣机的顾客，可在同一规格进口洗衣机各品牌以及国产海尔、荣事达、小天鹅等品牌之间作出选择。

六、社会公众

公众是指对一个组织实现其目标的能力有实际的或潜在的兴趣或影响的任何团体。企业在争取满足目标市场时，不仅要与对手竞争，而且它的营销活动也会影响到公众的利益，因而公众必然会关注、监督、影响和制约企业的营销环境。通常情况下，一个企业所面临的公众主要有以下七种。

(1) 融资公众：是指关心并可能影响企业获取资金能力的金融机构，其中包括银行、投资公司、保险公司、证券交易所等。

(2) 媒介公众：主要是指报纸、杂志、电台、电视等有广泛影响的大众传播媒介。

(3) 政府公众：即与企业有关的政府机构，包括行业主管部门及财政、工商、税务、物价、商品检验等部门。

(4) 群众团体：包括消费者组织、环境保护组织及其他有影响力的公众团体。

(5) 当地公众：是指企业所在地附近的居民群众、社团组织等。

(6) 一般公众：是指与企业经营活动无关的一般消费者。一般公众虽然可能是一种松散的、非组织性的公众，但他们对企业的印象却影响着消费者对该企业及产品的看法。因此，企业必须关注自身的"公众形象"，可以通过赞助慈善事业、设立消费者直接投诉系统等途径来改善和创造良好的微观环境。

(7) 内部公众：是指企业内部的公众，包括企业董事会、经理、管理人员、职工等。一些大公司发行企业内部通讯，以激励其内部公众。内部公众对企业的态度会影响企业之外的公众对企业的看法。

第三节　市场营销宏观环境

企业宏观环境的影响力主要来自六个方面，即人口环境、经济环境、政治法律环境、社会文化环境、科学技术环境和自然环境，这些环境因素构成企业不可控制因素，因此也称之为营销间接环境。

一、人口环境

人口是构成市场的基本要素。市场是由那些有购买欲望并且有购买力的人构成的。哪里有人，哪里就有衣、食、住、行等各种需求，而且在一定的环境条件下，人口的多少直接决定了市场的潜在容量。但是，由于任何企业的市场营销都不可能面向所有的人口，因此对人口的考察必须具体地研究人口的规模、地理分布、年龄结构、性别、教育程度、家庭单位等特性，这些因素的变化都会对市场需求的格局产生深刻影响。

1. 总人口

总人口是指某市场范围内人口的总和。某一市场范围内的总人口基本上反映了该消费市场生活必需消费品的需要量。在其他经济和心理条件不变的情况下，总人口越多，市场容量就越大，企业营销的市场就越广阔。

世界人口正呈现爆炸式增长，年增长率为 11.7‰。进入 21 世纪，全世界人口已超过 60 亿，我国人口已超过 13 亿。人口的增长必然会给企业乃至整个社会带来深刻的影响：首先，无限制的人口增长与有限的地球资源的矛盾将日益加深，最终会导致食物供应的不足、主要矿产的缺乏、人口过度拥挤、环境污染和生活质量的全面退化。其次，人口增长地区分布呈现不均衡，世界新增人口中 90% 将出生在发展中国家。人口高速增长与经济低速增长的矛盾会引发一系列社会经济问题，如哺育、教育、就业、住宅、交通等。再次，存在人类需要的增长与市场扩大之间的问题。人口的增长意味着人类需要的增长，但这并不一定意味着市场的扩大，因为除人口因素外，市场的扩大取决于购买力的提高。如果在购买力没有大幅度提高的情况下,市场的容量将受到限制,并且人口的增长必然会加剧食物供应和资源需求的压力,最终导致成本的上升和利润的下降。

2．地理分布及流动

人口的地理分布是指人口在不同的地理区域的密集程度。由于各区域的自然条件、经济发展水平、市场开放程度以及社会文化传统和社会经济与人口政策等因素的不同,不同区域的人口具有不同的需求特点和消费习惯。人口的地理分布与市场消费需求有着密切的关系。在不同的地区,人们的消费需要、购买行为与习惯存在很大的差别。例如:不同城市的居民对商品需求差别很大。不同地区的居民在服装、饮食上也有不同的爱好。就饮食而言,"东甜西辣、南淡北咸"是对中国人饮食差异的形象概括。气候不同所造成的消费差异也是显而易见的,例如,在美国,多阳光地带的各州由于气候温暖,消费者对保暖服装和供暖设备的需求减少,而对空调设备的需求增加。

人口密度是反映人口分布状况的重要指标。人口的地理分布往往不均匀,各区域的人口密度大小不一。世界各国的人口密度悬殊,即使在一个国家内,人口分布也不均匀,而且人口的分布不仅是个静态的概念,更具有动态的变化。例如,我国人口最密集的地方是东部沿海地区,美国人口最密集的地方是大西洋沿岸、五大湖边缘以及加利福尼亚州沿海地区。人口的地理分布并不是一成不变的,它是一个动态的概念,这就是人口流动问题。

现代世界各国人口地理分布的变化呈现下列两个趋势:一是人口从农村流向城市。工业革命以前,全世界70%的人口住在农村,而今天,许多国家有70%的人口住在城市。西方国家人口变迁的经验表明,人口从农村流向城市,使城市人口集中,这对零售商业结构的影响很大,促使城市市场迅速增长和扩大,在城市中形成了繁华的商业区,出现了许多百货商店和专业商店。美国一些著名的大型零售公司正是在这一阶段为了适应人口环境的变化而建立和发展起来的。二是近几十年来,西方各国人口分布又出现了新的趋势:人口从城市流向郊区。随着汽车、高速公路、快速铁路的发展以及日益严重的城市污染问题,越来越多的人从城市迁往郊区,于是在大城市周围出现了郊区住宅,把城市与城市连成一片,形成超级大都市区域。这种人口流向的变化,促使郊区出现现代化的购物中心,使城市商业中心区的百货商店经营受到了威胁,其市场占有率下降,因此影响到零售商业结构和零售商店的布局。

3．年龄结构

人口的年龄结构也直接影响市场需求。由于消费者年龄的差别,使得他们对商品和服务产生不同的需求,并且这也在一定程度上意味着收入的多少、家庭规模的大小和对商品的价值观念的不同。

第一,根据消费者的年龄结构,可以将市场细分成许多各具特色的消费者市场,如老年人市场、成人市场、青少年市场、儿童市场、婴儿市场等。各个市场的消费者对于消费品均有不同的需求。儿童市场畅销儿童食品、服装、玩具等;青少年市场注重游戏机、随身听、电视、计算机、服饰、发型、运动器材等;而老年人市场则更多的是对老年营养品、保健品和旅游娱乐的需求。

第二,随着经济发展和科学技术的进步,人口的年龄结构也在发生变化,变化的趋势主要呈现在两个方面。一方面人口平均寿命在增加,这意味着人口趋于老龄化。据联合国预测,到2030年全世界60岁以上的老人将比1990年增加两倍,占全世界人口总数的比例将由1990

年的 9%上升到 16%，同时由于女性的平均寿命普遍高于男性，因此，未来的老年人中妇女要占多数。我国 60 岁以上的老年人在 2000 年达到了 1.3 亿，占总人口的 11%。目前 60 岁以上的老年人口已达 1.6 亿，并以每年 3%的速度递增。预计到 2025 年将达 2.8 亿，占总人口的 20%，这表明我国人口也将不可避免地趋于老龄化。预计到 2030 年中国老年人口将超过欧洲人口。由于人口老龄化趋势的加剧，使老年人市场成为一个很有潜力的市场。我国老年产品与服务的多种需求构成了一个十分庞大、丰富多彩的市场，据测算，仅其潜在消费每年也在 3000 亿元人民币以上，老年人的消费需求以人寿保险、医疗保健和生活服务为热点。老年人的医疗和保健用品、助听器、眼镜、旅游、娱乐等的市场需求会迅速增加，这就给经营老年人用品的行业和旅游业、旅馆业、娱乐业提供了市场机会。有关人士预测说，在未来的相关产业中，第一产业将出现为老年人饮食特需的农副产品，第二产业将出现老年人专用商品，第三产业将出现照料老年人生活的特殊行业，信息产业中还会出现为老年人提供精神慰藉的服务。另一方面，随着世界各国计划生育和控制人口增长等一系列政策的实行，儿童在总人口中所占的比例下降。尤其是发达国家，人口出生率下降、儿童减少，必然会对儿童食品、儿童用品、儿童玩具等行业产生深刻的影响，企业不得不针对这一市场人口的变化而调整其市场营销策略。例如在美国，近年来有些经营儿童食品和用品的公司，或者到人口出生率较高的国家去寻找市场，或者采取"转移"对策，进行公司重组，拓展其他业务。我国虽然近些年来控制人口增长，儿童在总人口中所占的比例在下降，但由于儿童在家庭中的地位上升，并且过去对儿童市场未充分开发，因此，儿童需求对整个市场需求的影响越来越大。

4．人口性别

比较男性和女性的市场需求，可以看到他们对于商品的需求以及购买行为都有明显的差别。男性和女性在生理、心理和社会角色上的差异决定了他们不同的消费内容和特点。一些产品有明显的性别属性，只为男性或女性专用。而男女不同的性别心理和社会角色对消费行为有着直接的影响，一般来说，男性以阳刚粗犷为美，崇尚冒险精神，以事业为重，决策果断，因而男性消费者的需求特征常常表现为粗放型、冒险型、冲动型和事业型；女性比较温柔细腻，善于谨慎从事，以生活和家庭为重，因而女性消费者的需求特点多为谨慎型、生活型和唯美型。随着社会经济的发展，男女的性别角色也在悄然发生变化，并影响到市场需求的变动。由于家庭中大多数日用消费品由女性采购，因此，很多家庭用品及儿童用品也可纳入妇女市场。这样，女性市场的容量就比男性市场大得多。

近年来，世界各国妇女就业人数剧增，这就给市场带来了深刻的变化：一是由于妇女就业，家庭收入增加为市场提供了新的容量；二是妇女就业者多，职业妇女对市场上较好的服装、汽车、托儿服务等物品和劳务的需求增加；三是双职工家庭数量的增加，时间显得越来越宝贵，市场上任何能节省家务劳动时间的产品和服务(如代替家务劳动的家用电器及快餐业等)都具有很大的吸引力。

5．家庭

现代家庭既是社会的细胞，也是商品采购的单位。家庭数量与家庭规模、结构对市场需求的影响很大。家庭数量的多少直接决定了一些家庭用品市场的容量，而家庭规模的大小又决定了家庭需求的品种、规格和档次。

近几十年来，世界各国家庭总的变化趋势是家庭数量在增加，而每个家庭的平均人数在减少。例如，在美国等西方国家，由于受社会观念的影响，年轻人习惯于一到成年就离家自居，老年人也习惯于脱离子女单独居住。同时，美国社会离婚率很高，单身(单亲)家庭有增无减，因此导致单位家庭的平均人数在不断下降，小家庭越来越多。"大家庭"的观念也在逐渐淡化，家庭规模趋于小型化，"几世同堂"的大家庭数量大大减少。

由于家庭趋于小型化，家庭户数迅速增加，导致市场对电视机、录音机、电冰箱、洗衣机、家具等家用品的需求大大增加，并且要求这些产品更加小型精巧，以适应小家庭的需要；此外，房屋市场需求也相应地呈现出扩大的趋势。

6. 其他

在人口因素中，还需要对人口的出生率、增长率、教育程度和职业、民族与宗教、文化等因素加以分析。所有这些因素都会引起消费需求、消费方式和购买行为的差异，从而深刻地影响企业的营销活动。因此，企业必须密切注意人口变化的动向，以调整自身的生产和销售决策。

人口是构成市场的基本要素，是市场营销活动的最终对象。在收入条件接近的情况下，人口决定市场容量。企业应密切关注影响人口环境的诸因素，包括人口规模、人口构成、人口分布及人口增长等方面的情况，以便根据行业优势，选择目标市场并制定相应的市场营销策略。

二、经济环境

经济环境是指企业市场营销活动所面临的社会经济条件及其运行状况和发展趋势，其中最主要的指标是社会购买力，而社会购买力又与居民的收支、储蓄和信贷以及物价等因素密切相关。一定时期内社会各方面用于购买产品(包括劳务)的货币支付能力(即社会购买力)是构成市场的要素之一。从某种程度上来讲，这一因素甚至比人口因素更重要，因为市场规模的大小，归根到底取决于消费者购买力的大小。从市场营销的角度来看，影响社会购买力大小的主要因素有下面几个方面。

(1) 国内生产总值与国民收入。社会购买力是一系列经济因素的函数。具体而言，购买力的大小首先取决于国民经济的发展水平以及由其决定的国民平均收入水平。国内生产总值(Gross Domestic Product，GDP)是一个国家或一个地区(所有常住单位)在一定时期内所生产和提供的以市场价格计算的最终产品与劳务的市场价值总和。它反映一定时期内生产活动的最终成果。GDP 的增长率在很大程度上决定了一个国家或地区的个人收入水平、就业率、消费结构、投资规模等，市场受此影响非常大。经济持续增长将使就业率提高，家庭收入增加，从而使个人消费支出增加，这就使市场机会增大。反之，经济增长缓慢甚至停滞不前，就会使个人收入受到抑制，个人购买力受阻，最终使消费市场萎缩。

> **小资料：**
> 据国家统计局截至 2017 年年底的统计表明，我国 2017 年国民总收入是 820 000.5 亿元，国内生产总值是 827 122 亿元，人均国内生产总值是 59 660 元。
>
> (资料来源：中国统计摘要，2017)

国民收入是指一个国家物质生产部门的劳动者在一定时期(通常为一年)内所创造的价值

的总和。一个国家以一年的国民收入总额除以总人口，即得该国的人均国民收入。人均国民收入大体上反映了一个国家的经济发展水平和人民生活状况。例如，某些西方国家被称为发达国家，就是因为人均国民收入水平比较高，我国属于发展中国家，2017年的人均国民总收入为8690美元，在世界的位次为第67位。根据世界银行资料显示，我国已经由长期以来的低收入国家跃升至世界中等偏上收入国家的行列。

(2) 消费者个人收入。消费者个人收入是指消费者个人的工资、红利、租金、退休金、馈赠等形式以及从其他来源处所获得的总收入。从国家收入中扣除企业上缴税金、未分配利润、社会安全支出、转移支出等，即得个人收入。个人收入的总和除以总人口，便是个人平均收入。各个地区的个人收入总额，可以用来衡量当地消费市场的容量。个人收入是影响社会购买力、市场规模大小以及消费者支出模式的一个重要因素。

消费者的个人收入扣除了消费者个人缴纳的各种费用和交给政府的非商业性开支(如个人所得税等)之后的所得就是可支配的个人收入。可支配的个人收入是影响消费者购买力和消费者支出的决定性因素。

在可支配的个人收入中，有相当一部分要用来维护个人或家庭的生活以及支付必不可少的费用。只有在可支配收入中再减去消费者用于购买生活必需品的支出和固定支出(如房租、保险费、分期付款、抵押借款等)后所余下的个人可任意支配的收入，才是影响消费需求变化的最活跃的因素。对市场上绝大部分商品品种而言，消费者是用个人可任意支配的收入部分来支付的。

(3) 消费者实际收入的变化。消费者实际收入是影响实际购买力的最重要因素，要区别"货币收入"和"实际收入"之间的差别。在消费者货币收入不变的情况下，如果通货膨胀、物价上涨，则消费者的实际收入便减少，导致购买力下降；反之如果物价下跌，则消费者的实际收入增加，购买力提高。有时，即使消费者的货币收入随着物价上涨而增长了，但如果通货膨胀率超过了货币收入增长率，则消费者的实际收入仍是减少的。因此，社会购买力的实现与是否存在通货膨胀密切相关。

(4) 消费者储蓄和信贷情况。消费者的购买力还受到储蓄和信贷的直接影响。居民个人收入不可能全部用掉，总有一部分以各种形式储蓄起来，包括银行储蓄存款、债权、股票等。储蓄来源于消费者的货币收入，其最终目的还是为了消费，因为它是一种推迟的、潜在的购买力。但在一定时期储蓄的多少将影响消费者的购买力和消费支出。在一定时期内货币收入不变的情况下，如果储蓄增加，则近期购买力和消费支出便减少；反之，如果储蓄减少，则近期购买力和消费支出便增加。

此外，消费者不仅可以以货币收入购买他们需要的商品，而且还可以用贷款来购买商品。所以消费者信贷能力也是影响消费者购买力和支出的一个重要因素。所谓消费者信贷，就是消费者凭信用先取得商品使用权，然后按期归还贷款。最常见的主要有各种形式的分期付款、信用卡、按揭贷款等。

(5) 消费支出模式的变化。消费者支出模式主要受消费者收入的影响。随着消费者收入的变化，消费者支出模式就会发生相应的变化。德国统计学家恩斯特·恩格尔(Ernst Engel)用恩格尔系数，即食物支出变动的百分比除以总支出变动的百分比，来作为衡量一个家庭富裕程度的指标。这个公式又称为食物支出的收入弹性或称为恩格尔定律。恩格尔定律简单表示为

恩格尔系数=食物费用/总支出费用×100%

恩格尔定律还指出：①随着家庭收入的增加，用于购买食品的支出占家庭收入的比重下降，称恩格尔系数下降；②随着家庭收入的增加，用于住宅建筑和家务经营的开支占家庭收入的比重大体不变；③随着家庭收入的增加，用于其他方面的开支(如服装、交通、娱乐、卫生保健、教育等支出)和储蓄占家庭收入的比重会上升。

我国随着经济的发展，近年来其消费支出的结构出现了新变化。一是我国人均生活水平与发达国家相比差距较大，决定了我国当前的支出模式依然以吃、穿等生活必需品为主；二是用于住房的购买和装潢布置上的开支大幅度增长；三是医疗制度的改革，增加了卫生保健方面的开支；四是用于子女上学、就业培训方面的开支上升较快；五是非物质性消费(如用于旅游、交通、娱乐性活动)的开支增加；六是家庭电器化、灶具电气化、电话普及、家庭电脑的使用等导致相应开支的大幅度上升；七是用于储蓄、证券投资方面的比重增大。

(6) 其他因素。消费支出除了主要受消费者收入影响外，还受家庭生命周期所处阶段和消费者家庭所在地以及价值观念等多种因素的影响。

① 家庭生命周期所处的阶段。家庭生命周期处于不同阶段，其支出模式有很大的不同。例如，在一个没有孩子的年轻人家庭，往往把收入用于购买电冰箱、家具、陈设品等耐用消费品；而在一个有孩子的家庭，收入预算会更多地用于食品、服装、教育等方面的支出，而等到孩子自住之后，父母的大量可任意支配收入增加，其支出的重点又有可能偏重于医疗保健、旅游、购置奢侈品或储蓄等。

② 消费者家庭所在地。所在地不同的家庭用于住宅、交通、食品等方面的支出情况也有所不同，如住在城市中心的消费者和住在市郊的消费者相比，前者用于交通方面的支出较少，用于住宅方面的支出较多；而后者用于交通方面的支出较多，用于住宅方面的支出较少。

三、政治法律环境

政治与法律环境显示出政府与企业的关系，一方面反映在国家的方针政策上，它不仅规定了国民经济的发展方向和速度，也直接关系到社会购买力的提高和市场消费需求的增长。另一方面，反映在国家的法规上，特别是有关经济的立法，它不仅规范企业的行为，而且会使消费需求的数量、质量和结构发生变化，能鼓励或限制某些产品的生产和消费。对企业而言，政治法律环境主要包含以下三个层次。

1. 政府的有关经济方针政策

政府的经济方针政策一般具有动态的特点，随着政治经济形势的变化而变化，国家在不同的阶段和不同的时期，依据不同的经济目标制定和调整方针、政策，这必然会对企业的营销产生直接或间接的影响。国家的宏观经济政策主要体现在：①人口政策；②产业政策；③能源政策；④财政、金融货币政策。

2. 政府颁布的各项经济法令法规

相对于方针政策而言，法令法规具有相对的稳定性。各项经济法令、法规的颁布，其目的可以是多方面的，有的意在维护市场运行秩序，保护正当竞争，防止不正当竞争；有的则是维护消费者利益，保护消费者免受不公平商业行为(假冒伪劣产品)的损害；有的是维护社会利益，保护生态平衡，防止环境污染等。

3. 社会团体

社会团体是指为了维护某一部分社会成员的利益而组织起来的，旨在影响立法、政策和舆论的各种社会团体。这一团体也被称为"压力集团"，对政府立法、执法和舆论导向有很大的影响力。如中国消费者协会、企业家协会、个体劳动者协会、残疾人协会等。这些团体通过影响国家立法、方针、政策和社会舆论等，对企业营销活动施加影响。

另外，从经济全球化的角度出发，一国的政治形势与经济体制，也是影响营销的重要环境因素。政治形势包括一个国家或地区政治稳定性、社会治安、政府更迭、政策衔接、政府机构作风、政治透明度等。经济体制是一个国家组织整个经济运行的模式，是该国基本经济制度的具体表现形式，也是该国宏观政策制定和调整的依据。它由所有制形式、管理体制和经济运行方式组成。

（扫一扫，看案例2-1）

四、社会文化环境

社会文化环境是指由价值观念、生活方式、宗教信仰、职业与教育程度、相关群体、风俗习惯、社会道德风尚等因素构成的环境。社会文化是人类在创造物质财富过程中所积累的精神财富的总和。它体现着一个国家或地区的社会文明程度。这种环境不像其他营销环境那样显而易见和易于理解，但对消费者的市场需求和购买行为会产生强烈而持续的影响，进而影响到企业的市场营销活动。社会文化环境所蕴含的这些因素在不同的地区、不同的社会是有所不同的，具体反映在以下几个方面。

1. 风俗习惯

世界范围内的不同国家或国家内的不同民族在居住、饮食、服饰、礼仪、婚丧等物质文化生活方面各有特点，从而形成了风俗习惯的差别。

2. 宗教信仰

宗教信仰是影响人们消费行为的重要因素之一，不同的宗教在思想观念、生活方式、宗教活动、禁忌等方面各有其特殊的传统，这将直接影响其消费习惯和消费需求。

3. 价值观念

价值观念是指人们对于事物的评价标准和崇尚风气，其涉及面较广，对企业营销影响深刻。它可以反映在不同的方面，如阶层观念、财富观念、创新观念、时间观念等，这些观念方面的差异无疑造成了企业不同的营销环境。

4. 教育程度和语言

消费者在教育程度方面的差异，也会导致消费者在生活方式、消费行为与消费需求上的差异。语言是文化的主要载体，对市场营销活动有直接影响。除此之外，社会文化环境还包含了社会结构、社会道德风尚等多方面的因素。值得指出的是，社会文化环境虽具有强烈独特的民族性、区域性，是民族历史文化的延续和发展，但也不可否认，随着经济生活的国际化、世界文化交流的加深和不同民族、地区文化的相互渗透，企业所面临的社会文化环境也在不断地发生变化，企业应善于及时把握时机，制定相应的营销决策。

五、科学技术环境

科学技术是社会生产力中最活跃的因素，它直接影响到企业的产品开发和管理经营活动。尤其是新的技术发明，既给企业带来新的机会，又给企业带来环境威胁。

1. 科技发展引起经济结构的变化，促进经济的增长

"科学技术是第一生产力"，科学技术在未来经济生活中将发挥更大的作用，被称为创造性的力量。科学技术与生产密切结合起来就将直接或间接地带来农业生产、工业生产、交通、邮电通信、能源部门、国民教育以及卫生事业等的变化和发展，带来各产业部门之间的演变与交替，伴随而来的是新兴产业的出现、传统产业的改造、落后产业的淘汰。所以技术的不断进步将给企业带来各种发展机遇。例如，网络技术的发展使预定业务及在线旅游得到了旅游消费者的极大青睐，给旅游企业提供了许多新的市场机会；但同时，又影响了传统旅行社的经营业务。又据美国《设计新闻》报道，由于大量启用自动化设备和采用新技术，将出现许多新行业，包括新技术培训、新工具维修、电脑教育、信息处理、自动化控制、光导通信、遗传工程、海洋技术等。如果企业的最高管理层富于想象力，能及时采用新技术，从旧行业转入新行业，就能求得生存和发展。

在知识经济时代，知识将作为一种生产投入以降低物质的投入，从而达到节约物质资源、提高经济效益和效率的目的。知识经济的出现，标志着以物质资源的高消耗为基础的工业经济的转化和升华，人类将进入一个新的文明时代。俄罗斯经济学家雷姆·别洛乌索夫将这一新的文明称为"工业后文明"或人类历史上第八个文明。他认为：这一新的文明包括三个部分：高效率的、最大限度无害的工艺，丰富的文化，合理的生产社会结构和人的生活、休闲结构。而实现这一文明的科技基础将是集智能、电子通信和信息科学、创造科学、手工艺和合理管理的结合。

电子信息产业的发展是 21 世纪科技发展的重大方向。当今世界，信息化水平已成为衡量一个国家综合国力的重要标志。因此，大力发展电子信息产业，广泛采用电子信息技术、开发信息资源，推进国民经济信息化，已成为我国的当务之急。近年来我国的信息产业发展较快，但与发达国家相比，我国信息产业还相当落后。据估计，我国电子信息产业市场将成为全球最大的电子信息市场，也将为我国企业带来极大的机遇。

2. 科学技术革命引起了市场营销策略的变化

新科技给企业带来了巨大的压力，并且改变了企业生产经营的内部因素和外部环境，引起了企业市场营销策略的变化。

（1）产品策略。产品是市场营销组合中最重要的因素，也是市场营销组合策略的基础。因为任何企业的市场营销活动总是首先从确定向目标市场提供什么产品开始的，然后才会涉及定价、促销、分销等方面的策略。由于科学技术的迅速发展，新产品不断被开发，产品市场寿命周期大大缩短，产品更新换代加速。在科技迅速进步、市场竞争加剧和人们需要不断变化的形势下，开发新产品是企业开拓新市场赖以生存和发展的根本条件。今后企业市场营销人员的主要注意力是不断寻找新科技的来源、新技术的专利保护，开发能给消费者带来更多便利的产品。此外，信息技术的高度发展使得企业除了将产品的性能、特点、品质以及为顾客服务的内容充分显示外，更重要的是能以人性化作为顾客导向的方式，针对个别需求提

供一对一的营销服务。

（2）分销策略。由于科技的迅速发展，人们的工作及生活方式都发生了重大变化，从而引起分销机构也发生了很大的变化。一方面，科技的发展引起了人们的生活方式、兴趣、思想等差异日益扩大，自我意识的观念日益增强，从而出现了大量的特色商店和自我服务商店；另一方面，由于科学技术的发展，使原有的营销渠道组织发生了变化。传统的营销渠道组织是指"生产者—批发商—零售商—消费者"这样的渠道组织。在这样的渠道组织中，渠道各成员都是独立的机构，相互之间不受其他机构的控制。这种传统的营销渠道组织对企业有利也有弊：有利的方面表现在可以利用批发商和零售商的仓储条件，也可以使企业在资金方面得到批发商和零售商的支持；不利的方面表现在批发商和零售商作为独立的经济实体，决策往往是以自己的利益最大化为原则。这样，企业难以对自己的营销活动进行控制，同时，还可能因相互之间的利益冲突阻碍企业营销渠道的正常运行。针对这种问题，在实践中，一些企业开始采用垂直式营销渠道组织，即由生产者、批发商、零售商作为一个统一体而组成的营销渠道组织；也有的使用水平营销渠道组织，即由同一渠道层次上的两个或两个以上的成员联合起来，共同开拓一个新的市场机会和营销渠道组织。而电子商务的兴起，在互联网上交易的产生对于企业现有的渠道结构形成了巨大的挑战。互联网络直接把生产者和消费者连到了一起，将商品直接展示在顾客面前，回答顾客疑问，并接受顾客订单。这种直接互动与超越时空的电子购物，无疑是营销渠道上的革命。此外，科学技术的发展引起了实体分配的变化、运输方式多样化，提高了运输的速度，增加了运输容量及货物存储量，使现代企业的实体分配由以工厂为出发点，转变为以市场为出发点。

（3）价格策略。在市场经济条件下企业对其产品如何定价从来都是企业经营者最重要的决策之一。定价是否恰当将直接关系产品的销售量和企业的利润额。随着科学技术的发展，一方面由于广泛地利用了先进的技术，有利于降低产品的生产成本，从而使价格下降；另一方面，随着信息科学的快速发展，使某些地方的若干经济领域内能够通过信息技术正确运用价值规律、供求规律和竞争规律等来制定和修改价格策略。此外，在网络条件下，一方面网络交易成本较为低廉，另一方面由于网上交易能够充分互动沟通，网络顾客可以选择的余地增大及交易形式的多样化，造成商品的需求价格弹性增大。

（4）促销策略。作为企业与市场联系的主要手段，促销包括了多种活动，其中主要有人员推销、广告、营业推广和公共关系等内容。企业的促销策略实际上是对各种不同促销活动的有机组合，其核心问题是如何吸引消费者，为其提供具有价值诱因的商品信息。随着科学技术的发展，引起了促销方式的多样化，使传统的促销方式具有了新的含义和形式。如广告媒体多样化，广告宣传方式复杂化，促销逐渐转向信息沟通。

3. 科技革命引起消费模式和生活方式的变革

传统的消费者要进行消费活动必须走出家门，进行预订和购买。现在，在许多国家，由于新技术革命迅速发展，出现了"电视购物""网上购物"这种在家购物的方式。消费者如果想买东西，可以在家里打开连接各企业或商店的终端机，各种商品的信息就会在荧光屏上显示出来，通过电话订购荧光屏上所显示出来的任何商品，输入自己的银行存款户头号码，即可把货款自动传给有关商店，这样，订购的商品很快就会被送到消费者的家门口。此外，人们还可以在家里通过"电脑电话系统"订购车票、飞机票和影剧票等。据报道，日本富士产经集团 1987 年开始举办"卫星购物"电视节目，该公司所属的富士电视网向广大日本观众播放美国一些著名大百货公司的商场实况,着重介绍一些流行的、在日本不易买到的商品,可打电话订货,所订货物将从美国公司快递来,两周内便可收到。随着新技术革命的进展,"在家购物"这种方式还会继续发展。

4．科技革命有利于企业改善营销管理

现在,以现代通信与互联网为平台的营销管理在蓬勃兴起。越来越多的企业在营销管理中都使用电脑、互联网、传真机等设备,利用新科技改善营销管理,提高企业的服务质量和工作效率,以期在不断变化的环境中提高自身的应变能力,在竞争激烈的商场中立于不败之地。

六、自然环境

自然环境的发展变化会给企业的营销活动造成一些环境威胁和市场机会。人类进入 20 世纪 90 年代以后,由于生态环境的变化、自然资源的短缺,严重影响了人类的生存与发展,世界各国开始重视生态环境的保护。目前,自然环境方面的动向有以下几方面。

(1) 某些自然资源短缺或即将短缺。地球上的资源有三大类:①恒定资源,如空气、水等。对这类资源,可积极采用先进技术,尽量加以开发利用;②可再生有限资源,虽有限但可以更新的资源,如森林、粮食等。对这类资源,开发利用必须强调使用的合理性和科学性;③不可再生资源,既有限又不能更新的资源,如石油和煤、铀、锡等矿物。对这类资源,要求尽量减少其消耗并完善其回收技术,以延长其使用期限。

一个地区经济发展的规模、速度以及持续发展的稳定性,在相当大的程度上取决于土地的多少和肥瘠,矿产、水力和森林等资源的储藏量。它们对企业市场营销活动或造成威胁,或为企业营销提供机会。随着工业化的高度发展,企业正面临着自然资源短缺的严重威胁。为此,必须采取以下措施:①寻找代用品;②节约能源和降低原材料消耗,从而降低产品成本;③加强"三废"的综合利用和处理,努力做到回收原料、降低成本、增加收入;④利用价格机制调节资源的合理利用;⑤利用新的科学技术使材料资源的利用向轻质、高强度、多功能的目标发展。

(2) 环境污染日益严重。许多国家随着工业化和城市化的发展,环境污染程度日益加剧,严重影响了人类的生存环境,引起了社会各界的广泛关注。一方面,这种动向对那些造成污染的行业和企业是一种环境威胁,它们在社会舆论的压力和政府的干预下,不得不采取措施控制污染;另一方面,这种动向也给控制污染、开发和利用环保型产品的行业和企业带来了新的市场机会。

(3) 各国政府加强了对环境保护方面的干预,实行可持续发展战略。地球生态环境的恶化,引起了一些国家和国际组织的高度重视。许多国家的政府都对自然资源管理加强了干预。1972 年,联合国第一次人类环境会议在瑞典召开,发表的《斯德哥尔摩人类环境宣言》向世界发出了"人类只有一个地球"的呼吁。中国 21 世纪推行可持续发展战略,其核心是以经济、科技、社会、人口、资源、环境的协调发展为目的,在保证经济高速增长的前提下,实现资源的综合和持续利用,不断改善环境质量。可持续发展理论逐渐被世界各国所接受,并促进绿色产业、绿色消费、绿色市场营销的蓬勃发展。例如,麦当劳规定所有餐厅都采用再生纸制成的纸巾,宝洁公司(P&G)重新设计塑料包装以减少塑料用量。从世界范围来看,环境保护意识和市场营销观念相结合所形成的绿色市场营销观念正成为新世纪市场营销的新

主流。

然而，政府为了社会利益和长远利益而对自然资源加强的干预，往往与企业的经营战略和经营效益相矛盾。例如，为了控制污染，政府往往要求企业购置昂贵的控制污染设备，这样就可能影响企业的经营效益。目前我国最大的污染制造者是工厂，如果政府按照法律和合理污染标准严格控制污染，有些工厂就要关、停、并、转，这样就可能影响工业的迅速发展。因此，企业的高层管理者要树立可持续发展的思想，统筹兼顾地解决这些矛盾，力争做到既能减少环境污染，又能保证企业发展，提高经营效益。

【课堂讨论2-1】
2001年美国"9·11"事件对哪些企业形成了打击？

第四节　环境分析与对策

一、营销环境分析的意义

任何企业的营销活动都和总体环境的某个部分相互影响、相互作用，都会面临若干个市场威胁和市场机会。企业得以生存的关键，在于它在环境变化需要新的经营行为时所拥有的自我调节能力。分析市场营销环境，对任何企业来说都具有以下四个方面的意义。

(1) 可以了解和把握营销环境的变化及其发展趋势，保证经营决策的正确性。

(2) 可以运用自己控制的手段，及时调整营销策略，以适应不可控环境因素的变化，提高营销应变能力。

(3) 可以从营销环境的变化中，发掘新的市场机会，捕捉到市场机遇，把握营销时机，更好地发展企业。

(4) 可以及时发现环境给企业带来的威胁，采取积极措施，避免或减轻威胁给企业造成的损失。

二、市场机会与环境威胁分析

有些营销环境的变化将有利于企业的发展，为企业带来新的营销机会；有些将不利于企业的发展，若不果断地采取相应的对策，将会对企业营销带来威胁，伤害到企业的市场地位。企业必须及时分析环境因素所造成的机会或威胁发生概率的高低和对企业业务影响程度的大小，以决定企业的对策，并根据企业各项业务所面临的机会和威胁的大小来对企业业务进行分类分析，以制定不同的战略。企业机会与威胁分析的步骤如下。

(1) 充分掌握市场信息，把握、分析与企业业务发展有关的环境因素的变化动向。

例如，假设某烟草公司通过其市场营销信息系统和市场营销研究了解到如下影响其业务经营的信息。

① 有些国家政府颁布了法令，规定所有的香烟广告包装上都必须印上关于吸烟危害健康的严重警告。

② 有些国家的某些地方政府禁止在公共场所吸烟。

③ 许多发达国家吸烟人数下降。

④　这家烟草公司的研究实验室发明了用莴苣叶制造无害烟叶的方法。

⑤　发展中国家的吸烟人数迅速增加，尤其是在青少年和妇女中吸烟者比例增加。

(2)　分析机会与威胁。任何企业都面临着若干环境威胁和市场机会。然而，并不是所有的环境威胁都一样大，也不是所有的市场机会都有同样的吸引力。企业管理层针对掌握的环境因素的变化情况，可以用“环境威胁矩阵图”和“市场机会矩阵图”来分析、评价机会和威胁出现的概率高低及对企业影响程度的大小。环境威胁矩阵图的横轴代表“出现威胁的概率”，纵轴代表“潜在的威胁”，即表示赢利减少的程度；市场机会矩阵图的横轴代表“成功的概率”，纵轴代表“潜在的机会”，表示潜在赢利能力，如图 2-2 和图 2-3 所示。例如，上例中，①～③三个动向给这家烟草公司造成了环境威胁，其中，威胁②和威胁③潜在威胁大，出现威胁的可能性也高，所以，它们是主要威胁，公司应十分重视；威胁①的潜在威胁大，但出现威胁的可能性低，所以它不是主要威胁。而动向④、⑤给企业带来了市场机会，其中最好的市场机会是⑤，其潜在机会和成功的可能性都大；市场机会④的潜在机会虽然大，但其成功的可能性低。

潜在的威胁 ＼ 出现威胁的概率	低	高
大	①	② ③
小		

图 2-2　环境威胁矩阵图

潜在的机会 ＼ 成功的概率	低	高
大	④	⑤
小		

图 2-3　市场机会矩阵图

三、营销环境的综合评价

企业所面临的营销环境，一般情况下，市场机会和环境威胁是同时并存的。因此，分析市场营销环境时，必须同时分析营销机会和营销威胁，即综合环境分析。在综合分析营销环境时，可根据威胁水平和机会水平的不同，将其企业所面临的综合环境分为四种不同的类型，如图 2-4 所示。

机会程度 ＼ 威胁程度	高	低
高	(2) 冒险型	(1) 理想型
低	(4) 困难型	(3) 成熟型

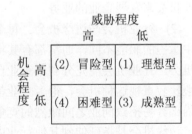

图 2-4　综合环境分析

(1)　理想环境：高机会和低威胁的环境。

(2)　冒险环境：高机会和高威胁的环境。

(3)　成熟环境：低机会和低威胁的环境。

(4)　困难环境：低机会和高威胁的环境。

在营销过程中，任何企业都不能改变市场营销的宏观环境，但它们可以认识这种环境，可以通过经营方向的改变和内部管理的调整，去适应环境变化，达到营销目标。在开展市场营销活动的过程中，根据所面临的综合环境的类型，采取相应的策略。

(1)　面临理想环境应采取的策略。理想环境是机会水平高、威胁水平低、利益大于风险，是难得遇上的好环境，企业应当抓住机遇，开拓经营，创造营销佳绩，万万不可错失良机。

(2)　面临冒险环境应采取的策略。冒险环境是机会和威胁同在，利益与风险并存，在有很高利益的同时也存在很大的风险。企业应当加强调查研究，进行全面分析，发挥专家优势，审慎决策，以降低风险，争取利益。

(3) 面对成熟环境应采取的策略。成熟环境是机会和威胁水平都比较低，是一种比较平稳的环境。企业一方面应按常规经营，规范管理，以维持正常运转，取得平均利润；另一方面应积蓄力量，为进入理想环境或冒险环境做准备。

(4) 面临困难环境应采取的策略。困难环境是风险大于机会，企业处境已十分困难，企业必须想方设法扭转局面。如果大势已去，无法扭转，则必须采取果断决策，"三十六计，走为上计"，撤出该环境，另谋发展。

【课堂讨论2-2】
2010年上海世界博览会给哪些企业带来怎样的机会？

四、环境与企业对策

对企业所面临的主要威胁和最好的机会，最高管理层应当作出什么反应或可采取何种对策呢？最高管理层对企业所面临的市场机会，必须慎重地评价其质量。

(一)面临市场机会及对策

1. 市场机会的分类

市场机会是指市场上存在的或尚未完全满足的需求。企业应从以下几方面对市场机会予以区分。

(1) 环境机会和企业机会。在环境发生变化的过程中，市场需求也会随之变化，客观上就会出现一些尚待满足的需求，即环境机会。这种机会既可以为本企业所利用，也可以为其他企业所利用。对不同的企业来说，并不一定都是最佳机会，只有那些最符合某一企业的目标和能力的市场机会，才是此企业的企业机会。因此，企业要善于从环境机会中寻找和发现企业机会来发展企业的业务。

(2) 行业机会与边缘机会。每个企业由于其所拥有的技术、资源和条件不同，在社会分工中承担的职能不同，通常都有其特定的经营领域。行业机会是指企业业务经营领域内的市场机会。行业机会能充分利用企业自身的优势和经验，寻找和识别也比较容易，因此，企业一般比较重视这种机会，很多企业都以开发、利用行业市场机会为重点。但是行业机会在行业内部容易招致同业之间激烈的竞争，从而失去或减弱机会效益。

边缘机会是指延伸到其他行业中而又与本行业交叉、结合部分的市场机会，一般是别的企业的行业机会。由于大多数企业都比较重视所在行业的主要领域，而容易忽视行业间的结合部，因而在行业之间的边缘地带常存在未能充分满足的需求，甚至还会产生一些新的消费需求。所以，企业在行业领域之外求发展，常常以边缘市场机会为主要目标。边缘市场机会能发挥企业的部分优势，比较隐蔽，不易被大多数企业发现，因此容易获得机会效益。但寻找和识别的难度较大，需要在行业间巧妙地开拓市场需求点。例如，计算机屏幕显示器与电视机的结合运用，在医疗与饮食的结合部分开发出的医疗食品、药膳餐馆等，就是开发边缘机会的极好例证。

(3) 显性机会与潜在机会。市场机会有的表现为明显的没有被满足的需求，这就是显性市场机会。这种机会容易寻找和识别，企业应该善于抓住并利用它。但也要注意，由于显性市场机会较明显，利用这一机会的企业可能过多，一旦超出了市场需求的容纳度，就会形成供过于求，滞销积压，最后给企业带来亏损。我国市场上出现过的"冰箱热""VCD热"等即为教训。在这种市场机会面前，企业必须眼光敏锐，先声夺人，抢先一步占领市场，并迅速提高质量，降低成本，树立品牌形象，才能有所作为。而跟在别人后面凑热闹，一哄而上的企业，往往难以逃脱失败的命运。

还有一些是隐藏在现有某种需求后面的未被满足的市场需求，即潜在市场机会。这种机会不易被发现，寻找和识别的难度系数比较大，但是，企业一旦抓住这种机会，其竞争对手就要比显性市场少，更会为企业带来新的发展。例如，我国私人轿车市场的发展，必将带来街边停车计价器、防盗方向盘锁等相关产品的需求，进而带来生产这些产品的原材料及建造停车场所需材料的需求等。

(4) 当前市场机会与未来市场机会。当前市场机会是指目前市场上已经存在的未被完全满足的需求。这是企业营销的现实基础，应该占有较大的市场份额，并在此基础上去瞄准未来，开发未来需求。

用发展的眼光去看，还存在一种未来的市场机会。它并未在目前的市场上表现为大量需求，而仅仅表现为少部分人的消费意向或极少量需求，在未来某一时间之内将表现为大量的需求或一种普遍的消费倾向，成为未来某一时期现实的市场机会。由于企业从发现市场机会到推出产品进入市场，有一个时间过程，因而提前把握未来的机会，未雨绸缪，可以获得领先优势。

2. 寻求市场机会的途径

企业寻求市场机会的途径和方法很多，最常用的有以下几种。

(1) 通过系统规划业务、投资发展战略来寻求市场机会。首先，在密集式发展的范围内，从市场深入、市场开发和产品开发三个方向，寻求机会。若不存在有吸引力的机会，则可逐渐扩大范围，沿着一体化发展直到多元化发展的思路，继续寻求。

(2) 结合市场细分过程来寻求市场机会。市场细分不仅是企业选择目标市场的常用方法，也是企业寻求市场机会的重要工具。通过市场细分，可以从中发现一些未被发现的机会。

(3) 通过最大范围地搜集意见和建议来寻求市场机会。企业应集思广益，不仅从企业内部，而且还要从企业外部如消费者、中间商、专业咨询机构、科研单位、政府部门等处广泛搜集意见和建议，从中分析和归纳出可行的意见。

3. 企业面对市场机会的对策

(1) 及时利用。当环境变化给企业提供的市场机会与企业的营销目标、资源条件相一致，并能享有竞争的差别利益，能给企业带来较高赢利时，企业要充分利用市场机会，求得更大发展。

(2) 适时利用。有些市场机会相对稳定，在短期内不会变化，而企业暂时又不具备利用市场机会的有利条件，则应等待时机成熟时，再加以利用。

(3) 果断放弃。有些市场机会有吸引力，但企业缺乏有利的条件，不能加以利用，则应果断放弃。

(二)面临市场风险及对策

1. 市场风险的类型

市场风险可以按不同的标准分成不同的类型。

(1) 按市场风险的性质分类,有自然风险和人为风险。自然风险是指由自然界本身的因素造成的风险,如水灾、火灾、地震等。这类风险,人类一般无法完全避免和克服,但有些是可以预测和采取一些措施减轻灾害的。人为风险是指由社会活动和经济活动带来的风险。人为风险有两种类型:一种是内部因素风险,如新产品开发失败、高级管理人员变动等;另一种是外部因素风险,如社会动乱、通货膨胀、消费潮流变化等。

(2) 按对风险的把握性分类,有显性风险和隐性风险。显性风险是指凭营销者的直观感觉和经验可以判断,并能按现值评估损失程度的风险,如商品削价损失、利息损失等。这些风险损失的大小可以测算,或通过加强内部管理,建立健全规章制度,采取相应的措施来防止或减少这种风险的损失。隐性风险是指风险因素较隐蔽,营销人员凭直观感觉和经验较难发现和识别的风险。如政治法律因素风险、企业信誉危机、劳动效率低等。这些风险难以预料和克服,对企业营销的威胁很大。

(3) 按市场风险的后果分类,有纯粹市场风险和投机市场风险。纯粹市场风险是指风险的发生只给企业造成损失而不会产生机遇和利益的风险,如火灾等灾害。对这类风险,企业只能加以防范。投机市场风险是指风险的发生既可能产生利益,也可能造成损失的风险,如供求关系的变动、价格波动、国家政策调整等。在这样的风险面前,如果企业能够随机应变,迅速调整营销策略,就可能坏事变好事,给企业带来新的市场机会。

2. 应对市场风险的对策

(1) 抗争对策。对于某些主观因素所造成的环境威胁,企业可采取一定的措施,限制或扭转不利因素的发展。如对于某些地方保护主义的规定;对于造成不正当竞争的某些政策;对于不利于自然生态环境发展的某些规定等。例如,长期以来,日本的汽车、电器等工业用品源源不断地流入美国市场,而美国的农产品却遭到日本贸易保护主义政策的威胁,美国政府为了对付这一严重的环境威胁,一方面,在舆论上提出美国的消费者愿意购买日本优质的汽车、电器、电子产品,为何不让日本的消费者购买便宜的美国产品;另一方面,美国向有关国际组织提出了起诉,要求仲裁,同时提出,如果日本政府不改变农产品贸易中的保护政策,美国对日本工业品的进出口要采取相应的措施,结果,扭转了不利的环境因素。

(2) 减轻对策。有些风险虽不能完全消除,但可以通过采取措施缓解,以减少风险损失,即通过调整市场营销组合等来改善环境,以减轻环境威胁的严重性。例如,当可口可乐公司的年销售量达到 300 亿瓶时,在美国的饮料市场上突然杀出了百事可乐。它不仅在广告费用的增长速度上紧跟可口可乐,而且在广告方式上也针锋相对:"百事可乐是年轻人的恩赐,青年人无不喝百事可乐。"其潜台词很清楚,即:"可口可乐是老年人的,是旧时代的东西。"可口可乐针对这种环境威胁,及时调整市场营销组合,来减轻环境威胁的严重性:一方面,聘请社会上的名人(如心理学家、精神分析家、应用社会学家、社会人类学家等),对市场购买行为新趋势进行分析,采用更加灵活的宣传方式,向百事可乐展开了宣传攻势;另一方面,花费比百事可乐多 50%的广告费用,与之展开了一场广告战,力求将广大消费者吸引过来。经过上述努力,收到了一定的效果。

(3) 转移对策。对一些难以预料、人力又不可抗拒的风险，且又无法扭转和减轻时，企业可以采取转移风险的办法，将自己的风险转移或分散给他人承担。风险转移方式主要有两种。

① 保险转移。保险转移，即向保险公司投保，万一风险发生，可以获得一部分或全部赔偿。

② 非保险转移。非保险转移的方法很多，如利用期货交易中的套期保值功能，避免和转移价格风险；营销战略上实行多元化经营来分散风险；作出退出或部分退出目前经营领域的决策，寻找新的发展机会等。

本章小结

影响企业市场营销的微观环境因素包括企业内部环境、企业的供应商、营销中介机构、目标顾客、竞争者和社会公众六个方面。其中企业内部的分工协作是影响企业营销活动的一个内在因素，企业的供应商所提供的资源是企业营销活动顺利进行的前提，市场营销中介是争取竞争优势的重要条件，目标顾客是企业得以生存和发展的根本，竞争者是对企业经营活动的一种制约，社会公众对企业营销环境产生监督、影响、制约作用。

企业市场营销的宏观环境包括：人口环境、经济环境、自然环境、科学技术环境、政治法律环境和社会文化环境。人口环境涉及人口数量的变化、年龄、民族、教育、家庭类型和人口地理变迁等；经济环境的变化包括实际收入增长率、储蓄率、负债率及消费方式的变化；自然环境的变化涉及原材料供应、能源成本、污染及环境变动等；科学技术环境的变动是指技术革新的速度、技术发明的机会、技术研究与开发及预算等；政治法律环境的变化则包括商业法规、政府管理办法及公共利益组织的发展；社会文化环境的变化是指自我实现、生活方式与目标的发展变化。

企业所面临的营销环境，一般情况下，市场机会和环境威胁是同时并存的。企业应根据所面临的综合环境的类型，采取相应的策略。

思考与练习

1. 什么是企业的营销环境？
2. 企业对环境威胁应采取哪些对策？
3. 试述微观营销环境与宏观营销环境的构成。

实践训练

1. 联系实际分析某企业的机会与威胁。例如，某电视机生产企业通过营销信息系统了解到如下信息。

① 有些实力较强的其他家电经营者准备涉足电视机生产经营。
② 电视机市场已向多种规格发展。
③ 数字化电视机已面世。

④ 电视机将与电脑屏幕显示器合二为一，进入通信领域。
⑤ 未来10年内我国农村市场对普通电视机需求量将达1.68亿台。

试分析该企业业务属于哪一类型？

2. 请列举中国电信面临的机遇与挑战。
3. 我国已经存在人口老龄化问题，请你对此为某市大型零售企业提出相应对策。

(扫一扫，看案例分析)

第三章　市场购买行为分析

【学习目标】

通过本章学习，了解消费者市场的含义、特征与种类；掌握消费者需要的内容，组织市场购买的特点和交易模式；掌握消费者购买行为的过程；理解消费者购买动机和购买行为的含义与类型，理解产业购买者需要的内容、影响产业购买者采购的因素与决策过程；理解中间商购买者的购买动机、采购的产品组合策略和购买决策的过程；了解影响消费者购买行为的主要因素；基本能够运用消费者购买行为理论进行营销决策，制定相应的营销策略；了解政府购买的目的、政府采购的参与者、影响因素和采购的类型。

【关键概念】

消费者市场　消费者需要　组织市场　购买动机　购买行为　购买决策

【案例导入】

百事 Spire：就为吸引消费者

百事可乐推出"Spire"自助冷饮贩卖机，使用户可以自己探索、尝试制作全新口味的冷饮。面对美国市场销量下滑的局面，百事希望这款新设备扩展业务，与可口可乐争夺消费者。

这是位于美国曼哈顿北部 30 千米处一个不起眼的房间，但它却并不像看起来那么简单：走进这个房间，人们可以看到里面有三款百事 Spire 机器，其中最大的一台是可以调制出一千余种饮料的饮料贩卖机；接下来是一台可以让消费者给朋友赠送饮料的自动售货机；第三台便是一个带有半透明屏幕的冷却机，通过这个屏幕，人们可以在获得商家营销信息的同时观看饮料的制作过程。这就是百事 Spire 冷饮柜台，百事公司正在测试并完善这个新设计。百事公司饮料集团全球总裁布拉德·杰克曼在接受采访时介绍说："单这一处柜台就服务过上百名不同年龄段的消费者。"

几年来，百事公司 Spire 团队一直致力于通过用户体验不断完善这项新设计。关于它的设计理念，杰克曼这样说："它关乎销售和营销之间，以及与消费者互动和提高商家效率之间的完美平衡。我们希望它尽可能直观地体现出这些。"

如杰克曼所说，为使 Spire 冷饮柜台更直观地体现对客户的价值，Spire 团队为它注入了许多新鲜有趣的想法，并提供了多样化的选择。

从商业的角度来看，Spire 是宣传商家品牌信息的平台。百事公司首席设计官莫洛·博西尼说："Spire 的超大屏幕允许营销者在上面传达品牌信息，不管机器是不是在运转中。"对此，杰克曼举了这样一个例子：假如它被放在电影院里，可通过简单的编程让它播放电影预告片。

除此之外，百事显然有意给客户创造不同层面的选择。Spire 柜台分为三种：一种带有 10 英寸触屏；另一种触屏为 15 英寸；还有一种带有 32 英寸触屏，可配置成独立单元，但也可以作为商家的柜台使用，商家能根据不同需要进行选择。但对客户来说，更为重要的是，所有柜台都会在他们现有的渠道系统和后台基础设施上运行，以便快速维修。

从消费者的角度来看，百事希望 Spire 还是一个娱乐平台，除了可以实现给亲友赠送饮料的社交互动之外，个性化定制也是一大亮点。"机器的屏幕照明会根据饮料的选择发生变化，比如我选择了山露这一款产品，灯光就会变成绿色。"在排队过程中，消费者可以通过屏幕观看机器是如何运作的，这样也能够让他们的等候时间充满乐趣。机器也会在设定的时间内自动刷新设置，以防人们拖延时间。

早在 2009 年，百事公司的竞争对手可口可乐公司就已经推出 Freestyle 贩卖机，如今该机器在美国已经推出了 2 万台。相比之下，百事 Spire 可能在饮料定制方式方面有优势：可口可乐 Freestyle 的最新款允许消费者定制 140 种饮料，但是饮品是基于设定好的可口可乐旗下产品；而百事可乐最大的 Spire 柜台允许消费者先选择一个基础饮料(如百事乐怡)，然后再添加三种其他口味，其中包括柠檬、覆盆子、樱桃、香草、草莓、酸橙，进而组合出一千多种饮品。杰克曼说："因经过味觉科学家研究，组合不会调出难喝的、吓人的饮品。"

(资料来源：荣晓华. 消费者行为学[M]. 4 版. 大连：东北财经大学出版社，2015)

第一节　消费者市场与组织市场

一、消费者市场及其特点

(一)消费者市场含义

消费者市场是指为满足生活消费需要而购买货物和劳务的一切个人和家庭。现代市场营销的口号是"消费者是上帝"，因此一切企业，无论是生产企业还是商业、服务企业，也无论是否直接为消费者服务，都必须研究消费者市场。因为只有消费者市场才是商品的最终归宿，即最终市场。其他市场，如生产者市场、中间商市场等，虽然购买数量很大，常常超过消费者市场，但其最终服务对象还是消费者，仍然要以最终消费者的需要和偏好为转移。因此即使从来不与消费者直接交易的企业，如制造厂商、批发商等，也必须研究消费者市场。在这个意义上，可以说消费者市场是一切市场的基础，是最终起决定作用的市场。

(二)消费者需要

人的行为都有一定的动机，而动机又产生于人类本身的内在需要，消费行为也不例外。产生消费行为的最基本的内在原因是消费者需要，正因为如此，市场营销活动应以消费者的需要为出发点。

1. 消费者需要的含义

心理学认为,需要是有机体延续和发展其生命所必需的客观条件的综合反映,是行为产生的原动力,需要未满足是激起人们活动的普遍原因。当然,这里所说的需要最终会形成消费者市场,具体来说就是指满足生活需要而购买产品和服务的一切个人和家庭。

人作为生物,为了维持生命,延续种系,就有补充养料、求得安全和进行繁殖的客观要求。这些生理需求反映在头脑中,为人所感受,就形成了求食、防御和性的基本需要。同时,人作为社会成员的一部分,在群体和社会的生活、生产中,又逐步形成劳动、工作、交往、学习、钻研、创造、维护美德、奋斗、贡献以及娱乐等社会性需要。正是人们的生理性、社会性需要推动着生产的发展和社会的进步,而生产的发展和社会的进步又会使人们产生新的需要。人的一生就是不断地产生需要、满足需要,再产生新需要的循环往复的过程。

消费者需要是指消费者在一定的社会经济条件下,为了自身生存与发展而对商品或劳务产生的需求和欲望。消费者需要通常以对商品的愿望、意向、兴趣、理想等形式表现出来。当某种主观需要形成后,在其他相关因素的刺激下,就会激起购买动机,从而产生购买行为的一种内驱力。因此,需要在营销活动转化为行为动机的过程中起了基础和中介的作用,没有消费者需要,营销活动与消费者购买的内在动机之间就没有必然的直接联系。

2. 消费者需要的特征

每位消费者的需要是不同的,但也体现出一些共同的特征,主要如下。

(1) 差异性。由于所处的地理位置不同以及性别、年龄、职业、收入、文化教育程度等方面的差异,不同的消费者对商品的需求存在着明显的差异。以小灵通为例,近年来由于中国移动和中国联通的竞争,使得许多地方的手机资费大幅度下降,服务得到了改善,这促使更多人购买手机,使我国成为世界手机用户第一大国。但是,不是所有的消费者都有经济能力承担相对而言较为昂贵的手机和通信资费。中国电信抓住消费者需要的差异这一特性,推出了机身和资费较便宜的小灵通,满足了广大中低收入消费者的需要。

(2) 周期性。消费者需要特别是基本需要,往往有较强的周期性,旧一轮需要满足了,又会产生新一轮需要,不断轮回。如食品吃完了需要重新购买;日用品用完了也需要再去购买。

(3) 发展性。社会经济文化的发展不断创造新的消费对象,新的、更高层次的消费又反过来促进社会经济文化的发展,如此循环往复没有穷尽。消费者对某一项需要满足之后,虽然解除了该项需要对消费者的刺激,但是又会产生其他更高一级的需要,而这更高级的需要也会在进一步发展中扬弃自身。消费者需要的发展性在市场上主要表现为消费数量的增多和消费质量的提高。如从最初收音机和收录机的流行,发展到近几年智能电子产品等的面世,不断更新的产品大大满足了消费者不断发展的需要。

(4) 可诱导性。消费者消费需要的产生和发展,与客观现实的刺激有着很大的关联。社会政治经济的变革、生产部门和流通部门的广告宣传、经营战略的调整、道德风尚的倡导、生活和工作环境的变迁等,都有可能诱发消费者的需求发生变化和转移,使潜在的欲望和要求转变为明显的行为,使未来的消费需求变成现实的消费需求,使微弱的需求变成强烈的要求。正因为消费者需要具有可诱导性,企业或营销者不仅能够充分发挥自身的优势,组织开发适销对路、价质相宜的商品来满足消费者的需要,而且还可以通过组织一定的商品并采取适当的营销组合策略来引导和调节消费者的需要,指导人们的消费朝着健康的方向发展,进而促进市场经济的发展和社会精神文明的提高。

(5) 多变性。不同的人其消费需要是千变万化的,即使是同一个消费者,在不同时间、不同地点、不同心态下,需要也不相同,表现出多变性的特点。如有的消费者受产品广告宣传的影响,当时产生强烈的购买愿望,但事后却又后悔或欲望逐渐消失。

(6) 关联性和替代性。消费者的需要是多种多样的,各种消费需要之间往往具有一定的关联性。消费者为满足需要在购买某一商品时往往顺便购买相关的商品,如购买一套西服可能顺便购买衬衫、领带、皮鞋等,购买皮鞋又可能顺便购买鞋油、鞋刷等。因此,企业在确定经营商品的范围和结构时,应充分考虑到消费需求的关联性,甚至店址的选择都要考虑到毗邻企业的经营品种。不仅如此,消费者需要还具有相互替代性。这种替代性使消费品市场常常出现某种(某类)商品销售量增长,而另一种(一类)商品销售量减少的现象。例如,消费者对洗衣粉的需要增加,对肥皂的需要就会相对减少;对肉、鱼、禽、蛋等动物食品的需要增多,对粮食、植物油的需要也就会相对地减少;等等。

3. 消费者需要的种类

由于消费者的主观世界和客观环境是十分复杂的,因而消费者的需要也是丰富多彩和多种多样的,并且可以按不同的标准进行分类。

(1) 按需要的起源分为生理性需要和社会性需要。生理性需要是消费者为了维持和发展个体生命而产生的对客观事物的需求和欲望,如对衣、食、住、行等方面的需要。社会性需要是在生理性需要的基础上,消费者在后天的生活与实践中逐渐形成的需要,如对交往、知识、道德、艺术和理想等方面的需要。社会性需要是在人类社会历史发展过程中形成和发展的,它受到政治、经济、文化、地域和民族等因素的制约。一个社会的历史发展阶段不同、经济和社会制度不同、民族的风俗习惯和行为方式不同等,都有可能引起社会性需要上的差别。

(2) 按需要对象的性质分为物质需要和精神需要。人的物质需要是指人们对物质对象的欲望和要求,如人对衣、食、住、行等有关物品的需要,人参加社会劳动对劳动工具、劳动对象的需要等。在人的物质需要中,既包括生理性需要,也包括社会性需要,而且社会性需要的比重在不断提高。随着社会生产力的发展和科学技术的进步,人的物质性需要也在不断丰富与发展。人的精神需要是指人们对社会精神生活和精神产品的需要,如对知识、艺术、道德、宗教以及美的需要等。精神需要是人的高层次需要,它是人们学习科学知识、追求真理、探索自然和社会发展规律的动力。学习科学文化知识的需要推动人们去从事科学研究,对美的需要使人努力美化自己的生活,甚至去创造文学艺术,使人类的生活丰富多彩。

(3) 按需要的层次分为生存需要、享受需要和发展需要。人的生存需要是指人们为维持有机体生存而产生的对基本生活用品的欲望和要求,如对粮食、服装、住房等的需要。生存需要是人类最基本的需要,只有这类需要得到了起码的满足,人类才能生存下去,才能进行社会活动、从事社会生产,否则,就会产生严重的社会问题。人的享受需要是指人们为增添生活情趣,实现感官和精神愉悦而产生的各种欲望和要求,如对音响、彩电、DVD、录像机、电冰箱、高档衣料、装饰品等供娱乐、休息用的各种消费品的需要。享受需要不是人类生存所必需的基本生活需要,但是随着生产力水平的提高和科学技术的进步,其在人类各种需要中所占的地位变得越来越重要。人的发展需要是指人们为发展智力和体力、提高个人才能、实现人生价值而产生的欲望和要求，如对书籍、学习机、电脑、打字机、滋补品等的需要。当人们的生存需要、享受需要得到了基本的满足之后，发展需要就显得尤为突出了。

(4) 按需要的社会属性划分，可分为权力需要、交际需要和成就需要。人的权力需要是指人们支配他人与各种物品的欲望和要求，如取得某种服务、对他人的指挥、对某种物品的支配控制等的需要。权力需要与人的个体素质和所处的环境是密切相关的。当一个人对物品或他人行使权力时，他会体验到自己的力量在增长，于是产生一种满足感、愉悦感。许多企业在推销产品时，往往考虑这种需要，而对商品使用人作出权力或优势的许诺。例如，一条汽车广告可以强调高速的性能，尽管由于交通和实际的限制，很少有可能实际实施这种高速的性能。而且，对权力的含蓄许诺将会吸引具有强烈权力欲望的人。人的交际需要是指人们对爱情、友谊、归属的欲望和要求。交际需要的表现是多种多样的，如愿意参加社会交往、寻找温暖或与他人保持良好关系、希望得到爱情、希望为某个团体所接纳并成为其中的一员以便相互关心、相互照顾等。具有较高交际需要的人对别人有一种强烈的社交依赖性，他们常常选择会得到朋友称赞的物品，愿意和朋友一道去商店购买商品，容易接受友好的推销人员的帮助和意见，常常采取符合其参照团体规范和标准的购买行为。人的成就需要是指人们为了发挥自己的潜力并取得相应绩效而产生的欲望和要求。成就需要是一种高层次的需要。人们接受的教育层次越高，成就需要就越强烈。具有成就需要的人把个人的成功视为目的，他们接受每一项任务、干任何一种工作都想努力把它干好，并从中得到满足感，增强自尊心。在商品购买上，他们乐意接受标新立异的革新产品，容易接受广告商的此类宣传。

应该指出，消费者需要的划分是相对的，各种需要之间相互影响、相互渗透、密切联系。有些需要既是生理性的，又是社会性的；既是物质的需要，又是精神的需要；既是生存的需要，又是享受和发展的需要等。此外，人们对商品的需要往往不仅要求适用，而且要求具有一定的艺术性，能给人以美的享受。因此，企业营销商品，要考虑到消费者需要的多样性和联系性，有针对性地予以满足。

(三) 消费者市场的特点

消费者需求由于多种主客观因素的影响，是复杂多样的。但从总体上看，各种需求之间也存在着某些共性，这就是消费者市场需求的特点。

(1) 消费者市场需求的无限扩展性。人们的需求是无止境的，永远不会停留在一个水平上。随着社会经济的发展和消费者收入的提高，对商品和劳务的需求也将不断地向前发展。过去由家庭承担的劳务，现在已部分转向由社会服务行业来承担。消费者的一种需求满足了，又会产生新的需求，循环往复，以至无穷。因此，市场营销者要不断地开发新产品，开拓新市场。

(2) 消费者市场需求的多层次性。消费者需求总是在一定的支付能力和其他条件的基础上形成的。尽管人们会有多种多样的需要，但不可能同时得到满足，总要按照个人的收入情况、支付能力和客观条件有序地逐步实现。这便是消费者需求的多层次性。在同一商品市场上，不同消费者群体由于社会地位、收入水平和文化素养的差异，其需求也会表现出多层次性的特点。

(3) 消费者市场需求的复杂多变性。消费者人数众多，差异性很大，由于各种因素的影响，对不同商品或同类商品的不同品种、规格、性能、式样、服务、价格等方面会有多种多样的需求。而且，随着生产的发展、消费水平的提高和社会习俗的变化，消费者需求在总量、结构和层次上也将不断发展，日益多样化。消费者需求的这种多样化特征，要求企业在对消费市场进行细分的基础上，根据自身条件准确地选择目标市场。

(4) 消费者市场需求的可诱导性。消费者需求的产生，有些是本能的、生而具有的，但大部分是与外界的刺激诱导有关的。经济政策的变动，生产、流通、服务部门营销活动的影响，社会交际的启示，广告宣传的诱导等，都会使消费者的需求发生变化或转移，潜在的需求可以变为现实的需求；微弱的欲望可以变成强烈的购买欲望。可见，消费者需求是可诱导和调节的，具有较大的弹性。消费者需求的这一特征，要求市场营销者不仅要适应和满足消费者的需求，而且应该通过各种促销途径正确地影响和引导消费。

(5) 消费者市场购买的分散性。消费者人数众多、分布面广，每次购买量较少而购买频率都很高。针对这一特点，营销者应采取灵活多样的售货方式和服务方式，不断地提高为消费者服务的质量。

二、组织市场及其特点

(一)组织市场的含义

市场存在着不同的购买者，根据购买的目的和购买者的不同，我们可以把购买者划分为消费者、生产者、中间商和政府，前者由个人和家庭构成，后三者则是组织型的购买者，本章主要分析的是组织型的购买者。

组织市场是指为进一步生产、维持机构运作或再销售给其他消费者而购买产品和服务的各种组织消费者。简而言之，组织市场是以某种组织为购买单位的购买者所构成的市场。企业的市场营销对象不仅包括广大消费者，也包括各类组织机构，这些组织机构组成了原材料、零部件、机器设备、供给品和为企业服务的庞大市场。为此，企业必须了解以产业市场为主的组织市场及其购买行为。

(二)组织市场的分类

组织市场是指由各种组织机构形成的对企业产品和劳务需求的总和。它可分为三种主要的类型，即产业市场、中间商市场和政府市场。

1. 产业市场

产业市场也称为生产者市场或企业市场，它是指所购买的一切产品和服务将用于生产其他产品或劳务，以供销售、出租或供应给他人的个人和组织。产业市场通常由以下产业所组成：农业、林业、水产业、制造业、建筑业、通信业、公用事业、金融业、保险业和其他服务业等。

2. 中间商市场

中间商市场是指那些通过购买商品和劳务转售或出租给他人以获取利润为目的的个人和组织。转卖者不提供形式效用，而是提供时间效用、地点效用和占有效用。转卖者市场由各种批发商和零售商组成。批发商的主要业务是购买商品和劳务并将之转卖给零售商和其他商人以及产业用户、公共机关用户和商业用户等，但它不把商品大量地卖给最终消费者；而零售商的主要业务则是将商品或劳务直接卖给消费者。

3. 政府市场

政府市场是指那些为执行政府的主要职能而采购或租用商品的各级政府单位，也就是说，政府市场上的购买者是该国各级政府的采购机构。由于各国政府通过税收、财政预算等，掌握了相当大一部分的国民收入，所以形成了一个很大的政府市场。

(三)组织市场购买者的特点

1. 市场结构和需求特性

组织市场购买者在其结构和需求方面主要有以下几个特点。

(1) 组织市场购买者的数量要比消费者的数量少得多，而购买规模却大得多。产业市场采购的产品或劳务是为生产服务的，政府或团体的购买也是一种组织行为，他们每次购买产品或劳务的数量以满足某一时期的生产需要或组织需要为限度。因此，组织市场的采购相对消费者而言需求稳定、数量巨大。例如：一位果农把他的水果卖给饮料厂，那么很可能在当地他只有选择仅有的几家饮料生产厂，而如果他把水果拿到集市上卖给个人消费者，则肯定会有多得多的顾客。但是，如果卖给饮料厂，他种植的水果会一次性全部卖完，卖给集市上的顾客，很可能一个月也卖不完。又如，轮胎生产商在市场上可能有成千上万的小汽车拥有者，然而真正决定其命运的并不是这些数以万计的零星购买者，而是他能否从少数几家大的汽车制造公司中获得订单。

(2) 组织市场的购买者在地理位置上更集中。一般而言，同一行业的生产制造商往往更愿意集中在某一地带，这样能够相互分工合作，也比较易于提高知名度。同时，产业市场的购买者都是提供产品给其他组织机构的，固定资产较多、生产规模也相对较大，不可能经常流动，因此，在地理分布上较为集中。产业购买者的厂址一般都选择在所需生产资料集中或交通便利的地区，另外，由于历史沿革和竞争等原因，也促使产业购买者分布较为集中。

(3) 组织市场购买者的需求具有派生性，也称为引申需求或衍生需求，即最终取决于消费者市场的需求。组织市场的购买者是"非最终用户"，这个市场上的客户对产品和劳务的需求是从消费者对最终产品的需求中派生出来的。如果最终用户对企业产品的需求上升，那么企业就会提高产量，随即就会提高产业购买量，反之亦然。因此，当消费者的收入变动时，受影响的不仅是消费者市场的需求，而且还包括为消费品制造者提供原材料、设备、辅料、动力、零配件的生产者市场的需求变动。我们常见到的生产厂家通过刺激消费者对最终产品的需求来促进自己产品销售的手段，就是充分掌握了派生需求的特点而采用的营销策略。例如：移动通信网络提供商宣传各类移动电话制造商的产品促进移动电话的购买量，结果是使用移动电话的顾客越来越多，移动通信网络提供商也能多收取网络服务费。又如，房地产商大量购买钢材、水泥等建筑材料是因为消费者对房屋有需要，如果消费者对房屋的需求量下降，那么，建筑商对钢材和水泥等建筑材料的需求也将下降。

(4) 组织市场的许多需求缺乏弹性。组织市场的购买者对许多产品和服务的需求受价格变动的影响较小，短期需求尤其如此。组织市场的购买者既有供应方，也有需求方。如果不存在通货膨胀，在固定的预期需求量的前提下，部分供应方的价格上涨并不会影响到产业购买者向消费品市场的需求方销售产品的销售量和价格。生产者也不可能像消费者改变需求偏好一样经常变动生产工艺。此外，产业购买者对技术水平要求的严格性及其对规格、质量、性能、服务和技术指导方面的较高要求使得单位价格难以决定购买与否，价格弹性也不充分。

(5) 组织市场的需求有较为明显的波动性。这源于需求派生性的特点，如果消费者对某种消费品的需求增加，为满足这种增加的需求，生产者的投资就会以更大的增长比例增长。另外，宏观经济形势的周期性变化、重大技术创新在生产领域的应用或政策对产业的导向性亦会导致产业市场需求较大的波动。有时，消费市场需求量上升10%，却可能使下一阶段组织市场购买者的需求量上升100%；而消费市场需求下降10%，却可能使下一阶段组织市场购买者的需求发生崩溃。这种现象，经济学称为"加速原理"或"乘数效应"。

2. 产品专用性强，技术服务要求高

在组织市场上的产品专用性体现在购买者对产品的品种、规格、型号、质量都有着严格的要求，产品的技术服务要求也比消费品高。特别是一些技术密集型产品，要求提供安装、操作使用、修理等高水平的技术服务。例如，银行使用的 UNIX 系统就要求有很可靠的网络安全性，其专用性和技术服务要求都非常严格，否则金融机构的联网系统就无法运行。与消费者需求相比，组织市场上的购买者涉及的人数较多，并多为受过专门训练的专业人员。

3. 购买决策的参与者多

与消费者市场相比，影响生产者市场购买决策的参与者多。大多数的产业购买者都是群体决策的，企业有专门的采购部门，重要的购买决策还会有技术专家和最高决策层共同参与，涉及复杂重要的购买决策时，还会有更多的人直至公司高层主管参与决策。政府则采用公开采购的方式进行。这些也就意味着在组织市场上必须由同样受过良好训练的推销员来与买方的专业人员洽谈业务。

4. 购买者决策的类型和决策过程不同

组织市场购买者的决策通常比消费者的购买决策更复杂，涉及更大数额的款项、更复杂的技术和经济问题。因此，往往需要花费更多的时间反复论证。例如，某工厂要买一套设备，需要花数月甚至更长的时间来选择比较。当然，组织购买者的决策行为也远比消费者更规范。组织大规模购买通常要有详细的产品规格、书面的购买清单、对供应者的认真调查以及正式的审批程序。

5. 买方和卖方的关系不同

在组织市场上，买卖双方倾向于建立长期稳定的业务关系，相互依托。在购买者决策过程的各个阶段，即从帮助客户确定需求，寻求能满足这些需求的产品和劳务，直到售后服务，卖方要始终参与并与客户密切合作，甚至还要经常按客户要求的品种、规格定期提供产品和劳务。卖方企业还要通过为客户提供可靠的服务及预测他们眼前和未来的需要，来与客户建立持久的买卖关系，开展"关系营销"。因此，关系营销对组织市场的购买者比对消费者有更重要的意义。

6. 直接营销

组织市场的购买者通常直接向生产者购买，而不经过中间商，特别是对那些技术复杂、价格高昂的产品，或需要按特定要求供应的产品。

7. 互惠贸易

购买者和供应者互相购买对方的产品，并互相给予优惠。组织市场的购买者由于受到市

场竞争的压力，往往以互惠的方式选择自己的供应商。即买卖双方互换角色，互为卖方和买方。例如：造纸公司购买造纸用的化学物品，化学公司也从造纸公司那里大量购买办公和绘图用的纸张。优势互惠购买也表现为三角和多角关系。假设甲、乙、丙三家公司，丙是甲的顾客，甲是乙的潜在顾客，乙是丙的潜在顾客，甲就可能提出这种互惠条件：乙买丙的产品，甲就买乙的产品。

8. 租赁业务

由于固定资产的造价昂贵，许多生产者没有足够的资金添置大型的固定资产，通常采用租赁的方式取得一段时期该产品的使用权，以节约成本。这一般适用于价值较高的机器设备、交通工具等。

(四)组织市场购买者的交易模式

在组织市场的交易中，主要存在以下两种不同的营销管理理念和行为模式。

1. 交易营销模式

它适合于一笔笔单项交易，其主要对象是着眼于当前和近期利益的客户。他们随时可能转向新的供应者而不受损失，农产品和矿产品市场上常见这类客户。不同供应者的货物差异很小，客户只需找到报价最低者即可成交，至于下次找谁买，购买者将重新比较后再作决定，原供应者很难与之建立和发展长期关系。在这种情形下，卖方企业通常采取交易营销，在价格等成交条件的竞争上多下功夫。

2. 关系营销模式

相对于交易营销的是关系营销，这种交易模式在 20 世纪 80 年代后期盛行于欧美等地的发达国家。关系营销适合于销售技术性强、特色鲜明的产品。关系营销的对象是关心长远利益的客户，特别是那些全球性的大客户，营销人员应本着双方互利的目标密切注视和关心买方企业的极其关键人物的业务进展，在定价时视数量和促销作用等给予优惠，利益共享。经常通电话、上门问候、请客吃饭、提出有益的建议、帮助排忧解难等，也是发展友谊的具体行为。事实上，对于大型、高科技产品来说，做成一笔交易只是买卖双方关系的开始。对卖方企业来说，尽管实施关系营销需要一定的投入，但许多公司的实践已经证明，争取回头客比吸引新客户所获得的回报高得多。据美国一家公司评估报告显示，吸引一个新顾客的成本是保持一个满意的老顾客成本的五倍。所以，对供应者来说，丢掉客户也就意味着损失。对于购买者来言，他们一般也不会轻易改换自己的供应商，因为这会带来很高的成本，弃旧图新是既费钱又冒险的事。因此，双方都有意争取建立和发展长期稳定的战略性的合作关系。

关系营销理论不仅适用于外部的供应者、分销商和客户，而且也适合于企业内部员工。企业内部如果没有良好的合作关系，也很难有外部的良好合作关系。

第二节 消费者购买动机与行为分析

一、消费者动机的形成

心理学认为，人的行为是由动机支配的，而动机则是由需要引起的。所谓需要，就是客观刺激通过人体感官作用于人脑所引起的某种紧张状态。例如,人体内的生化作用引起饥饿的感觉,产生进食的需要;目睹同事都买了住房,就在心理上产生对住房的需要等。客观的刺激,既指人体外部的,也指人体内部的;可以是物质的,也可以是精神的;或兼而有之。

动机引起行为、维持行为,并引导行为去满足某种需要。动机源于需要,当人产生某种需要而又未能得到满足时,人体内便会出现某种紧张状态,形成一种内在动力,促使人去采取满足需要的行动,这就是心理学上所说的动机。当人的需要得到基本满足时,则紧张状态消失,恢复平衡,从而动机也就不存在了。

行为决定于动机,动机来源于需要。但是,不能反过来说:有某种需要,就一定产生某种动机;有某种动机,就一定发生某种行为。因为一个人同时可能存在多种需要,不是每一种需要都产生动机,也不是每一种动机都引起行为。动机之间不但有强弱之分,而且有矛盾和冲突,只有最强烈的动机即"优势动机"才能导致行为。例如,一个人得到一笔钱,既想买手表,又想买服装,还想去旅游等,最后决定行为的只能是那个最强烈的需要和动机。因此,营销者要想使消费者行为符合企业的目标,就必须善于根据消费者的需要,设置某些刺激物(营销刺激),激发足以引起消费者行为的优势动机,这就是激励。所谓激励,就是形成动机,对市场营销来说,就是设法激发足以引起消费者行为的动机,使之有利于企业目标的实现。

在西方,现代最流行的激励(动机形成)理论有两种:一是西格蒙德·弗洛伊德(Sigmund Freud)的理论;二是亚伯拉罕·马斯洛(Abraham Maslow)的理论。

弗洛伊德是20世纪初期世界著名的心理学家,他的动机形成理论在营销学上的主要意义是:指出了消费者行为同时受到心理和产品两方面因素所激励,如某些产品的外形,可引起消费者的某些情感和联想,从而促成其购买行为。弗氏理论在西方营销学方面的主要代表者是狄曲特,他专门研究如何以潜意识动机来解释购买者行为类型和购买者决策,他采用深度访问法,发掘消费者受客观刺激所引发的深层动机。

马斯洛的动机形成理论称为"需要层次论"(Hierarchy of Needs)。马斯洛是美国著名心理学家,他在1954年发表的代表作《动机与个性》里提出了这个理论。这个理论的基本点是:第一,人是有需要和欲望的,并随时有待于满足;需要的是什么,要看已满足的是什么,已满足的需要不会形成动机,只有未满足的需要才会形成和导致行为的动机。第二,人的需要是从低级到高级具有不同层次的,只有当低一级的需要得到相对满足时,高一级的需要才会起主导作用,成为支配人的行为的动机。一般来说,需要强度的大小和需要层次的高低成反比,即需要层次越低,需要的强度就越大。马斯洛依需要强度的顺序,把人的需要分为五个层次。

(1) 生理需要。人的生理需要是最低限度的基本需要,如衣、食、住等方面的需要。

(2) 安全需要。安全需要是人身安全和健康需要得到保障,避免遭受威胁和伤害,如保险、保健等方面的需要。

(3) 社会需要。社会需要是人们在社会生活中,往往很重视人与人之间的交往,希望成为某一团体或组织有形或无形的成员,得到人们的尊重和友谊、爱情等。

(4) 自尊需要。人具有自尊心和荣誉感,希望有一定的社会地位和自我表现的机会,得到社会的尊重和承认,使自尊心得以满足。这是比较高层次的需要,只有当以上几种需要得到一定程度的满足时才会产生。

(5) 自我实现需要。这是最高层次的需要，如对获得成就的欲望，发挥自我潜能，追求理想的实现等。

当然，在不同的环境下，人们的需要具有不同的属性，生理的、本能的需要可能差别不大，社会性的需要却往往有重大差别。但是，将人的需要分为不同层次这一点，无论在什么社会环境下都很有必要，对企业的经营管理也都是有用的。消费者不同层次的需要在购买力既定的条件下，先实现什么，后实现什么，总要按照一定的轻重缓急次序。可以设想，一个人在衣食住等基本生活需要没有得到一定的满足之前，不会首先需要彩色电视机或钢琴。但生活资料层次的划分，不是固定不变的，而是随着社会经济文化水平的发展而变化的。例如，有些原属于享受资料的东西，现在已经变成生存资料。

在消费者购买动机的形成过程中，内在需要是产生购买动机的根本原因，而外界刺激，包括商品实体和促销服务的刺激，如商品的良好质量、美观新颖的造型、精致漂亮的包装、合理实惠的价格，以及生动活泼的广告宣传和热情周到的服务等，也是激发消费者购买动机的重要原因。因此，消费者购买动机是由于消费者内在需要与外界刺激相结合，使主体产生一种动力而形成的。

二、消费者购买行为的类型

消费者的购买行为有多种类型，可从不同角度来划分。

(1) 根据消费者行为的复杂程度(花费时间、精力的多少和谨慎程度)和所购商品本身的差异性大小，可将消费者购买行为分为复杂型、和谐型、习惯型和多变型四种。

① 复杂型。消费者初次购买差异性很大的耐用消费品时，通常要经过一个认真考虑的过程，要广泛收集各种有关信息，对可供选择的品牌反复评估，并在此基础上建立起品牌信念，形成对各个品牌的态度，最后慎重地作出购买选择。如购买大件消费品就属于这种类型。

② 和谐型。这是消费者购买差异性不大的商品时发生的一种购买行为。由于商品本身的差别不明显，消费者一般不必花费很多时间去收集并评估不同品牌的各种信息，而主要关心价格是否优惠，购买时间、地点是否便利等。因此，和谐型购买行为从引起需要和动机到决定购买所用的时间较短，如购买一般纸笔等文化用品就属于这一类。

③ 习惯型。这是一种简单的购买行为，一种常规反应行为。消费者已熟知商品特性和各主要品牌特点，并已形成品牌偏好，因而不需要寻找、收集有关信息。它一般是针对价值较低，购买频率较高的商品，如每天买一包香烟，每月买两块肥皂等。

④ 多变型。这是为了使消费多样化而常变换品牌的一种购买行为，一般是指购买牌号差别虽大但较易于选择的商品，如罐头食品等。同上述习惯型一样，这也是一种简单的购买行为。

(2) 根据消费者性格分析，可将消费者购买行为分为六种类型。

① 习惯型：忠于某一种或某几种品牌，有固定的消费习惯和偏好，购买时心中有数，目标明确。

② 理智型：作出购买决策之前经过仔细比较和考虑，胸有成竹，不容易被打动，不轻率做出决定，决定后也不轻易反悔。

③ 冲动型：易受产品外观、广告宣传或相关人员的影响，决定轻率，易于动摇和反悔。这是促销过程中可大力争取的对象。

④ 经济型：特别重视价格，一心寻求最经济合算的商品，并由此得到心理上的满足。促销中要使之相信，他所选中的商品是最物美价廉的、最合算的，要称赞他是很内行、很善于选购的顾客。

⑤ 情感型。对产品的象征意义特别重视，联想力较强。

⑥ 不定型。年轻的、新近才开始独立购物的消费者，易于接受新的东西，消费习惯和消费心理正在形成之中，尚不稳定，缺乏主见，没有固定偏好。

三、消费者购买行为分析

消费者的购买活动是一个具体的行为过程。购买动机的研究主要是为了了解消费者为何购买，购买行为的研究则是要掌握消费者的购买习惯。具体分析消费者的购买行为，应从以下六个方面入手。

(一)何人买(Who)，即分析购买主体

就消费市场而言，消费者个人和家庭是主要购买者，即购买主体。在以家庭为单位的购买活动中，购买的决策者通常不是家庭这个集体，而是家庭中的某一成员或某几个成员。而家庭各成员或有关人员对购买决策的影响力，是个非常微妙的问题。由于消费者的年龄、性别、收入、职业、文化教育程度、性格等方面不同，因而在需求与爱好上存在着很大差异。在分析消费者购买行为时，必须明确其商品由谁来买，他(她)有什么样的需求与爱好，企业能否满足其特定的需求与爱好，如何吸引他(她)进行购买。在购买活动中，人们可能以下列各种不同的身份出现。

(1) 倡议者——第一个想到或提议购买某一商品者。
(2) 影响者——对最终购买商品有直接或间接影响者。
(3) 决策者——对整个或部分购买决策有最后决定权者。
(4) 购买者——购买决策的实际执行者。
(5) 使用者——所购商品的使用者或消费者。

一般而言，有些商品的购买决策者容易分辨，例如，在通常情况下，男性是香烟的购买决策者；妇女是化妆品的购买决策者。而有些商品如钢琴、彩电、摩托车等昂贵的日用消费品，其决策者往往包括一个家庭的主要成员甚至所有成员。有时候，从表面上看，购买一件商品的决定者似乎是男人，但实际上是他的妻子或其他家庭成员具有决定性的影响。如一个家庭要购买空调，首先提出建议的也许是女儿，具有影响力的是家中的老人，最终购买决策可能由父母二人共同商量作出，实际购买者可能由父亲承担，而经常使用者可能是全家人。

(二)买何物(What)，即分析购买客体

由于消费者所消费的商品是具体品牌的商品，因此，购买目标的选择也不能停留在一般的商品上，必须要确定具体的对象及其具体的内容，包括商品的名称、厂牌、商标、规格和价格等。

消费者市场涉及的范围十分广泛，包括吃、穿、用、住、行等各个方面，成千上万种商品，种类繁多，规格多样，花色复杂，而且更新换代迅速。企业分析消费者的购买对象，必须对消费者市场的商品进行细分。消费品的分类通常有两种方法。

1．根据商品的形态和使用频率分类

根据商品的形态和使用频率不同，消费品可分为以下几种。

(1) 耐用消费品。这种消费品一般可以多次使用，如电视机、电冰箱、洗衣机、空调、家具等。

(2) 易耗消费品。这种消费品一般只能使用一次或几次，如食品、纸张、洗衣粉等。

(3) 劳务。这是为消费者提供利益或满足的服务，如家政服务、家电维修、理发等。

2．根据消费者的购买习惯分类

根据消费者的购买习惯不同，消费品可分为以下几种。

(1) 方便商品。它是指消费者经常购买的一些小商品。方便商品具体又分为三种：一是日用品，如牙膏、肥皂、信封等。这种商品是消费者经常需要的，随时购买，很少考虑如何挑选，所以这些商品的销售最好设在邻近消费者的居住区，而且分布要广。二是即兴商品，如旅游纪念品或工艺品等。消费者对这种商品往往不是刻意寻找，而是因一时冲动才购买，所以这些商品通常放在适当地点的商店内最明显的地方，或由专门的商店出售。三是急需商品，如某地突然遭到寒流侵袭，急需防寒用品；或某地流行某种传染病，急需某种药品等，这时防寒用品和某种药品就成为急需商品。

(2) 选购商品。对于这种消费品，消费者一般要从质量、价格、款式、服务等方面反复比较挑选，然后才决定购买。选购商品又可分为两种，一是同质商品选购。在商品的质量、款式、规格等方面没有太大差异时，消费者主要以品牌的知名度作为选购商品的依据，如电冰箱、电视机、空调、洗衣机等，消费者选购时，只选定其品牌、功能。因而，生产和出售这类商品的企业要注意树立名牌意识，运用恰当的促销手段，宣传自己的产品，并提高服务水平。二是异质商品选购。在商品的花色品种款式、色彩等方面差异很大时，消费者选购商品时以自身的爱好为主要出发点，如家具、服装、衣料、鞋帽等。这类商品销售的关键在于花色、款式、色彩等方面要符合消费者的喜好，在商业区要有足够的销售点，以便于消费者比较和挑选。

(3) 特殊品。这是消费者偏爱的独特商品或名牌消费品。这类商品不是消费者普遍需要的，如古董、手工艺品、名贵字画、高级乐器等。这些商品的出售点不在于多，而在于其知名度高、服务水平高。

(4) 待觅购商品。这是一些消费者不知道(或者知道，但平时不需要)，只有特殊用途的商品，如某种药品、寿衣等。这类商品销售点不宜多，宣传推广工作要注意经常化，并配合各地的风俗习惯。

(三)为何买(Why)，即分析购买欲望和动机

任何一个消费者在一定时期内的消费需要都是多种多样的，驱动满足需要，消费者购买动机和原因同样存在多样性。在诸多甚至彼此间存在矛盾的购买动机和原因中，消费者首先要进行权衡，作出选择。例如，某一消费者既想买电冰箱又想买洗衣机，而依据其实际货币支付能力只能选择其中一种。在这样的情况下，消费者就需要对购买两者的各种动机进行比较和选择，然后决定购买。消费者的需求是多种多样的，因此，由需求导致的购买动机也是多种多样的。按动机的自然属性一般可将其归纳为两大类。

1. 生理购买动机

生理购买动机即由人们生理需要所引起的购买动机。如人们在饥渴时产生购买食品和饮料的欲望；在患病时产生购买药品的动机等。它是由人的生理运动本能产生出来的，一般具有经常性、重复性和习惯性等特点。由生理动机驱动所购买的商品，需求弹性小。这类商品多数是人们日常生活所不可缺少的必需品。

2. 心理购买动机

心理购买动机即由人们的认识、情感、意志等心理活动所引起的购买动机。心理动机一般又可分为三种类型。

(1) 情感动机。这是由消费者的情感需求所引起的购买动机，一般包括情绪动机和情感动机两种。情绪动机是由消费者的喜、怒、哀、乐、欲、爱、恶、恨等情绪引起的购买动机。如家长为使儿童快乐而购买玩具、为庆祝自己的晋升而购买纪念品等。这种购买动机一般具有冲动性、随机性和不稳定性的特点。情感动机是由人们的道德感、群众感、美感等人类高级情感所引起的购买动机，如亲朋好友为了友谊而购买礼品，少女为了增加美丽而购买各种化妆品等。这种购买动机一般都具有较大的稳定性和深刻性，在一定程度上反映出人们的精神面貌和思想境界。

(2) 理智动机。这是指消费者从自己的经济地位出发，在对企业和商品客观认识的基础上，经过分析、比较和深思熟虑后形成的购买动机。在理智动机的支配下，购买者往往不受环境气氛的影响，注重商品的质量，讲求实效，保持高度的理智性。这种购买动机一般具有客观性、周密性和控制性等特点，它尤其作用于购买高档耐用消费品。

(3) 惠顾动机。这是指消费者基于感情和理智的经验，逐步建立起对特定的厂商或商品特殊的信任和爱好，因而长期、重复、连续地购买特定企业的特定商品的一种动机，也称为偏爱动机，它具有明确的经常性、习惯性特点。进行市场营销活动的一个重要方面是树立以消费者为中心的营销观念和信誉第一的意识，千方百计为消费者提供优质、名牌商品及良好的服务，在广大消费者心目中树立起良好的企业形象，激发消费者的惠顾动机，以扩大商品销售。

购买动机导致购买行为的产生，往往是多种因素综合的结果，仅仅出于一个动机而进行购买活动的情况是少见的。如人们到商店选购衣物，多数是用几个标准进行衡量：既要质地优良，又要款式新颖，还要价格便宜，求美、求好、求廉、求实等几种动机集合在一起影响着消费者的购买决策，从而对企业的销售市场产生影响。

(四) 何时买(When)，即分析购买时间

购买时间的选择取决于消费者对某种商品需要的迫切性、存货情况、营业时间、交通情况和消费者自己可控制的空闲时间等因素。其中，消费者对某种商品需要的迫切性是决定购买时间的决定性因素。企业应掌握好消费者购买时间的习惯，如季节性商品，季前只有少量消费者购买，季初购买达到高潮，季中购买开始下降，季末只剩零星购买。

(五) 何地买(Where)，即分析购买地点

消费者对购买地点的选择，取决于商品经销单位的信誉、路途的远近、购买商品的数量

以及价格等因素。随着商品流通体制改革的深化，多种经济成分、多条流通渠道、多种经营方式并存的流通体制格局已经形成，市场上出现了激烈竞争的局面，商品营销企业的生存与发展取决于消费者的惠顾。于是，企业都以各种方式争取消费者。商品营销企业要吸引更多的消费者，则必须清楚地认识到消费者选择购买地点是与其惠顾动机、求廉动机、求速动机、信任动机等直接相关的，必须根据消费者选择购买地点的动机，改善经营管理，满足消费者需要。

(六)如何买(How)，即分析购买方式

消费者选择何种购买方式，取决于购买目的、购买对象、购买时间、购买地点等因素。企业要根据自己经营商品的范围和特点，以多种多样的销售方式和服务项目去适应消费者的多种购买方式。

四、消费者购买行为的影响因素

消费者购买行为取决于他们的需要和欲望，而人们的需要和欲望乃至消费习惯和行为，是在许多因素的影响下形成的。这些因素属于不同的层次，对消费者行为的影响程度不同，影响最深远的是一个民族的传统文化，它影响着社会的各个阶层和家庭，进而影响到每个人的行为及心理活动。影响消费者行为最直接的、决定性的因素，是个人心理特征。

(一)影响消费者行为的心理因素

影响消费者行为的心理因素，除了由需要引起动机这一最重要因素外，还有知觉、学习、信念和态度三个因素。

1. 知觉

消费者的需要引起动机，动机导致行为，而消费者行为又要受到认识过程的影响。所谓认识过程，是指消费者对商品、服务、店貌等刺激物的反应过程。这个过程由感性认识和理性认识两个阶段形成的。知觉是指消费者感官直接接触刺激物所获取的直观的、形象的反应，属于感性认识。任何消费者购买商品，都要根据自己的感官感觉到的印象，来决定是否购买。由于不同消费者对同一商品(或商店)的印象可能有很大差别，因而所形成的知觉也有很大差异。例如，甲乙二人同时进入某一商店购买同一种商品，甲对其的印象很好，乙却认为不好。同一刺激物为什么会产生不同的反应、不同的知觉呢？心理学认为，知觉过程是一个有选择性的心理过程，有三种知觉过程：选择性注意、选择性曲解和选择性记忆。

(1) 选择性注意。人的一生中要面临许多刺激物，以商业广告来说，西方人平均每天见到的广告超过 1500 条，不可能都引起注意，绝大多数一闪即逝，留不下什么印象。人们总是有选择地注意一些刺激物，有三种情况较能引起人们的注意：一是与目前需要有关的，如正要购买电视机的人就对电视机的广告特别注意；二是预期将出现的，如早已等待观看的节日；三是变化幅度大于一般的、较为特殊的刺激物，如降价 50%比降价 5%的广告，更会引起人们的注意。

(2) 选择性曲解。人们面对客观事物，不一定都能正确认识，如实反应，而往往会按照自己的偏见或先入之见来曲解客观事物，即人们有一种将外界输入的信息与头脑中原有信念

系统的信息相结合的倾向。这种按个人信念曲解信息的倾向，称为选择性曲解。例如，某一名牌商品在消费者心目中早已树起信誉，形成品牌偏好，就不会轻易消失；另一新的品牌即使实际质量已优于前者，消费者也不会轻易认同，总以为原先的那个名牌质量更好些。

(3) 选择性记忆。人们对所了解到的东西不可能统统记住，而主要是记住那些符合自己信念的东西。例如，只记住自己所喜欢的品牌的优点，每次需要再购买时，就想起了这个品牌。这种心理机制，就是选择性记忆。

上述三种心理过程告诉我们，市场营销者只有以多次重复的、有吸引力的强刺激来加深消费者的直观印象，才能突破其牢固的知觉壁垒。例如广告语言的长期重复出现，都较成功地利用了上述心理过程，给人们留下了深刻印象。

2．学习

消费者在购买和使用商品的实践中，逐步获得和积累经验，并根据经验调整购买行为的过程，称为学习。人类的行为有些是本能的、与生俱来的，但大多数行为(包括消费行为)是从"后天经验"中得来的，即通过学习、实践得来的。在后天经验理论中，应用比较普遍的是"刺激-反应"(S-R)模式。这种理论认为，人的学习过程包含下列五种连续作用的因素：驱策力、刺激物、提示物(诱因)、反应和强化(见图3-1)。

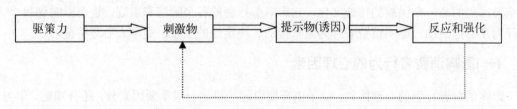

图3-1　连续作用的因素图

"驱策力"是一种内在的心理推动力。例如，一位消费者有提高外语听说能力的驱策力，当这种驱策力被引向一种"刺激物"——录音机时，就形成一种动机。在这种动机的支配下，这位消费者将作出购买录音机的"反应"。但是，他的这种反应在何时何处以及怎样作出，往往要取决于一些较小的或较次要的刺激物，即"提示物"(如亲属的鼓励，看到朋友的录音机或录音机的广告等)。当他购买了某一牌号的录音机后，如果使用时感到满意，他就会经常使用它并"强化"对它的反应。今后如遇上同样的情况，他便会作出相同的反应，甚至在相似的刺激物上推广他的反应，购买同一厂家或同一牌子的其他商品。反之，如果他使用时对其感到失望，以后就不会再作出相同的反应。这就是消费者的学习过程。

3．信念和态度

外界事物的刺激，可使人们产生一定的信念和态度，从而影响人们的行为，包括消费者行为。

信念是指人们对事物所持的认识。态度则是指人们对事物的情感偏好。消费者对商品的信念可以建立在不同的基础上，有的建立在科学的基础上，有的建立在某种见解的基础上，有的建立在信任(如对名牌货)的基础上，有的则可能基于偏见、讹传。不同的信念可导致人们不同的态度、不同的倾向，如消费者对名牌商品争相选购，而对不熟悉的新产品则犹豫观望，疑虑重重，很难作出决定。消费者的态度一般有三个主要来源：一是消费者与商品或劳务的直接接触；二是受其他消费者(如亲友或团体中的其他成员)的直接或间接影响；三是家庭教养和社会经历。消费者一旦形成对某种产品或商标的态度，则往往不易改变，企业应设法适应消费者所持有的态度，而不要勉强去改变消费者的态度，但这要付出很大代价，要权衡得失再作出决策。例如，日本本田公司的摩托车进军美国市场时，曾面临公众对摩托车持否定态度，把它同流氓犯罪活动联系在一起。要扩大市场，必须设法改变公众的态度。该公司以"你可在本田车上发现最温雅的人"为主题，大力开展促销活动，广告画面上的骑车人都是教授、美女等，于是逐渐改变了公众对摩托车的态度。

(二)影响消费者行为的经济因素

影响消费者购买行为最重要的经济因素有三个：商品价格、消费者收入、商品效用。

(1) 价格的高低是影响消费者购买行为最关键、最直接的因素。一般情况下，质量相同而牌号有别的商品，价格低的比价格高的更吸引消费者；收入低的消费者比收入高的消费者更关心价格的高低。

(2) 消费者收入。收入是决定消费者购买行为的根本因素。如果消费者仅有购买欲望，而不具备一定的收入作为购买能力的保证，购买行为便无法实现。只有既有购买愿望，又有购买能力，才能实现购买行为。

消费者收入和购买能力同价值观念和审美情趣也有直接关系。不同收入水平决定了需求的不同层次和倾向。经济发达国家由于人均国民收入达到相当高的水平，已经进入价值观个性化和多样化的时代，因而很难有一种价值标准占统治地位。消费者都按照个人爱好和习惯来购买商品，消费者的动向越来越难以把握。日本伊藤百货公司总裁伊藤雅俊指出："从零售行业的角度观察，人均国民收入达到2500美元左右时，消费者行为开始出现明显的变化。"

(3) 商品效用。消费者的购买行为特别是购买价值较高的耐用品时，是一种理性的行为。消费者总是在其收入允许的范围之内作出最合理的购买决策，尽量以最合理的方式安排其开支，以得到满足自己需要的最大限度效用。这种现象，遵循的是最大"边际效用"原则。

西方经济学的一种理论认为，消费者之所以购买某种商品，主要是由于这种商品具有能满足其某种需要的效用，他得到的这种商品越多，他们的需要就越能得到满足。但是，随着某种商品购买数量的增加，其效用总量的增加是递减的。这种现象叫作边际效用递减法则。例如，人们在空腹吃某种美味的糕点，吃第一块时觉得非常好吃，感到一种极大的享受；吃第二块时也还比较满意，但是满意的程度已不如前；吃第三块时，则已经不觉得好吃而只是充饥；如果一直强迫他继续吃第四块、第五块……他就会不但没有享受的感觉，反而会感到痛苦，最后导致其拒绝继续吃。这就是边际效用递减法则在起作用。

根据边际效用递减规律，假定任何一个购买者都把他所有的钱用在购买同一种商品或劳务上时，在其他因素不变的情况下，消费者把他的钱花在哪里，主要取决于当时哪种商品对他的边际效用最大。由于消费者的购买力总是有限度的，他购买了甲商品，就可能影响他购买乙商品，因此，只有当他感到购买甲商品能够得到更多满足时，他才会购买甲商品而不购买乙商品。

经济因素对消费者的影响是不断变化的，在消费者收入水平较低的情况下，经济因素有决定性影响。但随着可随意支配收入的增加和市场商品供应的日益多样化，消费者对商品的要求越来越高，经济因素对消费者购买行为的影响作用也将逐步缩小。

(三)影响消费者行为的社会文化因素

每个消费者都是社会的一员,他的行为不可避免地要受到社会各方因素的影响和制约。消费者的购买行为受社会阶层、文化和亚文化、相关群体、家庭、年龄和生命周期等社会因素的影响。

1. 社会阶层

所谓社会阶层,是指具有相似社会经济地位、价值观念和生活方式的人们组成的群体。不同社会阶层的人们的经济状况、价值观念、生活方式、消费特征和兴趣各有不同,他们对品牌、商店、闲暇活动、大众传播媒体等都有各自不同的偏好,有不同的消费需要和购买行为。

在不同的社会制度下,社会阶层的划分有着不同的标准。例如,美国学者把当代美国社会划分为七个阶层,其中,人数最多的是中间阶层、下上阶层、下下阶层,约占美国总人口的 2/3 以上;最富有的上上阶层占总人口不到百分之一,但他们的消费行为和偏好在全社会影响很大,常被其他阶层的人们竞相效仿。不同阶层消费者需要和行为的差异,不仅在于购买力水平的不同,而且还在于各阶层心理上的差异,如西方社会上层消费者往往追求新颖奇特,唯我独有,而不计贵贱;中下层则较注重经济实惠。

2. 文化和亚文化

文化属于宏观环境因素之一,人们的风俗习惯、伦理道德、价值观念和思维方式等,都受传统文化的制约,在不同文化的人群之间有重大差别。例如,在我国市场上常有一些产品注明是为老年人专用的,很受老年人欢迎,但在美国等西方国家,这样的商品肯定要受冷落,因为人们忌言年老。像"老先生、老太太"这样的称呼,在我国表示尊重,在西方则会引起对方反感。传统文化也不是凝固不变的,在各种复杂因素的影响下也会发生变化,30 多年来主要有如下变化趋势,其中有些具有普遍意义。

(1) 由于收入增加和工时缩短,人们的闲暇时间增多。于是,需要更多的旅游、娱乐、运动,并且人们为了得到更多的闲暇时间,需要节省时间的产品或服务,如微波炉、自动洗碗机、快餐店等。

(2) 文化教育水平的提高,必然向传统观念提出挑战。例如,西方国家宗教和家庭对青年一代的影响日益下降,这种倾向必然对消费行为发生影响。

(3) 由于生活水平的提高,人们对健康和仪表更加关注。现在,人们主张少吃多餐,吃自然食物,增加运动量,保持健美,老年人也讲究衣着、染发、美容,喜欢年轻人的服装和用具。

(4) 由于工作节奏紧张,人们希望业余生活松弛些。当代人喜欢轻松的生活方式,挑选宽松式的家常便服,家庭布置也趋于简单化。

(5) 由于交通和通信的发达,相对缩短了地理上的距离,促进了各地区、各民族间的文化交流,从而也势必对传统文化结构发生深远的影响。

每一种文化群体内部又包含了若干亚文化群,这主要有四种:①民族群体。如美国有爱尔兰人、犹太人、波多黎各人等多种民族;我国除汉族外还有 55 个少数民族,他们各自有不同的民族习惯和生活方式。②宗教群体。如天主教徒、基督教徒、伊斯兰教徒和佛教徒等,各有其宗教尊崇和禁忌,形成一定的宗教文化。③种族群体。如白种人、黄种人、黑种人等,各有不同的文化传统。④地理区域群体。如美国的南部各州、加州与新英格兰州等地区,均各有不同的生活习惯和口味；我国地广人多，各地区有不同的习俗与爱好，如菜肴风味有川、鲁、粤、湘四大菜系，各具特色。

以上这些文化和亚文化因素，都对消费者行为有直接或间接的影响。因为人的行为大部分是由后天学习而来的，不像低级动物那样完全受本能支配，人们从小就在一定的文化环境中成长，自然形成了一定的观念和习惯。因此营销者在选择目标市场和制定营销方案时，必须了解各种不同的文化环境对其产品相应处于一种什么样的发展与兴趣阶段。

3. 相关群体

所谓相关群体，就是对个人的态度、意见和偏好有重大影响的群体。对消费者的生活方式和偏好有影响的各种社会关系，就称为消费相关群体。相关群体可分为三类：一是对个人影响最大的群体，如家庭、亲朋好友、邻居和同事等；二是影响较次一级的群体，如个人所参加的各种社会团体；三是个人并不直接参加，但影响也很显著的群体，如社会名流、影视明星、体育明星、歌星等。但是，相关群体对消费者的影响，因购买的商品不同而有所不同，对价值小和使用时不易被他人觉察的商品(如洗衣粉、卫生用品、食品等)影响较小，而对价值大和使用时易为他人觉察的家用电器、服装鞋帽、手表等商品影响较大。此外，在产品生命周期的不同阶段，相关群体的影响也不尽相同。一般来说，在介绍期只对品种选择有强烈影响；在成长期对品种选择和品牌选择都有很强的影响；在成熟期只对品牌选择有强烈影响；而在衰退期则对产品和品牌选择的影响都很小。

相关群体对消费者购买行为的影响，表现在以下三个方面。

第一，相关群体向人们展示新的行为模式和生活方式。

第二，由于消费者有效仿其相关群体的愿望，因而消费者对某些事物的看法和对某些产品的态度也会受到相关群体的影响。

第三，相关群体促使消费者的行为趋于某种"一致化"，从而影响消费者对某些产品和品牌的选择。

4. 家庭

家庭是社会的细胞，对人们影响最深刻而持久，人们的价值观、审美观、偏好和习惯多半都是在家庭的影响下形成的。在购买决策的所有参与者中，购买者家庭成员对其决策的影响最大。对购买决策影响的大小，在不同类型的家庭中是不同的。美国社会学家按家庭权威中心的不同，把家庭分为四类：丈夫决定型、妻子决定型、共同决定型、各自作主型。

对不同的商品，在家庭购买决策的重心也不同，通常可分为三类：①丈夫有较大影响力的商品，如汽车、摩托车、自行车、电视机、烟酒等；②妻子有较大影响力的商品，如衣饰、洗衣机、餐具、吸尘器等；③夫妻共同决定的商品，如住宅、家具、旅游和某些文娱活动等。

此外，购买者家庭成员在不同层次的决策中影响力也不同。美国有人研究发现，"何时购买汽车"的决策主要受丈夫影响的占68%，受妻子影响的占3%，共同决定的占29%；但"购买什么颜色汽车"的决策则受丈夫影响和受妻子影响的各占25%，共同决定的占50%。因此，汽车公司在设计产品和拟定促销方案时，必须考虑各决策者和参与者可能的影响。

5. 年龄和生命周期

年龄不仅影响个人的消费行为，而且还关系到婚姻家庭状况，如是否有子女等。西方学者把这些概括起来，提出了"家庭生命周期"的概念，把家庭划分成九个时期。

(1) 单身期。离开父母独居的青年。
(2) 新婚期。新婚的年轻夫妻，无子女。
(3) "满巢"Ⅰ期。子女在六岁以下，即学龄前儿童。
(4) "满巢"Ⅱ期。子女大于六岁，已入学。
(5) "满巢"Ⅲ期。结婚已久，子女已长大，但仍需抚养。
(6) "空巢"Ⅰ期。结婚已很久，子女已长大成人分居，夫妻仍有劳动能力。
(7) "空巢"Ⅱ期。已退休的老年夫妻，子女早已离家分居。
(8) 鳏寡就业期。独居老人，尚有劳动能力。
(9) 鳏寡退休期。独居老人，已退休养老。

不同阶段的家庭有不同的需求特点。例如，新婚家庭与子女已离家的老人夫妻家庭，肯定有不同的需求和不同的消费行为。营销者只有明确自己的目标市场处于家庭生命周期的什么阶段，并据以发展适销的产品和拟订适当的营销计划，才能取得成功。

除自然年龄外，还要注意消费者心理周期的阶段，有些人心理年龄同他们的实际年龄不一致，这就要适应他们心理年龄上的需要。

五、消费者购买决策过程

(一)购买决策的行为模式

在市场运行中，企业并非只是被动地适应消费者的购买行为，它也能通过营销活动主动地影响消费者的购买行为。一般而言，企业市场营销刺激与消费者反应之间关系的模式如图 3-2 所示。

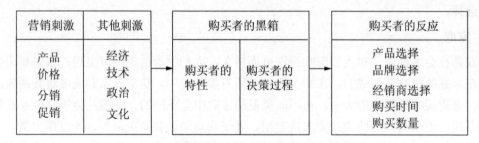

图 3-2 营销刺激与消费者反应之间关系的模式

从图 3-2 中可以看出，外界对购买者的刺激有两类：一类是工商企业所安排的市场营销刺激，包括产品、价格、分销和促销；另一类是其他刺激，包括经济、技术、政治和文化等各个方面的刺激。这些外界刺激因素进入"购买者的黑箱"(即心理过程)，经过一定的心理过程，就产生一系列看得见的购买者反应，如产品选择、品牌选择、经销商选择、购买时间和购买数量选择等。其中最关键的是要研究和了解"购买者的黑箱"中将发生的事情，以便企业采取正确和行之有效的决策。从图 3-2 中可以看到，"购买者的黑箱"分为两个部分：一部分是购买者的特性，包括购买者的社会文化和个人心理特征等，这会影响购买者对外界刺激的反应；第二部分是购买者的决策过程，这会导致购买者的选择。

(二)购买决策阶段分析

消费者在各种主客观因素影响下形成动机导致行为。消费者行为集中表现为购买商品，但购买者作出决策并非一种偶然发生的孤立现象。购买者在实际购买商品之前，必然会有一系列的活动，购买之后还要产生购后感受。购买者完整的决策过程是以购买为中心，包括购前购后一系列活动在内的复杂的行为过程。具体来说，购买者决策过程一般可分为以下五个阶段(见图3-3)。

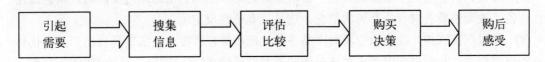

图 3-3　购买者决策过程的阶段

1．引起需要

引起需要是购买者行为的起点。当消费者感觉到一种需要并准备购买某种商品以满足这种需要时，购买决策过程就开始了。这种需要可能是由内在的生理活动引起的，也可能是受外界的某种刺激引起的，如看到别人穿新潮服装、戴金首饰，则自己也想购买；或者是由内外两方面因素共同作用的结果。营销者在此应注意的是，不失时机地采取适当措施，唤起和强化消费者的需要。例如，时令性商品要在相应季节到来之前及时宣传，及时备货。

2．搜集信息

如果唤起的需要很强烈，可满足需要的商品容易得到，消费者就会希望马上满足他的需要。但在多数情况下，消费者的需要并非马上就能获得满足，他必须积极寻找或搜集信息，以便尽快完成从知晓到确信的心理程序，从而作出购买决策。消费者获取信息的来源一般有以下四个：①个人来源，即从家庭、朋友、邻居和其他熟人处得到信息；②商业来源，即从广告、售货人员介绍、商品展览或陈列、商品包装和说明书等得到信息；③公众来源，即从报刊、电视等大众传播媒介的宣传报道和消费者组织的有关评论中得到信息；④经验来源，即通过自己参观、检验和实际使用商品得来的经验。在这一阶段，营销者既要千方百计地做好商品广告宣传，吸引消费者的注意力；又要努力搞好商品陈列和说明，使消费者迅速获得对企业有利的信息。

3．评估比较

消费者得到的各种有关信息可能是重复的，甚至是互相矛盾的，因此还要对其进行分析、评估和比较，这是决策过程中的决定性一环。例如，某人要买电冰箱，搜集了有关资料，比较各牌号特点：××牌价廉、耐用、省电、维修方便，但功能略少；××牌质优、效高，但价高、费电等。不同牌号的产品各有利弊，消费者需权衡利弊后方能作出购买决定。

消费者的评估选择过程有以下几点值得营销者注意：第一，产品性能是购买者所考虑的首要问题；第二，不同消费者对产品的各种性能给予的重视程度不同或评估标准不同；第三，消费者既定的品牌信念(品牌形象)与产品的实际性能可能有一定的差距；第四，消费者对产品的每一属性都有一个效用函数；第五，多数消费者的评选过程是将实际产品同自己理想中的产品进行比较。

所以，营销者可采取如下对策，以提高自己产品被选中的概率。

(1) 修正产品的某些属性，使之接近消费者理想的产品。这是"实际的重新定位"。

(2) 改变消费者心目中的品牌信念，通过广告和宣传报道努力消除其不符合实际的偏见。这是"心理的重新定位"。例如，某种产品确实是物美价廉，而有些消费者却以为价廉的一定不如价高的质量好；某种国产货已经达到或超过进口货水平，而有些消费者却总是迷信进口货，认为国产货不如进口货好。

(3) 改变消费者对竞争品牌的信念。当消费者对竞争品牌的信念超过实际时，可通过比较性广告，改变消费者对竞争品牌的信念。这是"竞争性反定位"。

(4) 通过广告宣传，改变消费者对产品各种性能的重视程度，设法提高自己产品占优势性能的重要程度，从而引起消费者对被忽视的产品性能(如耐用、省电、易于维修)的注意。

4．购买决策

购买决策是购买者决策过程的中心环节。购买决策通常有三种情况：一是消费者认为商品质量、款式、价格等符合自己的要求和购买能力，决定立即购买；二是认为商品的某些方面还不能完全满意而延期购买；三是对商品质量、价格等不满意而决定不买。消费者的购买决策是许多项目的总抉择，它包括购买何种产品、何种牌号、何种款式、数量多少、何时购买、何处购买、以什么价格购买、以什么方式付款等。

购买决策是消费者购买行为过程中的关键阶段，营销者在这一阶段一方面要向消费者提供更多更详细的商品信息，以便使消费者消除各种疑虑；另一方面要通过提供各种销售服务，方便消费者选购，促进消费者作出购买本企业产品的决策。

5．购后感受

购后感受是消费者对已购商品通过自己使用或通过他人评估，对满足自己预期需要的反馈，重新考虑购买了这种商品是否是正确选择，是否符合理想等，从而形成的感受。这种感受，一般表现为满意、基本满意和不满意三种情况。消费者购后感受的好坏，会影响到消费者是否重复购买，并将影响到他人的购买问题，对企业信誉和形象关系极大。西方学者有一种观点认为，消费者的满意程度，取决于消费者对产品的预期性能与产品使用中的实际性能之间的对比。也就是说，如果购后在实际消费中符合预期的效果，则感到基本满意；超过预期，则很满意；未能达到预期，则不满意或很不满意。实际同预期的效果差距愈大，不满意的程度也就愈大。根据这种观点，营销者对其产品的广告宣传必须实事求是，符合实际，以便使购买者感到满意。有些营销者对产品性能的宣传甚至故意留有余地，以增加购后的满意感。

购买者购后感受是企业产品是否适销的一种极为重要的反馈信息，它关系到这个产品在市场上的命运。"最好的广告是满意的顾客"。因此，企业要注意及时搜集信息，加强售后服务，采取相应措施，进一步改善消费者购后感受和提高产品的适销程度。

从以上分析可见，购买者决策过程中的每一阶段，都会影响其购买决策，研究这一过程，就是为了针对每一阶段的特点采取适当的营销措施，积极地诱导消费者行为，以便更好地满足消费者的需要。

第三节　组织市场购买行为分析

一、产业市场及其购买行为分析

产业购买者又称生产者，是指为满足生产需要而购买产品或劳务的个人和企业团体。产业购买者分布在工业、农业、林业、渔业、采矿业、建筑业、运输业、通信业、公共事业、银行业、金融业、保险业和服务业等。一般把用于满足生产需要的产品或劳务称为产业市场的购买对象，而把为满足生产需要而产生购买行为的购买者称为产业购买者。

(一)产业市场的购买对象

产业购买者的需求因产品类别的不同而存在很大差异。每一类产品都有自身的特点，一般将其分为生产装备、附属设备、零部件、原材料、初步加工过的生产资料、消耗品和服务七类。

(1) 生产装备。生产装备包括重型机械、设备、厂房建筑、大中型集成制造系统硬件等。这类产品大多价格昂贵、体积庞大、结构复杂、技术性能要求高。购买时所需的资金往往是借贷资金，须分期折旧收回。对于产业购买者来说，购买生产装备是重大决策。

(2) 附属设备。附属设备一般是轻型设备，对生产重要性相对较小，具有价格低的特点，属于标准化产品，如电动工具、叉车等。购买时一次性支付能力强，决策参与者较少，购买者可选择范围广。

(3) 零部件。零部件是许多完工产品的一个组成部分，其本身也是完工产品，如仪表、紧固件、外部设备等。许多制造厂都从事专业的零部件生产，作为维修和补充配件出售比在装配市场上出售更有利。因此，产品的品牌和质量成为购买者选择的标准。

(4) 原材料。原材料是指那些处于生产过程起点的源头产品，如农产品、海产品、森林、矿产资源、原木、原油等。这类产品大多有规定的标准和等级，质量上没有什么差别。

(5) 初步加工的生产资料。初步加工的生产资料即经过初步加工的产成品，并且还会被其他生产者作为生产资料的一类中间产品，如钢板、玻璃、焦炭、合成树脂等。供应方的产品虽存在竞争，但质量没有太大差别，价格折扣幅度往往是竞争的焦点。

(6) 消耗品。消耗品一般分为两类：一类是维持企业日常经营所需要的不构成产成品实体的必备品，如维修用品、清洁用品、办公用品等；另一类是维持正常生产的一些易耗品，如润滑油、耐用品等。消耗品一般多是标准品。在购买过程中具有周期性强、来源广泛等特点。

(7) 服务。服务是产业市场购买的所有无形产品的总称。在很多情况下，服务都是以实体产品为载体共同销售的，如一些管理信息系统总是伴随大型集成制造系统一起销售。也有一些产业市场购买单纯的服务项目，如建筑设计、运输、人员培训和咨询服务等。

(二)产业购买决策的参与者

产业购买者决策过程的复杂程度和决策项目的多少取决于其决策类型。一般的决策类型有直接重购、修正重购和新购买三种。这三种类型促使产业购买者必须形成一个采购核心，同时把根据所有参与决策人员整体意见所形成的确定购买目标的决策风险进行分散。这些购买决策参与的角色可以概括为以下几种。

(1) 实际使用者。实际使用者是指生产者用户的内部使用这种产品或服务的成员，由他们提出购买建议，并协助决策者对购买产品标准进行选择。

(2) 影响者。影响者是指生产者用户内部和外部能够直接或间接影响采购决策的人员。他们协助确定产品的规格和购买条件，影响供应商的选择。如技术人员、推销人员均可能是影响者。

(3) 决策者。决策者是指有权决定买与不买的具有最终裁定权的人员。一般情况下，决策者就是采购者，但在涉及交易的金额大、交易内容复杂时，决策者可能会是企业决策层管理人员。

(4) 采购者。采购者是指被赋予权力按照采购方案选择供应商和商谈采购条款的人员。如果采购活动较为重要，采购者中还会包括企业决策层管理人员。

(5) 信息控制者。信息控制者是指生产者用户内部或外部能够控制信息流向采购中心成员的人员。如采购代理人、接待员和电话员等。

(三)产业购买决策

1．影响产业用户购买决策的因素

影响产业用户购买决策的主要因素有环境因素、组织因素、人际因素和个人因素四个方面。

(1) 环境因素。它是指生产者无法控制的宏观环境因素，包括国家的经济前景、市场需求水平、技术发展、竞争态势、政治法律状况等。假如国家经济前景良好或国家扶持某一产业的发展，有关生产者用户就会增加投资，增加原材料采购和库存，以备生产扩大之用。在经济滑坡时期，生产者用户会减少甚至停止购买，供应商的营销人员试图增加生产者需求总量往往是徒劳的，只能通过努力来保持或扩大自己的市场占有率。

(2) 组织因素。它是指生产者用户自身的有关因素，包括经营目标、战略、政策、采购程序、组织结构和制度体系等。企业营销人员必须了解的问题有：生产者用户的经营目标和战略是什么；为了实现这些目标和战略，他们需要什么产品；他们的采购程序是什么；有哪些人参与采购或对采购产生影响；他们的评价标准是什么；该公司对采购人员有哪些政策与限制等。例如，以追求总成本降低为目标的企业，会对低价产品更感兴趣；以追求市场领先为目标的企业，会对优质高效的产品更感兴趣。有的公司建立采购激励制度，奖励那些工作突出的采购人员，导致采购人员为争取最佳交易条件而对卖方施加压力。有的公司实行集中采购制度，设立统一的采购部门，将原先由各事业部分别进行的采购工作集中起来，以保证产品质量、扩大采购批量和降低采购成本。这种改变意味着供应商将同人数更少但素质更高的采购人员打交道。有的公司提高了采购部门的规格并起用高学历人员，供应商也应当提高销售部门的规格，派出级别和学历高的销售人员以便同买方的采购人员相对应。

(3) 人际因素。它是指生产者内部参与购买过程的各种角色(使用者、影响者、决策者、采购者和信息控制者)的职务、地位、态度和相互关系对购买行为的影响。供应商的营销人员应当了解每个人在购买决策中扮演的角色是什么、相互之间的关系如何等，利用这些因素促成交易。例如某厂业务员到一生产企业推销一种可节约能源的新材料，他凭自己的经验去找

该企业的总工程师,总工程师非常赞赏这种新材料,却不能决定是否购买。经过调查,才知道该企业有决定权的是主管生产技术的副总经理。

(4) 个人因素。它是指生产者用户内部参与购买过程的有关人员的年龄、教育、个性、偏好、风险意识等因素对购买行为的影响,它与影响消费者购买行为的个人因素相似。例如,有些采购人员是受过良好教育的理智型购买者,选择供应商之前经过周密的竞争性方案的比较;有些采购人员个性强硬,总是同供应商反复较量。有位啤酒厂的采购经理每年要采购上亿只啤酒罐,他就利用这一优势对那些"不太顺从"或不太理想的供应商采取"惩罚"行动,如果供应商提出涨价要求、产品质量下降或供货不及时,他就减少或停止向这些供应商采购。

2. 产业购买者采购业务的主要类型

产业购买者采购业务的类型主要有以下几种。

(1) 直接重购。它是指客户按既定方案不作任何调整直接进行的采购业务。这是一种重复性的采购活动,供应者、采购对象、购买方式都不变,按一定程序办理即可,基本上不需要作出新的决策。在这种情况下,原有的供应者应当努力使产品和服务保持一定的水平,并尽可能简化买卖手续,节省购买者的时间,争取长期稳定的供应关系。新的供应者竞争机会较少,可从零星小量交易开始,逐步扩大,力争一席之地。

(2) 调整后的重购。它是指客户为了更好地完成采购任务,调整采购方案,改变产品的规格、型号、价格等条件或寻求更合适的供应者。在这种情况下,采购活动比较复杂,参与采购决策的人数也较多,原有的供应者为了不失去这个客户,必须尽力改进供应工作。新的供应者则有较多的竞争机会。

(3) 新购。它是指产业用户第一次采购某种产品或劳务,这是最复杂的采购。这种采购的金额和风险越大,则参与决策的人越多,所需要了解的信息也越多。这种情况对供应者是最好的竞争机会,可派出专业推销人员携带样品或样本上门推销,尽可能地提供必要的信息,帮助客户解决疑问,减少顾虑,促成交易。许多公司设立专门机构负责对新客户的营销,以求建立长期的供应关系。

以上三类采购业务的决策中,直接重购最简单,新购最复杂。新购的决策必须包括以下全部内容:产品规模、价格幅度、交货条件和交货时间、服务条件、付款方式、订购数量、可考虑的供应者名单、选定的供应者等。其他两类业务的决策,则只包括上述内容的某几项即可。

3. 产业市场购买过程

产业市场购买过程与消费者购买过程有相似之处,但也有许多不同。可以说没有一个统一的流程支配各产业客户的实际购买过程。由于购买量的差异,产业购买过程常常比消费者市场的购买过程更为复杂,一般可分为以下几个阶段。

(1) 提出需要。当企业在经营中发现可以通过增购某些产品和服务来解决某个问题时,采购过程便开始了。

(2) 确定所需产品的特性及需要量。所需产品一旦确定,便需要确定在购买时决定产品特性的相关影响因素和需要量,如产品的可靠性、耐用程度、价格和其他必备的属性。

(3) 拟定规格要求。进一步对所需产品的规格型号等作详细的技术说明,将其作为采购人员采购时的依据。

(4) 查寻可能的供应商。可通过工商名录、供应商网站或其他资料查找可能的供应商，也可通过其他企业介绍。对这些供应商的生产、供货、人员配备及信誉等方面进行调查，从中选出理想的供应商作为备选。

(5) 征求报价。向合格的备选供应商发函，请他们尽快寄来产品说明书、价目表等有关资料，如果是复杂、贵重产品的新购买，更需详尽的材料。卖方企业为得到订单，在这一阶段要特别注意提供详尽的书面材料，除对产品详加介绍外，还需强调本企业的生产能力和资源条件等。

(6) 选择供应商。买方企业采购中心的成员们将对各供应商提供的报价材料一一进行评价，经过比较，作出选择。他们通常特别重视供应商的交货能力、产品质量、规格、价格、企业信誉及历来履行合同情况、维修服务能力、技术和生产能力、财务状况、对顾客态度和地理位置等因素，并通过对每位供应商在上述诸方面的表现评出最具吸引力的供应商。此外，多数企业不愿仅依靠单一的供应商，而是选择若干供应商，然后将较大的份额给予它们中间的一个厂家，这样，卖方企业为争得较大份额，则不得不竞相提供优惠条件。随着管理水平的提高和市场竞争的日益激烈，许多企业在这个环节采取招标竞争的方式选择供应商。

(7) 正式发出订单。选定供应商后，买方即正式发出订单，订单上写明所需产品的规格、数量、交货时间、退货条款、保修条件等。双方签订合同后，合同或订单副本被送到进货部门、财务部门及企业内的其他有关部门。

(8) 实际购进，验收入库。

(9) 购后评价。产品购进使用后，采购部门将与使用部门保持联系，了解该产品使用情况，满意与否，并考察比较各供应商的履约情况，以决定今后对各供应商的态度。

总之，产业市场的购买过程比消费者市场复杂得多，卖方企业营销人员应对买方企业的采购工作流程有详细的了解，营销工作才能做到有的放矢。

二、中间商购买行为

中间商是指那些通过购买商品和劳务以转售或出租给第三方获取利润为目的的个人和组织，亦称为转卖者。它不提供产品形式效用，而是提供时间效用、地点效用和占有效用。中间商也属于组织市场的购买者。中间商处于生产者和消费者之间，专门促进商品流通，由各种批发商和零售商组成。在中间商看来，利润来自消费者，但要为消费者提供产品并从中获取利润，必须选择适合消费者的来自供应商的产品，因此供应商应当把中间商视为共同面对消费者的合作者，并帮助中间商为顾客提供尽可能好的服务。

(一)中间商在市场中的作用

中间商的作用主要体现在以下两大方面。

(1) 中间商是连接生产者和消费者的重要环节。在市场竞争体制形成的初期，中间商就已经成为生产供应商拓展产品销售、占据有利竞争优势的不可或缺的一个部分，随着生产者的不断发展壮大和市场的不断完善，中间商已成为销售渠道中独立的市场组成元素。市场多元化发展过程中逐渐产生了更多的中间商参与竞争，形成了中间商市场。中间商市场的活跃丰富了以销售为目的的营销活动的各种策略。在信息沟通欠发达的市场环境下，中间商的重要作用得到了充分的体现，充当着供应商的销售代理和顾客的采购代理的双重身份。随着经济的发展，中间商充当顾客采购代理人的角色将更加突出，供应商应当充分准确地认识到这一点。

(2) 中间商从客观上为生产者剥离了部分销售风险。每一个处在生产者市场的企业都在努力做到专业化生产，以期达到自身产品竞争优势。即便是形成了产销实力的集团企业也都把销售从生产中剥离出来，再将服务从销售中剥离出来，这些企业战略行为的最终目标就是专业化。组建自身销售队伍的集团企业是为了避免在渠道策略上过多地受制于中间商的销售网络(关于销售渠道策略的论述，将在后续章节中介绍，这里不再赘述)。对于生产企业来说，中间商在客观上确实分担着一部分销售能力，包括销售促进和售后服务等，并承担着对应的销售风险。一个优秀的中间商不但在竞争中壮大了自身，而且稳固了自己的供应商资源。在严重的买方市场条件下，这里存在两种情况：其一，购买力匮乏；其二，对于购买力的刺激程度不够。无论哪一种情况，中间商都在其中起到了缓解供销矛盾的作用。一方面，中间商为生产者提供充分的市场信息，了解购买力情况，便于生产者生产适销对路的产品；另一方面，中间商为顾客提供了尽可能多的选择方案，例如，代理尽可能多的深度产品、广度产品等。中间商的作用，部分地降低了信息不对称现象所带来的社会资源的浪费。

(二)中间商市场的竞争

随着科技的发展和激烈的市场竞争，商品流通的环节被缩短，更多的企业偏向于选择短渠道策略以便更多地让利给顾客，从而吸引更多顾客购买和建立顾客的忠诚度。中间商在这种情况下必须预测到市场的发展方向，及时找准自己的位置。中间商市场的变化使得中间商可能面对的竞争压力主要体现在以下三个方面。

(1) 销售渠道缩短带来市场机会的竞争压力。在激烈的市场竞争条件下，企业不再局限于选择固有的销售渠道来销售自己的产品，为了获取更多的利润，企业考虑的是怎样把商品更多地销售给顾客；顾客的理性选择也加速了企业销售过程中以顾客为中心的市场观念，依靠多级批发商和零售商的长渠道渐渐被缩短，具有一定实力的中间商往往选择更简捷的供货来源。基于这两点原因，许多销售能力不足的中间商的市场机会被其他拥有雄厚资金、占有销售网络的中间商所挤占。为了赢得市场机会，中间商市场的竞争压力越来越大。

(2) 零售终端快速膨胀产生的同业竞争压力。零售终端在近几年内发生了巨大变化，形成了八类基本零售业态。根据商务部内贸局制定的《零售业态分类规范意见》，零售业商店被确定为：百货店、超级市场、大型综合超市、便利店、仓储式商场、专业店、专场店和购物中心。一方面，各类零售业态在繁荣中间商市场的经营活动中不可避免地形成了销售竞争。另一方面，由于供货商对中间商的业绩评估也促使了中间商为了争取更多销售份额而竞争。

(3) 网络营销模式下企业转型过程中的压力。网络营销是网络时代科技带给人们生活变化的一个重要标志，它将传统的营销活动移植到虚拟网络空间里来，缩短了企业与消费者之间的距离。在增加顾客满意度方面，网络营销模式具有传统营销不可比拟的时效性和便捷性。许多生产企业都相继建立了自己的电子商务网站，并把网络营销作为网站的第一步实现目标。理想的网络营销模式是顾客足不出户就可以选购到自己需要的商品。

从长远来看，中间商如果仅仅秉承一贯的增加销售网点的做法，则必将被这种新的营销模式所替代，失去生存能力。那么中间商应当怎样增强其生存与竞争的能力呢？在新的营销条件下，中间商市场内的企业应当正视转型的事实。这些转型主要体现在企业本身的转型、由传统的中间商企业转型为能够提供网络营销的综合销售企业,将现有业务组合转型,增加新业务范围,调整自有业务组成比例。例如:增加物流配送服务业务,减少不必要的销售网点等。

综上所述,中间商市场的发展变化对中间商的压力将越来越大,有可能从自由竞争过渡到由数家为主导的垄断竞争的格局。

(三)中间商的产品采购策略

从中间商向顾客提供的效用形式来看,中间商是依附于供应商而存在的经营机构类别。其购买决策也是针对供应商而言的。中间商的产品采购决策过程与产业购买者一样分为若干阶段,即确认需要、查询可能的供应商、征询报价、选择供应商、签订合约和购后评价。只是在中间商确认需要的过程中,需要注意中间商的购买品并非单一固定的,而是根据自身的销售网络优势而决定产品组合策略,从而确定产品的品牌、规格和数量。批发商和零售商的产品组合策略主要有以下四种。

(1) 独家产品。销售的不同花色品种的同类产品都是同一品牌或由同一厂家生产。

(2) 深度产品。销售的不同花色品种的同类产品是由不同品牌或不同厂家产品搭配而成。

(3) 广度产品。经营某一行业的多系列、多品种产品。例如,电器商店经营电视机、电冰箱、洗衣机、微波炉、VCD、DVD、EVD 等。

(4) 混合产品。跨行业经营多种互不相关的产品。例如,某商店经营电视机、电冰箱、服装、食品、鞋帽等。

(四)中间商的采购过程

中间商的采购过程与产业用户类似,不再赘述。由于信息技术和网络的发展,当代企业大量采用互联网、计算机和电子通信设备来处理采购业务,如控制库存量、计算合理的订购量、处理订单、要求卖方报价等。有些产品还实行无库存式的采购,即采购者通过互联网系统向供应商发出要货通知,供应者根据要货通知随时供货,中间商特别是零售商不用建立自己的仓库,这种零库存式的经营,对加速资金的周转和降低经营费用都很有意义。

中间商的采购者也要受到环境因素、组织因素、人际因素和个人因素的影响。此外,采购人员的采购风格也会有差异。美国人把中间商分为七种类型。

(1) 忠实采购者。这种采购者年复一年地忠于同一供应者,不轻易更换。

(2) 机会采购者。这种采购者善于从备选的几个符合其长期发展利益的供应者中,选择对自己最有利者,而不是固定于某一个供应商。

(3) 最佳交易采购者。这种采购者专门选择在一定时间内能提供最佳交易条件的供应者。

(4) 创造型采购者。这种采购者向卖方提出他所要求的产品、服务和价格,希望以他的条件成交。

(5) 广告型采购者。这种采购者在每一笔交易中都要求供应者补贴广告费用。

(6) 吝啬型采购者。这种采购者在交易中特别重视供应者所给的折扣,只与能给予最大折扣的供应者成交。

(7) 精明干练采购者。这种采购者选择的货源都是最物美价廉的、最适销的商品。

中间商市场的营销者如果了解采购者的特点，就可以因人制宜，促成交易。

三、政府采购者行为

政府采购者是指那些为执行政府主要职能而采购商品或租用劳务的各级政府单位，也包括各类社会团体及其他各种非营利性机构(如事业单位)，政府市场属于组织市场。构成一个国家政府市场的购买者是该国各级政府的采购机构，采购的商品应当是直接用于政府的统筹分配。由于政府通过税收、财政预算等掌握了相当大一部分的国民收入，所以形成了一个很大的政府市场，正因为如此，政府市场的采购行为往往会对整个国家的经济发展具有深远的影响。

政府采购的目的是为了维护国家安全和社会公众的利益。从这种意义上说，政府采购是非营利性质的。具体来说，政府采购目的有：加强国防与军事力量；维持政府的正常运转；稳定市场，政府有宏观调控经济、调节供求、稳定物价的职能，常常支付大量的财政补贴，以合理的价格收购和储存商品；对外的商业性的、政治性的或人道主义的援助等。

(一)政府采购的范围

政府采购的范围非常广泛，按照用途可分为军事装备和物资、通信设备、交通运输设备、办公用品、日用消费品、劳保福利用品、政府储备物资和其他劳务需求等。例如，政府为加强经济欠发达地区的建设而进行的各种建设物资的采购，用于该地区行政部门基础设施建设的政府投入(采购钢材、交通运输设备，租用劳务等)，政府对战备物资的采购等都属于政府采购的范围。需要注意的是，政府市场与非营利组织市场存在差异，在某些采购中，要区分出非营利组织采购和政府采购。

(二)政府市场的购买行为

1. 政府市场购买过程的参与者

各个国家、各级政府都设有采购组织，一般分为两大类。

(1) 行政部门的购买组织。如国务院各部、委、局；省、直辖市、自治区所属各厅、局；市、县所属各科、局等。

(2) 军事部门的购买组织。

2. 影响政府购买的主要因素

政府购买行为和目的并非像产业购买和中间商购买那样以营利为目的。在购买过程中，如果产生了错误支出，则将影响经济发展的整体态势。影响政府购买行为的主要因素有环境因素、组织因素、人际因素和个人因素，同时，政府采购又必须考虑以下四个方面的因素。

(1) 政府采购受到社会公众的监督。其主要受到国家权力机关、行政管理和预算机构、大众传播媒体、公民和各类民间团体的共同监督。

(2) 政府采购受到国内经济形势的影响。例如，在通货紧缩时期，我国始终坚持西部大开发政策，加大政府对基础设施建设的投资力度，保证了经济的稳步增长。

(3) 政府采购受到国内外政治局势的影响。战争时期，对军备开支和军需品的需求就大；和平时期，对建设和社会福利支出就大。

(4) 政府采购受到其他非人力因素的影响。国内外各类自然灾害、疫情会使政府用于救灾的物资、赈灾的资金及援助大量增加。

3. 政府采购者的决策过程

政府采购者的决策过程通常是相当复杂和障碍重重的，这包括繁重的文书档案工作、政策的多变等。政府往往会把它所需要的各种物品和劳务公开发布，同时，政府采购通常采用两种方式：一是公开招标，二是谈判签约。

(1) 公开招标。政府通过公开发布需求信息，然后邀请那些符合条件的供应者参加投标，按照物美价廉的原则与中标者签约成交。

(2) 谈判签约。谈判签约主要用于复杂项目的采购。政府采购重视价格，如果供应商利润过高，则很可能重新议订。因此，要求供应者加强技术改造，以降低成本。

由于政府采购的巨大容量，越来越多的大公司为了获得政府的订单，因而建立专门的采购营销部门，如美国的柯达公司和固特异公司等。这些公司积极参与投标，它们不仅尽力满足政府提出的要求，而且还主动提出适合政府需要的多项建议，并通过强大的信息网向政府显示公司的实力，以争取更多的政府订货。

【营销链接】团购及其购买行为分析

团购最早在北京、上海、深圳等城市兴起，目前已经迅速在全国各大城市成熟起来，成为众多消费者追求的一种现代、时尚的购物方式，因为它有效地防止了不成熟市场的暴利、个人消费的盲目，抵制了大众消费的泡沫。

一、团购的概念

团购也叫集采，是团体购买和集体采购的简称，其实质是将具有相同购买意向的零散消费者集合起来，向厂商进行大批量购买的行为。团购是从原来集团或者因工程大而批量购买获得较低价格商品的购买方式演变而来，现在泛指个人消费行为，指的是多个消费者联合起来批量购买某一种商品以获得低于零售价的一种新的购买方式。

众所周知，一种商品批发商的价格要比零售商的价格低很多，这得益于批发商是大批量进货，他享受的是厂家一级代理价格，享受这种价格的前提是必须达到厂家量的要求。所以说，我们要想低价就必须要有量的保证。但是，个人在购买某件商品时是不可能达到厂家量的要求的，所以商品的终端购买者永远都是多重利润(一级代理，二级代理……终端门店)的承担者。我们要做的就是对零散的终端购买进行组织，最终达到厂家量的要求，使我们的终端消费者享受到一级代理的价格。团购的产品包括装修建材、家居用品、汽车、房屋、家电、电脑、生活用品等各个领域。

二、团购的好处

砍价的本事来源于生活的积累。砍价时要充分利用经验、胆识和精确的计算。团购的好处主要表现在两个方面：一是团购价格低于产品市场最低零售价，二是产品的质量和服务能够得到有效的保证。

团购能够带来上述好处的原因有两个：一是参加团购能够有效降低消费者的交易成本，在保证质量和服务的前提下，获得合理的低价格。团购实质相当于批发，团购价格相当于产品在团购数量时的批发价格。通过团购，可以将被动的分散购买变成主动的大宗购买，所以购买同样质量的产品，能够享受更低的价格和更优质的服务。二是能够彻底转变传统消费行为中因市场不透明和信息不对称而导致的消费者的弱势地位。通过参加团购能更多地了解产品的规格、性能、合理价格区间，并参考团购组织者和其他购买者对产品客观公正的评价，在购买和服务过程中占据主动地位，真正买到质量好、服务好、价格合理、称心如意的产品，达到省时、省心、省力、省钱的目的。

三、团购产品的特点

1. 具有较高的品牌知名度。
2. 占有较大的市场份额。
3. 一般都曾经多次获奖。
4. 生产厂家属于行业龙头或业内领先者。
5. 服务体系完善，售后服务好。
6. 产品质量稳定，经得起时间的检验。
7. 能提供完整的企业和产品信息，包括营业执照、准产证、合格证、检验报告、获奖证明等。

四、适合团购的人群

1. 买东西不会选择，总是留下遗憾的消费者。
2. 担心个体消费在售后得不到应有保障的消费者。
3. 担心购买到假冒伪劣产品的消费者。
4. 准备、马上或已经开始装修的工薪阶层。
5. 不了解市场价格，不懂得选材，或不喜欢逛市场的消费者。
6. 不太会砍价、不喜欢砍价、不屑于砍价的消费者。
7. 对自己和亲人的健康有强烈的责任心，必须购买符合环保标准产品的消费者。

五、团购的开发技巧

团购的开发成败，在很大程度上体现了团购人员综合素质的高低。而团购作为典型的"一对一"营销，也确实是一项"眼力活"，它需要从业人员"到什么山，唱什么歌""见什么人，说什么话"，善于"察言观色""见风使舵"。只有关注团购的操作细节，注重团购的开发技巧，团购工作才能实现关键的"临门一脚"，才能达到快速启动团购市场的目的。

(一)5W1H法

在团购的开发过程中，也要学会综合运用5W1H法来灵活掌握一些操作要点。

1. Who(什么人使用)：即团购的产品不论是大众性还是特殊性产品，作为团购人员都要清楚目标消费群是谁。例如饮料是大众性消费产品，无论男女老少皆适宜；而白酒却是特殊性产品，大多为男性饮用或作为礼品送人等。明白了何人使用，在团购谈判过程中，就能够有的放矢，针对不同的团购客户采取不同的推介方法。

2. Where(在哪里使用)：即团购的产品无论是吃的，还是喝的、用的，它能在哪里使用、哪个场合使用？是厨房还是客厅？是自家使用，还是招待客人等？假定团购成交，团购的产品会给人带来什么样的体验和感受？畅谈这一点，有时能够引起团购客户的相关联想。

3. When(什么时间使用)：即团购的产品适合在什么时间使用？是日常还是节假日，抑或是其他时间？它能够给顾客带来什么样的便利性等？明白了这一点，有时能够增强团购客户的购买意识以及紧迫感，促使其成交。

4. What(客户需要什么)：在团购开发过程中，一定要明晰客户的需求是什么，根据客户的需要，采取相应的对策。例如，企业不仅能够提供优良的产品，而且还有完善的售后服务、能够提供更多的附加价值等，这些都是顾客比较感兴趣的核心点。

5. Why(为什么需要)：即要找出团购客户购买的真正原因，为什么非得购买你的产品，而不选择别的企业及产品。他的具体理由是什么？找到了真正的原因，就有助于团购人员"对症下药"地应对客户，从而不迷失方向。

6. How(如何使用)：即团购人员还要以产品专家的身份，教给客户如何使用才能更舒适、更安全，才能达到最佳的使用效果，从而提供更全面的售前、售中、售后服务，以此来更好地吸引和招徕团购客户。

此外，团购市场并不是一个"真空"市场，而是一个充满着竞争的"比武场"，因此，在团购客户开发的过程中，针对市场以及客户可能要提出的问题与质疑，根据竞争对手及其竞争产品状况，最好还要进行一项SWOT模型分析，这对于团购拓展来说，尤其重要。SWOT模型分析包括以下四个方面。

Strengths(优势)：即有利于团购运作的企业及产品优势，优势发挥得当，将使团购工作"锦上添花"，利于成交。

Weaknesses(劣势)：即阻碍团购工作开展的企业内部劣势，包括企业的团购组织系统及产品缺陷、激励缺失等，明白企业及产品劣势，将给团购工作指明方向，从而完善组织，健全体系。

Opportunities(机会)：即来自于企业外部，能够被深度挖掘和利用的一切潜在支点。具体来说就是开展团购工作能够寻找到更多的机会点、切入点。

Threats(威胁)：即在团购拓展当中，可能存在的来自于市场及竞争对手的潜在的变化及危险。

对以上情况进行全面而综合的分析，有助于团购人员在与客户的谈判过程中，正视自己的不足，彰显自己的优点，扬长避短，避虚就实，从而在与团购客户的"交锋"中，游刃有余，从容不迫，取得谈判的主动权。

(二)FAB产品宣传法

在与客户进行谈判时，除了价格、政策这些主要因素外，最终、最重要的细节及焦点，往往还是落在产品及其属性上。因此，对团购客户进行FAB产品宣传法，将彰显产品独特的卖点，从而"质压群芳"，促使团购交易的顺利达成。

1. F(Features)：团购产品本身的特性或属性。例如，饮料可以解渴，饼干可以充饥。解渴和充饥，即饮料和饼干产品的自有属性。

2. A(Advantages)：相对于竞争对手以及竞争产品而言，团购产品的独特优势或产品区隔。例如，"农夫山泉有点甜"，既显示了产品的特点"有点甜"，同时也制造了相应的"产品区隔"，从而更好地区别了其他的饮用水产品，创造了一个新的品类。

3. B(Benefit)：产品带给客户的切实利益，即产品的价值，也就是产品能够给客户带来的各种好处：物质上的满足以及心理上的满足，也包括类似于服务等产品本身之外的外延价值。

通过FAB产品宣传法，将使产品更好地展示给团购客户，更加突出自己的产品特色，寻求差异化，从而引起团购客户的关注，促使自己的产品"脱颖而出"，一枝独秀，以便赢得客户的信赖与好评，使团购客户快速决定购买。

(三)关键人员法

在团购开发或谈判过程中,有时会遇到这么一种情况:团购人员喋喋不休地介绍了大半天,才发现与自己谈判的不是起"主导"作用的人员,以致自己磨破嘴皮,但却事倍功半,收获不大,从而徒增懊恼。而避免这种尴尬现象的方法是,作为团购人员,一定要明辨决策者、购买者和使用者,找出交易的关键人员。

在团购企业内部,决策者、购买者和使用者不完全是一个主体。例如,作为礼品团购白酒的采购,决策者往往是主管的副总经理或总经理,而购买者一般是负责此项业务的采购部门或企业的工会,而使用者则是企业的所有员工。另外,针对采购部门或工会,也要分清谁是真正的"幕后"主角,而不要仅仅通过一见面时的年龄、服饰、举止等外观因素,主观臆断谁是"领导"。否则,一旦判断失误,将有可能激起有关负责人的不满,导致进退维谷、异常被动的局面。而这种颓势一旦造成,将很难扭转负责人对此事的执拗看法,并极有可能导致"一失足成千古恨"的败北局面。

而准确判断的方式有以下几种。

1. 旁敲侧击,先从其他部门入手调查,比如,通过总经理办公室,了解谁是主管领导、采购部门或工会的主要经办人和负责人。

2. 借力使力不费力,从外围入手。即在没有登门拜访之前,先从经办人和负责人的亲戚、朋友、同事着手,通过详细"摸排",了解其特点、爱好,然后,"请君入瓮"或再行登门,成功的概率会非常高。

3. 举行"团购产品招商会",通过邀请团购企业采购负责人参与产品展示会、洽谈会等方式,结识这些经办人或负责人。团购人员只有对这些人员做到熟悉有加,才可能在谈判的过程中,主动出击,从而使团购客户"乖乖就范"。

团购开发的过程,是一个技巧与智慧迸发的过程,团购人员只有坚持一个中心(以客户为中心)、两个基本点(产品利益点、顾客需求点)、三个不动摇(充分准备不动摇、面对挫折不动摇、成功的信念不动摇),抓住团购开发的点点滴滴及其细节,明察秋毫,窥一斑而知全貌,才能在与团购客户的"交手"中,谈笑风生,稳操胜券,于细微处见真知,从而在团购的拓展中,稳扎稳打,取得最终的胜利。

(资料来源: http://www.cqvip.com/qk/96318X/200323/8732018.html,2003-12-15)

本 章 小 结

消费者购买行为的5W1H分析法主要有六个方面的内容:①何人买,即分析购买主体;②买何物,即分析购买客体;③为何买,即分析购买欲望和动机;④何时买,即分析购买时间;⑤何地买,即分析购买地点;⑥如何买,即分析购买方式。

影响消费者购买行为的主要因素有经济因素、社会文化因素、心理因素三个方面。这些方面的各种相关因素共同作用于不同的消费者,从而产生了多种多样的购买行为。

购买者完整的决策过程是以购买为中心,包括购前购后一系列活动在内的复杂的行为过程。具体来说,购买者决策过程一般可分为引起需要、搜集信息、评估比较、购买决策、购后感受五个阶段。

组织市场的购买者由生产者、中间商和政府构成。组织市场顾客的满意度同样通过质量、服务和价值的实现来体现，具体体现在组织市场顾客所获得的顾客让渡价值。顾客让渡价值的大小反映出组织市场的顾客的满意度，而且也是组织购买者的购买决策的主要依据。

组织市场购买者的特点有：①市场结构和需求特性复杂；②产品专用性强，技术服务要求高；③购买决策参与者多；④购买者决策的类型和决策过程不同；⑤买方和卖方的关系不同；⑥直接营销；⑦互惠贸易；⑧租赁业务。

组织市场购买者的交易模式有两种：①交易营销模式；②关系营销模式。

产业购买决策的参与者包括：①实际使用者；②影响者；③决策者；④采购者；⑤信息控制者等。影响产业市场购买决策的因素有：环境因素、组织因素、人际因素和个人因素四个方面。产业购买者采购业务的主要类型包括：①直接重购；②调整后的重购；③新购。产业购买决策过程包括：①提出需要；②确定所需产品特性及需要量；③拟定规格要求；④查寻可能的供应商；⑤征求报价；⑥选择供应商；⑦正式发出订单；⑧实际购进，验收入库；⑨购后评价。

中间商是指那些通过购买商品和劳务以转售或出租给第三方以获取利润为目的的个人和组织。中间商在市场中的作用有：①中间商是连接生产者和消费者的重要环节；②中间商从客观上为生产者剥离了部分销售风险；③中间商是买方市场条件下缓解供销矛盾的主力军。中间商的产品采购策略包括：①独家产品；②深度产品；③广度产品；④混合产品。

政府采购者是指那些为执行政府主要职能而采购商品或租用劳务的各级政府单位，政府市场属于组织市场。政府采购的目的是维护国家安全和社会公众的利益。政府采购的方式主要有两种：①公开招标；②谈判签约。

思考与练习

1. 消费者的购买过程分为哪些阶段？
2. 如何用"5W1H"法来分析消费者的购买活动？
3. 什么是购买动机？购买动机包括哪些类型？
4. 影响消费者购买行为的外在因素有哪些？
5. 我国消费者购买行为有何特点？
6. 家庭生命周期分为哪些阶段？处于不同阶段的家庭，其购买行为有何不同？
7. 组织市场购买者的特点有哪些？ 组织市场购买者的交易模式有哪几种？
8. 试述影响产业用户购买行为的因素。如何运用这些因素开展营销活动？
9. 影响政府购买行为的因素有哪些？
10. 团购产品有哪些特点？团购有哪些开发技巧？中间商的作用是什么？中间商的产品采购策略有哪些？

实 践 训 练

1. 以你的所见所闻举例说明消费时尚和流行产品对人们的购买动机和购买行为的影响。

2. 以购买一部"苹果手机"为例，分析购买行为过程。
3. 搜集有关当前政府公开采购的概况，筛选出存在的问题，并对政府采购的各种方式的优劣进行评价。
4. 调查一份关于针对生产商或中间商的成功或失败的推销案例，并对其进行分析总结。
5. 以下是大型医院的药品采购决策程序，请问药品生产企业是如何开展针对性营销的？

(扫一扫，看案例分析)

第四章 市场调查与预测

【学习目标】

通过本章学习，掌握市场营销信息的概念，了解市场营销信息系统的构成，初步掌握市场营销调研的概念、内容、步骤与方法，了解市场预测的类型、步骤与方法。

【关键概念】

营销信息　营销信息系统　市场营销调研　市场营销预测

【案例导入】

儿童生活状态调查

2013年"六一"儿童节前夕，《新京报》联合凤凰网对我国儿童生活状态进行了一次专项调查。本次调查的研究对象为2~14岁的儿童，参与调查的人数达到8070人。调查结果显示，32.48%的家长表示，孩子每天花在电视、电脑等电子产品上的时间为1~3小时，16.95%的家长表示，孩子每天花在电子产品上的时间在3小时以上；六成多的家长表示孩子每天户外活动的时间不足1小时，仅有8.25%的家长表示孩子每天户外的活动时间超过3小时；孩子们成为名副其实的"宅童"，虚拟人物成为他们最好的朋友。

随着智能手机、平板电脑的日益普及，以及一些针对低龄儿童的软件产品的开发，以触屏为特征的电子产品逐渐成为他们爱不释手的"玩伴"，令越来越多的儿童成为"触屏一代"。再加上其他各种以儿童、学生为目标客户群的电子产品充斥市场，孩子已经成为电子产品的一大消费"金矿"。根据全球知名机构新媒体联盟发布的报告，电子书技术将在未来两三年内发展成熟，电子课本作为一种特殊的教育专用电子书，将逐步进入出版行业和教育领域。美国克里夫兰市场咨询报告公司2010年的调查报告也指出，迄今世界上已有至少50个国家计划推广电子课本，其潜在市场规模达500亿美元。一大批企业开始关注电子课本的研究。

(资料来源：梁文玲. 市场营销学[M]. 北京：中国人民大学出版社，2014)

为了在瞬息万变的市场上求生存、求发展，寻找新的市场机会，避开风险，企业必须具有较强的应变能力，能够及时作出正确的决策。然而，正确的决策来自全面、可靠的市场营销信息。因此，拥有一个完整市场营销信息系统，系统掌握市场营销调研的流程、方式、方

法以及常用的市场营销预测方法，是企业市场营销科学决策的重要信息情报保障。

第一节　市场营销信息及其信息系统

一、市场营销信息

(一)市场营销信息的含义

信息是事物的存在方式、运动状态及其对接收者效用的综合反映。它由数据、文本、声音和图像等形态组成；具有可扩散性、可共享性、可存储性、可扩充性和可转换性等特征。

市场营销信息属于经济信息范畴，是指在一定时间和条件下，与企业的市场营销有关的各种内外部环境的状态、特征以及发展变化的各种消息、情况、资料、数据的总称。它一般通过语言、文字、数据、符号等形式表现出来。市场营销信息除了具有一般信息的特征外，还具有目的性、系统性和社会性等特征。

(二)市场营销信息的作用

市场营销信息是企业的重要资源，有利于企业开展营销活动、制订计划和策略以及实施营销控制，有利于企业获取市场竞争优势，而且对企业的未来发展具有重要作用。

1. 有利于企业制定经营决策和营销策略

在现代营销活动中，无论是确定营销目标、发展方向等战略问题，还是制定产品策略、定价策略、渠道和促销策略，都依赖相应的营销信息。只有在及时准确和足够的营销信息的基础上，才能进行正确的决策。因此，企业必须研究市场和顾客的需求，有计划、有目的地收集有关的市场营销信息。

2. 有利于企业制订营销计划，实施营销控制

市场营销信息是企业制订计划的重要依据，不了解市场信息，就无法制订出符合实际需要的营销计划。同时，由于市场环境不断变化，企业在营销中必须随时注意市场的变化，进行信息反馈，以此为依据来修订营销计划，对企业的营销活动进行有效控制，保证企业的营销活动能按预期目标进行。

3. 有利于企业获得市场竞争优势

随着现代科学技术的发展，市场竞争实质上已变为市场营销信息的竞争，谁先拥有市场营销信息，谁就将获得相应的市场营销机会，从而在相关的领域取得竞争优势。因此，国外许多企业都非常重视市场营销信息，特别是在全球处于领先的企业，除了充分利用能够公开获取的信息外，还设有庞大的信息收集、分析、整理的专业机构，以及时地向企业的决策层提供可靠的市场营销信息。

(三)市场营销信息的类型

市场营销信息所包含的内容很广，各种与企业的营销有关系的因素，或可能对企业的营销产生影响的因素及其变化都属于市场营销信息的范畴。依据不同的标准，市场营销信息可以进行以下分类。

1. 依据决策的层级与用途划分

市场营销信息可分为战略信息、管理信息和作业信息。战略信息是指用于企业最高层领导对经营方针、目标等方面决策的有关信息;管理信息是指企业一般管理人员在决策中所需要的信息;作业信息是指企业日常业务活动需要的信息,主要包括商品的生产和供应信息、商品的需求和销售信息、竞争者的动态信息等。

2. 依据信息来源划分

依据信息来源划分,市场营销信息可分为外部信息和内部信息。

(1) 外部信息。外部信息是指来源于企业外部,与企业的市场营销有关的信息。外部信息涉及的内容广泛,但对于不同的企业,影响它的营销活动的外部信息又有所差别。因此,不同企业应根据自身的特点,收集与它相关的外部信息。

外部信息主要有以下几种。

① 市场环境信息。它包括人口信息、经济信息、政治法律信息、社会文化信息、科学技术信息和自然环境信息等。其中,人口信息方面应重点注意对企业的营销活动有影响或决定企业目标市场大小的各种人口因素的变化;在经济信息方面除考虑各种反映经济发展和经济水平的有关指标外,对企业的营销来说,还必须认真研究消费倾向、消费模式等的变化;在科学技术信息方面,对新技术、新材料,特别是与企业的产品和生产条件相关的新的技术进展和发展趋势的信息必须密切关注,以使企业不致因技术的发展问题而遭淘汰。

② 市场需求信息。它包括顾客的购买动机信息、购买行为信息、需求特征信息、现实需求信息、潜在需求信息、需求趋势信息、需求总量和结构信息等。研究市场需求是企业市场营销活动的首要任务,同时市场需求方面的变化也对企业产品的市场需求有决定性的影响,因此,企业应该尽可能多地了解与掌握有关市场需求的信息。

③ 市场竞争信息。在市场营销活动中,企业之间相互竞争是不可避免的,但在竞争中谁胜谁败,则取决于对竞争对手信息的了解程度。在竞争信息中,竞争者的努力、优势与劣势、市场营销策略等,是市场竞争信息中的重点内容。

④ 其他方面信息。除了以上几方面的信息外,关联企业的信息、其他的突发性的有关信息,对企业的营销活动都可能产生不同程度的影响,企业对这些方面的信息也应加以注意。

(2) 内部信息。内部信息来源于企业内部,可以帮助企业及时取得有关部门积累的资料,从中可以发现问题和机会,是获取营销信息的重要来源。

内部信息主要有以下几种。

① 企业资源信息。企业所需的资源信息主要包括人力资源信息、财力资源信息、物质资源信息等,它们是企业开展市场营销活动的条件。通过对这些信息的收集和分析,可以使企业的营销活动不致因资源缺乏而受到影响,同时也可能降低企业资源供给的成本。

② 企业运营信息。它包括自身的生产能力、产品能够达到的质量和技术水平、生产技术装备的运行情况、企业的技术开发能力与状况、生产技术人员的素质等几方面的信息。

③ 企业的成果信息。它包括销售额、销售量、产品成本、利润、资金周转率、资金回收和订货情况等几方面的信息。

此外,还可以根据信息的表示方式的不同,将市场营销信息分为文字信息与数据信息;根据信息的处理程度不同,将市场营销信息分为原始信息与加工信息;根据其稳定性不同,将市场营销信息分为固定信息和流动信息等。

市场营销信息可以通过多种途径获得,但企业应建立自己的市场营销信息系统,根据条件和需要收集有用的信息。

二、市场营销信息系统

(一)市场营销信息系统的含义

市场营销信息系统(Marketing Information System,MIS)是由人、设备和程序组成,它能够为营销决策者收集、挑选、分析、评价和分配需要的、及时的和准确的信息。营销信息系统的任务是评估营销经理人员的信息需求并适时为其提供所需信息作为决策的依据。

图4-1是一个组织的营销信息系统示意图。该系统始于营销经理也终于营销经理。首先,系统管理者与营销经理接触并评估其信息需求;其次,根据营销经理的需要,系统开始收集、加工和处理各种营销环境信息,营销信息系统所需信息的收集与处理一般是通过公司内部报告、营销情报收集、营销调研和营销决策支持四个方面进行;最后,营销信息系统将加工后的信息以适当的方式、在适当的时间送交给管理人员,以协助其营销规划、执行和控制。

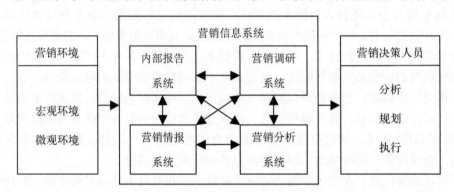

图4-1 营销信息系统的结构

(二)市场营销信息系统的特征

市场营销信息系统除具有一般信息系统的特征外,在以下几个方面还具有特殊性。

(1) 目的性。市场营销信息系统应该在产出大于投入的前提下,为营销决策提供及时、准确、必要的信息。这里的目的性是强调系统收集、处理的信息应是营销决策所需要的。与营销活动相关联的,并能够满足企业制定营销决策所需要的信息。那些杂乱无章且无关的信息,数量再多也无济于事。

(2) 及时性。及时性包括速度和频率两方面。在激烈的市场竞争中,信息传递得越快就越有价值,并且同时要求传递的频率要适宜。过去人们常说,在竞争激烈的市场上,是"大鱼吃小鱼",即小企业竞争不过大企业;而在信息时代人们常说的是"快鱼吃慢鱼",即获取信息快、行动快的企业将战胜行动迟缓的企业,不管它是大企业还是小企业。由此不难发现营销信息及时性的重要意义。另外,传送信息的频率要适宜。低频率的报告会使管理者难于应付急剧变化的环境,频率过高又会使管理者面临数不清的大量数据。

(3) 系统性。市场营销信息系统不是零星的、个别的信息汇集,而是若干具有特定内容的同质信息在一定时间和空间范围内形成的系统的集合。它们在时间上具有纵向的连续性，是一种连续作业的系统；在空间上具有最大的广泛性，内容全面、完整。企业必须连续地、大量地、全方位地收集、整理有关信息，分析其内在联系，提高信息有序化的程度，为营销管理人员提供真正反映市场营销动态的信息。

(4) 社会性。市场营销信息反映的是人类社会的市场活动，是营销活动中人与人之间传递的社会信息，是信息传递双方能够共同理解的数据、文字和符号。在竞争性的市场上，无数市场营销活动的参与者以买者和卖者的身份交替出现，他们既是信息的发布者，又是信息的接收者，营销信息的触角已经渗透到社会经济生活的各个领域。伴随市场经济的发展和经济全球化，市场营销活动的范围由地方性市场扩展为全国性、国际性市场，信息的传播更是空前地广泛。

市场营销信息是企业进行营销决策和编制营销计划的基础，也是监督、调控企业营销活动的依据。准确的信息要求信息来源可靠，收集整理信息的方法科学，并且能够反映客观实际情况。一个四通八达的营销信息网络，可以把各地区、各行业的营销组织连接成多结构、多层次的统一的大市场。因此，市场营销信息系统关系到企业营销的顺利开展，乃至有效的社会营销系统的形成。

(三)营销信息系统的构成

营销信息系统的工作一般是由营销管理者提出需要开始，但是，管理者提出的需要与他们的实际需要可能并不总是一致的。有时，他们可能会漏掉一些他们真正需要的信息，例如，竞争者开发新产品的信息，由于事先不了解，对于这种原本对企业的营销决策非常重要的信息，他们可能并没有提出要求；也有时，由于各种原因系统不能提供管理者们所需要的全部信息。因此，一个设计合理的营销信息系统应该能够在营销管理者希望得到的信息、真正对他们有用的信息和可以提供的信息三个方面实现平衡。

在确定了企业营销决策所需信息的基础上，企业的营销信息系统一般包括：企业内部报告系统、营销情报系统、营销调研系统和营销决策支持系统四个子系统。

1. 企业内部报告系统

企业内部报告系统是营销管理者使用的最基本的信息系统。大部分管理人员都利用内部报告系统定期获取各种数据，特别是用于日常的计划、管理和控制。内部报告系统以内部财务系统为主，由财务部门提供财务状况和销售、订单、成本、现金流动等详细数据；同时也包括制造部门提供的生产进度、发货、存货数据，以及销售部门提供的有关顾客、竞争对手的信息数据。营销管理人员通过分析这些信息，可以发现一些新问题或新机会，并通过比较营销计划的执行与所制定目标的差异，及时发现存在的问题，采取切实可行的措施使问题得到有效解决。

利用来自企业内部的信息通常比从外部获取信息来得及时和节省。但也存在一些问题，首先，这些内部信息通常是为了其他目的收集的，在营销决策中使用并不一定适用。例如，会计部门提供的销售和成本数据，原是用于财务分析的，在用于推测产品竞争力或促销效果时可能需要对相关数据进行不同方法的再处理。因此，营销信息系统必须对内部报告系统的信息进行再收集、分类、整理和编目，以便于营销管理人员的使用。

2. 营销情报系统

所谓营销情报系统，是指使企业管理者获得营销情报的一整套程序和来源。内部报告系统为管理人员提供反映已经发生的事实的结果数据，营销情报系统则为管理人员提供正在发生的数据。营销情报是指每日发生的有关营销环境发展情况的信息，例如，新的法律法规、社会潮流、技术创新、竞争者状况等。营销管理者通常自行收集情报，他们通常阅读书籍、报刊和行业协会的出版物；与顾客、供应商、分销商或其他外界人员交谈，同企业内部的其他经理和人员谈话以收集各种信息。但这种方法带有相当的偶然性，可能使一些非常重要的信息没有被发现。因此企业应建立一种制度化的情报收集体制及专门负责收集情报的机构保证情报系统及时有效地运行。企业的营销情报系统可以包括如下四个方面。

(1) 培训和鼓励销售人员发现并报告新情况。销售人员是企业的"眼睛和耳朵"。他们在收集信息方面所占据的特殊地位是其他方法不能取代的。尽管销售人员的工作通常较为繁忙，企业还是应该加强对销售人员的培训，使他们了解什么样的信息应传送给企业的什么管理者，并向他们传递这样的理念：作为情报来源，销售人员是最重要的人。

(2) 鼓励企业各种类型的分销商及时报告重要情报。企业的分销商可能包括批发商和零售商，他们通常经营多种相关产品，具有丰富的销售经验，并了解有关企业顾客和竞争者的各种信息，是企业重要的信息来源。企业应加强与经销商的沟通和交流，并建立相应的机制，鼓励经销商及时将重要情报传递给企业。

(3) 向主要的情报供应者购买重要的情报信息。在当今的信息时代，存在着大量专门为社会各方面提供信息服务的情报供应商，如AC 尼尔森公司。这些专业调研公司不仅为各种客户提供专项的调研服务，同时也定期向社会提供一些由常规调研形成的信息产品。企业根据自身的需要，既可以直接购买有关的信息产品，也可以委托其进行专项调研，在很多情况下，聘请专业公司收集消费者数据比企业自行收集的性价比要好得多。

（扫一扫，看案例 4-1）

(4) 建立内部营销信息中心专职收集和传送营销情报。企业还可以建立内部营销信息中心专职负责收集和传送营销情报，检测主要的环境变化因素。企业可以选派专职人员审阅较为重要的出版物，摘录有关新闻简报并呈送给营销管理者参阅。信息中心建立有关信息的档案，并由专职人员协助管理者们评估新的信息。这些服务将大大改进可供营销经理使用的信息质量。

3. 营销调研系统

营销管理者还需要经常对特定的营销问题和机会进行研究。他们可能需要做一个市场调查了解顾客对于某种产品的偏好，了解某一产品广告的效果或对某一地区的销售进行预测，等等，如表 4-1 所示。营销调研是指企业为了进行营销管理和制定营销决策而进行的系统的设计、收集、分析和提炼数据资料并最终得出相应结果的系列活动。

通过市场营销调研，企业可以加深对于顾客的了解，并利用营销调研系统得到的信息，发现和确定新的营销机会和问题，开展、改善、评估和监督营销活动，并加深对市场营销过程的认识和把握。

表 4-1　599 家公司的营销调研活动类型

调研类型	从事该项的百分比	调研类型	从事该项的百分比
一、广告研究		2. 生态研究	43%
1. 动机研究	47%	3. 广告与推销的法律限制	81%
2. 文本研究	61%	4. 社会价值与政策研究	39%
3. 媒体研究	68%	四、产品研究	
4. 广告效果研究	76%	1. 新产品接受与潜力研究	76%
5. 竞争广告研究	67%	2. 竞争品研究	87%
二、企业经济学与公司研究		3. 现有产品的测试	80%
1. 短期预测	89%	4. 包装研究：设计或外观	65%
2. 长期预测	87%	五、销售与市场研究	
3. 企业趋势研究	91%	1. 市场潜力衡量	97%
4. 定价研究	83%	2. 市场占有率分析	97%
5. 工厂与仓库布局研究	68%	3. 市场特征确定	97%
6. 收购公司研究	73%	4. 销售分析	92%
7. 出口及国际研究	49%	5. 销售配额与区域的建立	78%
8. 营销信息系统	80%	6. 分销渠道研究	71%
9. 经营研究	65%	7. 市场试销与商店检查	59%
10. 公司员工研究	76%	8. 消费者样本运用	63%
三、公司责任研究		9. 销售薪酬研究	60%
1. 消费者知情权研究	72%	10. 促销活动研究	58%

目前，越来越多的企业和组织认识到营销调研的重要性，并在营销工作中广泛使用各种专项营销调研。在美国，规模较大的公司一般每年都要进行 3~4 项主要的营销调研项目，规模较小的公司调研数目则相对较少。

企业可以设立自己的调研部门来承担相应的营销调研任务。例如，惠普公司在总部设有研究与信息中心负责处理营销信息，并分享全世界的惠普信息资源。该中心分为三个组：其中市场信息中心负责提供行业、市场和竞争者背景资料，并充分利用报业辛迪加和其他信息服务；决策支持小组提供研究结论服务，地区卫星系统的建立使世界各地的惠普分部都可以得到具有创意的信息咨询服务。企业也可以部分或全部委托外部专业调研公司完成某项调研任务。一般地，小型企业多委托外部专业咨询公司或市场调研公司进行调研；大企业多自设营销调研部门(例如，美国 73%以上的大公司都设有营销调研部门)，营销调研部门一般由营销副总裁领导，由统计、行为科学等方面的专门人才组成。即使是拥有自己的调研部门，企业也不排除将一些复杂的大型调研项目委托给专业机构。

美国企业的营销调研费用一般占销售额的 0.01%~3.5%。营销调研的范围非常广泛，根据美国市场营销调研协会的统计，美国企业中常见的调研项目是：市场特点调研、市场需求衡量、市场份额分析、销售分析、商业趋势研究、竞争产品研究、短期预测、新产品的市场接受情况及需求量调查、长期预测及定价研究等。

4. 营销决策支持系统

企业通过各种途径收集到的信息在用于营销决策过程中还需要进一步分析加工。一些企业为了帮助营销经理作好决策，通常设立营销决策支持系统。营销决策支持系统是一个关于软件、硬件、数据收集、系统、工具和技术的有机组合，被用于收集和解释企业内部、外部环境信息，并将这些信息转化为开展营销活动、制定营销决策的基础。营销决策支持系统通常由一个统计库和一个模型库组成。

（扫一扫，看案例 4-2）

统计库包括一系列统计程序，这些程序可以帮助分析者了解一组数据中彼此之间的关系及它们在统计上的可靠性；可以帮助管理者回答如下一些问题：影响企业销售的主要变量有哪些？其重要性如何？如果将售价提高 10%并同时增加 20%的广告费，将会给销售带来什么影响？哪些指标能显示顾客可能购买本企业产品而不是竞争者的产品？对某种产品的市场细分采用哪些变量作为细分依据最好？统计库通常包含多种变量分析技术，例如，回归、相关、判别、变异分析和时间序列分析等。

模型库包括一系列数学模型，这些模型有助于营销管理者作出更为科学的决策。美国的《营销新闻》在 1994 年 4 月 11 日列出了 100 种不同的营销和销售软件程序，这些软件为设计营销调研方案、市场细分、制订价格和广告预算、分析媒体、计划推销活动等方面提供了支持和帮助。

为了说明营销决策支持系统的工作过程，我们假设有一位营销经理需要分析某一产品的价格调整方案，并需要尽快采取行动。该经理将问题输入适当的系统模型，该模型就能输出分析后的标准化数据，经理根据系统分析得出的数据决定最适合的价格调整计划。然后，在该计划的实施过程中，随着各种影响因素的变化、新数据的生成，该经理可以继续使用系统模型得出调整参数后的新的支持结果。

第二节 市场营销调研

一、市场营销调研的含义

市场营销调研是指企业根据营销管理和营销决策的需要，运用科学的方法，系统地设计、收集、分析和提炼相关的市场营销数据、资料，并最终得出相应结果的系列活动。通过市场营销调研，企业可以加深对于目标顾客的了解。寻找新的营销机会，并发现企业营销活动中存在的问题，进而有效地评估和改善企业的市场营销活动。在企业的营销实践中，营销调研常常被用于解决各种不同类型的问题，主要原因就在于营销调研具有多种不同的功能，适合解决企业所面临的各种各样的营销问题。

二、市场营销调研的作用

市场营销调研对于企业营销有十分重要的作用。

（1）有利于制定科学的营销规划。通过营销调研，分析市场、了解市场，才能根据市场需求及其变化、市场规模和竞争格局、消费者意见与购买行为、营销环境的基本特征，科学地制定和调整企业营销规划。

(2) 有利于优化营销组合。企业根据营销调研的结果，分析研究产品的生命周期，开发新产品，制定产品生命周期各阶段的营销策略组合。如根据消费者对现有产品的态度，改进现有产品，开发新用途，研究新产品；通过测量消费者对产品价格变动的反应，分析竞争者的价格策略，确定合适的定价；通过了解消费者的购买习惯，确定合适的销售渠道；通过研究消费心理，改进促销方式。

(扫一扫，看案例 4-3)

(3) 有利于开拓新的市场。通过市场调研，企业可发现消费者尚未满足的需求，测量市场上现有产品满足消费需求的程度，从而不断地开拓新的市场。

(扫一扫，看案例 4-4)

三、市场营销调研的类型及内容

(一)营销调研的类型

市场营销调研可根据不同的标准，划分为不同的类型；如按调研时间可分为一次性调研、定期性调研、经常性调研、临时性调研；按调研目的可分为探测性调研、描述性调研、因果关系调研。下面按调研目的分类加以叙述。

(1) 探测性调研。探测性调研是指为找出问题的症结，明确进一步调研的内容和重点，所进行的非正式的初步调研。

(2) 描述性调研。描述性调研指为了获得调查对象的状态、特征的调查。描述性调研是一种正式调研，是市场调查中最常见的。描述性调查要明确 5W(Who 谁购买、When 何时购买、What 购买什么、Where 何处购买、Why 为何购买)。例如：调查某产品的消费者，如年龄、性别、地区、收入、文化；调查具有某一购买行为的人的比例；调查本企业某产品的购买评价标准，如消费者选购小汽车的标准是什么、消费者的媒体习惯等。

(3) 因果关系调研。因果关系调研是为了弄清市场变量之间的因果关系而进行的调查。例如，降价对销量是否有影响，程度如何。改变包装对销量是否会有影响，程度如何。因果关系调研一般采用实验调查法，其费用通常较高。

(二)营销调研的内容

由于影响市场的因素很多，所以营销调研的内容范围很广。凡是直接或间接影响企业营销状况的因素都可能被列入调查和预测的范围。其主要内容如图 4-2 所示。

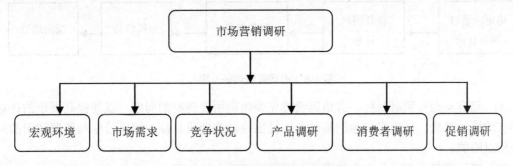

图 4-2 市场营销调研的一般内容

(1) 宏观市场环境调研。利用宏观市场环境调查，跟踪最新的政治、经济、社会、文化发展动态，借以寻找企业新的发展机会，同时及早发现可能存在的威胁，做好应变准备。宏观市场环境调查与预测的主要内容包括政治法律环境、经济环境、人口环境、社会文化环境及技术环境等方面的调查预测。

(2) 市场需求调研。某种产品的市场需求是指在特定的地理区域、特定的时间、特定的营销环境中，特定的顾客愿意购买的总量。市场需求是营销调研中最重要的内容，因为需求是营销管理的核心，企业只有在确定和捕捉顾客需求之后，才有可能采取适当的营销组合，满足需求，最终实现企业目标。

(3) 竞争状况调研。调查的内容主要包括：有没有直接或间接的竞争对手，如有的话，是哪些；竞争对手的所在地和活动范围；竞争对手的生产经营规模和资金状况；竞争对手生产经营商品的品种、质量、价格、服务方式及在消费者心目中的声誉和形象；竞争对手技术水平和新产品开发经营情况；竞争对手的销售渠道；竞争对手的宣传手段和广告策略；现有竞争程度(市场、占有率、市场覆盖面等)、范围和方式以及潜在竞争对手状况。通过调查，可将本企业的现有条件与竞争对手进行对比，为制定有效的竞争策略提供依据。

(4) 产品调研。产品概念是一个整体的概念，不仅包括商品实体，还包括品牌、价格以及和商品相关的服务等。

(5) 消费者调研。消费者研究主要分为购买行为和使用行为的研究。消费者购买行为调查，就是对消费者购买模式和习惯的调查，即通常所讲的"6W""1H"调查，即了解消费者在何时购买(When)、何处购买(Where)、由谁购买(Who)、买什么(What)、为什么买(Why)和产品信息的来源(Where)以及如何购买(How)等情况。使用行为包括消费者使用产品的方式、频率、经验、品牌偏好及对本企业产品的满意度等；另外关于消费者生活方式的特点和差异也是营销中比较关注的问题。

(6) 促销调研。促销调研主要是对企业在产品或服务的促销活动中所采用的各种促销方法的有效性进行测试和评价。如广告目标、媒体影响力、广告设计及效果；公共关系的主要方式及效果；企业形象的设计和塑造等。

四、市场营销调研的步骤

营销调研的过程，通常包括五个步骤：确定问题与调研目标、拟订调研计划、收集信息、分析信息、提出结论(见图4-3)。

图4-3 市场营销调研过程

(1) 确定问题与调研目标。营销调研首先要明确所要调研的问题，以便提高调研的针对性和实效性。其次，在确定问题的基础上，提出特定的调研目标，调研目标与所要调研的问题是相对应的。

(2) 拟订调研计划。其内容如图4-4所示。

```
                    拟订调研计划
    资料来源：第二手资料，第一手资料。
    调研方法：观察法、访问法、调查法、实验法。
    调研工具：调查表，仪器。
    抽样计划：抽样单位、抽样范围、抽样程序。
    接触方法：电话、邮寄、面谈。
```

图 4-4　调研计划

由于收集第一手资料花费较大，因此调研通常从收集第二手资料开始，必要时再采用各种调研方法收集第一手资料。调查表和仪器是收集第一手资料采用的主要工具。抽样计划决定三方面的问题：抽样单位确定调查的对象；抽样范围确定样本的多少；抽样程序则是指如何确定受访者的过程。接触方法是回答如何与调查对象接触的问题。

(3) 收集信息。在制订调研计划后，可由本企业调研人员承担收集信息的工作，也可委托调研公司收集。面谈访问必须争取被访问者的友好和真诚合作，才能收集到有价值的第一手资料。进行实验调查时，调研人员必须注意使实验组和控制组匹配协调。在调查对象汇集时避免其相互影响，并采用统一的方法对实验进行处理和对外来因素进行控制。

(4) 分析信息。一般首先对原始资料进行审核，然后将数据录入到计算机中，最后通过软件进行汇总统计分析。

(5) 提出结论。即撰写调查报告。调研报告应力求简明、准确、完整、客观，为科学决策提供依据。

五、市场营销调研的方法

(一)确定调研对象的方法

调查对象的代表性直接影响调查资料的准确性。因此，根据调研的目的及人力、财力、时间情况，适当地确定调查样本的多少和确定调查对象。

(1) 普查和典型调查。普查是对调查对象进行逐个地调查，以取得全面、精确的数字资料，信息准确度高，但耗时长，人力、物力、财力花费大。典型调查是选择有代表性的样本进行调查，据以推断总体。

(2) 抽样调查。抽样调查是指从调查总体中按一定规则抽取一部分单位作为样本，通过对样本的调查结果来推断总体。常用的抽样方法如下。

① 纯随机抽样。完全不区别样本是从总体的哪一部分抽出，在全部总体中每个单位都有同等机会被抽取出来，具体可采用抽签法或乱数表法。

② 机械抽样。将全部调查单位按照某个标志加以排列，按照一定的间隔抽取调查样本。

③ 类型抽样。把调查总体划分为性质相近的各组，然后在各组内用纯随机抽样或机械抽样的方法，按各组在全部总体中所占比重的比例抽出样本。这种方法也叫类型比例抽样，样本代表性更大，可得到较纯随机抽样或机械抽样更精确的结果。

④ 整群抽样。上述方法都是从总体中抽取个别单位，整群抽样则是整群地抽取样本，

对这一群单位进行全面观察。其优点是比较容易组织，缺点是样本分布不均匀，代表性较差。

⑤ 任意抽样。根据调查人员的方便来决定样本。

⑥ 判断抽样。由专家判断而决定所选的样本，也称大意抽样。

⑦ 配额抽样。根据经验，主观规定各类样本的数目。

(二)收集资料的方法

市场调查的信息按来源可以分两大类：第一手资料和第二手资料。第一手资料，又称原始资料，是指调查人员通过现场实地调查所搜集的资料；第二手资料又称间接资料，是他人为其他某种目的已经加工整理好的信息。第二手资料获取的成本低，时间短，但由于是他人为其他目的收集的，所以适用性较差；第一手资料针对性强，适用性好，但是需要投入人力、物力、财力，成本较高。市场调查一般先利用第二手资料确定调查目标和基本方向，然后再收集第一手资料进行详细分析研究。

1．第二手资料来源和方法

第二手资料来源：①企业内部资料；②政府机关、金融机构公布的统计资料；③公开出版的期刊、文献、报纸、杂志、书籍、研究报告、工商企业名录等；④市场研究机构、咨询机构、广告公司所公布的资料；⑤行业协会公布的行业资料、竞争企业的产品目录、样本、产品说明书及公开的宣传资料；⑥政府公开发布的有关政策、法规、条例规定以及规划、计划等；⑦推销员提供的情报资料；⑧供应商、分销商以及企业情报网提供的信息情报；⑨展览会、展销会公开发送的资料；⑩电子网络中的公告信息。

以上资料的收集方法：直接查阅、购买、交换、索取和复制等。

2．第一手资料的调查方法

第一手资料的调查方法很多，其中最主要的有询问法、观察法、实验法三种。

(1) 询问法。询问法是指按预先准备好的调查提纲或调查表，通过口头、电话或邮寄的方式，向被调查者了解情况，收集资料。口头询问不仅能当面听取被调查者的意见，还可观察其反应，发现新问题，能在较短时间内获得可靠的资料。其缺点是花费时间和人力较多，调查结果还会受调查人员的询问技术及主观因素的影响。电话调查取得信息最快，回答率也较高，同城电话费用也较低，不足之处是被调查对象仅限于通电话者，对问题只能得到简单的回答，有时不易得到被调查者的合作。邮寄调查的调查面宽，能深入城乡各地，被调查者也有充分的时间去考虑。其主要缺点是回收率低、周期长，有时因误解问卷或不愿认真回答而造成误差较大。

(2) 观察法。观察法是指由调查人员到现场对调查对象的情况，有目的、有针对性地观察记录，据以研究被调查者的行为和心理。这种调查多是在被调查者不知不觉中进行的，除人员观察外，也可利用机械记录处理。如广告效果资料，国外多利用机械记录器来收集。直接观察所得的资料比较客观，实用性比较大；其局限性在于只能看到事态的现象，往往不能说明原因，更不能说明购买动机和意向。

(3) 实验法。实验法是指在给定的条件下，通过试验对比，对营销环境与营销活动过程中某些变量之间的因果关系及其发展变化进行观察分析。如选择条件类似的两个商场进行实验，在一个商场销售新包装的产品，在另一商场销售旧包装的商品，然后进行统计分析，以此考察改变包装对产品销售是否有影响。

六、问卷设计技术

(一)面谈问卷设计

一份完整的调查问卷通常包括问卷标题、问卷说明、被调查者基本情况、调查主题内容、编码、调查情况的记载等内容。

1. 问卷标题

问卷标题是概括说明调查研究主题，使被调查者对所要回答什么方面的问题有一个大致的了解。确定标题应简明扼要，易于引起回答者的兴趣。例如"大学生消费状况调查"，"我与广告——公众广告意识调查"等。而不要简单采用"问卷调查"这样的标题，它容易引起回答者因不必要的怀疑而拒答。

2. 问卷说明

问卷说明旨在向被调查者说明调查的目的、意义。有些问卷还有填表须知、交表时间、地点及其他事项说明等。问卷说明一般放在问卷开头，通过它可以使被调查者了解调查目的，消除顾虑，并按一定的要求填写问卷。问卷说明既可采取比较简洁、开门见山的方式，也可在问卷说明中进行一定的宣传，以引起调查对象对问卷的重视。下面举两个实例加以说明。

【例4-1】

同学们：
为了了解当前大学生的学习、生活情况，并作出科学的分析，我们特制定此项调查问卷，希望广大同学予以积极配合，谢谢。

【例4-2】

女士(先生)：
改革开放以来，我国广告业蓬勃发展，已成为社会生活和经济活动中不可缺少的一部分，对社会经济的发展起着积极的推动作用。我们进行这次公众广告意识调查，其目的是加强社会各阶层人士与国家广告管理机关、广告用户和经营者等各方的沟通和交流，进一步加强和改善广告监督管理工作，促进广告业的健康发展。本次问卷调查并非知识性测验，而是只要求您根据自己的实际态度选答，不必进行讨论。根据统计法的有关规定，对您个人情况实行严格保密。

3. 被调查者基本情况

被调查者基本情况是指被调查者的一些主要特征，如在消费者调查中，消费者的性别、年龄、民族、家庭人口、婚姻状况、文化程度、职业、单位、收入、所在地区等。又如，对企业调查中的企业名称、地址、所有制性质、主管部门、职工人数、商品销售额(或产品销售量)等情况。通过这些项目，便于对调查资料进行统计分组、分析。在实际调查中，列入哪些项目，列入多少项目，应根据调查目的、调查要求而定，并非多多益善。

4．调查主题内容

调查主题内容是调查者所要了解的基本内容，也是调查问卷中最重要的部分。它主要是以提问的形式提供给被调查者，这部分内容设计的好坏直接影响整个调查的价值。

调查主题内容主要包括以下几方面：①对人们的行为进行调查，包括对被调查者本人行为进行了解或通过被调查者了解他人的行为。②对人们的行为后果进行调查。③对人们的态度、意见、感觉、偏好等进行调查。

5．编码

编码是将问卷中的调查项目变成数字的工作过程，大多数市场调查问卷均须加以编码，以便分类整理，易于进行计算机处理和统计分析。所以，在问卷设计时，应确定每一个调查项目的编号和为相应的编码做准备。通常是在每一个调查项目的最左边按顺序编号。

如：①您的姓名；②您的职业；……而在调查项目的最右边，根据每一调查项目允许选择的数目，在其下方画上相应的若干短线，以便编码时填上相应的数字代号。

6．调查情况的记载

在调查表的最后，附上调查员的姓名、访问日期、时间等，以明确调查人员完成任务的性质。如有必要，还可写上被调查者的姓名、单位或家庭住址、电话等，以便于审核和进一步追踪调查。但对于一些涉及被调查者隐私的问卷，上述内容则不宜列入。

(二)小组讨论问卷

小组讨论问卷，也可称为集体讨论问卷。它是分组邀请被调查对象进行讨论，由访问员或调研组织者充当主持人引发讨论。参加小组讨论的被调查对象都是事先经过挑选的合格样本，讨论的内容也都事先做简单的调查，小组讨论是为了求得横向和纵深的扩展，深入发展资料以弥补不足。

(三)电话访问问卷

电话访问问卷最重要的特点是简洁明了，访问时间多为3～5分钟。故而，电话访问常用于过滤样本或简短的调查。电话访问的说明词要简明扼要，把需要被调查者回答的问题和做的事情用最简洁的语言表明；问句要简短、浅显易懂，并完全口语化；样本特性资料要间接询问，如想要了解对方受教育的程度，则可问"您毕业于哪所大学？"也可用探测性的口吻询问"您是就读于复旦大学吧？"对方可能回答"是"或许"不，我是南开大学毕业的。"调研人员记录时要做好事前准备。此外，资料的计算机编号、作业证明记载等与面谈访问无区别。

(四)邮寄访问问卷

用邮寄访问问卷收集资料有时比派员访问或其他方式更有效，更能得到真实的回答，并能节省费用。但是，邮寄访问的进度和结果难以控制，当被调查对象对问句有疑问或误解时，就无法及时地解释或有效纠正。所以，邮寄问卷有特殊要求。一般来说，邮件要封口，字体稳重大方，写作工整；信函用私人信函以表示尊重，公函或印刷邮件容易被人忽视或不予理会。能注明收件人最好；说明词要详尽、亲切、突出重点，并注明阅卷的方法以及回收的日期、地点、邮政编码、单位或个人等；问句要少而透明，尽量避免涉及隐私；为促进回收，可做一些特别的设计，如用邮寄奖品、抽奖等方式激励调查对象的积极性。

总之，问卷设计要考虑不同的调研方法，采用不同的设计，重点突出，以收到预期效果。

第三节　市场营销预测

一、市场预测的含义和类型

市场营销预测是指通过对市场营销信息的分析和研究，寻找市场营销的变化规律，并以此规律去推断未来的过程。

市场预测有以下三种类型。

（1）根据预测范围划分，可分为宏观预测与微观预测两类。宏观预测是指对影响市场营销的总体市场状况的预测。微观预测是从一个局部、一个企业或某种商品的角度来预测供需发展前景。

（2）根据预测期的长短来划分，可分为长期预测、中期预测和短期预测。

（3）根据预测时所用方法的性质来划分，可分为定性预测和定量预测两种。定性预测是根据调查资料和主观经验，通过分析和推断，估计未来一定时期内市场营销的变化。定量预测是根据营销变化的数据资料，运用数字和统计方法进行推算，寻找营销变化的一般规律，对营销变化的前景作出量的估计。在预测中，往往是将定性预测与定量预测相结合，进行综合预测。

二、市场预测的主要作用

（1）市场预测是企业经营决策的前提。通过市场预测，企业能够掌握市场需求特点及变化趋势，从而为企业制订营销计划和策略提供依据，以帮助企业作出正确的决策，减少失误和盲目性。

（2）市场预测是企业制订营销计划的依据。通过市场预测，企业可有效地了解和掌握市场需求水平和结构，了解竞争对手的情况，以便制订各种营销计划与策略，不断巩固和开拓市场。

（3）市场预测是企业加强经营管理的手段。通过市场预测，企业可制定有效的营销策略来争取市场主动权，同时加强企业内部管理，改善外部环境，提高经济效益。

（扫一扫，看案例 4-5）

三、市场预测的步骤

市场营销预测应该遵循一定的程序和步骤，以使工作有序化、统筹规划和协作，其过程大致包括下列五个步骤，如图 4-5 所示。

图 4-5　市场营销预测的基本步骤

1. 确定预测目标

明确目的，是开展市场预测工作的第一步，因为预测的目的不同，预测的内容和项目、所需要的资料和所运用的方法都会有所不同。

2. 收集整理资料

进行市场预测必须拥有充分的资料。有了充分资料，才能为市场预测提供进行分析、判断的可靠依据。在市场预测计划的指导下，调查和收集有关资料是进行市场预测的重要一环，也是预测的基础性工作。

3. 选择预测方法

根据预测的目标及各种预测方法的适用条件和性能，选择出合适的预测方法。有时可以运用多种预测方法来预测同一目标。预测方法的选用是否恰当，将直接影响预测的精确性和可靠性。

4. 预测分析和修正

预测分析是对调查收集的资料进行综合分析，并通过判断、推理，使感性认识上升为理性认识，从事物的现象深入到事物的本质，从而预计市场未来的发展变化趋势。对于各种定量预测的结果，可运用相关检验、假设检验及插值检验等方法来分析预测误差，并结合预测期间的政治经济形势和其他定性分析，进行评估和修正，在预测分析的基础上，调整预测结论。

5. 编写预测报告

预测报告应该概括预测研究的主要活动过程，包括预测目标、预测对象及有关因素的分析结论、主要资料和数据、预测方法的选择以及对预测结论的评估、分析和修正等。

四、市场预测的方法

开展市场预测，必须运用科学的方法。目前经济发达国家已经应用的各种预测方法数以百计，其中广泛使用的也有几十种。归纳起来，这些方法可以划分为定性预测方法和定量预测方法两类。

(1) 定性预测方法。定性预测方法是依靠预测者的知识、经验和对各种资料的综合分析，来预测市场未来的变化趋势。其特点是简便易行，不需经过复杂的运算过程。其中主要有以下几种常用的方法。

① 个人经验判断法。它是指预测者依据个人的经验和知识，通过对影响市场变化的各种因素进行分析、判断和推理来预测市场的发展趋势。在预测者经验丰富、占有资料详尽和准确的前提下，采用这一方法，往往能作出准确的预测。

② 集体经验判断法。它是指预测人员邀请生产、财务、市场销售等各部门负责人进行集体讨论，广泛交换意见，再作出预测的方法。由于预测参加者分属于各个不同的部门和环节，因而作出的预测往往较为准确和全面。这种预测方法也较为简单可行，常用于产品市场需求和销售额的预测。

③ 专家调查法(又称德尔菲法)。它是由美国兰德公司提出来的，被广泛运用于军事、

经济和商情预测。

运用专家调查法的程序是先确定预测目标和确定预测专家若干名,并将预测目标通知专家们,同时向专家提供所需资料,要求每一位专家提出还有哪些资料可用于该项目的预测。专家们接到通知后,根据自己的经验和知识作出初步预测,并说明其依据和理由,回寄给主持者。主持者对各种预测结果进行归纳整理,对不同的预测值注明理由和依据,再分寄给各位专家,要求专家们修改自己的预测;专家接到反馈意见后,通过分析各种预测意见及理由,提出自己的修改意见及理由。如此反复多次,直到专家们的意见趋于一致为止。这种预测方法的特点是由于专家之间互不联系,可避免权威人士对其他预测者的影响,预测结果较为准确,且费用不高,节省时间。

(2) 定量预测方法。定量预测法主要是依靠数学模型和数理统计方法,对各种资料进行计算分析,从而对市场变化趋势作出预测。这类方法适用于历史统计资料准确、详尽、预测对象变化发展的客观趋势比较稳定的对象的预测。常用的方法有以下几种。

① 简单平均法。计算预测目标实际值在各个时期的平均数,将其作为下一期的预测值。

② 加权平均法。根据不同时期的实际值对预测值影响程度的差异,分别给予不同的权数。一般地,近期实际数据的权数大一些,远期实际数据的权数小一些。再进行加权平均,所得的加权平均数作为下一期的预测值。

③ 平滑预测法。对于市场营销的短期预测,可以使用指数平滑的时间序列预测法。采用这种方法,只需要三种信息:本期实际销售额、本期平滑销售额和平滑常数。

④ 回归预测。回归指用于分析、研究一个变量(因变量)与一个或几个其他变量(自变量)之间的依存关系,其目的在于根据一组已知的自变量数据值,来估计或预测因变量的总体均值。在市场营销预测中,人们把预测对象(如饮料市场的需求量)作为因变量,把那些与预测对象密切相关的影响因素(如人均收入、气温等)作为自变量。根据两者的历史和现在的统计资料,建立回归模型,经过统计检验后用于预测。使用回归预测法面临的最大困难是很难建立一个准确的、反映变量之间关系的数学模型,因为这往往需要花费较高的预测成本。

本 章 小 结

营销信息是企业开展营销活动必不可少的要素,是企业重要的战略资源。

市场营销信息系统由内部报告系统、营销情报系统、营销调研系统、营销决策系统四个子系统构成,每个子系统完成自己相应的功能。

市场调研可分为探索性调研、描述性调研和因果性调研。凡是直接或间接影响企业营销的因素都可能被列入调研的范围。营销调研通常包括确定问题与调查目标、拟订调研计划、收集信息、分析信息、提出结论五个步骤。确定调查对象的方法有普查、典型调查和抽样调查。收集市场信息的方法有第一手资料和第二手资料两大类方法。

市场预测有多种类型。市场预测的步骤通常有确定预测目标、收集整理资料、选定预测方法与建立预测模型、作出最终预测四步,常见的预测方法有两大类:定性预测方法和定量预测方法。

思考与练习

1. 什么是营销信息系统？营销信息系统中包括哪几个子系统？各有什么作用？
2. 简要说明市场营销调研包括哪几个步骤。
3. 市场调研资料收集的方法包括哪几大类？具体如何操作？
4. 市场调研有哪几种类型，各自的目的是什么？
5. 市场营销预测的主要方法有哪几类？

实 践 训 练

桂林市市郊某旅游景点希望吸引更多桂林高校的在校大学生去该景点游玩，该景点经营者希望对桂林高校在校大学生做一次市场调查，以为该景点的促销方案提供资料，请为该调查设计一个简要的市场调查方案(包括调查对象的选取、调查内容、调查方法等)。

(扫一扫，看案例分析)

第五章 市场竞争战略

【学习目标】

通过本章的学习，读者应了解行业竞争观念及决定行业结构的因素，掌握评估竞争实力的方法，了解市场竞争者的方法，掌握市场领导者、市场挑战者、市场跟随者和市场补缺者等各个种类竞争者的竞争战略。

【关键概念】

市场竞争策略　市场领导者　市场挑战者　市场跟随者　市场补缺者

【案例导入】

中国酒店业新的竞争"在云端"

2015年5月11日，首旅酒店、石基信息、阿里旅行签署了战略合作协议。首旅酒店将成为阿里旅行和石基信息"互联网+"战略的落脚地，石基信息将协助首旅酒店推动酒店信息管理系统和阿里旅行系统的互联互通，同时三方将开展在大数据、"云计算""智慧酒店"和电子商务业务方面的深度合作。而在2014年，阿里旅行已斥资28.1亿元入股石基信息。当该则消息还在业内发酵之时，2015年5月22日。铂涛集团联手携程网和腾讯公司收购了Expedia所持有的艺龙控股权，成为国内第二大OTA (Online Travel Agent，在线旅行社)。这是7天连锁酒店集团从纳斯达克退市成立铂涛集团后的众多动作中，最让业界充满猜想的事件。

OTA既帮助了饭店，也盘剥了饭店，这是不争的事实。据了解，2013年度中国星级饭店亏损21亿元，而OTA佣金收入却达到了30多亿元。目前，酒店行业已经形成了实体和渠道两大资源并存的局面，渠道资源的优势也已经确立，如果没有一种新的模式来撬动，那么饭店与OTA的热战有可能会无休止地持续下去。

随着移动互联网的迅猛发展和互联网思维的形成，强势的OTA也逐步暴露出了自身的一些弱点，在商业模式上，零和思维已经落后于平台思维；在技术手段上，代理已经不如直联。在这一背景下，便有了首旅酒店与阿里旅行、石基信息的三方联手。三方合作基于一种共同的认知，就是需要创造出一种与时俱进的商业模式，以更好地服务于整个住宿行业。三方各有优势：阿里旅行的能力在"云端"，体现在大数据、未来酒店等最先进的电子商务技术上；首旅酒店的优势在"地面"，由于紧接地气，可以完成所有线下产品的配合，开拓会员市场；石基信息的 PMS 以非常巧妙地把"云端"与"地面"贯通起来，从而形成一个可以与广大单体酒店共荣共生的平台。

以上分别展开合作的三家企业，首旅酒店、石基信息、阿里旅行、铂涛集团、携程网、腾讯公司，均是"地面""系统"和"云端"的组合。试问：饭店业与 OTA、"互联网+"是意外的巧合还是代表着未来住宿业的发展趋势？组合的背后孕育着怎样的商机？当前酒店到底过剩了没有？它应该向何方转型？

(资料来源：笪永莉. 市场营销原理与实务[M]. 武汉：华中师范大学出版社，2016)

市场竞争是市场经济的根本特征之一。 在市场经济的条件下，竞争无时不在，无处不在。市场上总是不断地诞生许多大大小小的企业，这些企业很大一部分在市场竞争中随着岁月的流逝而消亡，只有其中的一小部分能够在竞争中不断成长，而成为今天的"成功企业"或"企业巨人"。

第一节 市场竞争者分析

正确的市场竞争战略，是企业成功地实现其市场营销目标的关键。企业要想在激烈的市场竞争中立于不败之地，就必须树立竞争观念，制定正确的市场竞争战略，对竞争对手的深入了解便是基础，正所谓"知己知彼，百战不殆"。

长期以来，企业的决策者们容易忽略对竞争者的分析，他们认为对每天都在竞争着的竞争者们已经有了足够的了解，或者认为竞争者的细节根本不可能了解到，而只要本公司的绩效还不错，就很少愿意花费时间和精力去做分析。然而，现实是：竞争者代表着一个主要的决定因素，决定着本公司能否成功，如果不去仔细考虑竞争者的优势、劣势、战略和易受攻击的弱点，就很可能导致公司业绩的下降，还会使公司受到不必要的意外攻击。

一、识别企业的竞争者

识别竞争者的主要内容有谁是我们的竞争者？他们的战略和目标是什么？他们的优势和劣势是什么？他们的反应模式是什么？我们应当攻击谁、回避谁？……

识别企业的竞争者常常被当作是一项简单的任务。例如，"可口可乐"知道"百事可乐"是其竞争对手；"华为"知道与"三星"的竞争不可避免……但是，很多企业在识别竞争者时并不是十分准确、全面，往往只注意到最接近、提供价格相当的同类产品或服务给消费者的竞争者。其实，企业的竞争范围非常广泛，因此企业应该有长远的眼光，从行业和市场两个方面识别竞争者。

(一)行业方面

行业是一组提供一种或一类替代产品的相互竞争的公司。行业动态首先决定于需求与供应的基本状况，供求状况会影响行业结构，行业结构又会影响行业的行为。从行业方面来看，企业的竞争者有三类。

1. 现有厂商

现有厂商指本行业内现有的与企业生产同样产品的其他厂家，这些厂家是企业的直接竞争者。

2. 潜在加入者

当某一行业前景乐观、有利可图时，会引来新的竞争企业，使该行业增加新的生产能力，并且这些企业要求重新瓜分市场份额和主要资源。另外，某些多元化经营的大型企业还经常利用其资源优势从一个行业侵入另一个行业。新企业的加入将可能导致产品价格下降，利润减少。

3. 替代品厂商

与某一产品具有相同功能、能满足同一需求的不同性质的其他产品，属于替代品。随着科学技术的发展，替代品将越来越多，某一行业的所有企业都将面临与生产替代品的其他行业的企业进行竞争。

(二)市场方面

1. 品牌竞争者

企业把同一行业中以相似的价格向相同的顾客群提供类似产品或服务的所有企业称为品牌竞争者。品牌竞争者是企业最直接的竞争对手。例如，家用空调市场中，生产格力空调、海尔空调、美的空调等厂家之间的关系。品牌竞争者之间的产品相互替代性较高，因而竞争非常激烈，通过品牌战略，培养顾客品牌忠诚度是争夺消费者的重要手段。

2. 行业竞争者

行业是提供一种或一类产品的企业的集合，例如，医药行业、汽车行业、服装行业、家电行业、石油行业、房地产行业、建筑行业。企业把提供同一类或同一种产品的企业视为广义的竞争者，称为行业竞争者。虽然在同一行业中，不同企业生产或提供不同档次、型号、品种的产品，但是这些企业之间也存在着竞争。消费者在不同档次、型号和品种的产品之间进行选择，这些产品存在一定的相互替代性。例如，汽车行业中，所有的企业(通用、大众、福特、沃尔沃等)，不论生产的车是高档还是低档，都互为行业竞争者。又如，所有的汽车制造商都是上海大众的行业竞争者。

3. 需要竞争者

企业在分析竞争对手时，还要考虑提供不同产品并满足和实现消费者同一需要的企业。我们把满足和实现消费者同一需要的企业称为需要竞争者。处在不同行业的企业可以通过不同类型的产品传递同一利益，实现消费者的同一需要。因此，竞争可以在跨行业之间展开。这些实现同一需要的不同行业的产品或服务存在相互替代性。例如，消费者外出旅行，除开私家车旅行这种方式外，还可选择乘火车、飞机、自行车、摩托车等其他交通工具。当火车票价上涨时，乘飞机旅行的顾客可能会增加。因此，上海大众不应该忽视其他交通工具的提供者，而更应关注新的交通工具的出现。否则，企业不仅会犯"营销近视症"(Marketing Myopia)，而且还会犯"竞争近视症"(Competiting Myopia)。

4．消费竞争者

企业把提供不同产品，但把目标消费者相同的企业看作是消费竞争者。例如，同一消费者可以把钱用于旅行、购置房产、购买汽车。目标消费者相同的企业在消费结构方面展开争夺。消费支出结构的改变将影响竞争者的地位。

二、竞争者的战略和目标分析

(一)判定竞争者的战略

公司最直接的竞争者是那些处于同一行业同一战略群体的公司。战略的差别表现在目标市场、产品档次、性能、技术水平、价格、销售范围等方面。

竞争者所采取的竞争战略取决于决定行业结构的五种基本力量(迈克尔·波特的五力模型)，如图5-1所示。要对竞争者展开有效的分析，必须把竞争者置于以上五种力量之中。

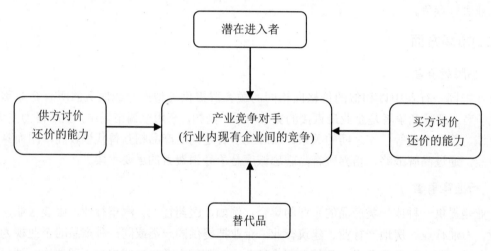

图5-1 迈克尔·波特的五力模型

1．行业内现有企业之间的竞争

在现代市场经济条件下，大部分行业都存在竞争，有些行业还存在着激烈的竞争。例如，我国的彩电行业，企业为了生存不得不进行一次又一次的"价格战"。对于大多数企业来说，行业内现存的竞争者是企业所面对的最直接的对手，因此对这些竞争对手的战略进行分析就成为当务之急。

2．潜在进入者的威胁

如果行业存在较高的利润率或者该行业拥有良好的发展前景，那么就会吸引有能力的企业进入该行业。对于企业内现存企业来说，潜在进入者就是潜在的竞争者。因此，行业内现有企业可以通过降低企业利润来打消潜在进入者的进入意图，也可以通过提高行业壁垒的方法来阻碍潜在进入者。

3．替代品的威胁

替代品在功能上能部分或全部地代替某一产品。因此，可以说生产替代品的行业与生产该产品的整个行业都是竞争者。

4. 供方讨价还价的能力

如果供方在与企业的博弈过程中处于优势地位，那么它就拥有较强的讨价还价能力。供方设置较高的供应价格，会大大压缩下游企业的利润空间。因此，企业也要关注供方的成本构成、战略及其意图。最好的结果是企业与供方建立战略性伙伴关系，共同争夺市场。

5. 买方讨价还价的能力

买方在具有很强的讨价还价能力的条件下，会压低产品价格、要求更高的质量以及更多的服务，这势必降低企业的赢利能力，并且增加企业的经营风险。

(扫一扫，看案例 5-1)

(二) 判定竞争者的目标

竞争者的最终目标当然是追逐利润，但是每个公司的具体情况不同，竞争者战略目标主要有以下三种。

(1) 生存。生存是企业最基本的目标。企业只有先生存下去，才能谋求进一步的发展。因此，企业战略目标的设定必须首先保证这一目标的实现。

(2) 发展。生存下来的企业，必须谋求进一步的发展。只有持续地赢利、扩大经营规模、开发新产品、开拓新市场，企业才能够发展壮大。

(3) 获利。企业和市场作为市场经济条件下配置资源最有效的两种方式，当然会强调投入产出比。这就要求企业不断地提高经营效益，以获取利润。没有利润，企业就无法为进一步的发展壮大积累资金，不能够获利的企业没有存在的必要。

三、了解竞争者的优势和劣势

企业需要估计竞争者的优势与劣势，了解竞争者执行各种既定战略的情报，以及是否达到了预期目标。发现竞争对手的弱点，专攻其薄弱环节。在市场营销实践中，企业经常要面对一个或一群强大的竞争者，它们或拥有雄厚的资金、或有绝对领先的技术、或有完善的管理体系、或有强大的品牌影响、或有良好的社会关系，以及一流的人才队伍。在这种情况下，更需要研究竞争者的优势和劣势，并有效地利用其劣势，开展有针对性的进攻。

为了测量优势和劣势，公司应该监测每个竞争者的市场份额、心理份额和情感份额(见表 5-1)。一般来说，心理份额和情感份额能够实现稳定增长的公司，必然会在市场份额和赢利性上有所收获。

表 5-1 测量竞争者的优势和劣势

分析基础	说 明
市场份额	竞争者在目标市场中的份额
心理份额	当被要求"举出在这个行业中首先想到的公司"时，提名竞争者的顾客所占的百分比
情感份额	当被要求"举出你愿意购买其产品的公司"时，提名竞争者的顾客所占的百分比

(资料来源：Philip Koller. 营销管理. 宋学宝，等译. 北京：清华大学出版社，2003)

四、判断竞争者的市场反应

在市场竞争中,不同的企业面对竞争的反应是不一样的。企业家有不同的经营理念和企业文化,因此他们面对价格战、广告战、品牌战等竞争行为的反应是大相径庭的。从竞争者心理的角度者,一些常见的竞争者的市场反应类型如表 5-2 所示。

表 5-2 几种常见的竞争者的市场反应类型

反应类型	说 明	举 例
从容型竞争者	对其他企业的某一攻击行动采取漫不经心的态度。可能是源于对其顾客忠诚的深信不疑;也可能是待机行动;还可能是缺乏反击能力等	米勒公司在 20 世纪 70 年代后期引进立达啤酒,行业领袖——安达斯-布希公司不予理睬,使其日益壮大,最终占领了 60%的市场份额
选择型竞争者	对某些方面的进攻作出反应,而对其他方面的进攻则无反应或反应不强烈	海尔电器对竞争对手的价格战一般不作强烈反应,而是强调它的服务与技术上的优势
凶暴型竞争者	对向其所拥有的领域所发动的任何进攻都会作出迅速而强烈的反应。这类竞争者大多属于实力强大的企业	宝洁公司一旦遇到挑战就立即发动猛烈的全面反击
随机型竞争者	对某一些攻击行动的反应不可预知,它可能采取反击行动,也可能不采取反击行动	

第二节 竞争战略的一般形式

美国哈佛大学商学院的著名教授迈克尔·波特认为,在与五种竞争力量的抗争中,蕴含着三类战略思想:成本领先战略、差异化战略、集中化战略,如表 5-3 所示。波特认为,这些战略类型的目标是使企业在经营产业竞争中高人一等:在一些产业中,这意味着企业可取得较高的收益;而在另外一些产业中,一种战略的成功可能只是企业在绝对意义上能获取些微收益的必要条件。

表 5-3 三种基本竞争战略

战略目标		战略优势	
		产品差异	低成本
	全行业范围	差异化战略	成本领先战略
	特定细分市场	集中化战略	

一、成本领先战略

成本领先战略是指企业通过内部挖潜尽可能地降低生产经营成本,并以低成本获取行业领导地位，吸引市场上众多对价格敏感的购买者。

为获取成本领先的优势，企业必须使自己的经营成本低于竞争对手的经营成本。实现这一目标的主要途径就是在生产经营的各个环节减少浪费、提高效率和有效控制开支。

采用低成本战略也会有一定的风险。例如，企业由于将注意力放在了降低成本上，而忽视了产品和需求的变化；较低的成本可能导致在服务和技术开发上投入力量不够；竞争对手可能通过模仿，同样做到低成本，这时企业的优势将丧失；如果行业中几家主要企业都采取成本领先战略，有可能出现竞相压价，引起行业平均利润急剧下降。

（扫一扫，看案例 5-2）

二、差异化战略

在被称作个性化、多样化的多元价值的时代，差异化战略尤为重要。在这种差异化战略中，最重要的问题是如何形成差异化，即在哪一环节或以什么方式差异化。

企业实现差异化的主要方法如下所述。

1. 形象差异化

一些企业纷纷导入 CI 系统，其目的是要树立企业形象，提高企业知名度。一方面，在企业标志、企业名称、企业理念、企业行为规范等方面，设计内部统一、外部个性化、与众不同的独特形象；另一方面，确保提供顾客满意的产品和服务，给顾客留下深刻印象，从而使顾客建立起企业偏好。从一定意义上讲，顾客不是购买特定的产品，而是购买企业的形象。

2. 定位差异化

定位差异化即企业要在分析竞争对手及其产品在市场所处位置的基础上针对顾客的需求特点或对某些特征(属性)的重视程度，强有力地塑造出本公司及其产品的鲜明个性，确定本公司及其产品在市场上的合适位置。

3. 产品差异化

产品差异化包括作为核心产品的核心利益，如基本功效、性能等；产品的品牌、款式、品质、包装等；附加产品的订货购买方便、送货安装及时、顾客咨询、使用培训、维修方便等方面。

4. 渠道差异化

渠道差异化包括渠道的覆盖面、专业化、渠道宽度和长短等方面。

（扫一扫，看案例 5-3）

5. 促销差异化

促销差异化包括促销方式的选择和组合、促销媒体的选择、广告与市场覆盖面的对应等方面。

三、集中化战略

集中化战略是指企业将经营范围集中在行业内某一有限的细分市场，使企业有限的资源得以充分发挥效力，在某一局部超过其他竞

（扫一扫，看案例 5-4）

争对手，取得竞争优势。

这种战略的风险在于，一旦局部市场的需求发生变化，或强大的竞争者执意进入、一决高下，那么现有的企业就可能面临极大的危险了。

以上是针对现有同行业直接竞争者而采取的三种竞争战略。依据波特的观点，行业内奉行同一战略的企业组成一个战略群。实际的竞争中，战略群内部的竞争比战略群之间的竞争更为激烈。每个战略群中只有居于第一位的企业才能获得最高利润，这个企业是推行这种战略最成功的企业。企业只有全面考虑行业特点、企业实力、竞争状况三方面因素，选择最佳的战略才能成功。而那些试图采用多个战略，兼顾各方，走"中间道路"的企业，结果往往是毫无特色，效果很糟。

第三节 市场竞争战略

所谓市场竞争策略，是指企业依据自己在行业中所处的地位，为实现竞争战略和适应竞争形势而采用的各种具体行动方式。美国著名市场营销学教授菲利普·科特勒把企业的竞争地位分为市场领导者(market leader)、市场挑战者(market challenger)、市场追随者(market follower)和市场补缺者(market nicker)四种，如表5-4所示。

表5-4 假设的市场结构

市场领导者	市场挑战者	市场跟随者	市场补缺者
40%	30%	20%	10%

一、市场领导者战略

市场领导者是指在相关产品的市场上占有最大的份额，在价格变化、新产品开发、分销渠道建设和促销战略等方面对本行业其他公司起着领导作用的公司。如世界著名的微软公司是计算机软件市场的领导者，P&G(宝洁)公司是日用化工产品市场的领导者，可口可乐公司是软饮料市场的领导者，Hertz 公司是全球汽车租赁行业的市场领导者等，我国电视机行业的长虹、家电行业的海尔、通信行业的中国移动等都是所在行业的领导者。

占据着市场领导者地位的公司常常成为众矢之的，面临各种挑战。一般来讲，市场领导者占有较大的市场份额，享有一定的规模经济，有成本优势，一般的企业很难通过价格手段来攻击它。但是，非市场领导者企业可以通过产品和工艺的创新、渠道创新、盈利模式的创新来打败市场领导者。例如，百事可乐通过口味和产品定位向可口可乐挑战，诺基亚和爱立信凭借数字电话向摩托罗拉挑战。处于领导地位的竞争者，要保持竞争优势，击退其他对手的进攻，有三种战略可供选择：扩大总需求、保持现有市场份额和扩大市场份额。

1. 扩大总需求

市场领导者的战略核心是保持其领导地位，可采用的战备之一是发现和扩大整个市场的规模。当整个市场扩张时，市场领导者占有的市场份额最大，在市场总需求扩大时受益也最多。扩大总需求的主要途径如表5-5所示。

表5-5 扩大总需求的主要途径

途 径	说 明
开发新用户	市场渗透战略、新市场战略、地理扩张战略
寻找新用途	为产品不断发掘出更多的新用途
增加使用量	说服人们在每个场合更多地使用产品

(1) 开发新用户。在确定新用户时，营销者应该吸引那些不知道该产品，或者由于价格性能等原因而拒绝该产品的购买者。一家公司能够在那些可能使用但还没有使用该产品的购买者中寻找新用户(市场渗透战略)，在那些从未使用过该产品的购买者中寻找新用户(新市场战略)，或者在其他地方的购买者中寻找新用户(地理扩张战略)。例如，香水制造商可以设法说服不使用香水的妇女使用香水(市场渗透战略)；或者说服男士开始使用香水(新市场战略)；或者将香水销售到其他国家(地理扩张战略)。

(扫一扫，看案例5-5)

(2) 寻找新用途。市场可以经由发现与推广产品的新用途而予以扩张。例如，美国杜邦公司的重要产品——尼龙就是一个典型的例子，最初，尼龙是用来制造降落伞的，然后又成为长筒袜的主要原料，再后来成为衣料，人们以为尼龙早已经到了其寿命成熟期，孰料经过杜邦公司等大型跨国企业的不懈努力实施开拓新用途战略，尼龙进入了汽车制造业，成为轮胎、坐垫的原料。由此可见，公司应该通过发现和推广产品的新用途扩大市场。

(扫一扫，看案例5-6)

(3) 增加使用量。第三种市场扩张策略是说服人们在每次的使用场合中，使用更多量的产品。例如，当人们更多地使用相机、消费胶卷时，柯达的销量无疑会增加。再如，给予顾客一项建议：使用洗发液时，使用两次比一次更有效果。

2. 保持现有市场份额

占据市场领导地位的公司在扩大市场总需求的同时，还必须时刻警惕，保护自己已有的业务以免遭竞争者入侵。最好的防御就是不断创新，不断提高，掌握主动。使公司不断加强和巩固自己的竞争优势，在新产品开发、成本控制、顾客满意等方面，始终处于行业的领先地位。一个占统治地位的公司可以采用如图5-2所示的六种防御策略。

(扫一扫，看案例5-7)

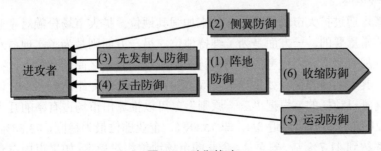

图5-2 防御战略

(1) 阵地防御。这种方法需要建立超强的品牌力量，使得品牌几乎无法战胜。例如，亨氏任凭亨特斯(Hunt's)对其番茄酱市场进行成本很高的攻击而不予以回击。亨特斯成本高昂的战略失败了，亨氏继续占有美国50%以上的市场份额，而亨特斯的市场份额仅为17%。

(2) 侧翼防御。市场领导者还应该建立一些前哨阵地以保护薄弱的前沿或作为进行反攻的出击基地。例如，某公司的A品牌烈性酒占有美国伏特加市场的23%，它受到了另一公司B品牌的攻击，后者每瓶的定价要低1美元。公司决定将A品牌的售价提高1美元并增加广告投入，而且，还推出了一个定价比B低的品牌来竞争，这样就保护了自己公司A品牌的侧翼。

(3) 先发制人的防御。更为积极的防御策略是在对手开始进攻前先向对手发动攻击，这可以通过以下几个途径实现。一家公司可以在此处打击一个竞争对手，在彼处打击另一个竞争对手，使每一个对手都不得安宁。或者它可以尽力包围整个市场，正如精工集团(Seiko)在全球分销3000款手表的做法一样。采用其他做法开展持续的价格攻击，或者发出市场信号警告竞争者不要发动进攻。

(4) 反击防御。大多数的市场领导者在受到攻击时，都将进行反击。一个有效的反击方式是入侵攻击者的主要市场，使它不得不防卫自己的领地。例如，当美国西北航空公司最有利的航线之一——明尼波里斯至亚特兰大航线受到另一家航空公司降价促销进攻时，西北航空公司采取报复手段，将明尼波里斯至芝加哥航线的票价降低，由于这条航线是对方主要的收入来源，结果迫使其进攻者不得不停止进攻。另一个方法是利用经济或政治打击来阻碍攻击者。

(扫一扫，看案例5-8)

(5) 运动防御。在运动防御中，市场领导者采用市场拓宽和市场多元化的做法，把它的范围扩展到能够作为防守和进攻中心的新领域。例如，当菲利普·莫里斯等美国烟草公司认识到对吸烟的限制在日益增强时，它们迅速转入到不相关的啤酒和食品行业。

(6) 收缩防御。有时候一些大公司认识到它们不再有能力防守所有的领域，这时最好的行动方针将是有计划地收缩(也称为战略撤退)，放弃较薄弱的领域，把资源重新分配到较强的领域。这种行动巩固了公司在市场上的竞争实力，并将大量兵力集中在重要市场上。亨氏、

(扫一扫，看案例5-9)

通用面粉和乔治亚-太平洋公司(Georgia-Pacific)是近年来采用收缩防御大量削减产品线的公司中的几家。

3. 扩大市场份额

市场领导者还通过扩大市场份额的方法来加强其地位。扩大市场份额对企业，即使是市场领导者也是非常重要的，一方面是为了维持地位，另一方面则是为了实现盈利。西方企业管理学者将研究战争双方兵力损害的罗契斯特法则应用到企业之间的竞争上，得出了重要的"三一原则"。其主要内容是，如果竞争者双方的市场占有率差距达到3∶1以上时，市场领导者的地位是难以动摇的。根据"三一原则"，可以推算出市场占有率的几个重要的参考数据：如果企业的市场占有率接近3/4，即73.88%，企业地位最为稳固，73.88%称为独占值；如果市场占有率达到41.7%这一安全值，企业的市场地位相对稳定；如果市场占有率接近1/4，即26.12%时，即使是市场领导者，也仍然没有明显优势，竞争各方对市场份额的争夺尚未结

束，竞争结局仍不明朗。作为市场领导者必须比其他企业更注意最佳市场占有率的问题，市场领导者可以采用以下几项战略措施。

(1) 增加新产品。

研制新产品和出售新产品是提高市场占有率广泛使用的重要手段。根据市场战略对收益影响的有关调查资料，新产品在销售额中所占的比例比竞争对手比例增加时，其市场占有率相应增加。无论是对已经形成的还是开始形成的产品市场，革新产品是广泛使用的战略。电子计算机与半导体加工业总是不断更新产品，在性能、功能及外形方面不断改进以适应市场。加工食品、日常生活用品、家庭用品的企业也应该定期创新，改革成分、香味、大小、包装以便刺激消费者。

(2) 提高企业与竞争对手的产品质量。

开发新产品扩大市场占有率的战略渐渐扩大到对原有产品或者劳务的改良方面。有些企业是经过一段缓慢过程而对原有产品进行逐步改良的。

提高产品质量是扩大市场占有率的有力手段，提高质量来扩大市场占有率并不是指高档产品，大部分市场销售最好的是中档品，制造质量比其他企业好的中档商品出售是最重要的。

(3) 增加开拓市场的费用。

扩大市场占有率战略的第三个因素是市场费用，即推销员费用、广告费用、促销费用。与市场占有率培养关系最密切的是推销员费用。消费资料和生活资料企业的促进销售费用扩大是扩大市场占有率的关键。但对于经营原材料的企业，促进销售费用的作用就不太明显，至于广告费用对经营消费资料企业扩大市场占有率则可以作出很大的贡献。在生产资料和原材料企业，广告费用在市场费用中所占比例不大，只是竞争的一种手段而已。

促进销售活动的方式很多，所以使用促进销售费用的方法也多种多样。以经营消费资料的企业为例，一般采用临时降价、赠送样品、商品展销等，尤其是在开始出售新产品期间，近年来日用消费品企业常常用现金折扣，生产资料企业常常采用赠送样品目录、对销售企业给予佣金、暂时降价等方法。另外，PIMS(Profit Impact of Marketing Strategy，营销战略对利润的影响)研究指出：税前投资报酬率随市场份额的上升而上升，后者为10%以下者，前者为9%左右；后者达到40%以上者，前者将达到30%左右。因此，市场领导希望扩大市场份额，以提高投资收益，增加企业经营的安全性。

二、市场挑战者战略

市场的挑战者通常是指大多在行业中名列第二三名等次要地位的企业，例如：富士是摄影市场的挑战者，高露洁是日用化工产品市场的挑战者，百事可乐是软饮料行业市场的挑战者，阿维斯(Avis)是汽车租赁行业的挑战者。它们的营销战略目标是不断增加市场份额，因此，这种战略无异于向领袖企业发动攻势战略，所以被称作市场挑战战略。这些处于次要地位的企业可以采用两种战略：一是主动向第一位的企业发起挑战，取得市场领导者的地位；二是维持现状，避免与市场领导者和其他竞争者发生竞争，在"共处"的状态下求得尽可能多的收益，这时称它们是市场跟随者。

市场挑战者如要向市场领导者和其他竞争者挑战，首先要确定自己的战略目标和挑战对象，然后再选择适当的进攻策略。

(一)明确战略目标和挑战对象

战略目标同进攻对象密切相关,针对不同的对象有不同的目标和战略,一般有以下三种情况可供选择。

(1) 攻击市场领导者。这是一种具有高风险又具有潜在的高报酬的策略,而且如果市场领导者"并非真正的领导者",且无法为市场服务时,这种策略就更具有意义。挑战者应该了解消费者的需要或不满之处,如果有一种实质的需要尚未被满足或者未能获得完全满足时,则就给挑战者提供了一个战略性的目标市场。如美国米勒啤酒之所以获得成功,就是因为该公司瞄准了那些想喝"低度"啤酒的消费者。此外,通过产品创新,以更好的产品来夺取市场领导者的地位。例如,施乐公司通过开发出更好的复印技术(用干式代替湿式复印),成功地从3M公司手中夺走了复印机市场,后来,佳能公司也如法炮制,通过开发台式复印机夺去了施乐公司一大块市场。

(2) 攻击与自己规模相当者。挑战者对那些与自己势均力敌的企业,可以选择其中经营不善、发生亏损者作为进攻对象,以夺取他们的市场阵地。攻击者必须时时刻刻地调查消费者的满意程度,以及潜在的创新机会。假如其他企业资源有限,那么即使采取正面的攻击也能奏效。

(3) 攻击地方小企业。对一些地方性小企业中经营不善、财务困难者,可夺取他们的客户。很多大公司之所以有今日的规模,并非是靠彼此争夺顾客而来的,而主要是靠争取一些小公司、小企业的顾客而日渐壮大。例如,美国几家啤酒公司能成长到目前的规模,就是靠夺取一些小企业的顾客达到的。

由此可知,选择竞争者与选择目标是相互关联的。如果攻击的对象是市场领导者,则其目标可能是夺取市场占有率。若所攻击的对象是地方性小企业,则其目标可能是将这些小企业逐出市场。不论是在何种情况下,最重要的原则依然是:每一项战略行动都必须指向一个明确规定的、决定性的以及可以达到的目标。

(二)选择进攻策略

在确定了战略目标和对象之后,挑战者还要考虑进攻的策略问题,挑战者战略应遵循"密集原则",即把优势兵力集中在关键的时刻和地点,以达到决定性的目的。其中著名的例子是百事可乐与可口可乐之间的"百年战争"。

当处在市场挑战者的企业准备进攻时,通常有五种战略可选择。

1. 正面进攻

集中全力向竞争对手的主要市场发动进攻,即进攻对手的强项而不是弱点。在这种情况下,进攻者必须在产品、广告、价格、促销等主要方面大大超过对手,才有可能成功。发动这种进攻需要大量人力、物力、财力的支持,具体可采用以下策略。

(1) 完全正面进攻。进攻者模仿其竞争对手,追求同样的产品和市场,在产品、价格、推广等方面进行直接较量。由于是向领导者的强项直接挑战,因此这种策略有可能两败俱伤或是失利。例如,美国无线电公司、通用电气公司和施乐公司都曾向国际商用机器公司发动过完全正面进攻,然而防御者强大的实力反而使进攻者陷入被动。

(2) 局部正面进攻。在营销组合诸要素中,选择一个或少数几个因素进行正面进攻。只要在某一方面优于竞争对手，便可取得"相对强者"的地位，增加取胜的机会。

例如，东芝公司在美国市场上，在其他营销要素与竞争对手不分上下的情况下，采用极富攻击性的价格策略，使竞争对手不敢贸然跟着降价，但又无法使消费者了解其昂贵定价的合理性。东芝公司以其价格上的优势，吸引了更多的消费者。又如，录像机技术是由索尼公司首先发明的，该公司的产品在市场上占有领先地位。松下公司后来了解到消费者更想要放映时间长的录像机，于是设计出一种容量大、体积小的录像系统，性能更可靠，价格也较索尼公司的产品便宜一些，这些优势终于压倒了对手，从而占有当时日本录像机市场份额的2/3。

2. 侧翼进攻

一个随时等待着的被攻击者往往是最强大的，但是它必然也会有弱点，它的弱点自然会成为竞争对手的目标。侧翼往往就是其防守较为薄弱的地方。侧翼进攻在市场营销上有重要意义，尤其是对于那些资源较其竞争对手少的进攻者而言，假如它无法以强大的力量来战胜防御者，则攻击者便可以使用这种声东击西的方式来战胜防御者。它可以分为以下两种策略类型。

(1) 地理性侧攻。进攻者选择竞争对手实力薄弱或尚未涉足的地区市场进行进攻。

例如，日本制药和医疗器械公司为了进入美国市场，不是直接与美国公司硬拼，而是选择了美国公司的薄弱环节——南美洲为基地，确立自己在该市场上的地位，并以此为突破口，登陆美国市场。

(2) 细分市场侧攻。进攻者选择对手未能满足消费者需求的细分市场为攻击目标。针对被忽略的消费者的需求，推出竞争对手所没有的差异性产品。

例如，德国和日本的汽车公司虽然知道美国市场主要经营大型、豪华、耗油的汽车，但他们并不以此和美国公司竞争，而是专攻节油型小汽车的细分市场。结果，美国人对节油的小型汽车的爱好不断增长，并发展成为一个广阔的市场。

侧翼策略可以引导各企业对整个行业市场中的各种不同的需求提供更为完整的服务，以避免两个或者两个以上的企业在同一市场中做激烈的竞争。侧翼策略有现代营销策略的优良传统，它秉持着营销观念中"发掘顾客的需要，并全力满足它"的营销目标。侧翼进攻的成功率往往比正面进攻高。

(扫一扫，看案例 5-10)

3. 包抄进攻

这是全方位、大规模的进攻战略。包抄进攻策略意味着攻击者拥有优于对手的资源，并深信其能够完全迅速地摧毁对手的抵抗意志。这种战略大多是以产品线的深度和市场的广度围攻竞争对手。包抄进攻的策略意图非常明确：进攻者从多个方面发动攻击，迫使竞争对手同时进行全面防御，分散其力量。包抄进攻可采用以下两种策略类型。

(1) 产品围攻。进攻者推出大量品质、款式、功能、特性各异的产品，以加深产品线来压倒竞争对手。如耐克公司对阿迪达斯的围攻。

(2) 市场围攻。进攻者努力扩大销售区域来攻击竞争对手。例如，日本本田公司一方面采用产品围攻策略，推出轻型高质量的摩托车，

(扫一扫，看案例 5-11)

增加三级变速、自动变速装置，向哈雷公司的豪华、重型车发起围攻；另一方面，又采用市场围攻策略，以洛杉矶的销售子公司为基地，逐步从西部向东部扩大销售区域，建立包括钓具店、运动器材商店、汽艇销售店在内的广泛销售网络，努力做好维修、零配件的供应工作，终于使本田摩托车顺利登陆美国市场，继而一跃成为世界驰名的产品。

4．迂回进攻

这是最间接的进攻战略，且避免任何交战的行动直接指向敌人现有领域。这种战略意味着迂回绕过敌人，并攻击较易取得的市场以扩展企业的资源基础。这种策略有两种途径可供采纳：发展新产品；多元化经营。

(1) 发展新产品。进攻者以新产品超越竞争对手，而不必在现有产品上进行竞争。如日本开发的录像机、激光唱盘等，虽然还在原有的机电行业中，竞争对手也未改变，但这些全新的产品已使公司无需在原有的市场上与竞争对手分享利益。采用这一策略要求进攻者拥有实力雄厚的科技能力。

(2) 多元化经营。进攻者努力摆脱对单一业务的依赖，转而进入新行业，在更为广阔的市场空间寻求立足点。

5．游击进攻

游击进攻是进攻者的另一种选择，它对资本不足的小企业特别适用。游击战是对敌人的各个不同的领域，发动小型的间歇性的攻击，目的在于以小型的、间断性的进攻干扰对手的士气，以占据长久性的立足点。游击进攻的具体行动几乎是没有固定模式的。它往往是针对特定的竞争对手进行的。诸如：在某一市场突然降低产品价格，在某一时期采取强烈的促销活动，吞并竞争对手的渠道成员，挖走竞争对手的高级管理人员，盗取竞争对手的商业秘密等，都具有游击进攻的特点。

市场挑战者首先要选择合适的攻击对象。它可以攻击市场领导者，攻击与自己实力相当的对手，还可以攻击实力弱小的中小竞争者。对市场领导者的攻击风险大，但是潜在收获也大，其目标是成为市场领导者。攻击与自身实力相当的对手则主要是扩大市场占有率，攻击中小企业则是想把它们赶出市场。

挑战者往往采取正面进攻、侧翼进攻、包围进攻、绕道进攻、游击进攻等进攻方式。市场挑战者面对实力弱小的中小企业，可直接针对其产品、价格和促销方式发起正面进攻。正面进攻分为全面正面进攻和局部正面进攻。采用全面正面进攻时，生产与对手相同的产品，服务相同的市场，在产品、价格和营业推广等方面进行正面交锋。局部正面进攻是应用营销组合的某一要素向对手发起攻击，如果在某一方面优于对手，就可提高获胜的机会。市场挑战者通过分析竞争者的薄弱环节，寻找未被市场领导者和实力较强的企业占领的地区市场或消费者群体，作为攻击对手的目标，称为侧翼进攻。市场挑战者也可以强大的资源优势，从多方面对竞争对手采取包围进攻；或通过开发新产品、靠信托市场或实现多角化经营、发展新业务，向市场领导者进行绕道进攻。市场挑战者还可在不同时期，选择不同方法和进攻方式，从产品、价格、促销等方面进行游击进攻。

三、市场跟随者战略

美国营销管理学专家西奥多·李维特(Theodore Levitt)教授认为，一个产品模仿战略可能与一个产品创新战略同样有利可图。因为一个新产品的研发要花费大量的资金才能取得市场的成功，并获得市场领导者的地位，而跟随者虽然可能无法赶上市场领导者，但因不需要负担任何创新费用，可以获得很高的利润，其盈利水平甚至可以大大超过行业的平均水平。

市场追随者的特点是"跟进""看中学"。市场追随者最主要的特点是跟随。跟随主要在技术和市场两个方面。在技术方面，它不做新技术的开拓探索者和率先使用者，而是做有价值和有目的积极追随的学习者和改进者。在市场营销方面，不做市场培育的开路者，而是搭便车，充分利用市场领导者在市场开发方面的外溢效益，既减少风险，又降低成本。市场追随者的第二个特点是通过观察、选择、借鉴、模仿市场领导者的行为，在市场领导者的成功经验和失败教训中学习，从而提高自身技能，降低失败的风险。

（扫一扫，看案例5-12）

市场跟随者与挑战者不同，他们的主要区别在于对待市场领导者的态度，挑战者采取积极的进攻姿态，而跟随者则追随在领导者之后，自觉维持共处局面，只求维持自己现有的市场份额。这种现象在资本密集且产品同质的行业(钢铁、化工等)中很普遍。这不等于说市场跟随者就无战略。每个市场跟随者必须懂得如何维持现有的顾客，同时争取一定数量的新顾客，找到一条不至于引起竞争性报复的发展之路。有以下三种战略可供选择。

1. 紧密跟随

紧密跟随战略是在各个子市场和市场营销的全方面，尽可能仿效领导者，但是它不会发动任何进攻而只是期望能够分享市场领导者的投资，直接冲突不会发生。有些追随者甚至可能被说成是寄生者，他们在刺激市场方面很少有主动的动作，而是靠紧密追随领导者而获利。

2. 距离跟随

距离跟随者会从领导者那里模仿一些事物，但是这种模仿往往是带有差异性的模仿，如在包装、广告、定价等处有所不同。只要有距离的跟随者，没有积极的进攻领导者，领导者就十分欢迎这种追随者，乐意让给他们一些市场份额，以便自己免遭市场的指责。这种跟随者可通过兼并小企业而使自己发展壮大。

3. 选择跟随

选择跟随者除了生产领导者相似的产品外，通常也会进一步加以改良。也就是说，它不是盲目跟随，而是择优跟随，在跟随的同时还会发挥自己的独创性，但不进行直接的竞争。这种跟随者之中有些可能发展成为挑战者。

（扫一扫，看案例5-13）

四、市场补缺者战略

市场补缺者是行业中一些相对较弱小的中小企业。这些企业在竞争中为了避免与大型企业的正面冲突，走差异化的道路，选择那些未被满足和实现需要的部分市场，它们专心关注市场上被大企业忽略的某些细小部分，在这些小市场上通过专业化经营来获取最大限度的收益，在大企业的夹缝中生存和发展。市场补缺者选择的是"拾遗补

（扫一扫，看案例5-14）

缺"的市场。所谓"拾遗补缺"的市场，是指必须具备下列条件的市场：有足够的规模和成长潜力；不被大竞争者重视；企业本身有能力为其服务；能建立起顾客信誉，从而能有力地抵御进攻者的进入；能获取利润。这种有利的市场位置在西方被称为"niche(利基)"，即补缺基点。

有利的市场位置(利基市场)对于小企业的成长发展十分有利，强大的竞争者对该市场没有兴趣，只要小企业具备了服务该市场必需的能力和资源，就有可能成为某一小市场的专家，实施专业化策略。表5-6中所示的十一个"专家"角色可供市场补缺者选择。

表 5-6 专业化的市场补缺者

补缺专长	说　明
最终用户专家	公司专门为某一类型的最终使用顾客服务
纵向专家	公司专长于生产-分销价值链上的一些纵向层次
顾客规模专家	公司集中力量向小型、中型、大型的顾客进行销售
特定顾客专家	公司把销售对象限定在一个或少数几个顾客
地理区域专家	公司把销售只集中在某个地方、地区或世界的某一个区域
产品或产品线专家	公司只拥有或生产一种产品线或产品
产品特色专家	公司专长于生产某一类型的产品或产品特色
定制专家	公司为单个客户定制产品
质量-价格专家	公司选择在低端或高端的市场经营
服务专家	公司提供一种或多种其竞争对手无法提供的服务
渠道专家	公司专门只为一种分销渠道服务

(资料来源：Philip Koller. 营销管理(第 2 版). 宋学宝等译. 北京：清华大学出版社，2003)

市场补缺者通过市场、顾客、产品、服务和营销方式的专门化来实施补缺战略，如在特定市场区域销售产品；为特定顾客提供服务；生产和提供具有特色的产品和服务。企业的追求无限，市场的成长空间就无限。当然要服务好顾客，市场补缺者要完成三个任务。

(1) 创造补缺市场。根据动态的市场环境，市场补缺者努力开发专业化程度更高的新产品，从而创造更多需要这种专业化产品的市场需求者。例如，广东中山圣雅伦公司，将指甲钳做成了中国的行业第一品牌，浙江温州的打火机成为世界品牌。

(2) 扩大补缺市场。市场补缺者在开发出特定的专业化产品后，要进一步提高产品组合的程度，以吸引更多的消费者购买。例如，广东中山圣雅伦公司针对指甲钳这一产品的特点，相继推出了环保理念的指甲钳、文化传播的指甲钳、多能一体的指甲钳和独有的两片一体结构专利指甲钳等。扩大了市场份额，成为中国企业中的隐形冠军。

(3) 保护补缺市场。市场补缺者要密切关注竞争者的动向，针对竞争者的机制，市场阵地的争夺，市场补缺者必须及时采取相应的策略，全力以赴保住市场的领先地位。

本 章 小 结

识别竞争者是一项重要工作。根据产品的替代性程度，可把竞争对手分为不同层次：品牌竞争者、行业竞争者、需要竞争者、消费竞争者。根据竞争者的反应模式，可以把竞争对手分为：从容型竞争者、选择型竞争者、凶暴型竞争者、随机型竞争者。

所谓市场竞争策略，是指企业依据自己在行业中所处的地位，为实现竞争战略和适应竞争形势而采用的各种具体行动方式。美国著名市场营销学教授菲利普·科特勒根据企业的竞争地位不同，将市场竞争策略分为市场领导者战略、市场挑战者战略、市场追随者战略和市场补缺者战略四种。

思考与练习

1. 竞争者分析包括哪些内容？
2. 用产品的替代性程度来界定企业的竞争对手，可分为哪几个层次？
3. 什么是市场份额和心理份额？
4. 从竞争者心理状态的角度来看，有哪几种反应类型？
5. 市场竞争战略有哪些？
6. 市场领导者通常可采取哪些竞争策略？
7. 市场挑战者可采用哪些竞争策略？
8. 论述企业实行差异化战略的方法。
9. 论述不同市场地位的竞争者的战略选择。

实 践 训 练

一、实训项目

制定企业竞争战略。

二、实训目的

1. 学会识别竞争者并进行分析。
2. 判断企业在目标市场中的竞争地位，并采取相应的竞争。

三、实训内容与要求

1. 各小组(模拟公司)在市场营销调研和 STP 三部曲的基础上，识别出本公司的竞争者并对其进行全面分析。
2. 判断模拟公司在目标市场中的竞争地位。
3. 制定模拟公司的竞争战略，并形成不少于 2000 字的市场竞争战略分析报告。

分析报告主要内容包括模拟公司的竞争者是谁、竞争者的战略和目标、竞争者的市场反应、公司的市场竞争战略是什么、为什么选择这样的战略进行竞争等。

(扫一扫，看案例分析)

第六章 目标市场营销战略

【学习目标】

通过本章的学习,应掌握市场细分战略的产生与发展、市场细分的原理与理论依据、市场细分的标准、市场细分的层次和基本程序以及市场细分原则;目标市场的概念、细分市场的评价和目标市场的选择、目标市场战略选择及条件;市场定位的含义、步骤和基本要求、市场定位战略的方法。

【关键概念】

市场细分　目标市场　市场定位　STP 营销战略

【案例导入】

宝洁公司如何进行产品定位

美国宝洁公司(P&G)是日用品行业的领军企业,是名列世界 500 强前茅的著名企业。它实行"全部市场"战略,用不同的产品,满足不同消费者的需求。旗下有 11 个品牌的洗衣粉,8 个品牌的香皂,6 个品牌的洗发水,洗涤剂、牙膏和咖啡各有 4 个品牌,地板清洁剂和卫生纸各有 3 个品牌,除臭剂、食用油、纺织品膨松剂、一次性尿布各有 2 个品牌。

通过对不同洗衣剂品牌的针对性的定位,P&G 公司为各种偏好的消费者群体都提供了特征鲜明的产品,它全部品牌的产品在美国 32 亿美元的洗衣剂市场上占有 53%的市场份额,这绝不是一个品牌能办得到的。

宝洁公司市场细分的依据是什么?它是如何选择目标市场和进行产品定位的?

(资料来源:菲利普·科特勒. 市场营销原理[M]. 赵平等,译. 北京:清华大学出版社,1999)

目标市场营销战略是市场营销策略规划的重要内容,构成了目标市场营销的全过程,是制定市场营销组合策略的前提和依据。目标市场营销战略(STP 战略)由市场细分(Segmentation)、目标市场选择(Targeting)、产品定位(Positioning)三个主要步骤组成,如图 6-1 所示。

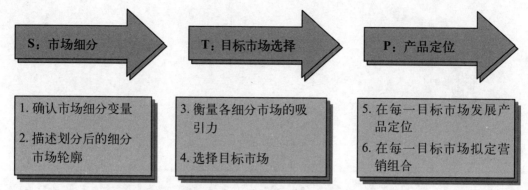

图 6-1 市场细分、目标市场选择及产品定位步骤

第一节 市场细分

一、市场细分的含义

(一)什么是市场细分

市场细分(Marketing Segmentation)是指企业将一个大的异质性市场,依据需求的不同,分割成几个同质性较高的小市场的过程。市场细分以后所形成的具有相同需求的顾客群体称为细分市场。每一细分市场都是由需求倾向类似的消费者构成的群体,所有的细分市场之总和便是整体市场。由于在顾客群体内,大家的需求、欲望大致相同,因而企业可以用一种商品和营销组合加以满足。但在不同的顾客群体之间,其需求、欲望则各有差异,企业要以不同的商品,采取不同的营销策略对其加以满足。因此,市场细分实际上是一种求大同、存小异的市场分类方法,它不是对商品进行分类,而是对需求各异的消费者进行分类,是识别具有不同需求和欲望的顾客群体、用户群体或用户群的活动过程。

(二)为什么要市场细分

从市场营销观念的角度看,市场是潜在购买者对产品或劳务的整体需求。而购买者是一个庞大而复杂的整体,由于消费者心理、购买习惯、收入水平、资源条件和地理位置等差别,不同消费者对同类产品的消费需求和消费行为具有很大的差异性。对于某一企业来说,没有能力也没有必要全部都予以满足,只能通过对市场调研,将购买者细分为需求不同的若干群体,结合特定的市场营销环境和自身资源条件选择某些群体作为目标市场,并制定周密的市场营销战略来满足目标市场的需求。

(1) 市场需求的差异性是市场细分的内在依据。以市场总人口中的一小部分作为目标市场,在特定市场上发掘绝大部分购买力的方法既有经济性,又富有效率。

(2) 企业的资源限制和有效竞争是市场细分的外在强制条件。为了巩固竞争地位。专门针对目标消费者及其需要的市场细分战略能有助于企业提供更好的营销组合,针对目标消费者的需求,提高消费者忠诚度,力争取得最大的竞争优势。

(3) 企业为了求生存、谋发展,必须进行市场分析,集中资源有效地服务市场,满足不断变化、千差万别的社会消费需要。尚未满足的消费需求成为不同企业一个又一个的市场机会，这些企业推出层出不穷的新产品，以满足市场所有的购买和消费需求，促进企业的成长发展。

应当注意的是，市场细分并非越细越好，要考虑成本及资源的限制。因此，西方企业界又提出了一种"营销合同化"的理论，主张从成本和收益出发适度细分。

二、市场细分的依据

(一)消费者市场的细分依据

随着市场细分理论在企业营销中的普通应用，对消费者市场进行市场细分要依据一定的细分变量，消费者市场的细分变量主要有地理环境因素、人口统计因素、消费心理因素和消费行为因素四大类，如表6-1所示。

表6-1 细分市场的标准

细分标准	细分变量
地理细分	地理区域、自然气候、资源分布、人口密度、城市大小等
人口细分	年龄、性别、家庭人数、生命周期、收入、职业、教育程度、家庭组成、宗教信仰、种族、国籍等
心理细分	社会阶层、价值观、个性、生活方式
行为细分	时机：节假日、庆典等各种特殊的时机 利益：价廉、耐用、象征(身份、地位)等 使用者状况：未使用者、曾使用者、潜在使用者、初次使用者、经常使用者 品牌忠诚度：忠贞不二者、不稳定的忠诚者、见异思迁者、游离分子 使用率：轻度使用者、中度使用者、重度使用者

1. 地理细分

地理细分是指企业按照消费者所在的地理位置、自然环境(包括国家、地区、地理方位、城市规模、不同地区的气候及人口密度等)来细分消费者市场。

地理细分的主要理论根据是：处在不同地理位置的消费者对企业的产品各有不同的需要和偏好，他们对企业所采取的市场营销战略，对企业的产品价格、分销渠道、广告宣传等市场营销措施也各有不同反应。例如，防暑降温、御寒保暖之类的消费品按照不同气候带细分市场是很有意义的。但地理因素是一种相对静态的变数，处于同一地理位置的消费者对某一类产品的需求仍然会存在较大的差异，因此，还必须同时依据其他因素进行市场细分。

市场潜量和成本费用会因市场位置的不同而有所不同，企业应选择那些本企业能最好地为之服务的、效益较高的理想市场为目标市场。

2. 人口细分

人口细分是指企业按照人口统计学变量(包括年龄、性别、收入、职业、教育水平、家庭规模、家庭生命周期阶段、宗教、种族、国籍等)来细分消费者市场。人口变量一直是细分消费者市场的重要变量，主要是因为人口变量比其他变量更容易测量。例如，不同年龄、受教育程度不同的消费者在价值观念、生活情趣、审美观念和消费方式等方面会有很大的差异。

消费者生命周期的需求特质与主要产品需求如表 6-2 所示。

表 6-2　消费者生命周期的需求特质与主要产品需求

生命周期	优先需求	主要产品需求
10～19 岁	自我、教育、社会化	时装、汽车、娱乐、旅游
20 岁	事业	时尚品、应酬、衣物与服饰
20～29 岁	婴儿、事业	家居用品、园艺用品、DIY 用品、育婴用品、保险
30～59 岁	小孩、事业、中年危机	幼儿食品、食品、教育、交通工具
60～69 岁	自我、社交关系	家具与家饰、娱乐、旅行、嗜好、豪华汽车、游艇设施、投资商品
70～90 岁	自我、健康、孤独	健康服务、健康食品、保险、便利商品、电视和书籍、长途电话、服务

(资料来源：吴青松. 现代市场营销学原理. 上海：复旦大学出版社，2003)

3．心理细分

所谓心理细分，是按照消费者的社会阶层、价值观、个性、生活方式、生活格调等心理变量来细分消费者市场。比如，生活格调是指人们对消费、娱乐等特定习惯和方式的倾向性，追求不同生活格调的消费者对商品的爱好和需求有很大差异。越来越多的企业，尤其是服装、化妆品、家具、餐饮、旅游等行业的企业越来越重视按照人们的生活格调来细分市场。消费者的个性、价值观念等心理因素对需求也有一定的影响，企业可以把具有同类的个性、爱好、兴趣和价值取向相近似的消费者集合成群，有针对性地制定营销策略。在有关心理因素的作用下，按人们的生活方式可以将消费群分为"传统型""新潮型""奢靡型""活泼型""社交型"等群体。

(扫一扫，看案例 6-1)

4．行为细分

企业按照消费者购买或使用某种产品的时机、消费者所追求的利益、消费者进入市场的程度、消费者对品牌的忠诚度、使用率、消费者待购阶段和消费者对产品的态度等行为变量来细分市场。

(1) 消费者购买或使用某种产品的时机：可以根据顾客购买或使用产品的时机将它们分类。时机细分有助于提高品牌的使用率。例如，在西方，橙汁一般属于早餐饮料，营销策划者可以促使人们在午餐、晚餐或是一天中的任何想喝饮料的时候饮用橙汁，以提升橙汁总体销量。营销人员需着眼于利用各种特殊的时机(节日、庆典、升学、升职等)，提供能满足这些特定时机的需求的产品或服务。

(2) 消费者所追求的利益：根据消费从产品中追求的不同利益将他们分类。例如，对购买手表的消费者而言，有些人只求价格低廉；有些则讲求耐用、实用；还有些人则追求手表所表现出的象征意义(身份、地位等)。每种追求不同利益的群体都有其特定的人口、行为和心理特征。营销策划人员可以利用这些依据，确定自己的品牌适应哪些利益细分市场，并相应地制定出适合的营销组合，还可以寻求新的利益区隔，并推出具有这种利益的新的品牌。

美国学者哈雷对牙膏市场的分析是运用利益细分法取得成功的一个范例(见表 6-3)。他发现牙膏使用者寻求的利益主要有四类：经济利益、保护利益、美容利益和气味利益。

表 6-3 牙膏市场的利益细分

利益细分	人文特征	行为特征	心理特征	符合该利益的品牌
经济利益(低价)	男性	大量使用者	高度自主	减价品牌
保护利益(防蛀)	大家庭	大量使用者	忧虑保守	佳洁士
美容利益(洁齿)	青少年,年轻人	吸烟者	爱好社交	美加净
气味利益(清爽)	儿童	果味爱好者	清洁爱好	高露洁

(资料来源：苏兰君等. 现代市场营销. 北京：高等教育出版社，2007)

(3) 消费者进入市场的程度：按消费者进入市场的程度，通常可以划分为常规消费者、初次消费者和潜在消费者。企业会根据自身的情况，对不同的消费者，采用不同的营销手段。一般而言，实力雄厚、市场占有率较高的企业，特别注重吸引潜在消费者，争取通过营销战略，把潜在消费者变为初次消费者，进而再变为常规消费者。而一些中小企业，特别是无力开展大规模促销活动的企业，主要吸引常规消费者。

(4) 消费者对品牌的忠诚度：所谓品牌忠诚，是指由于价格、质量等诸多因素的吸引力，使消费者对某一品牌的产品情有独钟，形成偏爱并长期购买这一品牌产品的行为。根据消费者品牌忠诚度的高低可以将其分为绝对品牌忠诚者、多种品牌忠诚者、变换型忠诚者和非忠诚者。在"绝对品牌忠诚者"占很高比重的市场上，其他品牌难以进入；在变换型忠诚者占比重较高的市场上，企业应努力分析消费者品牌忠诚转移的原因，以调整营销组合，加强品牌忠诚程度；而对于那些非品牌忠诚者占较大比重的市场，企业则应审查原来的品牌定位和目标市场的确立等是否准确，随市场环境和竞争环境变化重新加以调整和定位。

(5) 使用率：可根据品牌的轻度、中度和重度使用者等情况来细分市场。品牌重度使用者一般在市场上所占比例不大，但他们的消费量在全部消费量中所占的比例却很高，我们通常称之为 80/20 法则。例如，美国啤酒消费者结构模式就显示了啤酒消费者存在的这种关系，总人口中只有 32%的人消费啤酒，其中 16%的人口几乎消费了 90%的啤酒产品。因此，啤酒公司宁愿吸引一个重度饮用啤酒者，而放弃几个轻度饮用者。大多数营销策划者都把重度使用者作为主要的目标市场，推出针对性的营销策略。

(扫一扫，看案例 6-2)

(二)工业市场细分依据

在消费者市场的细分变量中，除人口因素、心理因素中的某些具体变量如生活方式等以外，相当一部分同时可以用作细分工业市场的依据。但是由于工业市场的特殊性，有必要对细分工业市场的主要依据进行一些补充。

细分工业市场的主要依据如下。

1. 用户行业

产品最终用户的行业也是产业市场细分的标准之一。在产业市场，不同行业用户采购同一种产品的使用目的往往不同。例如，同是钢材，有的用户用于生产，有的用于造船，有的用于建筑。不同行业的最终用户通常会在产品的规格、型号、品质、功能、价格等方面提出不同的要求,追求不同的利益。例如,同是钢材用户,有的需要圆钢,有的需要带钢,有的需要普通钢材,有的则需要硅钢、钨钢或其他特种钢。据此来细分产业市场,便于企业开展针对性经营,设计不同的市场营销组合方案,开发不同的变异产品。

2．用户规模

用户或客户的规模也是细分产业市场的重要依据。在产业市场,大量用户、中量用户、少量用户的区别,要比消费者市场更为明显。大客户的采购量往往占营销者销售额的30%或50%,有的甚至高达80%以上。用户或客户规模不同,企业的营销组合方案也应不同。例如,对大客户,宜于直接联系、直接供应,由销售经理亲自负责;而对于小客户,则宜于由批发商或零售商去组织供应。

3．用户地点

任何一个国家或地区,由于自然资源、气候条件、社会环境等方面的原因,以及生产的相关性和连续性的不断加深而要求的生产力合理布局,都会形成若干产业地区,如我国西部的有色金属、山西煤炭、江浙丝绸工业等。这就决定了产业市场比消费者市场更为集中。企业按用户的地理位置来细分市场,选择用户较为集中的地区作为自己的目标市场,不仅联系方便,信息反馈快,而且可以更有效地规划运输路线,节省运力与运费,同时,也能更加充分地利用销售力量,降低推销成本。

一般来说,产业市场可以通过一系列的细分过程来确定细分市场。许多企业实际上不是用一个标准,而是用几个标准有层次地或交错地来细分市场,辨别目标市场机会。下面以一家铝制品公司为例来说明企业是如何用几种标准来细分市场的(见图6-2)。

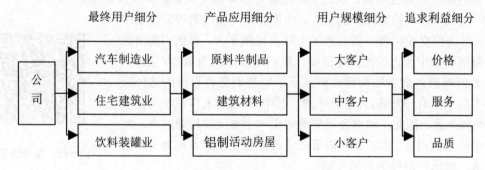

图6-2 用多标准细分产业市场

这家公司首先按照最终用户,把铝制品市场细分为汽车制造业、住宅建筑业和饮料装罐业三个子市场。根据这些市场的潜力,公司选择了住宅建筑业为目标市场。这叫作"横的产品/市场选择"。第二步,再按照产品应用,进一步细分为原料半成品、建筑材料、铝制活动房屋三个子市场,公司选择了建筑材料市场为目标市场。第三步,再按照用户规模,把建筑材料市场进一步细分为大客户、中客户和小客户三个子市场,选择大客户为目标市场,细分到此结束。公司进一步按大客户追求的不同利益,将市场再度细分。根据客户的需要和公司的优势,决定选择着重提供服务这一因素的市场部分。经过按照这一系列标准来逐步细分铝制品市场,这家公司的目标市场就十分具体了。

三、市场细分的方法及步骤

(一)市场细分的方法

市场细分的主要方法是运用"产品/市场矩阵图"(products/market matrix)。分别选择一个特定的要素作标准,对消费者的不同需求(产品)及不同的顾客群(市场)进行分类,并由此形成一个产品/市场矩阵。它能帮助营销人员对不同顾客群体的不同需求有更清晰的认识。

以服装市场为例,可以按消费者对服装价格的不同需求将产品分为高、中、低三档,同时,将服务的顾客群体依照年龄的不同分为青年市场、中年市场、老年市场,由此形成了一个服装市场的产品/市场矩阵图(见图 6-3)。在进行了初步的市场细分之后,还可根据需要,进一步将某一特定细分市场分为"男、女",将产品分为"职业、休闲、运动装"等。

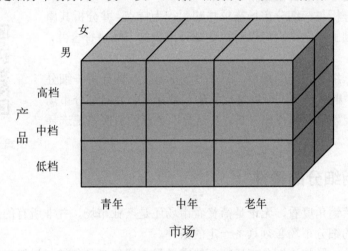

图 6-3 产品/市场矩阵图

(二)市场细分的步骤

在掌握了进行市场细分的有用的方法之后,我们可以遵循美国市场学家麦卡锡提出细分市场的一整套程序对市场进行细分,这一程序包括七个步骤。

(1) 选择并确定产品进入的市场范围。

选择并确定产品进入的市场范围即确定进入什么行业,生产什么产品。产品市场范围应以顾客的需求,而不是产品本身特性来确定。例如,某一房地产公司打算在乡间建造一幢简朴的住宅,若只考虑产品特征,该公司可能认为这幢住宅的出租对象是低收入顾客,但从市场需求角度看,高收入者也可能是这幢住宅的潜在顾客。因为高收入者在住腻了高楼大厦之后,恰恰可能向往乡间的清静,从而可能成为这种住宅的顾客。

(2) 列举企业所选定的市场范围内潜在顾客的基本需求。

例如,公司可以通过调查,了解潜在消费者对前述住宅的基本需求。这些需求可能包括:遮风避雨,安全、方便、宁静,设计合理,室内陈设完备,工程质量好等。

(3) 了解、评议不同潜在用户的不同要,确定几种最迫切的需求作为细分市场的主要因素。

对于列举出来的基本需求，不同顾客强调的侧重点可能会存在差异。比如，经济、安全、遮风避雨是所有顾客共同强调的，但有的用户可能特别重视生活的方便，另外一类用户则对环境的安静、内部装修等有很高的要求。通过这种差异比较，不同的顾客群体即可初步被识别出来。

(4) 剔除潜在顾客的共同要求，而以特殊需求作为细分标准。

上述所列购房的共同要求固然重要，但不能作为市场细分的基础。如遮风避雨、安全是每位用户的要求，就不能作为细分市场的标准，因而应该剔出。

(5) 根据潜在顾客基本需求上的差异方面，将其划分为不同的群体或子市场，并赋予每一子市场一定的名称。

例如，西方房地产公司常把购房的顾客分为好动者、老成者、新婚者、度假者等多个子市场，并据此采用不同的营销策略。

(6) 进一步分析每一细分市场需求与购买行为特点，并分析其原因，以便在此基础上决定是否可以对这些细分出来的市场进行合并，或作进一步细分。

(7) 估计每一细分市场的规模，即在调查基础上，估计每一细分市场的顾客数量、购买频率、平均每次的购买数量等，并对细分市场上产品竞争状况及发展趋势作出分析，并结合本企业的资源情况选择目标市场。

(扫一扫，看案例 6-3)

四、有效市场细分的条件

从企业市场营销角度看，无论是消费者市场还是产业市场，并非所有的细分市场都是有意义的。所选择的细分市场必须具备一定的条件。

(1) 可衡量性：是指该细分市场特征的有关数据资料必须能够加以衡量和推算。

(2) 可实现性：即企业所选择的目标市场是否易于进入，根据企业目前的人、财、物和技术等资源条件能否通过适当的营销组合策略占领目标市场。

(3) 可盈利性：即所选择的细分市场有足够的需求量且有一定的发展潜力，使企业赢得长期稳定的利润。应当注意的是，需求量是相对于本企业的产品而言，而并不是泛指一般的人口和购买力。

(4) 可区分性：细分市场之间要有显著的差异以便彼此区分。比如女性化妆品市场可依据年龄层次和肌肤类型等变量加以区分。

第二节　目标市场选择

一、目标市场的含义

目标市场是企业打算进入的细分市场，或打算满足的具有某一需求的顾客群体。在对不同顾客群体的不同要求作了分析之后，接下来的事情就是要在众多的细分市场中选择某一个或几个企业有能力满足的市场作为目标市场。

市场细分与确定目标市场既有联系又有区别。选择目标市场有赖于市场细分，市场细分的目的就是为了选择目标市场。市场细分又为企业选择目标市场提供了条件。

二、评估细分市场

企业对市场进行细分之后，就要对这些细分市场进行评估并作出选择。其市场潜力、市场结构的吸引力及商业优势是否符合要求，是企业在确定目标市场之前需要仔细评估的，如表 6-4 所示。

(扫一扫，看案例 6-4)

表 6-4　评估细分市场的主要项目及内容

项　目	内　容
市场潜力	当前销售价值 预计销售增长率 预期的利润
市场结构吸引力	竞争者 替代产品 购买者讨价还价的能力 供应商讨价还价的能力
相对商业优势	企业的长远发展目标：环境、政治及社会责任 市场能力：市场占有率、市场增长率、产品独特性、良好的名誉 生产能力：低成本优势、技术优势 企业资源优势：营销技术、管理优势、向前或向后一体化、人力资源优势、资金实力

企业完成对表 6-4 中项目的考核及评估后，应用"目标市场细分组合图"(见图 6-4)的帮助，作出目标市场选择的决定。

它以"市场吸引力"及"相对竞争优势"为要素，对所有待选的细分市场进行量化的评估，并根据得分的不同，在矩阵图上分别定位。其中市场吸引力包括表 6-4 中的"细分市场潜力"及"细分市场结构吸引力"两个部分；而相对竞争优势，则是与主要竞争对手相比，企业在"商业优势(见表 6-4)"各方面的表现。

假设某企业对自己的细分市场作出评估后，其目标市场细分组合如图 6-4 所示。其中，每个圆圈代表一个细分市场，圆圈的大小代表细分市场的大小；在相对竞争优势中，"50"代表与主要竞争对手处于旗鼓相当的位置，位于 50 以左的细分市场，意味企业在这些细分市场中处于较弱的竞争地位，并且越靠近左边，表明企业越没有竞争优势；而位于 50 以右的细分市场，则表明企业在这些市场中处于较强的竞争地位，并且越靠近右边，表明企业的竞争优势越强。

很明显，在这种情况下，企业对目标市场最佳的选择是市场 3 及市场 7。因为它们不但具有较大的市场吸引力，而且企业在这两个市场中处于绝对的竞争优势，可以确保比竞争对手更好地满足消费者的需求，从而实现企业长远发展的目标。

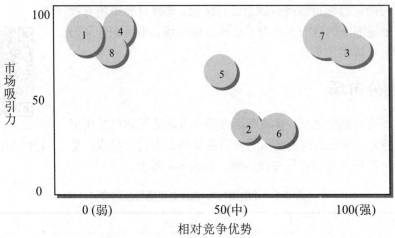

图 6-4　某企业目标市场细分组合图

三、目标市场的战略选择

市场细分的目的就是为了有效地进入目标市场。所谓目标市场，就是企业为了实现企业的营销战略目标而要进入的那个市场部分。根据各个细分市场的特点和企业自身的任务目标、资源和特长等，决定进入的那个或那些市场部分，为那个或那些市场部分服务，即为目标市场的选择，共有三种目标市场选择战略，如图 6-5 所示。

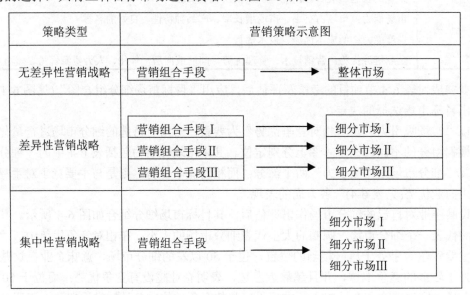

图 6-5　三种目标市场选择战略

(一)无差异性营销战略

无差异市场营销是指企业在市场细分后，不考虑各子市场的特性，而只注重子市场的共性，决定只推出单一产品，运用一种市场营销组合，即忽略细分市场区别的大众营销，如图 6-6 所示。

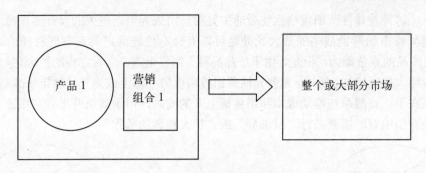

图 6-6　无差异营销示意图

实行无差异营销战略的企业把整体市场看作一个大的目标市场，不进行细分，用一种产品、统一的市场营销组合对待整体市场。实行此战略的企业基于两种不同的指导思想，第一种是从传统的产品观念出发，强调需求的共性，漠视需求的差异。因此，企业为整体市场生产标准化产品，并实行无差异的市场营销战略。在 20 世纪 60 年代以前，美国可口可乐公司一直奉行典型的无差异战略，以单一规格、单一口味的瓶装饮料和统一的广告宣传内容，长期占领世界非酒类饮料市场。在大量生产、大量销售的产品导向时代，企业大多数采用无差异性营销战略经营。实行无差异营销战略的另一种思想是：企业经过市场调查之后，认为某些特定产品的消费者需求大致相同或较少存有差异，比如食盐，因此可以采用大致相同的市场营销战略，从这个意义上讲，它符合现代市场营销理念。

采用无差异营销战略最大的优点是规模效益，它是与标准化生产和大规模生产相适应的一种营销方法。大批量的生产销售，必然降低单位产品成本；无差异的广告宣传可以减少促销费用；不进行市场细分，也相应减少了市场调研、产品研制与开发，以及制定多种市场营销战略、战术方案等带来的成本开支。

但是，无差异性营销战略对市场上绝大多数产品都是不适宜的，因为消费者的需求偏好具有极其复杂的层次，某种产品或品牌受到市场的普遍欢迎是很少的。即便一时能赢得某一市场，如果竞争企业都如此，就会造成市场上某个部分竞争非常激烈，而其他市场部分的需求却未得到满足。例如，20 世纪 70 年代以前，美国三大汽车公司都坚信美国人喜欢大型豪华的汽车，共同追求这一大的目标市场，采用无差异性市场营销战略。但是 20 世纪 70 年代能源危机发生后，美国汽车消费需求已经变化，消费者越来越喜欢小型、轻便、省油的小型轿车，而美国三大汽车公司都没有意识到这种变化，更没有适当地调整他们的无差异性营销战略，致使大轿车市场竞争"白热化"，而小型轿车市场却被忽略。日本汽车公司正是在这种情况下乘虚而入的。

(二)差异性营销战略

差异性市场营销战略是指在市场细分的基础上，企业选择两个以上细分市场作为自己的目标市场，并为各目标市场制定不同的市场营销组合策略，多方位地开展有针对性的市场营销活动。如图 6-7 所示，四种产品及四个营销组合，针对四个子市场。采取这种差异性营销策略，往往是品种多、批量小的行业，如爱迪生兄弟公司经营了 900 家鞋店，分为四种不同的连锁形式(高价鞋店、中价鞋店、廉价鞋店及时装鞋店)。每一种都针对一个不同的细分市场，并且这几种分别针对不同目标市场的鞋店往往在一条街上，相互靠得很近，却不会影响彼此的生意。这种差异性营销策略已使爱迪生兄弟公司成为美国最大的女鞋零售商。

采用差异性市场营销战略的最大长处是可以有针对性地满足具有不同特征的顾客群的需求,提高产品的竞争能力。但是,由于产品品种、销售渠道、广告宣传的扩大化与多样化,市场营销费用大幅度增加。所以,无差异性营销战略优势基本上成为差异性市场战略的劣势。其他问题还在于:该战略在推动成本和销售额上升的同时,市场效益并不具有保证。因此,企业在市场营销中有时需要进行"反细分"或"扩大顾客的基数"。

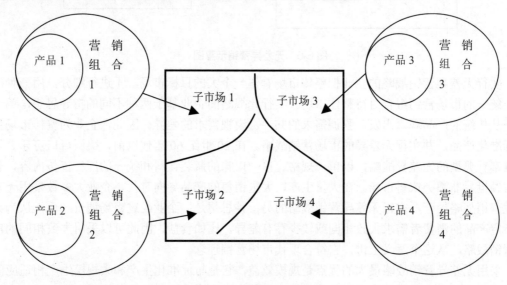

图6-7　差异性营销示意图

(三)集中性营销战略

集中性营销战略又称密集性营销战略,是在将整体市场分割为若干细分市场后,只选择其中某一细分市场作为目标市场,集中力量为该市场开发一种理想的产品,实行高度专业化的生产和销售,如图6-8所示,其指导思想是把企业的人、财、物集中用于一个或少数几个性质相似的子市场,不求在较多的细分市场上都获得较小的市场份额,而要求在较小的子市场上占有较大的市场份额。

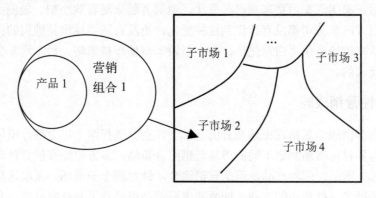

图6-8　集中性营销示意图

这种战略被称为"弥隙"战略,即弥补市场空隙的意思,适合资源力量较弱的中小企业,或是刚刚进入市场的新企业。小企业如果与大企业硬性抗衡，则弊多于利，因此必须学会寻找对自己有利的小生存环境。用"生态学"的理论来说，必须找到一个其他生物不会占领、人会与之竞争，而自己却有适应本能的小生存环境。也就是说，如果小企业能避开大企业竞争激烈的市场部位，选择一两个能够发挥自己技术、资源优势的小市场，往往容易成功。

集中性营销战略有利于企业在特定的子市场上通过营销专业化来取得竞争优势。但这种策略也存在着较大的风险，因为目标市场范围比较窄，一旦市场情况突然发生变化，企业可能会陷入困境。

四、影响目标市场选择的因素

以上三种目标市场的选择策略，各有利弊。在市场营销实践中，企业在选择时要综合考虑以下五大因素。

(一)企业能力

企业能力是指企业在生产、技术、销售、管理和资金方面的力量的总和。如果企业力量雄厚，可以考虑实行差异化市场营销战略；若能力有限，则宜采取集中市场营销或无差异市场营销战略。

(二)产品特性

产品特性是指产品性能、特点等方面的差异性大小。对于同质产品或需求上共性较大的产品，如大米、食糖、食盐等产品，多选择无差异营销；对于差异性较大的产品，则选择差异性营销战略，如汽车、家电、报纸与杂志等。

(三)市场特点

市场的特点是企业决定选择目标市场营销战略的首要因素。如消费者在同一时期的偏好相同，购买的数量也相同，则可以视为同质市场，拟选择无差异营销战略；反之，市场需求差异较大，则视为异质市场，则选择差异化营销战略。

(四)产品的生命周期

产品所处的不同生命周期阶段，营销的重点不同，则选择的目标市场营销策略也不同。处在介绍期和成长期的产品，因属启发与巩固消费者偏好，最好选择无差异营销策略或集中市场营销策略。当产品进入成熟期后，市场竞争激烈，消费者需求多样化，则选择差异化市场营销战略开拓新市场，满足新的需求，延长产品生命周期。

(五)竞争者战略

企业选择目标市场战略时，应与主要竞争者相区别。如果强大的竞争者实行的是无差异营销战略，则企业应实行差异化市场营销或集中性市场营销战略；如果竞争者实行差异化营销战略，则企业应实行集中市场营销或更深度细分的差异化营销战略。

第三节 市场定位

一、市场定位的含义

定位概念是由美国年轻的营销学专家里斯(A. Ries)和特劳特(Jack Trout)在 1972 年美国《广告时代》杂志发表的"定位时代"系列文章中提出的，引起了全行业的轰动，开创了营销理论全面创新的时代。

市场定位(marketing positioning)是根据竞争者现有产品在细分市场上所处的地位和顾客对产品某些属性的重视程度，塑造出本企业产品与众不同的鲜明个性或形象并传递给目标顾客，使该产品在细分市场上占有强有力的竞争位置。即，市场定位是塑造一种产品在细分市场的位置，产品的特色或修改可以从产品实体上表现出来，如形状、成分、构造、性能等；也可从消费者心理上反映出来，如豪华、朴素、时髦、典雅等；还可以表现为价格水平、质量水准等。

例如，在汽车市场上，德国的大众汽车以彰显"货币价值"为特色；沃尔沃则以"最安全"为特色；梅赛德斯-奔驰则以"显示身份"为特色；而宝马则以享受"驾驶的乐趣"为特色等。它们根据顾客的某一需要，树立了自身鲜明而突出的特色，成功地为自己的产品进行了市场定位，得到了目标消费者的认可。

正确理解市场定位的含义，了解产品营销的三个时代划分及其对应的主流策略思想是不可缺少的内容，如表 6-5 所示。

表 6-5 USP 论、品牌形象论、定位论的比较

主流思想	独特的销售主张(USP)	品牌形象论(BI)	定位论(POSITIONING)
产生时间	20 世纪 50 年代	20 世纪 60 年代	20 世纪 70 年代
提出者	劳斯•瑞夫斯	大卫•奥格威	艾•里斯、杰克•特劳特
核心理论及主张	强调产品具体的特殊功效和利益	塑造形象 长远投资	创造心理位置 强调第一
方法和依据	实证	精神和心理的满足	品类的独特性
沟通的着眼点	物	艺术、视觉的效果	心理上的认同

二、市场定位的策略

定位的方式有很多，以下从产品、市场竞争、目标消费者的角度入手，介绍市场定位的三种策略，如表 6-6 所示。

(一)产品定位策略

1. 特质定位

公司以某些特质特色来自我定位。啤酒公司会宣称它是"最老牌"的啤酒制造商；旅馆会宣称自己是该市"最高"的旅馆。以特色来定位通常是欠佳的选择，因所宣称的利益无法

让人一望便知。

表 6-6 市场定位策略

从产品角度定位	从竞争角度定位	从目标消费者角度定位
特质定位	避强定位	第一定位
使用/应用定位	迎头定位	强化定位
利益定位	重新定位	集团定位
竞争者定位		
使用者定位		
类别定位		
品质/价格定位		

2．使用/应用定位

以产品在某些应用上是最佳产品来定位。如 Coors 啤酒公司举办青年人夏季都市活动，该公司的定位是夏季欢乐时光、团体活动场所饮用的啤酒。

典型的实例是雕牌洗衣粉，它通过下岗职工艰难生活的广告诉求暗喻其产品的物美价廉，达到了很好的情景定位效果。

3．利益定位

利益定位是指根据产品所能满足的需求或提供的利益、解决问题的程度来定位。如中华牙膏定位为"超洁爽口"；洁银牙膏定位为"疗效牙膏"；汰渍洗衣粉宣称它的洗净效果较佳；沃尔沃汽车宣称它的汽车安全等。这些定位都能吸引一大批消费者，分别满足他们的特定需求。营销人员主要采用利益定位。

4．竞争者定位

竞争者定位暗示自己的产品比竞争者优异或与竞争者有所不同。例如，艾维斯(Avis)租车公司对自己的描述——"因为我们名列第二，所以必须比别人更努力"。(它所暗示的"别人"，指的是赫兹(Hertz)租车公司)

5．使用者定位

用目标使用群来为产品定位。苹果电脑公司把它的电脑和软件描述为图像设计师的最佳伴侣；而劳斯莱斯汽车公司则专门为富贵、社会地位显赫的人提供高档轿车。

哈尔滨制药六厂生产的"盖中盖"，最初进入市场时只服务于骨质疏松的老年人，后又推出适合儿童服用的儿童钙片，针对发育中的儿童，现在又推出孕妇专用的孕妇型钙片，且声明可以保证孕妇安全及其补钙效果。"盖中盖"对不同使用者的针对性较强。

6．类别定位

类别定位是非常普遍的一种定位法。产品生产并不是要和某一事实上的竞争者竞争，而是要和同类产品互相竞争。当产品在市场上属于新产品时，此法特别有效，不论是开发新市场，或是为既有产品进行市场深耕。淡啤酒和一般高热量啤酒的竞争，就是这种定位的典型例子。

典型的实例是七喜汽水,宣称"七喜"是非可乐饮料,从而为自己在竞争激烈的饮料市场找到了适当的位置。

7. 品质/价格定位

品质/价格定位即把产品定位于某一品质与价格阶层。香奈儿五号(Chanel No.5)被定位为一种品质极佳、价格极高的香水;塔可钟(Taco Bell,北美洲的一家墨西哥口味的塔可饼"Taco"连锁快餐店,是隶属于百事可乐旗下的关系企业)把塔可饼定位为同样价格下最划算的食物。

(扫一扫,看案例6-5)

(二)竞争定位策略

1. 避强定位策略

避强定位策略是指企业把产品定位于目标市场上的空白处,这样可以避开市场的激烈竞争,企业有一个从容发展的机会。其优点是能够迅速地在市场上站稳脚跟,并能在消费者或用户心目中迅速树立起一种形象。由于这种定位方式市场风险较少,成功率较高,因而常常为多数企业所采用。

(扫一扫,看案例6-6)

2. 迎头定位策略

迎头定位是一种与在市场上占据支配地位的,即与最强的竞争对手"对着干"的定位方式。显然,采用这种策略会有一定的风险,但不少企业认为这是一种更能激励自己奋发向上的可行的定位尝试。如百事可乐与可口可乐的对抗,汉堡王与麦当劳的对抗等。实行迎头定位的策略,必须知己知彼,尤其要清醒地估计自己的实力。

(扫一扫,看案例6-7)

3. 重新定位

重新定位是对销路少、市场反应差的产品进行二次定位。这种重新定位旨在摆脱困境,重新获得增长与活力。这种困境可能是企业决策失误引起的,也可能是对手有力反击或出现新的强有力的竞争对手而造成的。不过也有重新定位并非因为已经陷入困境,而是因为产品意外地扩大了销售范围引起的。例如,专为青年人设计的某种款式的服装在中老年消费者中也流行开来,该服装就会因此而重新定位。

(三)目标消费者的定位策略

1. 第一定位术

争当第一,这是进入人们大脑的捷径。比如,人们很容易记得世界第一峰是喜马拉雅山的珠穆朗玛峰,世界第二峰却很少有人知道;第一个登上月球的人是尼尔·阿姆斯特朗(Neil Alolen Armstrong),第二个完成同样壮举的人是谁呢?同样,第一个占据人们大脑的公司名称很难从记忆中抹掉。例如,乐百氏在饮用水行业第一个提出27层次净化过滤的概念而被消费者认同,七喜第一个提出"非可乐"的概念,而成功地与可乐饮料区分,并给消费者留下深刻印象。

2. 强化定位术

强化定位术即在消费者心目中强化自己的地位，有利于突出个性。例如，北京大学宣传自己是百年老校，新思想的发源地。

3. 集团定位术

集团定位术即定位于某一集团，以提高自身的位置。例如，美国克莱斯勒汽车公司总是号称美国三大汽车公司之一，其实其实力与通用和福特汽车公司的差距是较大的。这种定位方式给人以与通用、福特并驾齐驱之感。再如，山东威龙葡萄酒有限公司宣称自己位居张裕葡萄酒有限公司、长城葡萄酒有限公司及王朝葡萄酒有限公司之后，是中国葡萄酒四强，其定位策略也属此类。

三、错误的定位策略

在市场定位中，应该注意避免以下四种错误定位策略。

(一)定位不足

定位不足是指企业并没有得到消费者的市场认可，消费者对企业的宣传印象模糊，或是不觉得有何特殊优势所在；不能突出产品品牌的差异性，没有在顾客心目中树立明确的形象。

(二)定位混乱

定位混乱是指企业的定位无法建立有利而且固定的位置，品牌特征太多，或者品牌的定位改变太过频繁，导致消费者产品混乱不清的印象。例如，"娃哈哈"品牌本来定位于儿童市场，但是曾经不恰当地想进入老年市场，广告由儿童定位的"喝了娃哈哈，吃饭就是香"变为"大人、老人、小孩都能喝"，反而给消费者一种无所适从的感觉。

(扫一扫，看案例6-8)

(三)定位狭窄

定位狭窄是指企业没有认清消费者的心理偏好，使产品本来可以适应更好的消费者而仅仅着重宣传产品只适宜于其中一小部分人，将企业产品的定位狭窄化，大多数消费者的需要得不到真正的满足。如某服装公司，定位于"生产一流的、昂贵的、标准身材的青年女装"，这样的定位就限制了企业只能生产这种市场份额不大的女性服装，企业的市场范围明显狭窄，失去了一些本可以成为该品牌惠顾者的顾客，结果市场需要的不足也使企业难以发展。

(四)定位过度

定位过度是指有些企业为了使消费者建立对于自己品牌的偏好，使用过分的宣传以及为消费者提供了过度的许诺。例如，某种滋补口服液，厂家宣传可以补血、强身、医治感冒、美容护肤、治疗神经衰弱等，反而使购买者难以相信。

由上可见，定位并不是管理者主观意愿所能决定的，而是要通过研究竞争形势、市场环境、自身特征等因素，根据消费者对定位的认识及反应，然后结合自己的优势，体现出自己产品与他人产品之间的差别，最后把自身优势与市场需求结合起来，完成定位。

四、市场定位的方法与步骤

(一)市场定位的方法

定位不仅是一种思考，在实践中需要专业性的工具使之操作具体化，常用的方法有定位图法(或感知图法)、排比图法、对比图法。在此书中就定位图法作一些介绍。

定位图/感知图是一种直观的、简洁的定位分析工具，一般利用平面二维坐标图的品牌识别、品牌认知等状况作直观比较，以解决有关定位的问题。其坐标轴代表消费者评价品牌的特征因子。图上各点则对应市场上的主要品牌，它们在图中的位置代表消费者对其在各关键特征因子上的表现的评价。

如图 6-9 所示啤酒的定位图，图上的横坐标表示啤酒的口味苦甜程度，纵坐标表示口味的浓淡程度，而图上各点的位置反映了消费者对各啤酒品牌的口味和味道的评价。如百威(Budweiser)被认为味道较甜、口味较浓，而菲斯达(Falstaff)则被认为味道偏苦及口味较淡。

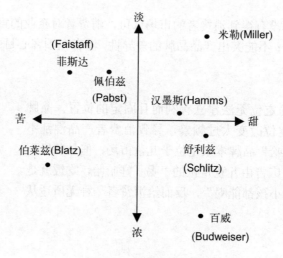

图 6-9　啤酒品牌定位图

(资料来源：仇向洋等. 营销管理. 北京：石油出版社，2003)

通过定位图，可以显示各品牌在消费者心目中的印象及之间的差异，在此基础上作定位决策。定位图应用的范围很广，除有形产品外，它还适用于服务、组织形象甚至个人等几乎所有形式的定位。

(二)市场定位的步骤

企业市场定位的过程通过以下三个步骤完成。

1. 确认本企业的竞争优势

这一步骤的中心任务是要回答以下三个问题。

(1) 竞争对手的产品定位如何？

(2) 目标市场上足够数量的顾客欲望满足程度如何？确实还需要什么？

(3) 针对竞争者的市场定位和潜在顾客真正需要的利益，要求企业应该怎么样？能够怎么做？

要回答这三个问题，企业市场营销人员必须通过一切调研手段，系统地设计、搜索、分析并报告有关上述问题产生的资料和研究结果。通过回答上述三个问题，企业就可以从中把握和确定自己的潜在竞争优势。

2．准确地选择相对竞争优势

相对竞争优势表明企业能够胜过竞争者的能力，这种优势可以是现有的，也可以是潜在的。准确地选择相对竞争优势就是一个企业各方面实力与竞争者的实力相比较的过程。比较的几个主要方面在本章第二节中已有所陈述。

3．显示及传播独特的竞争优势

这一步骤的主要任务是企业要通过一系列的宣传促销活动，使其独特的竞争优势准确地传播给目标顾客，并在顾客心目中留下深刻印象。为此，企业要充分了解目标顾客的偏好与本企业的定位是否一致，并通过一切努力来强化和巩固与市场相一致的形象。如有偏差，则应找到原因，迅速矫正。

本 章 小 结

任何一个企业都无法满足整个市场的需要，因此，准确地选择目标市场，有针对性地满足某一消费层次的特定需要，是企业成功地进入市场的关键，企业只有正确地细分市场，识别市场机会，才能选好目标市场，迈向成功之路。本章从介绍市场细分的概念、作用入手，阐述了企业进行市场细分和目标市场选择、市场定位的有关原理。

市场细分(Marketing Segmentation)是指企业将一个大的异质性市场，依据需求的不同，分割成几个同质性较高的小市场的过程。市场细分以后所形成的具有相同需求的顾客群体称为细分市场。消费者市场的细分依据：地理细分，人口细分，心理细分，行为细分；工业市场细分依据：用户行业，用户规模，用户地点。市场细分的主要方法是运用"产品/市场矩阵图(products/market matrix)"：分别选择一个特定的要素作标准，对消费者的不同需求(产品)及不同的顾客群(市场)进行分类，并由此形成一个产品/市场矩阵。市场细分的步骤：调研→分析→评估。在进行市场细分过程中，还应当遵循可衡量性、可实现性、可盈利性和可区分性四条基本原则。

目标市场是企业打算进入的细分市场，或打算满足的具有某一需求的顾客群体。企业在对细分市场进行评估的项目包括：市场潜力、市场结构及吸引力、相对商业优势等。三种目标市场选择战略：无差异性营销战略、差异性营销战略、集中营销策略。影响目标市场选择的因素主要包括：企业资源、产品特性、市场特点、产品的生命周期、竞争者的目标市场涵盖战略。

市场定位就是在目标顾客心目中为企业产品创造一定的特色，赋予一定的形象，以适应顾客一定的需要和偏好。定位的方式有很多，本章从产品、市场竞争、目标消费者的角度入手，介绍市场定位的三种策略。从产品角度定位：特质定位、使用/应用定位、利益定位、竞争者定位、使用者定位、类别定位、品质/价格定位；从竞争角度定位：避强定位、迎头定位、重新定位；从目标消费者角度定位：第一定位、强化定位、集团定位。

思考与练习

1. 什么是 STP？它包含哪几个方面的主要内容？
2. 市场细分的主要依据有哪些？
3. 有效市场细分的标准是什么？
4. 如何进行目标市场的选择？
5. 企业定位理论的发展经历了哪几个阶段？其主要特征和代表人物是谁？
6. 制作定位图的步骤有哪些？如何应用定位图？
7. 企业的定位策略有哪些？

实 践 训 练

【项目一】培养应用市场细分理论解决具体问题的能力

实训目标：

1. 调查企业如何利用市场细分识别具有吸引力的市场。
2. 根据市场细分基本原则，制定细分的方案。
3. 参与营销活动，用实践检验自己的细分结果。

内容与要求：

1. 调查本地成功的工商企业，看它们如何识别有吸引力的市场。
2. 选择你熟悉的一家生产企业，试为其制定合适的细分市场方案。

【项目二】选择目标市场策略

实训目标：

1. 能选择企业的目标市场。
2. 能根据选择目标市场必须考虑的因素，扬长避短加以应用。

内容与要求：

假如你的企业正准备推出一种营养早餐，并确定用集中市场策略，请研究你的消费者的消费模式。

【项目三】培养进行企业与产品的市场定位的能力

实训目标：

培养学生进行企业差异化营销判断的能力。

培养市场定位的能力。

内容与要求：

小组讨论，选择一项产品，为其进行市场定位，构建目标市场定位图。

小组安全研讨，企业为什么要在不断变化的环境中改变自己的市场定位。

【项目四】

为了了解孩子对零食的消费情况,架起食品生产商与市场沟通的桥梁,北京一家调查公司日前对儿童零食消费市场进行了一次调研。本次调查涉及北京、上海、广州、成都、西安五大消费先导城市。调查以街头拦截访问方式进行,调查对象为0~12岁儿童的家长和7~12岁的儿童。调查结果如下。

1. 女孩偏爱果冻和水果,男孩偏爱饮料和膨化食品。
2. 9岁以下儿童喜爱吃饼干和饮料,10岁以上儿童偏爱巧克力和膨化食品。
3. 零食消费中果冻独占鳌头,城市儿童对果冻有特别的偏好。本次调查显示,六成以上的儿童表示平时爱吃果冻;其次是水果,占57.2%;表示爱喝饮料的儿童占51.7%。

五个城市中经常购买果冻的家长一年用于果冻的花费大约为105.9元。分城市看,广州和成都的家长一年在果冻上的开销较高,分别达到了174.1元和170.7元,居前两位;北京和上海的家长花费分别大约为66.3元和56元,分列第三、第四位;相比之下,西安的儿童家长一年花费在果冻上的开销最低,仅为22.3元。"喜之郎"以其强大的广告攻势及优良的品质不仅赢得了孩子们的喜欢,也赢得了家长们的心。

本次调查显示,"喜之郎"在儿童家长中的综合知名度最高,提及率达到90%;"乐百氏"和"旺旺"的提及率也超过五成,分别为66.2%和53.9%;"徐福记"和"波力"的提及率分别为42.8%和35.2%,分列第四、第五位。男孩、女孩消费品种和比例不同的调查,可以帮助相关企业在儿童零食商品市场开发、宣传等方面准确定位。

1. 试对儿童零食消费市场进行细分。目标市场应该选在哪里?
2. 试选择某一品牌的电视机进行市场细分模拟。

(扫一扫,看案例分析)

下篇 应用篇

第七章 产品策略

【学习目标】

通过本章的学习，重点掌握产品整体概念、产品组合策略、品牌与商标的概念；理解产品生命周期各阶段的特点，以及企业应采取的营销对策；理解品牌策略，了解新产品开发策略和产品组合策略；了解产品的商标和包装设计要求及针对性的包装策略。

【关键概念】

产品整体的概念　产品组合　产品生命周期　新产品开发　品牌　包装

【案例导入】

松下电器公司的电熨斗

一个时期，日本松下电器公司的电熨斗滞销，开发部长灵机一动，将十几名妇女请到公司，热情款待，向她们问计。有一位妇女开玩笑地说："如果你们能够生产出不带电线的电熨斗，我们就欢迎！"一句话说得开发部长拍案叫绝，立即组织研究、设计。很快，不带电线的充电式电熨斗问世了，备受青睐。

(资料来源：吴勇，车慧慈. 市场营销[M]. 北京：高等教育出版社，2005)

企业的市场营销活动以满足市场需求为中心，而市场需求的满足只能通过提供某种产品或服务来实现。产品和服务是企业市场营销组合中的重要因素。

第一节　产品的整体概念及产品组合策略

在企业营销过程中，明确了市场定位之后，就要根据目标市场的需求和各种有关的环境因素，制定营销组合"4P"策略。营销组合的第一要素——产品，这是营销组合中最主要的、决定性的因素。在现代市场上，企业之间的激烈竞争是以产品为中心的，企业其他策略都要以产品策略为基础，围绕其进行。因此，产品决策直接影响和决定着其他市场营销组合策略的决策制定，对企业市场营销活动，进而对企业的生存和发展都起着决定性的作用。

一、产品整体概念

传统的产品是指人们从事生产经营活动的直接而有效的物资成果,此概念是从生产者的角度来讲的。在商品经济条件下,产品就成了商品。把产品定义为物质产品,这只是狭义的理解。

现代市场营销学认为,产品概念是一个整体概念,它是指商品交换活动中,企业为消费者提供的能满足消费者需求的所有有形或无形因素的总和,包括实物、服务、场所、设计、软件、意识等。市场营销学的整体产品概念具有两个特点:第一,产品不仅是指物质实体,也包括能满足人们某种需要的服务。第二,对企业而言,其产品不仅是指物质实体的事物本身,也包括随同实物出售时所提供的系列服务。

市场营销界习惯于将产品整体概念概括为核心产品、形式产品和附加产品,也称为整体产品的三个层次。近年来,菲利普·科特勒等学者进一步认为,产品整体概念可以概括为五个层次:核心产品、形式产品、期望产品、附加产品和潜在产品,如图7-1所示。

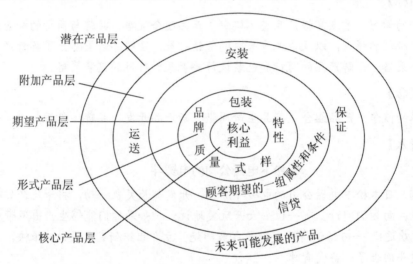

图 7-1 整体产品概念的层次

1. 核心产品

核心产品是指向购买者提供的能够满足其需要的基本效用或利益,即产品的使用价值,也是消费者真正要购买的利益和服务。消费者购买某种产品并非是为了获得该产品的实体,而是为了获得能满足自身某种需要的效用或利益。例如,消费者购买洗衣机并不是要买到装有电动机、定时开关、洗衣桶的一个箱子,而是为了用这种装置代替人洗衣物,满足减轻家务劳动的需要;同样,人们购买照相机也不是为了获得一个装有一些机械的黑色匣子,而是为了满足其留念、回忆、报道等需要。也就是说,消费者购买产品的目的主要是为了获得产品的使用价值。核心产品是产品的最基本层次,能满足顾客的基本效用。

2. 形式产品

形式产品是指核心产品借以实现的形式,是企业向消费者提供的产品实体或服务的形体和外观。企业的设计和生产人员必须将核心产品转变为有形的东西才能卖给顾客,在这一层次上的产品就是形式产品，即满足顾客要求的各种具体产品形式。市场营销学将形式产品归纳为以下五个构成部分。

(1) 产品品质。这是指产品的理化性能、技术指标、使用寿命等内容。它是表明产品质量水平的重要标志。

(2) 产品特征。这是指本产品与同类产品相比所具有的独特之处。它在很大程度上决定着产品的市场份额和竞争力。

(3) 产品款式。这是指产品的原理结构、造型、外观设计上的新颖性、艺术性和奇异性。它是营销消费选择的重要指标之一。

(4) 产品品牌。这是指企业产品的名称，用以区别不同企业的产品。它是企业实力的综合反映，是企业的一项无形资产。

(5) 产品包装。这是指企业产品的外部包扎或容器。好的包装既能保护产品、美化产品、提高产品价值，又能方便顾客、促进销售。

3．期望产品

期望产品是指消费者购买产品时期望获得的一整套属性和条件。如旅客对旅馆服务产品的期望，包括干净整洁的房间、毛巾、卧具、电话、衣橱、电视等，消费者对洗衣机产品的期望包括送货上门以及质量、安装与维修保证、省时省力清洗衣物、不损坏衣物、噪声小、方便进排水、外形美观、使用安全可靠等。

4．附加产品

附加产品是指产品售前、售中、售后为顾客提供的附加服务和利益，主要包括产品知识介绍、运送、安装、调试、维修、技术指导等。附加产品概念来源于对消费者需求的综合性和多层次性的深入研究。附加产品是引起消费者购买欲望的有力促销措施。

5．潜在产品

潜在产品是指产品最终可能的所有增加和改变的利用。它是在核心产品、形式产品、期望产品、附加产品之外，能满足消费者潜在需求的，尚未被消费者意识到，或者已经被意识到但尚未被消费者重视或消费者不敢奢望的一些产品价值。潜在产品只是出现有产品的可能的发展前景。潜在产品是产品整体概念当中的最高层次，很少有企业能够做到。如果企业能够做到这个层次，将形成绝对竞争优势，从而彻底地击败所有的竞争对手。

二、产品整体概念的意义

产品整体概念的提出，对企业的营销活动具有多方面的意义。

1．明确顾客所追求的核心利益十分重要

女性购买化妆品，并非为了占有具体的物品，而是实现其爱美的愿望。企业如果不明白这一点，顾客需求则不可能真正被满足，企业也不可能获得成功。

2．企业必须特别重视产品的无形方面，包括产品形象、服务等

顾客对产品利益的追求包括功能性和非功能性两个方面，前者更多地体现了顾客在物质方面的需要；后者则更多地体现了在精神、情感等方面的需要。随着社会经济的发展和人民收入水平的提高，消费者对产品非功能性利益越来越重视，这就要求企业摆脱传统的产品观

念，重视产品非功能性利益的开发，以更好地满足消费者的需要。

3. 企业在产品上的竞争可以在多个层次上展开

对于成熟的产品，在功能、品质上极为接近，难以制造大的差异，是否意味着企业只能在价格上相互厮杀呢？产品整体概念的提出，给企业带来了新的竞争思路，那就是可以通过在款式、包装、品牌、售后服务等各个方面创造差异来确立市场地位和赢得竞争优势。

三、产品的分类

1. 产品按照是否耐用和是否有形，可分为耐用品、非耐用品和服务

按产品的耐用性和有形性，可将产品划分为：耐用品，是指在正常情况下能够多次使用的物品，如住房、汽车；非耐用品，是指在正常情况下一次或几次使用即被消费掉的有形物品，如食品、化妆品；服务，是非物质实体产品，是为出售而提供的活动或利益，如修理、理发、教育等。

2. 产品按照其用途，可分为消费品和工业品

对于消费品，按消费者的购买习惯又可分为下列四种。

(1) 便利品：是指消费者通常频繁购买或需要随时购买，并且只花最少精力和最少时间去比较品牌、价格的消费品。例如，肥皂、报纸等。便利品可进一步分成常用品、冲动品以及救急品。常用品是顾客经常购买的产品，如牙膏；冲动品是顾客未经过计划或搜寻而顺便购买的产品；救急品是顾客的需求十分紧迫时购买的产品。

(2) 选购品：是指消费者为了物色适当的物品，在购买前往往要去许多家零售商店了解和比较商品的花色、式样、质量、价格等的消费品。例如，儿童衣料、女装、家具等都是选购品。选购品挑选性强，消费者不知道哪家的最合适，且因其耐用程度较高不需经常购买，所以消费者有必要和有可能花较多的时间和精力去许多家商店物色合适的物品。选购品可划分为同质品和异质品。同质选购品质量相似，但价格却明显不同，要选购。而对于服装、家具等异质选购品，产品特色比价格更重要。

(3) 特殊品：是指消费者能识别的独特产品或名牌产品，而且习惯上愿意多花时间和精力去购买的消费品。例如，特殊品牌和造型的奢侈品、名牌男服、供收藏的特殊邮票和钱币等。消费者在购买前对物色的特殊品的特点、品牌等均要有充分认识，这一点同便利品相似；但是，消费者只愿购买特定品牌的某种商品，而不愿购买其他品牌的某种特殊品，这又与便利品不同。

(4) 非渴求物品：是指顾客不知道的物品，或者虽然知道却没有兴趣购买的物品。例如，刚上市的新产品、墓地、人寿保险等。非渴求商品的性质，决定了企业必须加强广告、推销工作，同时切实做好售后服务和维修工作。

对工业品，可以根据它们如何进入生产过程和相对昂贵这两点来进行分类。我们可以把工业品分成三类：材料和部件，资本项目以及供应品与服务。

(1) 材料和部件：是指完全要转化为制造商所生产的成品的那类产品。它们可分成两类：原材料、半成品和部件。原材料本身又可以分成两个主类：农产品和天然产品。半成品和部件可以用构成材料(如铁、棉纱)与构成部件(如马达、车胎)来加以说明。构成材料和构成部件通常具有标准化的性质，意味着价格与服务是影响购买的最重要的因素。

(2) 资本项目：是指部分进入产成品中的商品。它包括两个部分：装备和附属设备。装备包括建筑物(如厂房)与固定设备(如电梯)。附属设备包括轻型制造设备和工具(如手用工具)，以及办公设备(如打字机、办公桌)。这种产品不会成为最终产品的组成部分，但在生产过程中起辅助作用。

(3) 供应品与服务：是指根本不会形成最终产品的那类物品。供应品可以分为两类：操作用品(如润滑油、打字纸)和维修用品(如油漆、钉子)。供应品相当于工业领域内的方便品。商业服务包括维修或修理服务(如清洗窗户、修理打字机)和商业咨询服务(如法律咨询、广告设计)。

四、产品组合概念

企业在营销活动中经常会遇到这样的问题：向市场提供什么产品？提供多少种产品？什么使企业为之进行调整？这些问题都牵涉企业的产品结构问题。

产品线是指在技术上和结构上密切相关，具有相同使用功能，规格不同而满足同类需求的一组产品，亦称为产品系列或产品大类。如一个汽车制造厂制造轿车、卡车和大客车，那么这个厂的产品线就有三条。雅芳化妆品公司的产品线有化妆品、珠宝首饰和日常用品三条。电冰箱、果汁机、抽油烟机、煤气炉等产品都是为了满足做饭所需要的产品，因而构成厨房设备产品线。一个大型服装工业公司生产各种服装，男服、女服、儿童服装构成了产品组合，其中男服、女服、儿童服装各是一条产品线。

产品项目是指同一产品系列下各种类型的产品，它是企业产品目录中经特别设计的、具有不同功能、尺寸、规格、型号、颜色、用途等特点的产品，是产品线的具体组成部分。很多企业都拥有众多的产品项目，如汽车制造厂轿车有八个型号，大客车有五个型号，卡车有三个型号；雅芳化妆品公司有1300个以上的产品项目，通用电器公司则有25万个产品项目。

产品组合是指一个企业生产经营各种不同类型产品之间质的组合和量的比例。企业的各类产品线及其包含的全部产品项目，构成一个企业的产品组合。它可以通过广度、长度、深度和关联度几个指标反映出来，如表7-1所示。

表7-1 宝洁公司的产品组合

	产品组合的宽度				
	洗涤剂	牙膏	香皂	方便尿布	纸巾
产品线长度	象牙雪 1930 洁拂 1933 汰渍 1946 快乐 1950 奥克多 1952 达士 1954 大胆 1965 吉恩 1966 黎明 1972 独立 1979	格里 1952 佳洁士 1955 登魁 1980	象牙 1879 柯柯 1885 拉瓦 1893 佳美 1926 爵士 1952 舒肤佳 1963 海岸 1974	帮宝适 1961 露肤 1976	查敏 1928 白云 1958 普夫 1960 旗帜 1982

1. 产品组合的广度

产品组合的广度是指一个企业所拥有的产品线数目的多少,也称为产品组合的宽度,产品线越多,产品组合就越宽,反之就越窄。例如,图 7-2 中宝洁公司共经营五大类产品,即有五条产品线,因此其产品组合的广度为五。一般情况下,大型企业产品线较多,产品组合的广度就较宽;小型企业或专业企业产品线较少,产品组合的广度就较窄。

2. 产品组合的长度

产品组合的长度是指企业产品组合中包含在各条产品线中的所有产品项目的总数,即企业产品目录上列出的所有产品项目的数量。产品组合的长度反映企业营销活动中所生产或经营的产品项目内容的多少,多则称之为长,少则称之为短。例如,图 7-2 中宝洁公司经营的四大类产品中,共有 26 个具体产品项目,因此,其产品组合长度为 26。

3. 产品组合的深度

产品组合的深度是指企业产品组合中平均每条产品线所包含的产品项目数。一条产品线所包含的产品项目越多,说明企业生产经营的某一大类产品花色品种越齐全,开发的深度越大。例如,图 7-2 中宝洁公司经营的五大类 26 项产品,平均每条产品线大约含六个产品项目,因此,其产品组合深度为六。一般情况下,就某一类商品来说,小型企业或专业化企业经营的商品,规格越齐全,产品组合的深度就越大。大型企业采用标准化大批量生产,品种规格较少,产品组合的深度就较小。

4. 产品组合的关联度

产品组合的关联度是指产品线之间的关联程度,也称为产品组合的密度。一条产品线的产品与另一条产品线的产品,它们的最终用途、生产条件、技术要领、分配路线越接近,互相联系越紧密,产品组合的密度就越大,反之就越小。

产品组合的广度、长度、深度和关联度不同,就构成不同的产品组合。合理的产品组合对市场营销活动影响巨大。首先,扩展产品组合的广度,即增加产品线,可以充分发挥大型企业在设备、技术、人力、管理等方面的优势,提高企业的声誉,有利于发掘和利用企业的实力,提高企业效益;同时,可以减少经营风险,提高企业的适应能力与竞争能力。其次,增加企业产品组合的长度和深度,即增加产品项目,实现产品花色和品种的多样化,可以满足不同消费者的需要,提高顾客的满意程度,从而吸引更多的购买者。最后,加强产品组合的关联度,可增强企业的生产能力和市场地位,便于各种产品在分销、促销、售后服务等方面的相互促进,提高企业在某一地区或行业的声誉和地位。当然,产品组合的广度和深度加大,企业在市场承受的风险相对减少,但却需要投入更多的资金和技术。缩小产品组合的广度和深度,可以使企业集中营销目标,统一使用营销力量,但也会增加企业营销的风险。

五、产品组合策略

产品组合策略是指企业根据市场需求状况、竞争态势和企业自身能力对产品组合的广度、长度、深度和关联度进行不同组合的过程。从静态的角度分析,可供企业选择的产品组合策略如下。

(1) 全线全面型策略。全线全面型是指向市场提供所需要的各种产品,即其广度和深度都大，密度可大可小的组合。采用这种策略的条件就是企业有能力顾及整个市场的需要。整个市场的含义可以是广义的(指不同行业的产品市场的总和)，也可以是狭义的(指某个行业的各个市场面的总和)。这样，全线全面型就可以分为广义的全线全面型和狭义的全线全面型。广义的全线全面型就是尽可能增加产品组合的广度和深度，不受密度的约束，即广度和深度都大，但密度小的产品组合，如有一家食品工业公司，它生产番茄制品、油漆、打火机、金属器皿、玻璃容器等互相毫无关联性的产品。狭义的全线全面型是指提供在一个行业内所必需的全部产品，也就是产品线之间具有密切的关联性，其广度和深度较大，密度也大的产品组合，如电气公司产品线很多，但都与电气有关。

(2) 市场专业型策略。市场专业型是指向某个专业市场提供所需要的各种产品，也就是其广度和深度都较大，但密度较小的产品组合。例如，以建筑业为其产品市场的工程机械公司，其产品组合就应该由推土机、翻斗车、挖掘机、起重机、水泥搅拌机、压路机、载重卡车等产品线所组成。再如，旅游公司，其产品组合就应该考虑旅游者所需要的一切产品或服务，如住宿服务、饮食服务、交通服务，以及纪念品、照相器材、文娱用品等。这种产品组合并不考虑各产品线之间的关联程度。采用这种策略，既可以避免分散经济技术力量，又可以尽可能地扩大经营范围。

(3) 产品线专业型策略。这种策略是指企业根据自己的专长，集中经营单一的产品线，即广度最小、深度一般的产品组合。例如，中国一汽集团公司专门生产各类小汽车，以满足不同顾客的需要，有普通型小红旗轿车、独具风采的旅行车、别具一格的客货两用车、安全可靠的救护车、轻便快捷的交通指挥车、明亮舒适的豪华车、庄重典雅的礼宾车等。该策略产品线数目少且各项目密切相关，产品品种丰富，以分别满足不同顾客、不同用途的需要。

(4) 有限产品线专业型策略。这种策略是指企业专注于某类产品的生产，即广度和深度较小，但密度大的产品组合。它一般适合生产经营条件有限的中、小型企业，这类企业以单一的市场或部分顾客作为目标市场。该策略产品组合宽度很小、深度有限、关联度较强。如某汽车制造厂，其产品都是汽车，但根据不同的市场需要，设立小轿车、大客车和运货卡车三条产品线以适合家庭用户、团体用户和工业用户的需要。

(5) 特殊产品专业型策略。该策略是指企业根据自己的专长，生产某些特殊的产品项目，这些产品项目一般是企业凭借自己特殊的生产条件，设计制造能够满足消费者特殊需要的产品，如小工艺品。该策略具有组合广度极小、深度也不大，但关联度极强的特点。这种策略所能开拓的市场是有限的，因其资源、技术特殊，能创造出特色产品，市场竞争威胁小，生产经营环境比较稳定。

(6) 特殊专业型策略。该策略是指企业凭其特殊的技术、服务满足某些特殊顾客的需要，如提供特殊的工程设计、咨询服务、律师服务、保镖服务等。这种策略组合广度小、深度大、关联性强。

六、产品组合的优化调整

从动态的角度分析，产品组合优化可供选择的策略如下。

(1) 扩大产品组合策略。它包括拓展产品组合的广度和加强产品组合的深度，前者指在原产品组合中增加产品线，扩大经营范围；后者指在原有产品线内增加新的产品项目，扩大经营范围，生产经营更多的产品以满足市场需要。扩大产品组合有利于综合利用企业资源，扩大生产和经营规模，降低生产经营成本，提高企业竞争力；有利于满足顾客的多种需求，进入和占领多个细分市场。当企业预测现有产品线的销售额和盈利率在未来可能下降时，就须考虑在现有产品组合中增加新的产品线，或加强其中有发展潜力的产品线。但扩大产品组合策略要企业拥有多条生产线，具有多条分销渠道，采用多种促销方式，对企业资源条件要求较高。

(2) 缩减产品组合策略。缩减产品组合策略是指降低产品组合的广度和深度，删除一些产品系列或产品项目，集中力量生产经营一个系列的产品或少数产品项目，提高专业化水平，力图从生产经营较少的产品中获得较多的利润。市场繁荣时期，较长较宽的产品组合会为企业带来更多的盈利机会。但是在市场不景气或原料、能源供应紧张时期，缩减产品线反而能使总利润上升，因为剔除那些获利小甚至亏损的产品线或产品项目，企业便可集中力量发展获利多的产品线和产品项目。

(3) 产品线延伸策略。总体来看，每一企业的产品线只占所属行业整体范围的一部分，每一产品都有特定的市场定位。例如，宝马汽车公司(BMW)所生产的汽车在整个汽车市场上属于中高档价格范围。当一个企业把自己的产品线长度延伸超过现有范围时，我们称之为产品线延伸，具体有向下延伸、向上延伸和双向延伸三种实现方式。

① 向下延伸：是在高档产品线中增加低档产品项目。实行这一决策需要具备以下市场条件之一：利用高档名牌产品的声誉，吸引购买力水平较低的顾客慕名购买此产品线中的廉价产品；高档产品销售增长缓慢，企业的资源设备没有得到充分利用，为赢得更多的顾客，将产品线向下伸展；企业最初进入高档产品市场的目的是建立厂牌信誉，然后再进入中、低档市场，以扩大市场占有率和销售增长率；补充企业的产品线空白。实行这种策略也有一定的风险。如处理不慎，会影响企业原有产品特别是名牌产品的市场形象，而且也有可能激发更激烈的竞争对抗。虽然新的低档产品项目可能会蚕食掉较高档的产品项目，但某些公司的重大失误之一就是始终不愿意填补市场上低档产品的空隙。

② 向上延伸：是在原有的产品线内增加高档产品项目。实行这一策略的主要目的是：高档产品市场具有较大的潜在成长率和较高利润率的吸引；企业的技术设备和营销能力已具备加入高档产品市场的条件；企业要重新进行产品线定位。采用这一策略也要承担一定的风险，要改变产品在顾客心目中的地位是相当困难的，处理不慎，还会影响原有产品的市场声誉。

③ 双向延伸：即原定位于中档产品市场的企业掌握了市场优势以后，向产品线的上下两个方向延伸。

(4) 产品线现代化决策。现代社会科技发展突飞猛进，产品开发也是日新月异，产品的现代化成为一种不可改变的大趋势，产品线也必然需要进行现代化改造。产品大类现代化策略首先面临这样的问题：是逐步实现技术改造，还是以更快的速度用全新设备更换原有产品大类。逐步现代化可以节省资金耗费，缺点是竞争者很快就会察觉，并有充足的时间重新设计它们的产品大类；而快速现代化策略虽然在短时期内耗费资金较多，却可以出其不意，击败竞争对手。

(5) 产品线号召决策。有的企业在产品线中选择一个或少数几个产品项目加以精心打造，使之成为颇具特色的号召性产品去吸引顾客。有时候，企业以产品线上的低档产品型号进行特别号召，使之充当开拓销路的廉价品。比如某空调公司会宣布生产一种只卖999元的经济型号，而它的高档产品要卖 20 000 多元，从而在吸引顾客来看经济型空调时，尽力设法影响他们购买更高档的空调。有时候，经理们以高档产品项目进行号召，以提高产品线的等级。有时候，公司发现产品线上有一端销售情况良好，而另一端却有问题，这时，公司可以对销售较慢的那一端大力号召，以努力促进对销售较慢产品的需要。

第二节　产品生命周期理论

一、产品生命周期的概念与形态

(一)产品生命周期的概念

产品生命周期，也称产品市场寿命，是指某产品从进入市场到被淘汰退出市场的全部过程，也可以理解为市场上的产品从试制成功投入市场开始，直到产品被市场淘汰，最终退出市场为止所经历的全部产品销售时间。其时间的长短由产品的质量、特性、价值、消费者认识和接受的程度、科学技术发展水平以及产品更新换代的速度等各种因素决定。

为了更好地掌握产品生命周期的概念，还必须明确以下三点。

(1) 产品的生命周期与商品的使用寿命是两个截然不同的概念。商品的使用寿命是指商品的耐用程度，是商品从开始使用到这种商品的使用价值完全丧失的时间间隔。而产品的生命周期是交换价值的消失过程，产品生命周期的起始点是产品正式投入市场或上市，终点是这种产品退出市场或被市场淘汰。

(2) 应将产品生命周期与行业、种类、品种和具体牌号的产品生命周期的概念加以区别。企业产品生命周期是指个别企业某种产品的生命周期。行业产品生命周期是指某产品在某个行业(或整个市场)范围内的生命周期，它反映了同一产品在许多企业进入市场时的综合趋势，而不是指该产品在某一特定企业的发展过程。因此二者既密切相关，又在许多方面有所不同。产品的生命周期泛指"产品"，而实际上在产品的种类、品类和具体牌号之间，分析起来是不大相同的。首先是产品种类的生命周期各异，很多产品种类如食盐、汽车、电冰箱的产品成熟期可以无限地持续下去，其销售量增加与人口增长成正比例关系。其次是商品的品类。水果中的苹果可称为品类，而"红富士苹果"则是具体品牌的商品。三者相比较，苹果的周期最长，而"红富士苹果"的周期最短。在实际生产经营中，应用产品生命周期理论分析产品种类的情况是很少的，而更多的是分析产品品类或具体品牌的产品生命周期。

(3) 不同的产品，其生命周期的持续时间也长短不一。产品的生命周期本身就是一个相对的概念，不同的产品，其市场竞争状况、技术进步速度、用户需要与变化、产品制造与费用也都不同，从而也形成其产品生命周期的千差万别。就生命周期的每一阶段来说，各产品的延续时间也同样存在着很大的差异。以第一阶段为例，有些产品进入市场后历时不久就进入下一阶段，而有些产品却过渡缓慢，经过长期努力才进入下一个阶段。前者如电脑的可移动硬盘，进入市场后销售量不断上升，一年后进入下一阶段。后者如真空管，投入市场后经历了 20 年之久才步入下一阶段，还有比较典型的就是太阳能热水器，经过 20 多年的发展还处于第一阶段。

(二)产品生命周期的形态

1．典型产品生命周期形态

任何一种新产品，从投入市场开始到被市场淘汰为止，都要经过一个产生、发展和衰落的过程。它是指产品从投入市场后依次经过产品引入期、成长期、成熟期和衰退期四个明显的阶段，这一过程的典型形式可用产品生命周期曲线图来表示，如图7-2所示。产品引入期(也称介绍期)是指在市场上推出新产品，产品销售呈缓慢增长状态的阶段。成长期是指该产品在市场上迅速为顾客所接受、销售额迅速上升的阶段。成熟期是指大多数购买者已经接受该项产品，市场销售额缓慢增长或下降的阶段。衰退期是指销售额急剧下降、利润逐渐趋于零的阶段。

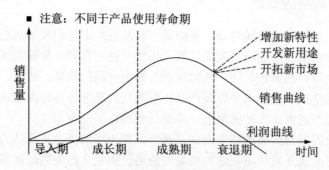

图7-2 典型产品生命周期曲线图

典型的产品生命周期曲线是一条理想的、个别产品的曲线，不仅起方便分析的作用，而且在实际的经营中，产品生命周期的四个阶段有时很难准确地定位，在时间上也不能指明每一阶段确切的时间，更不能表明各种产品生命周期的具体差别和许多例外情况。但这并不影响我们理解这一概念，典型产品生命周期向企业显示了产品在市场上经营的长期趋势，它有利于企业分析每一阶段的特点和原因，并据以确定经营措施和决策。

2．再循环形态

再循环形态是指产品销售进入衰退期后，由于种种因素的作用而进入第二个成长阶段。这种再循环型生命周期是市场需求变化或厂商投入更多的促销费用的结果，如图7-3所示。

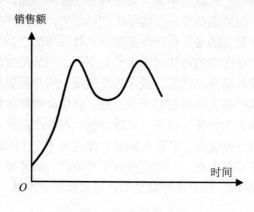

图7-3 "循环－再循环"

3. 多循环形态

多循环形态也称"扇形"运动曲线,或波浪形循环形态,是在产品进入成熟期以后,厂商通过制定和实施正确的营销策略,使产品销售量不断达到新的高潮,如图7-4所示。

4. 非连续循环形态

多数时髦商品是非连续循环形态,这些产品一上市即热销,而后很快在市场上销声匿迹。厂商既无必要也不愿意作延长其成熟期的任何努力,而是等待下一周期的来临,如图7-5所示。

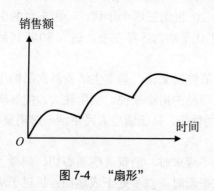

图7-4 "扇形"　　　　图7-5 非连续循环形态

(三)测定产品所处生命周期阶段的方法

(1) 销售增长率分析。先计算产品的销售增长率,其计算公式如下。

销售增长率=(本年度的销售量-上年度的销售量)/上年度的销售量×100%

然后根据销售增长率的大小来判断其属于哪个阶段,其标准为:小于10%且不稳定,为投入期;大于10%,为成长期;小于10%且稳定,为成熟期;小于0,为衰退期。

例如,某企业甲产品四年来的销售量如下:1989年1000件;1990年1100件;1991年1240件;1992年1400件。试确定该产品1989—1992年处在生命周期的哪一阶段?

销售增长率计算如下。

1990年销售增长率=(1100-1000)/1000×100%=10%
1991年销售增长率=(1240-1100)/1100×100%=13%
1992年销售增长率=(1400-1240)/1240×100%=13%

由此可以断定,该产品1989—1992年处在市场生命周期的成长期。

(2) 产品普及率分析。可利用产品普及率指标来分析生命周期的不同阶段。对不同的产品可分别按下列两个口径计算普及率:

按人口平均普及率=某种产品社会拥有量/人口总数×100%
按家庭平均普及率=某种产品社会拥有量/家庭户数×100%

一般认为,当普及率为:0～5%时,为投入期;5%～50%时,为成长期前期;50%～80%时,为成长期后期;80%～90%时,为成熟期;大于90%时为衰退期。

需要注意的是,普及率越高,需求量越低。

(3) 同类产品类比分析。即用一种产品的生命周期的变化规律类比分析另一种同类产品的生命周期。例如,可以用彩电的发展趋势分析电冰箱的发展趋势。因为这两种产品同属高档耐用消费品,而且,人们对拥有这类产品的消费心理很相似,所以,可以对其进行类比分析。

(四)影响产品生命周期的因素

(1) 科学技术的进步。科技进步快,生命周期短;科技进步慢,生命周期长。随着科学技术的不断发展,产品更新换代的速度越来越快,产品的生命周期将变得越来越短。例如,在欧美等资本主义国家,由于新产品不断出现,产品的生命周期出现普遍缩短的趋势,生命周期平均不到 10 年。日本产品的生命周期平均只有 5 年,家用电子产品则仅 1~3 年。作为反映现代工业技术水平最敏感产品的小汽车,在 20 世纪三四十年代,一种车型的生命周期长达 15~20 年,50 年代平均为 10 年左右,70 年代平均为 5 年左右,进入 80 年代后,生命周期更短,汽车公司几乎每年都要更新车型。

(2) 产品的性质和用途。比较而言,从产品的性质来说,基本生活资料产品的生命周期较长,非基本生活资料产品的生命周期较短;从产品的用途来说,实用性大,能够满足人民生活某种长期需要的产品,其生命周期较长;实用性小,只能满足人民生活一时需要的产品,其生命周期较短。

(3) 产品供求关系的变化。首先,在产品供不应求时,消费者购买心切,刺激了生产部门扩大生产,此时产品多处于成长期;产品供求平衡时,则多处于成熟期;供过于求时,则多处于衰退期。其次,一般来说,需求量变化快的产品,生命周期较短;需求量变化慢的产品,生命周期较长。最后,市场竞争激烈的产品,生命周期较短;市场竞争不激烈的产品,生命周期较长。

(4) 产品的价格和质量。产品的价格是否得当、质量是否优良,也会影响产品的生命周期。一般来说物美价廉的产品和优质名牌商品,其生命周期相对较长;反之,质次价高的产品,其生命周期就相对较短。

(5) 政府的政策和干预。为了维护社会公众的利益,政府可能采取行政的和经济的措施,禁止或限制有碍环境卫生、破坏生态环境和影响人们身心健康等的产品的生产和消费,从而缩短了这类产品的生命周期;相反,对有些产品,国家从宏观出发,鼓励其生产和消费,从而延长了这类产品的生命周期。

二、产品生命周期各阶段的特点与营销策略

(一)导入期的市场特点与营销策略

1. 导入期的市场特点

(1) 产品成本高,销售量增长缓慢。因为在产品刚刚投放市场的投入期,消费者对这种产品还不熟悉,未被市场承认,有"试探性"的购买情况,所以销售量小且增长速度慢。投入期产品成本高的主要原因:新产品经试制阶段后投放市场,企业一般不大量投资生产,少量的产品要分摊大量的研究试制费用;分销渠道还未全面沟通,容易丧失销售机会,再加上需要较多的宣传、推广费用,导致销售费用较大;产品设计未定型,工艺不成熟,机械化和自动化的程度较低,工人劳动熟练程度差,从而导致废品率较高。

(2) 获利很少,有可能亏损。因为导入期的产品成本较高,再加上销售量比较小,所以

此阶段的利润很低,甚至有可能亏损。

(3) 失败的可能性较大。这个阶段新产品刚刚投放市场,在性能、质量、价格、销售渠道和服务等方面有可能不能适应市场上消费者的广泛需要,会导致其在竞争中夭折。据资料统计,有80%~90%的新产品在此阶段遭到失败。

2. 导入期的战略重点

导入前的战略重点集中在以下几个方面。

(1) 向潜在市场推荐产品,吸引试用,建立分销网络并确保畅销,通常必须进行高强度的市场传播。促销开支在销售额中比例达到最高点。高额促销和分销费用使利润水平较低,甚至亏损。

(2) 市场尚未准备接受经过改进的产品,所以竞争者为数甚少,并且只生产产品的基本类型。

(3) 率先推出新产品的企业,通常向收入较高的顾客群集中销售。产品价格可能较高,这一类顾客最有可能购买。

3. 导入期的营销对策

(1) 高价高促销策略,即快速掠取策略。运用大量的宣传工具(如广播、电视、展销会等)搞大规模的销售推广活动,并以高价出售的策略占领市场。这一策略的优点是能引起消费者的兴趣,增加冲动性购买,并可以从高价中迅速收回投资。这一策略要求产品必须确实别具特色,比市场上当时的产品要优秀得多,并且经过市场调查,确认市场对该产品有很大的潜在需求量,而且该产品属于需求弹性小、促销弹性大的产品。

(2) 高价低促销策略,即缓慢掠取策略。为了早日收回成本,以高价问世,但是为了减少成本,又限制推销活动。这种策略如果奏效,将比上一策略获得更高的利润。因为同样是高价出售,又省去很多宣传推广费用,多收少支。这一策略运用范围更小,要求产品的市场规模很小,竞争者也很少,而且消费者对此类产品需求缺乏弹性,即使价格卖得高,消费者也不得不买,即该产品属于需求弹性小、促销弹性亦小的产品。

(3) 低价高促销策略,即快速渗透策略。这一策略的特点是低价并配合高度集中的促销活动,有重点地占领某一目标市场。采用这一策略的客观原因是市场规模大,但竞争者多,消费者对价格的敏感性强。这时,为了占领市场,以低价出售产品,并配以大量的推销宣传,目的是以廉取胜。如果本企业的产品具有较强的竞争力,并已为一定数量的消费者所欢迎,那么随着大批量生产后的成本降低,将会更有利于市场竞争,但在促销上过分地大张旗鼓,增加促销费用,又可能会有亏损。它一般适用于需求弹性大、促销弹性亦大的产品。

(4) 低价低促销策略,即缓慢渗透策略。这一策略的特点是以低价、低促销进入市场。采用这一策略的客观原因是此类产品的市场知名度已经很高,促销弹性较低,但需求弹性较高,即属于需求弹性大、促销弹性小的产品。为了市场能接受这一产品,以低价最为有效,不需要大量支出促销费用。

上述四种市场对策,如果单从导入期本身来看的话,采用高价低促销策略,收入多支出少,对企业最有利;采用低价高促销策略,收入少支出多,对企业最不利。但如果从整个生命周期来看,结论可能正好相反。低价高促销策略,虽然在导入期对企业不利,但大多数企业往往愿意采用这一策略,其目的是为了尽快地打开这种新产品的销路。

(二)成长期的市场特点与营销策略

1．成长期的市场特点

(1) 产品打开了销路，销量迅速增加。产品能够满足消费者的某种需要，已被广大消费者认可和普遍接受，再加上导入期最初一批购买者的"积极示范"和"群体影响"作用，因此，这时产品已经打开了销路，并且销售量以大于10%的速度迅速增加。

(2) 成本降低，利润增加。此阶段产品设计、工艺基本定型，大批生产的能力已经形成，生产效率高，废品减少，再加上分销渠道已经畅通，有利的销售局面已经打开，销售费用降低，从而使产品的成本降低。成本降低，销售量增加，所以利润也增加。

(3) 市场上同类产品的竞争者开始出现。商品从导入期进入成长期，说明该产品的开发是成功的，是有利可图的，这就会引起同行业其他企业的注意和重视，有的企业也要研究开发，因此，在这一时期竞争对手的同类产品也开始投放市场。

2．成长期的营销对策

(1) 不断开发新市场。因为产品处于蓬勃发展阶段，潜在需求较大，客观上为开发新市场提供了保证。

(2) 改良产品品质。产品进入成长期后，生产者可以根据导入期使用该产品的消费者的意见和要求，从质量、性能、式样等方面努力加以改进，以对抗竞争产品，扩大产品用途，巩固和发展销售阵地。

(3) 加强品牌信誉。宣传广告的重点应放在使消费者进一步对产品的信任上。具体做法是宣传厂名、品牌和商标，并着重介绍产品经过改进后的质量水平、式样等新优点。

(4) 降低价格。在批量生产的基础上，可以适当降价。由于大批量生产，成本下降，这时可以适当降低价格，以增加企业的市场竞争能力。因为这时竞争对手的同类产品处在导入期，成本高、费用大、利润低，本企业的产品处在成长期，降低价格，就给竞争对手增加了很大的压力，有利于击败竞争对手。

(5) 开发新产品。在成长期的时候，企业就应该着手研制下一代的更新产品，这样才能够保证企业不断地向市场提供新产品。

(三)成熟期的市场特点与营销策略

1．成熟期的市场特点

(1) 持续的时间长。成熟期是四个阶段中持续时间最长的时期，处在这一阶段的企业都尽力维持其既有的市场地位，将采用一切组合手段把这一时期延长。

(2) 市场竞争激烈。此阶段的竞争者很多，来自同类产品的价格战、广告战不断发生，新产品开始涌现，消费者对式样、花色、规格等挑选性增强，使市场竞争更趋激烈，达到高潮。

(3) 企业获取利润的最佳时期。虽然成熟期的销售增长率(<10%)不如成长期(>10%)高，但从销售量的绝对值来看，成熟期要大于成长期，再加上成熟期持续的时间较长，所以，一种产品主要是在成熟期为企业带来收益。

成熟期的市场特点综合表述为"二大一长"，即此阶段生产量大、销售量大、持续的时间长。由于此阶段持续的时间较长，所以市场上处于成熟期的产品最多。

2. 成熟期的营销对策

成熟期企业的基本策略应突出一个"销"字，营销重点是维持市场占有率并积极扩大产品销量，争取利润最大化。企业可以采取以下营销策略。

1) 新市场开发策略

(1) 寻求新的细分市场。发现产品的新用途，将产品打入新的细分市场，应用于其他领域。比如，美国杜邦公司生产的尼龙产品，最初只用于军用市场，生产降落伞、绳索之类的产品。第二次世界大战以后转入民用市场，企业开始生产尼龙衣料、蚊帐等日用消费品。后来又生产轮胎、地毯等产品，使尼龙产品进入多循环周期，为企业赢得了长期稳定的利润。

(2) 寻求能够刺激顾客，增加产品使用率的方法。刺激目前使用某种品牌的顾客增加对该产品的年使用量，亦可增加销售量。例如，"冬天喝热露露"的广告宣传，改变了顾客认为饮料只在夏季饮用的意识，从而增加了露露的销售量。

(3) 市场重新定位，寻求新的顾客。每种产品都有吸引顾客的潜力，因为有些顾客或是不知道此产品，或是因某些原因不想买此产品。生产企业可以利用市场渗透策略寻求顾客。例如，可将婴儿使用的洗发水推荐给成年女性；向顾客介绍爽身粉不仅儿童可以用，成年人也可以用。产品经过重新定位，可进入更多的细分市场。

2) 产品改进策略

(1) 质量改进。提高产品质量，注重增加产品功能特性，提高产品的耐用性、可靠性。

(2) 特色改进。扩大产品的使用功能，增加产品的新特色，如尺寸、重量、材料、附件等。以此，扩大产品的多方面适用性，提高产品使用的安全性、方便性。

(3) 式样改进。为了满足人们对美的需求，通过改变产品的外观、款式、包装，增强美感，可提高产品对顾客的吸引力，从而扩大产品的销售。

(4) 服务改进。服务是产品的重要组成部分，适当地增加服务内容、提高服务质量，特别是提高服务的技术含量和送货速度，对提高产品竞争力、扩大产品的销售，具有一定的促进作用。

(四)衰退期的市场特点与营销策略

1. 衰退期的市场特点

(1) 销售量明显下降，库存积压产品基本上没有销路。进入衰退期后，产品技术已老化，市场上出现大量新的换代产品，即使加大广告投入，该产品销量都日益下降。

(2) 竞争者相继退出市场。产品处于成熟期所形成的巨大生产能力和该时期日益下降的销售量之间的矛盾更加突出，利润日益下降并产生亏损，再继续生产经营这种产品已无利可图，因此生产者纷纷调整设备转产其他产品。在导入期和成长期，生产者争先恐后地进入市场，进入得越晚，竞争越不利，而处在衰退期的时候，生产者则争先恐后地退出该市场，退得越慢，亏损的可能性越大，对下一轮的竞争越不利。

2. 衰退期的营销对策

在衰退期，企业面临销售和利润直线下降、大量竞争者退出市场、消费者的消费习惯已发生转变等情况，此时，企业应突出一个"转"字。该阶段可供选择的市场营销策略如下。

(1) 继续策略。企业继续过去的营销策略，保持原有的细分市场、销售渠道、定价及促

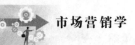

销方式,直到这种产品完全退出市场为止。

(2) 集中策略。企业把各种资源集中到最有利的细分市场上,同时减少广告宣传规模和促销活动,维持一定的销售量。

(3) 收缩策略。大幅度降低促销水平,尽量减少促销费用,以增加当前利润。

(4) 放弃策略。对于衰退比较迅速的产品,企业必须当机立断,放弃经营,退出市场。可以采取完全放弃的方式,也可以采取逐步放弃的方式,使其所占用的资源逐步转向其他产品,力争使企业的损失减少到最低限度。

在选择衰退期的营销策略时,要注意两种不正确的应变态度:一是不做全面考查,仓促丢弃老产品,使新老产品衔接不上,造成企业很大的损失;二是盲目恋旧,认为老产品曾为企业作出过贡献,在感情上一时难以割舍,使企业背上了沉重的包袱,而不着眼于新产品的开发,凭着降价和广告宣传来勉强维持销售额,结果是既耽误了时间,又损伤了企业的元气。

第三节 新产品的开发策略

在企业的生产经营过程中,开发新产品具有重要的战略意义,它关系到企业能否在激烈的市场竞争中立于不败之地。

一、新产品的概念与分类

市场营销学中所说的新产品是从市场和企业两个角度来认识的,它与因科学技术在某一领域的重大发展所产生的新产品不完全相同。对市场而言,第一次出现的产品即为新产品;对企业而言,第一次生产销售的产品也称新产品。

新产品是相对老产品而言的。我国规定:"在结构、材质、工艺等某一方面或几方面,比老产品有明显改进,或者是采用新技术原理、新设计构思,从而显著提高了产品的性能或扩大使用功能"的产品称为新产品。按照上述规定,对于那些只改变花色、外观、包装,而在性能上没有改进的产品,不能列入新产品;对于那些用进口元件、零部件组装的国内尚未生产的产品或根据顾客要求生产的单台非标准设备,也不可列入新产品。新产品具有新颖性、先进性、经济性和风险性等特点,一般有如下几类。

1. 发明性新产品

发明性新产品是指应用新原理、新结构、新技术、新材料,在世界范围内第一次发明研制出的具有全新功能的产品。这种产品无论对企业或市场来讲都属新产品。如汽车、飞机、电话等第一次出现时都属于全新产品。这类新产品的特点是:发明性新产品开发通常需要大量的资金、先进的技术水平,并需要有一定的需求潜力,故企业承担的市场风险较大。调查表明,发明性新产品在新产品中占 10%左右。

2. 换代产品

换代产品是指在原有产品的基础上,采用或部分采用新技术、新材料、新工艺研制出来适应新用途、满足新需求的产品。如洗衣机从单缸洗衣机发展到双缸洗衣机和全自动洗衣机,电视机由黑白电视机发展到彩色电视机和等离子彩色电视机。这类新产品的特点是:更新换代产品与原有产品相比，产品性能有了一定改进，质量也有了相应提高。它适应了时代发展的步伐，也有利于满足消费者日益增长的物质需要。

3. 改进产品

改进产品是指在性能、结构、功能或材料、构造、性能和包装等某一个方面或几个方面，对市场上现有产品进行改进，与老产品有较显著的差别的产品。如电熨斗加上蒸汽喷雾，电视机配置遥控开关。这类新产品的特点是：与换代产品相比，改进产品受技术限制较小，且成本相对较低，便于市场推广和被消费者接受，但也容易被竞争者模仿。

4. 仿制产品

仿制产品指对市场上已经出现的产品在局部进行引进、模仿、改进和创新，但保持基本原理和结构不变而仿制出来的产品。如引进汽车生产线制造、销售各种类型的汽车等。这类新产品的特点是：开发这种产品不需要太多的资金和尖端的技术，因此比研制全新产品要容易得多。落后国家对先进国家已经投入市场的产品的仿制，有利于填补国家生产空白，提高企业的技术水平。在生产仿制新产品时，一定要注意知识产权的保护问题。

5. 新牌子产品

新牌子产品是指在对产品实体微调的基础上改换产品的品牌和包装，带给消费者新的消费利益，使消费者得到新的满足的产品。

除此之外，企业将现行产品投向新的市场，对产品进行市场再定位，或通过降低成本，生产出同样性能的产品，这对市场或企业来说，也可以称之为新产品。企业开发新产品一般是推出上述产品的某种组合，而不是进行单一的产品变型。

以上五类新产品的划分并没有绝对的界限，它们之间实际上是相互联系和相互影响的。许多产品经过不断地改进或更新换代，就会带来或萌发出一些新发明的产品问世；而一种发明性新产品问世以后，又会产生不断的改进或更新升级。一般来说，发明性新产品的研究和开发时间最长，往往是人类纯智力劳动的结晶，具有划时代的意义。换代性新产品的开发时间也比较长，在某种产品的技术发展上代表了新的方向，具有最先进的技术水平和经济效益。而改进性新产品比较容易开发，更新变化也比较快，与市场需求变化联系密切，绝大多数工业企业都有能力不断地开发这类新产品。

企业开发新产品的目的，是为了满足社会和消费者日益增长的需要，提高企业的竞争力和应变力，它要成为社会和消费者所接受的新产品，必须达到或符合一些最基本的特性要求。这些特性主要有以下五点。

(1) 先进性。新产品的设计必须更为合理或有独到之处，在技术性能、结构、指标上必须具有一定的先进性。如果新产品在总的设计和技术水平方面还落后于原有产品，那么不管在其他方面有什么改进，都不可能成为新产品，更不可能取代原有产品。例如，在 20 世纪 80 年代的汽车市场上，假若某个汽车制造商采用已经过时了的发动机装置，性能差、能耗大、污染严重，那么不论这种汽车在造型、结构设计方面多么好，价格多么优惠，它也不可能为现代的汽车用户所接受的。

(2) 效益性。新产品对生产者和消费者都必须具有经济效益。如果一种产品在技术性能上很先进，但生产它耗资巨大，生产者做不起，消费者买不起，那也不能成为现实的新产品。一般来说，随着产品的不断更新，新产品应较之原有产品更具有效益性，只有在增加产品功能的情况下，不断地降低成本，降低售价，才会具有效益性，才会受到消费者的欢迎。例如，电子手表之所以能在短时间内取代机械手表的市场地位，就在于这种新产品的功能增加了，而生产成本和售价却降低了，因而具有明显的效益性。一种新产品的效益性越高，其开发扩散的速度就会越快。

(3) 实用性。工业企业开发的新产品，不是样品、展品、礼品，必须十分讲究实用性。如果一种堪称"物美价廉"的新产品没有实用价值，或者使用不安全、不方便、不符合消费者的习惯，也不会为消费者所接受。例如，香港有家制造商，花了很多的投资费用，开发出一种柠檬型香皂，原材料经过精选，形状、大小、香味和色调均与真正的柠檬果相仿，价格也很便宜。但试销中很快就无人买了，原因是香皂在使用中遇水以后无法拿住。又如，美国一家公司试制出一种烟雾剂牙膏，也可以说是别开生面，但人们不习惯向自己的口腔喷烟雾剂来刷牙，结果无人问津。这些都说明实用性是新产品不可缺少的性能。

(4) 适应性。一种新产品试制出来以后，如果不能获得相应的市场，或者不能适应市场条件的变化，就没有继续生产的价值。新产品的适应性越强，其生命力也越强。假若某种产品是根据某一特殊需要开发出来的，它只能算作特制产品，而不能成为消费者所广泛使用的新产品。如专门为某一病人的特殊需要制成的一种轮椅，其他的病人不能使用，它就缺少适应性，很难找到市场。相反，如果制成一种多功能的轮椅，适用于各种病人，包括老年人和儿童，那么它就有可能获得广泛的市场，成为有生命力的新产品。

(5) 创造性。任何新产品与原有产品相比，都应具有新的特征，或者采用了新的原理、结构，或者采用了新的材料、元器件，或者具有新的用途、新的功能等。没有差异，没有创新，就没有新产品可言。即使是对原有产品的部分改进，也是在原有产品基础上的一种创造性劳动的结果。比如，一种新功能的电子手表，同原有电子手表相比，技术上并不能显示出其先进性，但因为增加了新的功能特征，就可以称为新产品。又如，自行车在主要功能不变的条件下，有些企业开发出的全塑料自行车、无链条自行车、变速自行车、自动刹车的自行车等，都可称为新产品，所有新产品都是对原有产品的不同程度的创新。创造性是新产品的一种本质特征。

二、新产品开发的必要性

1. 新产品开发是企业发展的生命线

在激烈的市场竞争中，不论是哪家企业，成功或失败都取决于企业能不能用性能更好、质量更高、成本更低、款式更新的产品压倒对方，也就是能不能经常地有新产品上市。因为产品的市场生命周期规律告诉我们，在新知识经济时代，新技术转化为新产品的速度不断加快，产品的市场生命周期越来越短，40年前平均周期是8年，20年前为5年，10年前为3年，与日常生活关系密切的消费品市场生命周期则更短，所以只有不断地开发适合市场需要的新产品才能确保企业的持续发展。

2. 新产品开发是企业保持其市场竞争优势的重要条件

企业竞争能力的强弱往往体现在其产品满足消费者需求的程度及领先性上。忽视科技进步、科技创新和市场新动向，贻误研究、开发良机，就会成为时代的落伍者，而被市场所淘汰。只有不断创造出适应市场需要的新产品并持续地强化研究开发能力，才是企业生产力的源泉，才能保持企业竞争的优势。曾经被夸耀为世界最强大的汽车工业——美国汽车工业，也曾由于向大众节能小型汽车转产的步伐迟缓，而遭到日本汽车的排挤并陷入困境，因此，企业必须重视科研投入，注重新产品的开发，以新产品占领市场、巩固市场，不断提高市场竞争力。

3．新产品开发是充分利用企业资源，增强企业活力的条件

一般来说，企业在生产主体产品时，往往会有许多资源得不到充分利用，若从这些资源利用的角度去开发新产品，则必然能够降低成本。同时，企业不断创造新产品，才会有压力，才需要新人才、新技术、新工艺、新设备，职工积极性、创造性才能充分发挥，从而激发企业的生机和活力。

4．新产品开发是提高企业经济效益的重要途径

一个成功的企业，各种产品在其生命周期的各个阶段上应该平衡发展，即当某些产品处在成熟期时，另一些新产品已开始被推向市场；当某些产品开始出现衰退时，另一些产品进入快速成长期，这样的状态能够保持企业经济效益的稳步上升。实现这一目标的保证就是新产品的不断开发。还有，适销对路的新产品市场广阔，能实现规模经济效益；新产品使企业在拥有国内市场的同时进一步赢得国际市场；新产品在生产工艺、材料采用、污染控制上更符合环保要求，减少了对环境的污染；新产品使高新技术被广泛应用到生产、生活的各个方面，方便了生产，提高了生活的质量。这些都有利于提高企业的经济效益与社会效益。

三、新产品开发应遵循的原则

1．新产品必须有市场潜力

不能满足一定的市场需求，或虽能满足某一需求但需求量太小的产品，对企业而言再新也没有意义，而符合市场需求的产品必须做到以下几点。

(1) 有特色，包括式样新、功能全或高能化、性能特等，只有这样才能给消费者以特殊的感受，使其觉得它与众不同，产生购买欲望。尤其在市场上产品品种繁多，消费者信息有限的情况下，只有有特色的新产品才能起到吸引消费者的作用。

(2) 节能、小型化、标准化。新产品能耗小，可以减少消费者使用成本。小型化是在功能不变的情况下能细小轻便，便于使用，或者是体积重量略增而功能大大提高。标准化则是指产品结构、形式等力求精简、标准，达到产品系列化、零部件标准化、通用化，便于使用和维修。

(3) 使用安全、质量可靠。新产品必须具有一定的安全性，保证常规使用不会给消费者造成伤害。儿童用品不能含有有毒有害物质，避免坚硬锐角。消费者对新产品缺乏了解，产品中的一些安全隐患因为产品新也不易被察觉，因此，新产品开发必须严格遵守国家的有关规定，进行各种测试和检验，试验成熟后再推向市场。同时新产品不应是假冒伪劣产品，应保证其使用质量，维护消费者权益。

2．企业必须有开发和生产能力

新产品开发是一项高风险、高投入的活动，不能盲目进行，而必须同时考虑企业的开发能力以及开发出来后的生产能力。首先，应明确所开发的新产品按企业的技术水平、财务承

受能力能否完成，会不会因这些客观条件限制而夭折。其次，要研究新产品研制出来后，企业的生产条件(资金、技术、原材料等)是否具备。企业开发新产品的主要目的是产品生产后投入市场以获取较高利润。如果有了新产品而不能批量生产，新产品开发的经济效果就会大大降低。新产品开发是一项非常复杂的活动，要消耗企业的大量资源，因此有必要抓好开发管理，提高开发效率。开发管理不仅包括对开发计划实施过程的管理，而且包括可行性研究、开发规划的制定以及营销方案的制定等一系列工作，因此，开发管理也是新产品开发成功的重要保证。

四、新产品开发的方式

新产品的开发方式包括独立研制开发、技术引进、研制与技术引进相结合、协作研究、合同式新产品开发和购买专利等。

(1) 独立研制开发。这是指企业依靠自己的科研、技术力量开发新产品。它包括三种具体的形式：①从基础理论研究开始，经过应用研究和开发研究，最终开发出新产品。一般是技术力量和资金雄厚的企业采用这种方式。②利用已有的基础理论，进行应用研究和开发研究，开发出新产品。③利用现有的基础理论和应用理论的成果进行开发研究，开发出新产品。

(2) 技术引进。这是指企业通过购买别人的先进技术和研究成果，开发自己的新产品，即可以从国外引进技术，也可以从国内其他地区引进技术。这种方式不仅能节约研制费用，避免研制风险，而且还节约了研制的时间，保证了新产品在技术上的先进性。因此，这种方式被许多开发力量不强的企业所采用。但难以在市场上形成绝对的优势，也难以拥有较高的市场占有率。

(3) 研制与技术引进相结合。这是指企业在开发新产品时既利用自己的科研力量研制又引进先进的技术，并通过对引进技术的消化吸收与企业的技术相结合，创造出本企业的新产品。这种方式使研制促进引进技术的消化吸收，使引进技术为研制提供条件，从而可以加快新产品的开发。

(4) 协作研究。这是指企业与企业、企业与科研单位，企业与高等院校之间协作开发新产品。这种方式有利于充分使用社会的科研力量，发挥各方面的长处，有利于把科技成果迅速转化为生产力。

(5) 合同式新产品开发。这是指企业雇用社会上的独立研究的人员或新产品开发机构，为企业开发新产品。

(6) 购买专利。这是指企业通过向有关研究部门、开发企业或社会上其他机构购买某种新产品的专利权来开发新产品。这种方式可以大大节约新产品开发的时间。

五、新产品设计与开发

(一)设计与开发的要求

(1) 以满足消费者的需要为出发点。这样才能使设计与开发的新产品很快投入市场，并适销对路，否则就会使开发的新产品停留在展品阶段，给企业造成巨大的经济损失。

(2) 符合国家的技术经济政策。如能源政策、标准化/系统化规范、环境保护和产品的安全卫生标准等，这些都是企业在开发新产品时必须遵循的。

(3) 便于使用和制造。在使用方面，新产品要有良好的性能、安全可靠、美观大方、操作简单和维修方便等特点。在制造方面，新产品的结构要合理，形状和精度要便于加工制造，以利于提高劳动生产率；新产品的标准件和通用件的比例要大，以利于降低生产成本；新产品的制造工艺要尽可能与本企业的生产条件相结合，以利于使用原有设备，减少生产准备工作。

(二)设计与开发的方式

(1) 多功能化。扩大产品的使用范围，增加产品的功能，由单功能、少功能发展为多功能，一物多用，一机多能。如收音机改为收录机，由单功能"收"改为多功能"收、放、录"。

(2) 小型化和微型化。尽量缩小产品的体积，减轻产品的重量，但功能不降低，或功能增加。产品向小型化和微型化发展的出发点是使之更便于携带、运输、储存、安装、操作等，如微型电视机和掌上电脑等。

(3) 多样化。发展多品种多门类的产品，满足市场上的多种需要。多样化一般可分为三种方式：①水平式多样化，即除了生产一种主要产品外，还生产其他产品，或是直接在原有商品的基础上发展多型号、多规格、多品种的变形系列产品。如挂面厂除生产主食挂面外，还生产各种方便面、长寿面、儿童钙质面、老年营养面等。②垂直式多样化，即对产品进行深度加工，生产出多种新产品。如挂面厂运用原有材料、采用新技术生产出快餐麦片粥、面筋植物肉等新产品。③综合式多样化，就是综合利用主要产品的原材料以及下脚料、废料和工业"三废"，生产多种新产品。如皮鞋厂利用边角料做提包、表带、皮带、钱包等。

(4) 简化。对产品的结构进行改革，在保留基本功能的条件下去掉某些次要的或者不必要的功能。产品的简化与多功能化正好相反，一方面可以为企业节约各种原材料和其他费用，另一方面也可以为消费者节约购买支出。按照价值分析观点，产品的简化发展，对生产者的价值和对消费者的价值都会增加。

(5) 节能化。就是使产品省电、省煤、省油、省水、节约蒸汽和煤气等，这是新产品设计与开发的一个重要方向。比如，日本汽车之所以能顺利地打入并占领美国市场，就是因为日产汽车的省油特点。除此之外，还应努力开发利用新能源的产品，如利用太阳能、风能、潮汐能、地热能、核能等方面的产品。

(三)新产品失败的原因

(1) 市场分析失误，没有选准目标市场。这主要是因为信息失真、调查和预测不准，没有把握住消费者的需求动向，从而使决策失误。

(2) 产品本身的缺陷。如产品没有特色、性能和质量达不到标准、装潢不佳等。

(3) 成本太高。新产品的价格制定是关键问题，价格过高或过低，对新产品的失败都有影响。

(4) 竞争对手的抗衡。企业低估了竞争对手的力量，不了解竞争对手的营销策略，会在竞争中处于劣势。

(5) 营销组合策略选择和运用不当。如渠道的选择不适宜、促销不利等。

六、新产品开发策略

1. 领先策略

领先策略是指企业要在其他企业的新产品还未开发成功或还未投放市场之前,抢先开发新产品,投放市场,使企业的某种产品处于领先地位,然后,千方百计地扩大战果,迅速扩大覆盖面。这是进攻型的新产品开发策略。如日本索尼公司创办于 1946 年,初期不过 20 人,资本不过 500 美元。40 多年后,职工已逾 4 万人,年销售额达 50 亿美元,产品远销 180 多个国家和地区。究其成功的奥秘,就在于索尼公司是"晶体管先驱者"和"新潮流创始者"(便携式立体声系统)。

2. 跟随超越策略

跟随超越策略是以跟随为先导、以超越为目标,技术引进与自行研制相结合,善于利用外界条件达到事半功倍。企业在发现市场上刚崭露头角的畅销产品或竞争力强的产品后,不失时机地仿制和组织力量将仿制产品及时地投放市场。这种策略风险小,要求的科研能力不高,在技术和经济上都较稳妥。但是,采用跟随超越策略必须具备两个条件:一是要对市场信息捕捉快、接收快;二是要具备一定的应变能力和研究开发能力。这样才能及时地把仿制的新产品开发出来,投放市场。如 20 世纪 60 年代,每当通用汽车公司的新型车上市,福特汽车公司便立即采购,并在 10 天内把新车解体,对其零件逐个清洗称重,按功能分别排列在固定的展览板上,然后与自己的产品对照,分别进行工艺成本分析,找出应变的对策。

跟随超越策略最大的好处是可以大大缩短新产品的研制周期,降低研制费用。日本在 1945—1970 年期间,花费 60 亿美元引进国外技术,而这些技术的研制费高达 2000 亿美元,从而使日本付出的代价不到研究费用 1/30。这些技术的研制时间一般为 12~15 年,而日本掌握这些技术只用了 2~3 年,只相当于研制时间的 15%~25%。"先引进,后改进,不发明"已成为日本一些企业的主要开发策略。

3. 更新换代策略

在老产品的基础上,采用新技术、新材料,开发具有更高技术经济性能的新产品。在企业不改变服务对象,老产品所提供的基本功能仍为用户所需,但技术经济明显落后的条件下,企业保持产品方向不变,常常采用这种策略。

4. 系列延伸策略

一种新产品的问世往往会延伸出与该产品的使用密切联系的一系列配套需求。如电冰箱的使用会延伸出对冰箱断电保护器、冰箱去臭剂、保鲜膜、冰糕盒的需求等。针对人们在使用某一产品时所产生的新的需要,推出特定的配套产品,可以加深企业产品组合的深度,为企业新产品的开发提供更广阔的天地。

七、新产品的开发程序

开发新产品是一项很复杂的工作,不仅投资大而且要冒很大的风险,必须考虑到企业生产技术特点、新产品本身的复杂程度和开发的方式。为减少失误,企业开发新产品必须遵循科学的程序进行。新产品开发过程一般包括以下几个环节。

1. 市场调研

市场调研旨在获得以下资料。

(1) 市场动向资料,即有关产品品种、规格、数量、价格、行情、供求状况及发展趋势的资料。

(2) 用户需求资料,即用户对现有产品的技术性能、工艺以及产品的经济性、配套性、可维修性和安全性方面的意见与期望。

(3) 产品技术资料,即产品的技术现状和最新成果、发展趋势和未来可能出现的新技术。

企业应该在充分调研的基础上,将所得资料进行整理和分析,发现外部环境要求以及可能给企业带来的机会,根据企业经营目标和资源条件确定企业产品开发目标。

2. 确定产品开发目标

确定产品开发目标主要是确定企业经营目标,即产品开发的方向、品种、数量、规模、质量、效益,并确定实现开发目标所需的企业资源条件。它和市场调研一样是为进行新产品的构思做准备的。

3. 进行新产品构思

从严格意义上讲,构思是开发新产品的基础与起点,没有构思就不可能生产出新产品实体。所谓构思,就是对潜在新产品的基本轮廓的设想。一个成功的新产品,首先来自一个有创造性的构思。虽然并不是所有的构思都可变成产品,但寻求尽可能多的构思却可为开发新产品提供较多的机会。

新产品主要构思来源有:顾客、科学家、竞争对手、推销员、经销商、企业内部员工、营销咨询公司、广告公司等。有资料表明,在美国除军工产品外,成功的技术革新和新产品60%~80%都来自于顾客的建议或顾客使用时提出的改进意见。

4. 筛选构思

筛选构思就是对大量的新产品构思进行评价,研究其可行性,选出可行的构思进一步开发,剔除不可行或可行性较低的构思。筛选新产品构思的目的在于及时地剔除那些达不到预期目标或能达到预期目标而企业能力不及的设想方案。对构思的筛选要避免两种失误,一是误舍,即将有希望的新产品构思舍弃;二是误用,即将没有前途的新产品构思付诸开发。不论是误舍还是误用,都会给企业造成重大损失,必须从本企业的实际出发,根据企业的具体情况决定取舍。

甄别构思时,一般都要将企业的发展目标及资源条件与之结合起来。第一,要考虑该构思是否与企业的战略目标相适应,如利润目标、销售目标等;第二,要考虑企业的资源是否有能力开发该构思,如资金能力、技术能力、人力能力等。

5. 产品概念的形成与测试

产品构思是企业从自身角度考虑希望提供给市场的产品设想。而产品概念是企业从顾客角度对这种构思进行的详细描述。例如一块手表,从企业角度看,它是齿轮、轴心、表壳及制造过程、管理方法与成本的集合;而对顾客来说,只考虑手表的外形、特点、价格、准确性、保修期等。企业必须根据顾客上述几方面的要求,把产品构思发展为能被顾客所理解,并能用文字、图形或模型予以具体描述的产品概念。在确定最佳产品概念,进行产品和品牌的市场定位后，就应当对产品概念进行测试。所谓产品概念测试，就是用文字、图像描述或者用实物将产品概念展示在一群目标顾客面前，观察他们的反应。一个产品构思能够转化为若干产品概念。每一个产品概念都要进行市场定位，以了解同类产品的竞争情况，优选最佳的产品概念。其选择的依据是未来市场的潜在容量、投资收益率、销售成长率、生产能力以及对企业设备、资源的充分利用等。

6. 制订营销计划

对已经入选的产品概念，企业需要制订一个初步的营销计划，这个营销计划将被不断地完善。营销计划一般包括三部分内容：第一，描述目标市场的规模和结构，规划产品的定位、计划产品的销售量和市场占有率，产品投放市场开始几年的利润目标等；第二，描述新产品的价格策略、分销策略以及第一年的营销预算；第三，描述预期的长期销售额和目标利润以及在不同时期的市场营销组合策略。

7. 商业分析

商业分析的任务是在初步拟订的营销计划的基础上，对新产品从销售量、成本和利润预算上进行分析，以确定它们是否符合企业的目标。如果它们符合，那么产品概念就能进入产品开发阶段。随着新信息的到来，该商业分析也可作进一步的修订和扩充。该分析包括两个具体的步骤：预测销售额和测算成本与利润。预测新产品销售额可参照市场上类似的产品销售历史，并考虑各种竞争因素，分析新产品的市场地位、市场占有率。在预测新产品销售额的基础上，还要采用量本利分析等有效方法进行成本与利润的测算，并进一步判定营业风险。

8. 产品研发试制

产品研发试制是将通过商业分析的产品概念转交给研制部门进行研究开发，将产品概念转化为具体的产品的过程。与前面几个阶段相比，产品开发阶段的投入较多，时间较长。试制出来的产品如果符合下列要求，则被视为在技术和商业上具有可行性：第一，在顾客看来，产品具备了产品概念中列举的各项属性；第二，在正常使用条件下，可以安全地发挥功能；第三，能在规定的成本预算范围内生产出来。

9. 市场试销

产品投放市场后，能否受到顾客的欢迎，企业并无把握。为此，需要通过市场试销，即将产品投放到有代表性的小范围进行试验，观察其市场反应，以确定是否将产品正式投放市场。市场试销与消费实验不同，消费实验主要解决新产品内在的质量问题，而市场试销则是收集市场对新产品的反映。

确定对新产品进行试销后，还要进一步考虑以下六个方面的问题。

(1) 试销市场的确定。试销市场应是企业目标市场的缩影。

(2) 试销时间的长短。试销时间一般应根据产品的特征、市场对该种商品的反映和商品消费的季节性等因素合理地加以确定。流行性商品的试销时间应短一些；高档耐用消费品和生产资料的试销时间则应长一些。

(3) 试销方式的选定。试销方式主要有商品展销、委托中间商试销和自设门市部试销。

(4) 试销资料的搜集。企业在新产品试销期间，应系统地搜集有关的销售渠道、广告宣传、价格、产品质量等方面的信息资料，以便为以后的营销策略的制定提供依据。

(5) 试销所需要的费用支出。
(6) 试销的营销策略以及试销成功后应该采取的战略行动。

10. 正式投产上市

新产品经市场试销，如果从搜集到的资料分析证明是成功的，就应大批量生产，并择机投放市场。为了慎重地投放新产品，企业通常要作出以下四个方面的决策。

(1) 投放时间。新产品进入市场的时间要适当，通常可考虑新产品进入市场的最佳时间。

(2) 投放地区。一般情况下，新产品是先在主要地区的市场上集中进行广告宣传，待在这些市场上占有相当的份额，取得了立足点后，再扩大到更为广阔的市场。

(3) 目标市场。企业应根据新产品的特点，选择最有潜力的消费者群，作为自己新产品销售的目标市场。

(4) 投放时的营销策略。由于新产品首次大规模投向市场需耗费大量的费用，因此企业要拟定新产品在每一市场首次推出的营销策略，分配营销组合策略(特别是促销组合)中各因素的费用预算，有计划地进行各种营销活动。

第四节 品牌策略与包装策略

一、品牌概述

(一)品牌的概念

品牌(Brand)一词来源于古挪威词语"Brandr"，中文意思是"烙印"。当时的游牧部落在马背上打上烙印，上面写着"不许动，它是我的"，并附有各部落的标记，用以区分不同部落之间的财产，这就是最初的品牌标志和口号。

品牌的最初含义，首先是区分产品，其次是通过特定的口号在人们心中留下烙印。品牌概念随着实践的发展而不断丰富。品牌向消费者传递一种生活方式，在人们消费某种产品时，被赋予一种象征性的意义，最终改变人们的生活态度以及生活观点。

品牌(Brand)是用以识别不同生产经营者不同种类、不同品质产品的名称及其标志，通常由文字、标记、符号、图案和颜色等要素或这些要素的组合构成。品牌是一个集合概念，它包括品牌名称(Brand Name)和品牌标志(BrandMark)两部分。品牌名称是指品牌中可以用语言称呼的部分，也称"品名"，如奔驰(Benz)、奥迪(Audi)等；品牌标志，也称"品标"，是指品牌中可以被认出、易于记忆但不能用言语称呼的部分，通常由图案、符号或特殊颜色等构成，如"三叉星圆环"和相连着的四环分别是奔驰和奥迪的品牌标志。

品牌实质代表销售者(卖者)给买者的产品特征、利益和服务的一贯性的承诺。久负盛名的品牌就是优等质量的保证，不仅如此，品牌还是一个更为复杂的符号，蕴含着丰富的市场信息。为了深刻揭示品牌的含义，还需从以下六个方面透视。

(1) 属性。品牌代表着特定的商品属性，这是品牌最基本的含义。例如，奔驰牌轿车意味着工艺精湛、制造优良、昂贵、耐用、信誉好、声誉高、再转卖价值高、行驶速度快等。这些属性是奔驰生产经营者广为宣传的重要内容。多年来，奔驰的广告一直强调"全世界无可比拟的工艺精良的汽车"。

(2) 利益。品牌不仅代表着一系列属性，而且还体现着某种特定的利益。顾客购买商品实质是购买某种利益，这就需要属性转化为功能性或情感性利益，或者说，品牌利益相当程度地受制于品牌属性。就奔驰而言，"工艺精湛、制造优良"的属性可转化为"安全"这种功能性和情感性利益；"昂贵"的属性可转化为情感性利益："这车令人羡慕，让我感觉到自己很重要并受人尊重"；"耐用"属性可转化为功能性利益："多年内我不需要买新车"。

(3) 价值。品牌体现了生产者的某些价值感。例如，奔驰代表着高绩效、安全、声望等。品牌的价值感客观上要求企业营销者必须分辨出对这些价值感感兴趣的购买者群体。

(4) 文化。品牌还附着特定的文化。从奔驰汽车给人们带来的利益等方面来看，奔驰品牌蕴含着"有组织、高效率和高品质"的文化。

(5) 个性。品牌也反映一定的个性。如果品牌是一个人、一种动物或一个物体，那么，不同的品牌会使人们产生不同的品牌个性联想。奔驰会让人想到一位严谨的老板、一只勇猛的雄狮或一座庄严质朴的宫殿。

(6) 用户。品牌暗示了购买或使用产品的消费者类型。如果我们看到一位 20 多岁的女秘书驾驶奔驰轿车，就会感到很吃惊，我们更愿意看到驾驶奔驰轿车的是有成就的企业家或高级经理。

品牌最持久的含义是其价值、文化和个性，它们构成了品牌的基础，揭示了品牌间差异的实质。奔驰的"高技术、绩效、成功"等是其独特价值和个性的反映。若奔驰公司在其品牌战略中未能反映出这些价值和个性，而且以奔驰的品牌名称推出一种新的廉价小汽车，那将是一个莫大的错误，因为这将会严重削弱奔驰公司多年来苦心经营所建立起来的品牌价值和个性。

美国市场营销学协会对品牌的定义为："一个品牌是一个名字、名词、符号和设计，或者是以上四种之组合，用以识别一个或一群出售者之产品或劳务，以之与其他竞争者相区别。"根据这种解释，组成品牌的有关因素有以下四个方面。

(1) 品牌名称。这是指品牌中可以用语言称呼的那一部分。例如联想、清华同方、红塔山、可口可乐、长虹、海尔等。

(2) 品牌标记。这是指品牌中可以辨别但不能用语言称呼的那部分，通常由一些符号、图案、颜色、字体等组成。如"红塔山"由一座宝塔山峰组成，既表示企业顶尖又呈现宝塔的形状。

(3) 商标。商标是指受到法律保护的整个品牌或品牌中的某一部分。企业通过向国家有关管理机构提出申请，登记注册之后，便取得了使用整个品牌或品牌中某一部分的专用权。其他单位或个人要使用，则要征得商标权所有人的同意，否则就构成了侵权。所以商标是一个法律名词。商标与品牌既有密切联系又有所区别，严格地说，商标是一个法律名词，而品牌是一种商业称谓。两者从不同角度指称同一事物，因此两者常常混淆。

(二)品牌的特征

关于品牌的概念的界定有不同的观点，但要进一步认识其本质必须从品牌的特征入手，品牌的特征主要有以下四个。

(1) 品牌自身是无形的，不具有独立的物质实体，不占有空间，它必须通过一定的直接或间接的物质载体，如符号、色彩、文字等表现自身。

(2) 品牌是企业的无形资产，因此对企业的生产经营和服务能够较长期地、持续地发挥其资产的作用。

(3) 品牌具有明显的排他专用性。这种排他的专用性，有时通过企业自身保密和反不正当竞争法来维护(如专有技术、经营秘密等)；有时通过适当公开其内容作为代价以取得广泛而普遍的法律保护(如专利权等)；有时又借助法律保护并以长期生产经营服务中的信誉取得社会的公认(如商标、品牌认知等)。

(4) 品牌提供的未来经济效益具有较强的不确定性。品牌潜在价值可能很大，也可能很小，即有时可使产品取得很高的附加值，有时则由于在技术与经营服务更新上的竞争不力，未能保持产品质量更好、性能更新、成本更低，从而使企业原有的品牌迅速贬值。这种不确定性与风险性是品牌资产评估具有复杂性的重要原因之一。

(三)品牌的作用

在经济全球化的今天，品牌在企业发展中的作用日益凸显。

1．品牌是所有者的标志

随着市场经济的发展，产品差别日益缩小，品牌作为所有者的标志，创造出产品差别，以便于消费者识别选择。品牌代表着一种产品或服务的所有权，它是所有者的标志，也是财富所有权的象征。品牌通过所有人的商标注册，获得使用、许可、转让的权力，谁生产或销售已经不重要，重要的是谁拥有这一品牌，所以目前市场的竞争归根到底是品牌的竞争。

品牌的识别功能是品牌诸多功能中最基本的一项。品牌是一个整体的概念，它体现着产品或服务的品质、个性、信誉及消费者的认同感，从而区别于其他产品或服务，以大大减少消费者在选购商品时所花的时间和精力，因此，品牌实际上就是产品差别的无形识别器。品牌在消费者心目中不仅是产品的识别标志，而且还代表着生产商的经营特色、质量水准、形象信誉等。

2．品牌是企业避免同质化竞争的最后一道"屏障"

当今社会，市场竞争日趋同质化，一个企业的产品、技术、管理手段、渠道、服务以及流程等很容易被竞争对手复制模仿，"你有我有大家有的东西等于一无所有"，很难形成持久的竞争优势。

但是竞争对手无法复制一个卓越的品牌，品牌是独一无二的，竞争对手拿不走、学不来，所以说，品牌是使企业避免陷入同质化竞争的最后一道"屏障"，品牌是企业参与市场竞争的核心竞争力，是企业克敌制胜的"撒手锏"！

一方面，一些没有品牌的企业依靠产品竞争，打价格战，自相残杀，难以生存；另一方面，一些企业依靠卓越的品牌形成寡头垄断，如入无人之境。例如在可乐市场上，除了可口可乐、百事可乐外，其他企业很难再能分到一杯羹。品牌是企业最有价值的资产，一个卓越的品牌就意味着企业长期的成功营销和利润，意味着产品的高附加值。例如，美国耐克与青岛双星运动鞋制造的成本只差3~5美分，然而两者的市场价格却相差五倍。

3．品牌是一种质量信誉保证

物质生活极大丰富的今天，同类产品多达几十种，消费者根本无法一一了解。品牌则是一种质量信誉的保证，代表着产品的品质，代表着企业的信誉，让消费者买了放心。就像"果树效应"，如果把品牌当作一棵树，产品就是树上的果子，如果消费者摘下一个果子尝了是甜的，那么他会相信这棵树上的其他果子也是甜的。例如，一提起麦当劳，人们就会联想到它"品质、服务、整洁、价值"的经营理念以及洁净的环境、可口的食物、统一的标准等；一提起海尔，人们就会联想到它高品质的家电、"真诚"的星级服务等。

4．品牌是企业经营的风险减速器

随着经济的发展、市场竞争的日趋激烈，产品有生命周期，股市有跌有涨，资本运营风险与利益共存，唯有卓越的品牌能以最低风险带给企业长期的成功营销和利润。

实际上，品牌同时经营过去、现在、未来，它实质上是企业在消费者心中不断生存下去的、未来可以顺利拿回来的一大笔信誉存款。一个卓越的品牌象征着文化，传递着情感，体现着品质，能够长期引领消费者的消费观念，获得消费者的信赖和忠诚，所以说，品牌是企业经营最大的风险减速器，它能使企业获取长久的利益。

据一份调查显示，耐克、可口可乐、IBM、宝洁等全球50大品牌中，品牌历史在55～100年的占32%，在25～55年的也占到32%。这些国际强势品牌，日复一日，年复一年，品牌形象在消费者的心中历久不衰，企业自然也获取了源源不断的财富和利益。

5．维护权益

企业产品的品牌一经注册，就取得了商标的专用权，从而防止其他企业的侵权行为。一旦发现假冒品牌或产品，则可依法追究索赔，保护企业的利益。消费者也可以利用产品的品牌来保护自己的权益，一旦发生产品质量问题，消费者就有据可查，通过品牌来追查有关厂家或销售者的责任。

(四)品牌的命名

一个好的品牌名称是品牌被消费者认知、接受、满意乃至忠诚的前提，品牌的名称在很大程度上对产品的销售产生直接影响，品牌名称作为品牌的核心要素，甚至直接影响一个品牌的兴衰。

1．品牌命名的原则

1) 易读易记原则

品牌名只有易读易记才能高效地发挥它的识别功能和传播功能。因此这就要求企业在为品牌命名时做到：简洁、独特、新颖、响亮等。

(1) 简洁。名字单纯、简洁明快，字数不能太多，要易于传播。如当年IBM在品牌运作很长时间消费者也记不住它是谁，后来发现是因为名字问题。它原来使用的名称是International Business Machines(国际商用机器公司)，这样的名称不但难记忆，而且不易读写，在传播上存在很大的障碍。后来把国际商用机器公司缩简为"IBM"三个字母，这样简洁易记好传播，终于造就了其高科技领域的"蓝色巨人"的领导者形象。

(2) 独特。品牌名要彰显出独特的个性，并与其他品牌名有明显的区分或表达独特的品牌内涵。如"红豆"衬衫的命名就具有中国文化特色，会触物生情，会想起王维的诗："红豆生南国，春来发几枝。愿君多采撷，此物最相思。"

(3) 新颖。品牌名要有新鲜感，要与时俱进，有时尚感，创造新概念。如中国移动给自己推出针对青年人一款通信产品命名为"动感地带"，就比较新颖、时尚，所以也赢得了年

轻人的欢迎。还有一些餐馆名也是比较有新鲜感和时代感的，如"麻辣诱惑"等。

(4) 响亮。这是指品牌名称要朗朗上口，发音响亮，避免出现难发音或音韵不好的字。如娃哈哈、上好佳等。

2) 尊重文化与跨越地理限制

品牌的命名一定要考虑品牌在以后的发展过程中要具有适应性，这种适应性不仅要适应市场的变化、时间空间的变化，还要适应地域空间的变化，具体地说要适应消费者的文化价值观念和潜在的市场的文化观念。由于世界各国、各地区的消费者的历史文化、语言习惯、风俗习惯、民族禁忌、宗教信仰、价值观念等存在一定差异，使得他们对同一品牌的看法也会有所不同。可能一个品牌在这个国家是非常美好的意思，可是到了那个国家其含义可能会完全相反。仙鹤在中国和日本代表着长寿，但在法国被看作蠢者和淫妇的代表。菊花在意大利是国花，但在法国是不吉利的象征，在拉丁美洲的一些国家认为是妖花。再如，蝙蝠在我国，因"蝠"与"福"同音，被认为有美好的联想，因此在我国有"蝙蝠"电扇，而在英语里，蝙蝠翻译成的英语 Bat 却是吸血鬼的意思。

我国的品牌只以汉字命名，因受国度、语言、文化等因素差异，已成为国内品牌国际化的一大障碍。有一些品牌采用汉语拼音作为变通措施，被证明也是行不通的，因为外国人并不懂拼音所代表的含义。如长虹，以其汉语拼音 CHANGHONG 作为附注商标，但 CHANGHONG 在外国人眼里却没有任何含义。而海信，则具备了全球战略眼光，注册了"HiSense"的英文商标，它来自 high sense，是"高灵敏、高清晰"的意思，这非常符合其产品特性。同时，high sense 又可译为"高远的见识"，体现了品牌的远大理想。在中国品牌的国际化命名中，由于对国外文化的不了解，经常会出现一些让国人哭笑不得的事情，如"芳芳"牌牙膏、化妆品在进军国际市场时，商标被翻译为"FangFang"，而 fang 在英文中是指"有毒的蛇牙"，这样谁还敢把有毒的东西往嘴里放、往身上抹，所以这种品牌的命名不能打开国际市场。

3) 无歧义原则

品牌的命名可以让消费者浮想联翩，但千万不能让消费者产生歧义，特别是通过谐音联想歧义。例如金利来，当初取名为"金狮"，在香港人发音出的音来是"尽输"，香港人和东南亚有些华人是比较讲究吉利的，所以在很长一段时间内"金狮"无人问津。后来，金利来掌门人曾宪梓先生分析了原因之后，就将 Goldlion 分成两部分，前部分 Gold 译为金，后部分 lion 音译为利来，取名"金利来"之后，结果情况发生截然不同变化，可以说，"金利来"能够发展到今天，取得如此辉煌的业绩，这与它美好的名称密不可分。

4) 暗示产品特点

在进行品牌命名时，可以从产品的特点、功能、形态等属性来命名，这样能让消费者从它的名字一眼就看出它是什么产品，如五粮液、雪碧、佳洁士、美家净等。超威用于电池，恰当地表达了产品持久强劲的特点；固特异用于轮胎，准确地展现了产品坚固耐用的属性。它们中的一些品牌，甚至已经成为同类产品的代名词，让后来者难以下手。商务通的命名，使得它几乎成为掌上电脑的代名词，消费者去购买掌上电脑时，大多数人会直接指名购买商务通，甚至以为商务通即掌上电脑，掌上电脑即商务通。

5) 可延伸原则

品牌命名时不但要考虑到以上几个原则，还要考虑到品牌以后的延伸问题，如果品牌名称和产品关联度太大，就不利于品牌今后扩展到其他产品或其他领域。一般而言，一个无具体意义而又不带任何负面效应的品牌名，较适合于今后的品牌延伸。例如索尼(SONY)，不论是中文名还是英文名，都没有具体的内涵，仅从名称上，不会联想到任何类型的产品，这样，品牌可以扩展到任何产品领域。但这类命名的品牌，在投放市场初期很难让消费者与产品产生直接联想，也就是消费者对品牌认知的时间较长。

6) 可保护性原则

可保护性原则就是品牌名要能受到法律的保护原则。所以在进行品牌命名时一定要考虑两点：一是要考虑被命名的品牌是不是侵权其他品牌的行为，查询是否已有相同或相近的品牌被注册；二是要注意该品牌名称是否在允许注册的范围内。如"南极人"品牌就是由于缺乏保护，而被数十个厂家共用，一个厂家所投放的广告费为大家作了公共费用，非常可惜。大量厂家对同一个品牌开始了掠夺性地开发使用，使得消费者不明就里、难分彼此，面对同一个品牌，却是完全不同的价格、完全不同的品质，最后消费者把账都算到了"南极人"这个品牌上，并逐渐对其失去了信任。由此可见，一个品牌是否合法即能否受到法律保护是多么重要。

7) 亲和性原则

消费者为什么会喜欢你的品牌而不是其他的品牌，就是因为你的品牌有亲和力、有情感的号召力，这其中品牌名的作用是功不可没的。因此，品牌的命名是否有亲和力是至关重要的，品牌的名称一定要兼顾到消费者的喜好，最好能让消费者从名字中就能体验到被关注和利益。如舒肤佳就让人感受到对皮肤有比较舒服的感觉，还有金六福酒，不但有亲和力，而且也迎合了中国人对福文化的追求和渴望的心理，很容易打动消费者的心。

另外，在品牌命名时还要注意品牌名称要具有可传播性、时代性的原则。总之，要记住为品牌取一个好名字，是品牌运作的头等大事。

8) 传播力原则

不管给产品取一个什么样的名字，最重要的还是要能最大限度地让品牌传播出去，要能够使目标消费者记得住、想得起来是什么品牌。

2．品牌命名的方法

在企业的经营活动中，给商品命名的方法有很多，这里主要介绍以下几种。

1) 根据商品的效用命名

根据商品的主要性能和用途命名，便于消费者在较短时间内了解商品的主要功效。很多工业品和药品都采用这种方法来给商品命名，如缝纫机、衣领净、感冒通、止痛片等。

2) 根据商品的主要成分命名

根据商品的主要构成成分来命名，有助于消费者了解商品的使用价值和用途，并增加对商品的信任度，如"蜂王浆""芝麻糊""橙子汁"等。

3) 根据商品的产地命名

以产品的产地命名，使人觉得产品正宗、历史悠久、具有浓郁的地方特色。一般多用于各地的颇有名气的土特产品和名优产品，如"西湖龙井茶""青岛啤酒""北京烤鸭"等。

4) 根据人名命名

以历史人物、传说人物、影视或体育明星、产品创始人等名字命名，将特定人物与特定商品相联系，利用消费者对名人的仰慕心理来激起他们的购买欲望，如"杜康酒""羽西化妆品""李宁牌运动服"等。

5) 根据外文译音命名

对于从国外进口的商品和近些年来在国内生产的合资企业的产品来说，根据商品的外语发音直接作为商品的名字，既克服了外来语翻译上的困难，又满足了消费者求新、求异的心理需要，如"阿司匹林""可口可乐""三明治"等。

6) 根据制法命名

如北京的白酒"二锅头"，就是由蒸馏酒的方法命名的，它具有两次换水的特点，能使白酒香气浓郁。对于具有独特制造工艺的产品，采用此方法命名便于消费者了解产品制造技术，突出产品制作方法的艰辛，既能满足消费者求知的需要，又能使消费者对商品质量产生信任感。"泸州老窖"特曲、头曲、二曲等就是依此法进行命名的。

7) 根据外形命名

以产品外形命名，可突出产品优美或奇异的造型与特点，引发消费者的兴趣和注意，如棒棒糖、燕尾服等。

8) 根据寓意命名

以吉利的词语命名给人以美好的想象和祝福，如"梦"牌席梦思、"幸福"牌床罩等。

9) 夸张命名

夸张命名法是指用艺术、夸张的词语命名，以显示商品的独特功效，如"永固"牌弹子锁。

10) 数字命名

采用此方法命名利于记忆，有的也可利用谐音促销，如"555"牌电池、"3388"牌铅笔。

除了以上几种常见的命名方法以外，还可以以商品的生产厂家、革命圣地、自然存在物等方式命名。

(五)品牌的设计

特色鲜明的品牌，容易被消费者认知、记忆，进而获取消费者的信赖和激发消费者的购买欲望，促进企业产品的销售。品牌在设计过程中应遵守以下一些原则。

(1) 容易识别，便于记忆。品牌设计既要简洁明了，通俗易懂，又要新颖别致，能传递给消费者明确的信息，以利于消费者准确理解。名称应易于拼读、发音。像 HONGHE(红河)、可口可乐等就能给人留下深刻的印象。

(2) 表达产品特色与效益。品牌既要与产品实体相符合，又要能反映产品的基本用途和它能给消费者带来的效益，使消费者一接触到产品的品牌便能知道是一种什么样的产品。如"联想"电脑、"海尔"冰箱、"黑又亮"鞋油、"奔驰"汽车等。

(3) 激发消费者的购买欲望。一个构思独特、造型新颖的品牌能启发消费者的联想，引起消费者的兴趣，从而激发消费者的购买欲望。如德国大众的"桑塔纳"轿车。"桑塔纳"原是美国加利福尼亚的一座山谷名称，该山谷中经常刮起一股强劲的旋风，当地人称"桑塔纳"旋风，以"桑塔纳"为轿车品牌，使人联想到此车也会同"桑塔纳"

(扫一扫，看案例7-1)

旋风一样风靡全球。再如，广州的"永固"牌门锁，会使人感到十分安全、可靠。

(4) 适合国际市场。随着国际经济交往的增加，企业产品营销的范围在不断扩大，品牌的设计要符合不同的民族习惯，不同的宗教信仰。不同的国家、民族，其文化的差异、宗教信仰的不同构成了生活方式、消费习惯的差异。如在我国，"大象"一词含有一种稳重、踏实、吉祥("象"与"祥"同音)的意味，被广泛用于产品的品牌；但在英语里，"大象"还有"愚蠢""笨拙"的含义，往往不受欢迎。再如，不同的图形、颜色、图案在不同的国家、民族，其意义迥异。这些都是有志打入国际市场的企业在进行品牌设计时要特别留意的。

(扫一扫，看案例 7-2)

(5) 受法律保护。品牌的名称、标记要通俗易懂，这样易被消费者理解和接受。但若过于大众化则往往易被假冒、模仿，模糊法律界限，不利于法律的保护。如可乐、莱卡、阿司匹林、Walkman(随身听)等，在历史上都曾是某一种产品的品牌，但现在却成了一类产品的通用名称。因此，品牌设计要特色鲜明，以保证企业对某一品牌的独占性。

二、品牌策略

品牌策略是企业营销管理的重要方面，是企业营销部门首先要考虑的问题。企业通过精心设计品牌并向政府申请注册取得专用权，并将其转化为商标，以增加产品的价值。

(一)品牌化策略

品牌化策略是指企业给其销售的产品确定相应的品牌。品牌化虽然可能会使企业增加部分成本，但却能给企业带来诸多好处，主要表现在以下几方面。

(1) 通过品牌树立企业形象，促进企业产品信息的迅速传播，以吸引众多的品牌忠诚者、使用者。

(2) 声誉良好的品牌能给企业带来较好的收益，好品牌产品的销售价格往往比一般同类产品高，而名牌则本身就具有相当的价值。

(3) 注册商标确立品牌可以使企业的产品得到法律保护，防止产品被模仿和抄袭，以保持企业产品的差异性。

(二)品牌所有权策略

生产企业如果决定给一个产品加上品牌，则通常会面临三种品牌所有权选择：①生产商自己的品牌；②销售商的品牌；③租用第三者的品牌。一般来说，生产商都拥有自己的品牌，他们在生产经营过程中确立了自己的品牌，有的并被培养成为名牌。但是，从20世纪90年代开始，国外一些大型的零售商和批发商也在致力于开发他们自己的品牌，如"沃尔玛""宜家"。这是因为这些销售商希望借此取得在产品销售上的自主权，摆脱生产商的控制，压缩进货成本，自主定价，以获取较高的利润。此外，也有一些生产商利用现有著名品牌对消费者的吸引力，采取租用著名品牌的形式来销售自己的产品，特别是在企业推出新产品或打入新市场时，这种策略更具成效。

(三)家族品牌策略

决定使用家族品牌的企业,还面临着进一步的品牌策略选择。

(1) 统一品牌策略。这是指企业决定其所有的产品使用同一个品牌。这样可使企业节省品牌设计、广告宣传等费用,有利于企业利用原有的品牌声誉,使新产品顺利进入市场。但统一品牌策略具有一定的风险,如果其中有某一种产品营销失败,就可能会影响整个企业的声誉,波及其他产品的营销。

(2) 个别品牌策略。这是指企业决定对不同的产品采用不同的品牌。这样可以分散产品营销的市场风险,避免某种产品失败所带来的影响;也有利于企业发展不同档次的产品,满足不同层次消费者的需要。但使用个别品牌策略时,企业要增加品牌设计和品牌销售方面的投入。

(3) 多品牌策略。这是指企业对同一产品使用两个或两个以上的品牌。多品牌策略虽然会使原有品牌的销售量减少,但几个品牌加起来的总销售量却可能比原来一个品牌时要多。例如,宝洁公司在中国市场的洗发香波就有四个品牌:"海飞丝""飘柔""潘婷""沙宣"。每个品牌都有其鲜明的个性,都有自己的发展空间,如"海飞丝"的个性为去头屑;"飘柔"的个性是使头发光滑柔顺;而"潘婷"的个性在于对头发的营养保健。这四个品牌在中国市场的总占有率高达60%以上。这一策略的优点是:使企业可以针对不同细分市场的需要,有针对性地开展营销活动;可以使生产优质、高档产品的企业也能生产低档产品,为企业综合利用资源创造了条件;鉴于各品牌之间联系的松散,不会因个别产品出现问题或声誉不佳而影响企业的其他产品。采用此策略的缺点在于,品牌较多会影响广告效果,易被遗忘。这种策略需要有较强的财力作后盾,因此一般适宜于实力雄厚的大中型企业采用。

(四)品牌延伸策略

品牌延伸策略是指企业利用已成功的品牌来推出改良产品或新产品。那些著名的品牌可以使新产品容易被识别,而得到消费者的认同,企业则可以节省下有关的新产品促销费用。如"金利来"从领带开始,然后扩展到衬衣、皮具等领域;红塔集团从卷烟生产扩展到汽车、房地产等。但这种策略也有一定的风险,容易因新产品的失败而损害原有品牌在消费者心目中的印象。因此,这一策略多适用于推出同一性质的产品。品牌延伸通常有两种做法。

(1) 纵向延伸。企业先推出某一品牌,成功后,又推出新的经过改进的该品牌产品;接着,再推出更新的该品牌产品。例如,宝洁公司在中国市场先推出"飘柔"洗发香波,然后又推出新一代"飘柔"洗发香波。

(2) 横向延伸。把成功的品牌用于新开发的不同产品。例如,海尔公司先后向市场推出冰箱、空调、电视机、电脑、手机等产品。

品牌延伸可以大幅度降低广告宣传等促销费用,使新产品迅速、顺利地进入市场。这一策略如运用得当,则有利于企业的发展和壮大。但品牌延伸也可能淡化甚至损害品牌原有的形象,使品牌的独特性被逐步遗忘。所以,企业在品牌延伸决策上应谨慎行事,要在调查研究的基础上,分析、评价品牌延伸的影响,在品牌延伸过程中还应采用各种措施尽可能地降低对品牌的冲击。

(五)品牌更新策略

企业确立一个品牌，特别是著名品牌，需要花费不少费用。因此，一个品牌一旦确定，不宜轻易更改。但有时企业也不得不对其品牌进行修改，导致这种情况的原因有：原品牌产品出了问题，倒了牌子；原品牌市场位置遇到强有力竞争，市场占有率下降；消费者的品牌偏好转移；原品牌陈旧过时，与产品的新特点或市场的变化不相符等。品牌更新通常有两种选择。

(1) 全部更新。即企业重新设计全新的品牌，抛弃原品牌。这种方法能充分显示企业的新特色，但花费及风险均较大。

(2) 部分更新。即在原品牌的基础上进行部分改进，这样既可以保留原品牌的影响力，又能纠正原品牌设计的不足。特别是自 CIS 导入企业管理后，很多企业在保留品牌名称的基础上对品牌标记、商标设计等进行了改进，既保证了品牌名称的一致性，又使新的标记更引人入胜，取得了良好的营销效果。

(六)名牌策略

著名品牌，通常称为名牌，是指那些具有很高的知名度、良好的质量和服务、深受广大消费者喜爱、能给企业带来巨大经济利益的品牌。品牌是企业的一项无形资产，名牌的价值就更高，其品牌价值往往要几倍于该产品的销售收入。如 1995 年可口可乐的品牌价值是 390.5 亿美元，1994 年的销售收入只有 109.42 亿美元(不包括雪碧、芬达等其他产品)。难怪有这样一种说法：即使可口可乐公司所有的厂房、设备在一夜之间被化为灰烬，第二天一早，仍会依据品牌效应获得收益。投资商会找上门来，要求向公司提供贷款，帮助其恢复生产。

商标是指受到法律保护的品牌或品牌的某一部分。也就是说，商标可以是整个品牌或品牌的名称或品牌的标志，也可以是一个名字、名词、符号和设计，或者是以上四种之组合。品牌不一定是商标，商标一定是品牌，但不一定是一个知名品牌。著名品牌只有注册商标才能得到法律的保护，商标也只有经过企业的苦心经营和培育才会成为驰名品牌，才会被赋予市场价值，成为企业的无形资产。因此，品牌与商标互为关联，企业的品牌战略与商标战略也是密切相关的，任何一个决心做大做强的企业都有必要保护自己苦心经营创立的品牌，而要保护品牌的价值只有注册取得专有权。当然，在具体的运作中，企业可以先创立品牌，在赋予品牌一定的知名度和声誉以后再注册取得品牌的专有权，也可以一开始就先注册取得品牌的专有权。无论是哪一种情况，品牌和商标在企业的经营战略中往往是密不可分的，对于那些著名品牌或有实力的企业而言更是如此。一些企业的商标意识薄弱，致使某些商标被他人预谋抢注，使企业蒙受巨大损失。据上海、浙江和江苏等地工商部门的统计，仅在 1994 年，三省发生的商标抢注事件就达 200 多起。尤其令人痛心的是，在激烈的商标抢注战中，一些国内驰名商标先后被人抢注："青岛啤酒"在美国被抢注；"同仁堂""杜康"在日本被抢注；"竹叶青"在韩国被抢注；"阿诗玛""红梅""云烟"在菲律宾被抢注；等等。商标抢注在客观上已经严重扰乱了社会经济秩序，在一定程度上困扰着企业的发展。

从当前来说，在我国企业名牌的创立、发展和保护过程中，需要注意以下一些问题。

(1) 首先要有名牌意识。要创立著名品牌首先需要有坚实的基础，即可靠的质量、先进的技术、有效的管理、高素质的人员等。

(2) 积极参与国际竞争。名牌是市场竞争的产物，能在国际竞争中战胜众多对手，脱颖而出,被世界各国市场都予以承认,这才是名牌创立的最高境界——世界名牌。例如,"海尔"就是走出国门成功创立品牌的。

(3) 发展自己的名牌。到目前为止,为数不少的企业基于纯经济利益或其他各方面的考虑,把自己多年奋斗创立起来的品牌拱手出让或贱卖,国有名牌成了别人的"垫脚石"。例如,原广州肥皂厂的"洁花"牌曾经是全国知名品牌,1988 年广州肥皂厂与外商合资成立了广州宝洁洗涤用品公司,中方把"洁花"作价 500 万元投入合资公司。但"洁花"进入宝洁后就被打入冷宫,而宝洁全力推出由美国 P&G 公司提供的"海飞丝""飘柔""潘婷""沙宣"等牌子,每年投入上亿元的宣传费,把原来国人完全不知道的美国商标变成了知名商标,原来的国有知名商标"洁花"反而无人知晓。可喜的是也有部分企业在外商的高价诱惑下坚决不屈服,坚持发展自己的品牌,如"娃哈哈"饮料、"黑妹"牙膏等。为了加快国内经济发展,提高技术水平,与外商合资,让出部分国内市场,这是必需的,但引进的最终目的应是使自己的产品打入国际市场。因此,企业应大力发展自己的名牌,否则,名牌再好,控制权在别人手里,企业就只能永远处于从属和被分割的地位。

(4) 加强对名牌的保护。由于名牌拥有巨大的经济效益,是一种无形资产,因此,无论是国外还是国内,某一品牌产品只要稍有名气,就避免不了被仿冒的命运。有的品牌产品的仿冒数量甚至超过了正品。在世界著名品牌中,几乎找不出没有仿冒品的。因此,如何保护自己的品牌,使之不受到侵犯,成了一个世界性的难题。根据国内外的经验,保护名牌应从以下几个方面努力:①及时注册。国际上对商标权的认定,有两个并行的原则,即"注册在先"和"使用在先"。所谓"注册在先",是指商标的专用权属于首先申请注册并获批准的企业或个人;"使用在先",是指商标的专用权属于首先使用此商标的企业和个人。中国法律对商标权的认定依据"注册在先"的原则。因此我国企业确定商标后,应该及时进行国内和国际注册,以取得法律保护。②类似商标注册。类似商标注册,就是注册与使用相同或相似的一系列商标,即注册一系列文字、读音、图案相同或相近的商标,保护正在使用的商标。比如娃哈哈集团把"哈哈娃""哈娃娃""娃娃哈"等类似商标进行了必要的保护性注册。③跨行业、跨品类注册。目前,我国商标注册采用的是国际上通用的商标分类法,即把商品分成 34 个大类,把服务行业分成八个大类。这样,同一商标就可以在 42 个类别上分别申请注册。根据这个情况,企业就需要把同一品牌在完全不同种类的产品或行业进行商标注册,以防止他人在不同产品或行业上使用该企业的商标。比如红豆集团在国内 34 类商品上全部注册了"红豆"商标。④国际注册。如果企业有开拓国际市场的营销战略,还有必要在目标市场国进行商标注册,否则在国际市场营销中会受挫。

(扫一扫,看案例 7-3)

三、包装策略

(一)包装的概念

产品包装有两层含义:一是指用不同的容器或物件对产品进行捆扎、保护;二是指包装用的容器或一切物件。产品包装通常有三个层次:第一层次是内包装,它是直接接触产品的包裹物,如酒瓶、香水瓶、牙膏皮等;第二层次是中包装,它是保护内包装的包裹物,当产品被使用时，它就被丢弃，如香水瓶、牙膏等外面的盒子等，中包装同时也可起到促销的作用；第三层次是外包装，即供产品储运、辨认所需的包裹物，也称运输包装，如装一打香水的硬纸盒等。此外，标签也是包装的一部分，它可能单独附在包装物上，也可能与包装物融为一体，用以标记产品的制造日期、产品说明、有效期、等级分类等信息，促进产品的销售。

从市场营销观点看，包装和装潢都是产品整体中的形式产品，可以统称为包装，是产品整体中很重要的一部分。包装的技术与方法成为一种专门学科。讲求产品的包装和装潢，可以使消费者产生购买欲望和购买行为。

(二)包装的功能

包装是整体产品的重要组成部分。人们第一眼看到的往往就是产品的包装。过去，我国许多企业由于不重视包装，很长一段时期，我国的产品在国际市场上处于"一等产品，二等包装，三等价格"的被动局面。出口产品只能在国外摆地摊，登不上大雅之堂。具体地说，产品的包装有以下几个方面的功能。

(1) 保护产品功能。这是包装的原始功能。在产品从生产者转移到消费者手中以及被消费者消耗的过程中，良好的包装可以防止产品的毁损、变质、散落、被窃等。

(2) 便于储运功能。不少产品没有固定的形状或形状特殊，不包装则难以进行储存和运输。有些产品则有一定的危险性，如易燃、易爆、有毒等，必须有严密良好的包装才能储运。此外，整齐的包装可以方便储运时的点检等管理工作。

(3) 视觉冲击功能。不能被看到的商品就不能被购买，这是大家耳熟能详的陈列定理。在一片令人眼花缭乱的超市货架上，谁的产品能进入消费者的视线，就可能被购买；相反，则没有销售的机会。

(4) 信息传达功能。被看到只是实现销售的前提和基础，要打动顾客还得靠品牌自身的魅力。"我"是谁？"我"能为顾客带来什么？"我"能令顾客喜欢吗？……包装设计需要醒目地传达这些能触动消费者的信息。将这些信息简洁而又突出地展示给顾客，给顾客一个理性的购买理由。

(5) 审美愉悦功能。俗话说：货卖一张皮。"皮"很美，不但能卖，而且能卖上好价钱。中国古代就有"买椟还珠"的典故，可见包装之美的重要性。这就要求我们的产品包装要做到精美，能带给顾客赏心悦目的感觉，给顾客一个感性的购买理由。

(6) 个性化功能。如果你的品牌不是"傍一族"，不是刻意地想混淆视听，就必须在个性上下点功夫。个性化的包装往往取决于你的品牌定位、品牌个性、品牌细分、渠道类型等因素。个性鲜明的产品包装有助于顾客在同类产品面前作出判断，既节省时间又方便消费。个性化不仅能使你的品牌同对手的品牌区分开来，也给顾客一个先入为主的印象。

(7) 质量感功能。这是一个非常感性的东西。从本质上来说，顾客最关心的还是产品质量，但产品的质量往往是顾客无法即时判断的。顾客只能从侧面来佐证产品的质量，比如品牌的企业背景、品牌积淀、广告、朋友推荐等。顾客的这些判断实质上是产品所表现出来的质量感。除了以上因素外，产品包装也是带给顾客质量感的重要评判指标。

(8) 附加值功能。包装设计是创造商品附加值的方法之一。"包装常常比里面的产品还重要"，这句话道出了包装的附加价值取向。"好马配好鞍"也误导出一个感性化的谬论——"配好鞍的一定是好马"。最典型的当数月饼营销，与其说是品牌大战不如说是包装大战。

(9) 方便顾客功能。包装的方便性也是顾客决定是否购买的因素之一。包装规格是否符合顾客的使用和存放习惯，包装是否便于顾客拿取、因包装容量或规格而带来的价格是否超出了顾客的支付警戒线，是否便于顾客尝试购买等。设计包装时如果能从这些细节上做到"以人为本"，才是真正的好包装。

(10) 自我销售功能。除广告、导购推介等手段外，更多时候是借包装与顾客做面对面的直接沟通，所以，一个好的包装设计必须在顾客 3 秒钟的快速浏览中被发现，并在 15 秒内通过品牌的各项综合信息触动其购买欲望。因此，成功的包装设计可以让商品轻易地达到自我销售的目的。自我销售功能也是上述功能瓜熟蒂落的结果。

(三)包装的种类

按照不同的分类标准，包装可以划分为各种不同的类型。

(1) 按在流通中的功能分类，可以分为运输包装和销售包装。运输包装又称为工业包装(大包装)，它是以保护产品、提高运输效率为主要目的的包装，采用运输包装的多数是生产资料。销售包装又叫作商业包装(小包装)，它是以促进销售为主要目的的包装。销售包装不仅要求外形美观，而且要有必要的装潢。

(2) 按使用的材料分类，可以分为纸和纸制品包装、木包装、草编和纺织品包装、玻璃和陶瓷包装、金属包装、高分子材料包装等。

(3) 按产品的存在形态分类，可以分为固体包装、液体包装和气体包装。

(4) 按使用的次数分类，可以分为一次性使用包装(如单件包装，多用于食品或贵重物品)和重复性使用包装。重复性使用包装又分为两种情况：一是收回直接再用(如酒瓶、集装箱)，二是收回复制后再用(如纸、金属、玻璃等)。

(四)常用的包装方法和包装技术

根据各种影响因素，现代包装常用的方法和技术有下面几种类型。

(1) 包装的大小。它主要受消费者的购买使用习惯及购买力的影响。一般来说，日用消费品小包装使用比较方便。随着小家庭的增加，对小包装产品的需求将会不断增加。

(2) 包装的形状。它主要取决于产品的形状和性质。一般来说，产品的包装要有利于产品的存放、搬运、运输，能美化产品，吸引顾客的注意。特别是食品，顾客购买后往往要存放在冰箱里，因此，食品包装的形状应与冰箱内部结构相符合。

(3) 包装的构造。包装的构造应能突出产品的特点，体现产品的功能，同时应开启方便。有些产品还需要特殊的保护性包装，如危险性药品的包装应使儿童不能轻易打开。包装的造型要美观大方、生动形象，图案设计要新颖，能对顾客产生吸引力。

(4) 包装的颜色。研究表明，颜色能影响人们的情绪，进而影响人们的行为。不同的颜色能给人以不同的感觉，如红色的热烈、蓝色的宁静、黑色的凝重、紫色的高雅等。因此，应针对产品的不同，采用不同颜色的包装与之相配。笨重的产品采用淡色的包装，会使人觉得比较轻巧；轻巧的产品采用深色的包装，会产生庄重的感觉；食品和洗涤剂采用乳白色或淡绿色包装，使人感到卫生清洁；药品采用绿色包装，给人以健康安宁、充满生机的感受。

(5) 包装的材料。包装材料的选用除了能有效地保护产品外，还应该考虑材料与环境保护的关系，应多选用多功能、简单化、容易回收的绿色产品包装物，并说明包装物的处理方式，使所用的材料不能有损生态环境。此外，还应考虑包装材料与产品的价值比例，不能"金玉其外，败絮其中"。"一等产品，二等包装"固不可取，但不考虑产品内容、用途和销售对象，而单纯追求包装装潢的精美华丽，以此来吸引顾客，其结果往往是主次颠倒、弄巧成拙。

(6) 符合销售地的风俗习惯。因各个国家和地区的宗教信仰、风俗习惯、文化背景、地理环境不同，而在产品包装上产生了一些禁忌，这是不可掉以轻心的。比如：在输往日本的产品的包装上应忌用荷花，因为日本人认为荷花意味着祭奠，是到极乐世界去的象征；出口到英国的产品包装上忌用白象，因为白象在英国象征好吃懒做，有大而无用之意。英国人还忌用山羊和孔雀做商标。山羊在英国是 goat，而 goat 有"不正经男子""坏人"之意。在英国孔雀是祸鸟，孔雀开屏在英国被认为是自我炫耀的不良习性。法国对墨绿色特别厌恶，这是基于第二次世界大战的痛苦回忆，因为希特勒法西斯军队穿的是墨绿色的军装，所以法国人见到墨绿色就触景生情，产生反感。

(7) 经济实用。①选用的包装材料要尽量便宜。②要设计多用途和可多次使用的包装。③要尽可能合理地利用包装空间。④要避免过分的包装。例如，由于受产品包装"精美化"的影响，不少农药的包装也越来越考究。一种名为"扑虱灵"的粉剂农药，小包装如同袋装榨菜，中包装与市场上的橘子粉相似，而作为特殊产品的农药，应力求注重内在质量，包装则应尽量讲求实用，过分的精美势必加大农药成本，增加农民负担。另外，农药包装若与食品等其他产品包装相仿时，也易发生误食误用意外事故。⑤使用方便。运输包装要设计成大包装，销售包装要设计成小包装，因此，包装的设计要求大、中、小并举。这样，既保证了运输的安全方便，也为橱窗陈列和做广告提供了方便，又为保管和使用创造了便利条件。同时，在包装设计时还要注意携带方便。

(8) 显示出产品的特点。要能够从包装的图案、形状和色彩等方面显示出产品的特点和独特风格。例如，化妆品的包装要色彩艳丽、造型优美、装潢雅致；贵重的工艺品的包装要材质华贵、造型独特、装潢富丽；儿童品的包装要五彩缤纷、活泼美丽；食品的包装要喜庆吉祥，以吸引消费者购买。

(9) 文字设计一目了然。有些产品的性能、使用方法、使用效果常常不能直观显示，而需要用文字加以说明。包装上的设计，要抓住顾客对不同产品的不同心理，以指导其消费。如药品类产品，要说明成分、功效、服用量、禁忌及是否有副作用等；服装类产品，应说明用料、规格、尺码、洗涤和保存方法等。

(五)包装策略

随着商品经济的迅速发展以及人们消费习惯的不断变化，要求产品包装除了图案设计美观新颖、装潢艺术精致高雅之外，还要选择适当的包装使用策略，以适应消费者多种多样的购买要求。常用的包装使用策略有以下几种。

1. 类似包装策略

各种产品在包装物外形上采用相同的形状、近似的色彩和共同的特征，以便使消费者从包装的共同特点上产生联想，一看就知道是哪个企业的产品。实行这种策略的优点是容易提高企业信誉，节约包装设计费用，其缺点是容易一损俱损。

2．等级包装策略

将产品分为若干等级，对高档优质产品采用优质包装，对一般产品采用普通包装，使产品的价值与包装相称，表里一致，方便消费者选购。例如，以前我国出口东北优质人参，采用木箱和纸箱，每箱20～25kg，不仅卖不了好价钱，而且还使不少外商怀疑是否是真正的人参，因为他们认为像人参这么贵重的药材不可能用那样的包装。后来我们改变了以前的大包装，改用小包装，内用木盒，外套印花铁盒，每盒1～5只，既精致又美观，使人参身价倍增。

3．配套包装策略

配套包装策略也称为组合包装策略、多种包装策略。它是指将数种有关联的产品放在同一容器内进行包装，以方便消费者购买、携带和使用。例如，把乒乓球、球拍、球网配套包装，再如急救箱(胶布、纱布、红药水、碘酒、酒精等)、成套化妆品(护肤霜、爽肤水、唇膏、发油等)、成套餐具等。采用这种策略也可以将新产品与其他旧产品放在一起，使消费者在不知不觉中接受新观念，习惯于新产品的使用。

4．复用包装策略

复用包装策略也称为再使用包装策略。它是指将原包装的产品使用完以后，包装物可移作其他用途。采用这种策略的优点是有利于诱发消费者的购买动机，空包装物还能起到广告宣传的作用。

5．附赠品包装策略

附赠品包装策略指在产品包装物内附赠小物品，目的是吸引顾客购买和重复购买，以扩大销售，尤其是在儿童用品市场上最具有吸引力。如糖果和其他小食品包装内附有连环画、小塑料动物等。

6．绿色包装策略

绿色包装策略又叫生态包装策略，是指包装材料可重复使用或可再生、再循环，包装废物容易处理或对环境影响无害化。随着环境保护浪潮的涌起，消费者的环保意识日益增强，伴随绿色技术、绿色产业、绿色消费而产生的绿色营销，已经成为当今企业营销的新主流。与绿色营销相适应的绿色包装已成为当今世界包装业发展的潮流，因为实施绿色包装策略，有利于环境保护和与国际包装接轨，易于被消费者认同，从而产生促销作用。

7．更新包装策略

更新包装策略是指企业改变原有产品形象，为促进商品销售而采用新颖的包装。例如，河南省卫辉食品挂面厂认真调查了消费者的购买心理趋势后，积极开发新品种，由原来的单项品种发展到现在的三大系列40多个品种，实现了产品由低档向中高档和医药保健型挂面发展的转变。但产品更新了，包装依旧，产品销路不理想。该厂聘请有关专家重新进行产品包装设计，变纸包装为塑料袋包装，由一般纸箱式包装改为手提礼品式彩色箱，所有开发的新产品都具有独特的包装风格。包装一变，销路大增，该厂产品已销往北京、广州等地，并远销到中国香港和日本，出现了供不应求的好势头。

本 章 小 结

  整体产品的三个部分是核心产品、形式产品和附加产品。整体产品概念是市场经营思想的重大发展，对于企业的经营具有重大意义。

  一种产品从投放市场开始一直到被市场淘汰为止的整个过程，称为该产品的生命周期。产品的生命周期可以分为引入期、成长期、成熟期和衰退期四个阶段。在不同的阶段，其市场特点不同，企业应采取的市场对策也不同，可以采取多种方法来延长产品的生命周期。新产品的设计与开发必须满足多种要求。

  新产品的开发策略有：领先策略、跟随超越策略、更新换代策略和系列延伸策略等。

  品牌是产品内涵的一种外在表现形式。要重视品牌的设计和品牌策略的运用。由于著名品牌具有使产品增值的功能，企业应力创名牌并注意对名牌的保护。

  包装在营销中的作用在不断增强，包装的方法和技术也在不断更新，合适的包装可以使产品魅力大增。

思 考 与 练 习

1. 整体产品概念包括哪三个部分？为什么产品概念要从整体上加以理解？
2. 产品生命周期分为哪四个阶段？产品生命周期理论对企业的经营活动有何价值？
3. 试就一个你了解的企业的产品组合进行分析和评价。
4. 简述新产品设计与开发的要求。
5. 试就一个你熟悉的产品的商标和包装进行分析和评价。
6. 生意经"货卖一张皮"阐明了什么道理？

实 践 训 练

1. 考察一种农产品，根据实例说明包装对产品销售的影响。
2. 试应用产品生命周期理论分析模拟电视机目前在我国城市里所处的生命周期阶段。
3. 试剖析联想集团如何保护其品牌。

(扫一扫，看案例分析)

第八章 价格策略

【学习目标】

通过本章的学习，了解影响产品定价的因素及产品定价的一般过程，掌握为企业产品制订适宜价格的方法，特别是掌握针对不同产品的具体情况而制定相应定价策略和价格调整策略的能力。

【关键概念】

产品价格　成本导向定价法　需求导向定价法　竞争导向定价法　定价策略　价格调整策略

【案例导入】

执着于价格竞争的格兰仕公司

格兰仕公司因擅长价格竞争而闻名。2004年春，格兰仕公司再次将其微波炉的价格下调，引起了业界的轰动。格兰仕的此次降价是基于对整个微波炉行业的清醒认识而作出的决策。一方面，日韩家电企业纷纷将生产线转移到中国市场，扩大产能，不断推出低价，争抢低端市场；另一方面，这些年，由于海外市场发展迅猛，为了确保更多的海外订单，格兰仕不得不放弃一些国内低端市场。国内一度被价格大战打趴下的同行巨亏企业们则趁势借助格兰仕的技术升级换代，纷纷跟风搭便车大力推广低价光波炉、冒牌光波炉等，企图趁格兰仕大力开拓海外市场之际，挤进国内市场站稳脚跟，扩大自己的市场版图。

随着格兰仕中山基地的即将投产，格兰仕微波炉的产能进一步释放。根据格兰仕的调查，价格必须以1200万台的保本点来制定经营规模，要是达不到这种规模的企业将被清理出场。因此，格兰仕决定降价，并制定当年产销规模目标达到2000万台。

为什么降价的总是格兰仕？主要原因有三：

其一，企业内部运营目标的需要和多年来积累的竞争优势。例如，这次格兰仕发动价格战，一方面是技术领先、规模领先降低了成本，带来了战略成本的领先，使企业有能力和有必要大打价格战；另一方面为新产品(金刚光波)上市造势、让路，而以价格战设定行业的准入门槛。

其二，来自企业外部的压力。这种压力主要来自于两个方面：一方面是有效供应大于有效需求，使供需矛盾日益严重。在目前绝大多数的行业市场里不是存在供给量过大，就是存在需求不足或不够成熟的情况。但不论是出自何种原因，为了从量上来实现自己预期的利润总额，就难免降价以求扩大市场份额和增加销量了。另一方面是竞争激烈并日趋白热化，降价成了突围竞争格局的武器。如今的家电市场，早已进入了竞争充分的时代。在这样的环境里，产品同质化程度高、营销难度大，不好好利用自己得心应手的价格利刃，还要使用什么呢？

其三，来自消费者的潜意识需要。老百姓潜意识里具有"物美价廉"的消费价值观。从这个方面来说，价格战便是大大顺应民心的。只要衣食父母需要，价格的天平迟早都会偏向消费者的。在这种情况下，与其被动跟随对手发起的价格战，不如主动挑起以博"上帝"欢心。不过，要打一场"不得不打"的价格战也是要讲究实力的。因为不论是主动挑起还是被动跟随价格战，其目的都是为了保住和扩大自己的市场份额，维持和增加自己真正服务的顾客份额，达到利润总额。

格兰仕价格战表面看是不按照牌理出牌，其实背后是有自己的秘诀的。实际上，企业保证成本优势的持久性，在于防止竞争者模仿，在于成本优势的来源和数量，本钱和实力。企业只有将规模、技术、渠道、服务、品牌及相关营销推广策略这些因素转化为专有技术和学习优势，其持久性才最长。企业通过多个价值链中相互作用和相互增强的成本驱动因素取得竞争优势，可以使竞争者模仿的行为十分困难且成本过于昂贵，从而保持成本优势的持久性。如果企业要想开展价格战，要想做强者，那就要赶快夯实和强化自己在技术、品质、渠道等方面的基础，不要摆出弱者的姿态，指责价格战是没有用的，只有适应市场的游戏规则。

(资料来源：根据武力《价格战新论》改写. 经济日报，2004.3.1)

价格策略是4P策略中最活跃、最关键的因素，是市场竞争的重要手段，也是产生收入的唯一因素。它随市场的变化上下波动，协调着买卖双方的利益关系，在动态的市场竞争中，企业经营者如果能在定价的决策中正确制定价格变动的幅度、价格变动的时间和价格变动的区间，就能在瞬息万变的市场竞争格局中，吸引和保持顾客、扩大市场份额、获得竞争优势。本章主要介绍定价目标选择、影响定价的因素、定价的方法及定价策略等。

第一节 定价目标选择

任何企业都不能孤立地制定价格。在产品定价之前，企业必须按照自身战略目标和市场营销目标来确定定价目标。定价目标是选择定价方法和制定价格策略的依据。一家企业在一定时期内，若存在多个目标，应考虑主要目标与其他目标的平衡问题。

一、以获得利润为定价目标

企业生产经营的最终目的是盈利。价格是实现利润的重要手段，获得利润自然成为企业定价的主要目标。

1. 以达到预期销售额为目的的定价目标

此定价目标立足于企业销售额预期从而达到一定百分比的毛利。这就要求企业定价时，在商品成本外加入预期利润。如商品批发企业或零售企业，需估算本年度费用开支额度及预期利润，进而计算出毛利标准，再加上成本后得出最终售价。由于企业实际期望的利润是根据销售额一定比例计算的，如此定价，商品利润的百分比保持不变，销量越大，总利润就越高。当然，企业定价应以取得合理的利润为尺度。按这一目标定价时，应谨慎细致地分析研究、认真计算，使所定价格能为消费者所接受。采取这种定价方法的企业，一般在同行业中具有很强的竞争实力，所经营的商品在市场上能占有一定的优势或具有一定的特色。

2．以获得合理预期利润的定价目标

企业总希望经营的商品获得最高或最佳利润，当然也必须是合理的利润。追求最大利润并不等于追求最高价格。一般情况下，以获得最佳利润为定价目标的含义如下。

(1) 企业的长期目标利润。长期目标利润的实现，归根到底要以商品是否能较快地销售出去，是否能够满足顾客需要为标志。如果商品因价格定得过高而卖不出去，利润也就无从谈起。失去了市场，要比少赚一些的损失更大。所以，一些企业在新的市场或试销一种新产品时，往往采取低价策略，以低价迅速吸引顾客，打开销路，占领目标市场。即使在开始阶段较少盈利或不盈利，但从长期来看，仍能取得合理满意的利润。

(2) 取得最佳、合理的利润，还应从企业总收益去衡量，而不以单个商品核算。为了取得整个企业的最佳、合理的利润，可以有意识地将某种商品的价格定得偏低，以引起消费者的好感，从而带动其他商品的销售。

以追求长期最佳利润或满意利润的定价目标，较之那种定价较高期望短期获益的定价目标而言，更为稳定。

二、以维持或提高市场占有率为定价目标

市场占有率是一个企业经营状况和产品竞争能力的反映，关系到企业的兴衰。市场占有率大小，是企业实力和市场地位的重要标志。一般认为投资利润率的高低与市场占有率的大小关系极大，二者变化方向基本一致。所以，许多企业把维持或提高市场占有率看得很重要。有资料表明，市场占有率每增加10%，税前投资利润率会提高5%。因此，资金雄厚的大企业，宁愿放弃当前可能获得的部分利润，而采用低价策略来扩大市场占有率。因为较高的市场占有率会使得销售量增加、成本降低、盈利水平提高，从而获得更高的长期利润。

三、以投资报酬率为定价目标

投资报酬率目标是指企业以投入资金的预期报酬作为定价目标。它反映了企业的投资收益水平。为达到这一目标，在对产品定价时，需要在产品成本的基础上加上预期利润。例如，商品批发企业或零售企业，需估计本年年度费用开支额和自己的期望利润，计算出毛利标准，加上成本作为出售价格。采取这种定价目标的企业，一般在同行业中具有较强的竞争力，所经营的商品在市场上占有一定的优势或具有一定的特色。

四、以稳定市场价格为定价目标

稳定市场价格也是一个重要的定价目标，这是最大限度减少经营风险的策略，在需求波

动较大的行业中被广泛使用。由于稳定价格有利于防止价格竞争，此类定价目标往往会被处于行业优势的领导企业所采用，所以又被称为领导者价格。一个市场中若存在领导者价格，新的生产者要进入市场，只有采用与之相同的价格。因为领导者企业的产品和价格已经在消费者心中产生了标杆效应，新进入者定价较高或较低都无法达到良好的效果。

五、以应付和防止竞争为定价目标

相当多的企业对于竞争者的价格十分敏感，有意识地通过定价去应付竞争或规避竞争是企业定价的重要目标之一。例如，企业竞相降价以争夺市场，或将价格定得适当高于对方，以求树立声望等。所谓用价格去防止竞争，就是以具备影响市场均价的竞争者价格为基础，去制订本企业的商品价格，或与之保持一致、或稍有变化，并不企图与之竞争，而是希望在竞争不太激烈的条件下，求得生存和发展。采用这种定价目标的企业，必须经常地、广泛地收集资料，及时地、准确地把握竞争对手的定价情况，并在将企业经营的商品与竞争者类似的商品作谨慎比较以后，定出本企业经营商品的价格。不过，具体到某一个企业，价格如何制定，要根据实际情况区别对待。一般来说，在成本、费用或市场需求发生变化时，只要竞争者维持原价，采用这种定价策略的企业也应维持原价；当竞争者改变价格时，也应随之调整，避免竞争带来的冲击。对于谋求扩大市场占有率的企业，其定价应采取低于竞争者的薄利多销的策略；对于具有特殊条件的、财力雄厚的或商品质量优良的企业，可采取高于竞争者的定价策略。

第二节　影响定价的因素

企业为了科学地进行产品定价，必须分析影响企业定价的基本因素。影响企业定价的因素有很多，既有企业内部的因素，又有企业外部的因素。内部因素包括营销目标、营销组合、成本及定价组织；外部因素包括市场状况、消费者心理、竞争和其他环境因素，如宏观经济状况、政府的政策法规等。

一、产品成本因素

产品成本是企业制定价格的基础。成本包括生产成本、采购成本、销售成本、财务成本和税金。定价应首先补偿所有的成本费用，价格高于成本费用才有可能盈利，也可以说，成本是产品价格的最低限度。一般来说，企业制定的价格，应包括产品生产和销售过程中的一切支出，以及企业为达到销售目标所作努力和承担风险的合理而公平的一切补偿。产品成本的变化必然影响产品价格的变化。产品成本下降，则产品价格有下降的趋势或可能；反之亦然。在竞争激烈的市场上，企业要想用降价来取胜，就必须先降低成本，只有产品成本减少，才能使产品降价有可靠的经济基础。

二、市场状况因素

企业产品定价，除了产品成本这个基础因素之外，还要充分考虑影响产品价格的另一个重要而又最难把握的因素——市场状况，它决定着产品价格的最高临界点。价格再高也不能高到无人买的程度。市场状况主要包括市场商品供求状况、商品需求特性、竞争状况等。

1. 市场商品供求状况

在市场经济社会形态下的市场，价值规律这只"看不见的手"会自发地起着支配作用。当商品供不应求时，商品价格就会上涨；当商品供过于求时，商品价格就会下跌。供求影响价格，价格调节供求，这是价格的运动形式，是商品价值规律、供求规律的必然要求。在我国社会主义市场经济条件下，由于国家能够对商品市场价格实行有效的宏观调控，企业定价虽然不是绝对地受一时一地的供求关系影响，但从全局性、长期性的过程来看，商品价格仍然与市场供应成正比，与需求成反比。在其他因素不变的情况下，商品供应量随价格上升而增加，随价格下降而减少；而商品需求量随价格上升而减少，随价格下降而增加。因此，企业定价必须认真考虑价值规律的客观要求，根据市场供求状况，及时制定或调整价格，以利于供给与需求的平衡，促进国民经济持续、快速、健康地发展。同时，商品价格只有对市场供求作出灵活反应，才能承担起合理配置、调节和使用资源的功能，促进国民经济建设有活力地正常进行。

2. 商品需求特性

商品需求特性会对价格产生三个方面的影响。

(1) 高度流行的商品或消费者对品质、威望具有高度要求的商品，价格因素会变得次要。如消费者不会因为价格便宜而去购买设计欠佳的服装；厂家购买机器设备，首先考虑的是品质，而价格仅在货与货比较时方觉重要。在耐用消费品方面，商品的品牌威望更加重要。某些快速消费品如糖、烟、酒等，消费者更多地考虑使用习惯性，而不在乎价格的高低。

(2) 商品存货周转率影响价格的制定。比如消费者购买频率大的日用品，有较高的存货周转率，适宜薄利多销；反之，周转率低或易损、易腐商品则需要有较高的毛利率。

(3) 商品价格弹性导致价格更为敏感。对无价格弹性的商品降价，于促销无益；对需求弹性大的商品，价格一经调整，即会引起市场需求的变化。一般情况是，便利商品的替代品多，价格弹性大；特殊商品的替代品少，价格弹性则小；选购商品的价格弹性比便利商品小，但比特殊商品要大。

3. 竞争状况

价格竞争是营销竞争的重要手段和内容。现实和潜在竞争对手的多少及竞争的强度对产品定价有很大的影响。竞争越激烈，对价格的影响就越大，特别是那些非资源约束性产品，或技术、设备要求不高，容易经营的产品，潜在的竞争威胁非常大。完全竞争的市场，企业定价在一定程度上受竞争者的左右而缺乏自身的自主权，因此，工商企业除经营国家规定的实行统一价格的商品外，其他商品的定价都应考虑竞争对手的价格情况，力求定出对竞争较为有利而又受欢迎的价格，特别对竞争激烈的商品，企业应把定价策略作为与竞争者相竞争的一个特别重要的因素来考虑。一般来说，如商品在竞争中处于优势，可以适当采取高价策略；反之，则应采取低价策略。同时，企业要用动态的观点随时关注竞争对手的价格调整措施，并及时作出反应。

市场经济的显著特点是竞争，需求和成本所决定的可能价格范围，并不一定适应竞争的需要。而合理的价格却是有效地直接参与竞争的最好方式，因此，企业有必要认真研究市场

市场营销学

结构，分析竞争者在产品质量、技术水平、售前与售后服务等方面的情况，尤其是竞争者产品的价格水平，以制定合适的价格参与市场竞争。根据市场结构的不同，我们可以将竞争分为完全竞争、完全垄断、垄断竞争和寡头垄断。在完全竞争市场结构条件下，生产者是市场价格的接受者；在完全垄断市场结构条件下，生产者是市场价格的制定者；而在垄断竞争和寡头垄断的市场结构条件下，认真分析竞争对手对本企业产品的定价尤为重要。

三、消费者心理因素

消费者的心理会影响到消费者的购买行为和消费行为，因此企业定价必须考虑消费者心理因素。

(1) 预期心理。消费者预期心理是反映消费者对未来一段时间内市场商品供求及价格变化的趋势的一种预测。当预测商品有涨价趋势时，消费者会争相购买；相反，则会持币待购。我国20世纪80年代末出现的生活日用品抢购风潮就证明了这一点。所谓"买涨不买落"也是消费者预期心理的作用。

(2) 认知价值和其他消费心理。认知价值指消费者心理上对商品价值的一种估计和认同，它以消费者的商品知识、后天学习和积累的购物经验及对市场行情的了解为基础，同时也取决于消费者个人的兴趣和爱好。消费者在购买商品时常常把商品的价格与内心形成的认知价值相比较，将一种商品的价值同另一种商品的认知价值相比较以后，当确认价格合理、物有所值时才会作出购买决策，产生购买行为。同时，消费者还存在求新、求异、求名、求便等心理，这些心理又会影响到认知价格，因此，企业定价时必须深入调查研究，把握消费者认知价格和其他心理，据此制定价格，促进销售。

四、国家政策

价格在社会主义市场经济条件下是关系到国家、社会和个人三者之间相互利益的大事，与人民生活和国家的安定息息相关。政府可以通过行政的、法律的、经济的手段对企业定价及社会整体物价水平进行调解和控制。政府的政策、法规和改革措施，有监督性的，有保护性的，也有限制性的。它们在市场经济活动中制约着市场价格的形成，是各类企业制定价格的重要依据。

五、其他环境因素

企业在制定价格时还要考虑其他一些外部环境因素。首先是社会经济状况，如通货膨胀、经济繁荣、利率变化等因素。其次是国家有关物价的法律法规，如《中华人民共和国价格法》和《中华人民共和国反不正当竞争法》等，是企业定价的重要依据。最后，对经销商作出的定价策略，应有足够的利润空间，以赢得他们的支持，因为他们要进行销售和促销活动。高质量的市场定位，意味着销售商必须制定较高的价格，用来补偿较高的成本。

市场营销理论认为，产品的最高价格取决于产品的市场需求，最低价格取决于该产品的成本。在最高价格和最低价格的幅度内，企业能把这种产品价格定多高，则取决于竞争者同种产品的价格水平。

第三节 定价方法

一、定价的步骤

企业产品价格的制定需要全面考虑,一般可分为六个步骤,确定定价目标、测定市场需求、估算产品成本、分析竞争状况、选择定价方法、确定最终价格,如图8-1所示。

1．确定定价目标

企业产品价格的制定是一种有计划、有步骤的活动,是实现企业营销目标和总战略的具体工作。目标利润、竞争、投资收益率等都是企业常见的定价目标,值得注意的是每种目标都有其适用的状况,企业应视自己所处的情况与条件来选择恰当的定价目标,以便在定价的过程中能有所遵循,且在整体环境有所变化时,能机动地应变,而非静观其变、错失良机。每个企业在不同的时期定价目标也许是不同的,但在实际定价工作中往往只侧重于某一方面的因素。

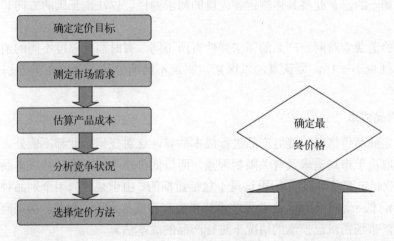

图8-1　产品定价步骤

2．测定市场需求

商品价格与市场需求在一般情况下是成反比关系的。价格会影响需求,在正常情况下,市场需求会按照与价格相反的方向变动。价格提高,市场需求就会减少;价格降低,市场需求就会增加。企业商品的价格会影响需求,需求的变化会影响企业的产品销售以及企业营销目标的实现。因此,测定市场需求状况是制定价格的重要工作。

1) 测定需求的价格弹性

在对需求的测定中,首要的是了解市场需求对价格变动的反应,即需求价格弹性。

需求价格弹性可用公式表示为:需求价格弹性(E)=需求变化率(%)/价格变动率(%)

(1) $E>1$,称为弹性大。它表示价格变动较小,能引起较大的需求变动。
(2) $E<1$,称为弹性小。它表示价格变动幅度较大,但引起需求变动幅度不大。
(3) $E=1$,称为弹性适中。它表示价格变动引起需求变动幅度相等。
(4) $E=0$,称为无弹性。它表示价格无论如何变动,需求都不变。

2) 测定需求弹性的影响

商品需求弹性的不同对企业的定价有不同的影响。以下几个方面要注意。

(1) 不同产品的需求弹性不同,企业的定价也不同。当商品富于需求弹性时,即 E 大于 1 时,商品稍微降一点价,销售量就会显著增加,企业的总收入也会增加。相反,商品稍微提一点价,销售量就会明显下降,企业的收入也会减少。价格变动方向同总收入的变动方向相反。对于这类商品,企业采取低价销售有利。

当商品具有一般需求弹性时,即 E 等于 1 时,价格变动幅度与销售量变动幅度大小一致,方向相反,总收入不变。对于这类商品,企业不宜采用价格手段进行竞争。

在商品缺乏需求弹性的情况下,即 E 小于 1 时,即使商品价格下降很多,销售量也只有较少地增加,企业总收入减少。相反,价格提高很多,销售量也只有较少地减少。价格的变动趋势同总收入的变动趋势方向相同,对于这类商品采用低价达不到销售量增加和效益提高的目的,因而采用较高的定价对企业有利。

(2) 同一产品在不同时期或不同的价格区段的需求弹性有所不同。当某一商品的需求弹性测出后,还要分析此商品在不同的销售时期和处于不同价格区段上的情况。许多商品需求弹性不是始终如一的,企业要具体测定各区段的需求弹性,以决定正确的方向和找出理想定价点。

(3) 不同的消费者对同一产品的需求弹性有所不同。有时需求强度不同的消费者对同种产品的需求弹性也不一样,要认真加以区别,制定不同的方法。而这正是差别定价理论的基础。

3. 估算产品成本

企业在制定商品价格时,要对产品进行成本估算,这对任何企业都不例外。企业商品价格的最高限度取决于市场需求及有关限制因素,而最低价格不能低于经营成本商品的经营成本费,这是企业制定商品价格的下限(这里不包括短期的、由于某种原因个别品种的价格低于本费用的情况),低于这个限度,企业无法维持再生产和继续经营。因此,制定商品价格要在企业目标已定,市场需求已摸清的情况下进行产品的成本估算。

4. 分析竞争状况

商品价格的制定除取决于需求状况、成本状况之外,还受到市场竞争状况的强烈影响。对竞争状况的分析,包括三个方面的内容。

1) 分析企业竞争地位

企业及其产品在市场上的竞争地位对最后制定产品价格有重要的意义。要在企业的主要市场和竞争能力方面作出基本的估计,列出企业目前处于何种状况,并在分析过程中考虑有关重要的非商品竞争能力,如服务质量、渠道状况、定价方法等。

2) 协调企业的商品定价方向

企业要从各种公开发表的财务资料及其他材料中,或者从以购物者身份索要的价目表中了解竞争对手的产品价格,以使本企业商品价格的制定更主动。这方面工作要考虑到企业的定价目标及策略。如企业为了避免风险,可采用"随行就市"的方法,跟着行业中主导企业的价格、主要竞争对手的价格走;也可以在与竞争企业中主导企业的产品进行全面比较后,决定高于或低于竞争企业的价格。但要注意,当企业在一个行业中单独制定较高或较低的价格时，提价或降价都应意识到风险的存在，此时应作全面的分析，并配以各项有力措施。

3) 估计竞争企业的反应

企业要把即将可能采用的价格策略排列出来，进行分析、估计和预测可能引起的市场反应。如财务、技术、管理方面的优势和劣势，非价格因素的长处与缺点，现行的营销策略以及竞争对手反应的历史资料，使企业的有关决策人员知己知彼，从而制定相应的策略和采用适当的方法。

5．选择定价方法

成本导向定价、需求导向定价、竞争导向定价是三种常见的定价方法。这些方法有的侧重于成本，有的侧重于需求，有的着眼于竞争，但它们的任务都是为产品确定一个基本价格。每种定价方法都有它的优缺点，这需要企业在选择定价方法时必须根据自身的环境、商业竞争状况等因素综合考虑。

6．确定最终价格

定价务必要有弹性，决定产品价格时要了解成本，综合考虑竞争、需求等因素，确保定价符合法律规定。这也就是说，低价、高价都可能是"好价"，只是要看企业如何运用有关的价格策略来进行最终的产品定价。

二、定价的方法

(一)成本导向定价法

任何一个企业进行生产经营活动，首先要考虑成本得到的补偿，然后考虑获利问题，否则企业就会亏损，就无法生存下去。成本导向定价法就是以成本为基础，再加上一定的利润和税金来确定产品价格的方法。它具体包括以下三种方法。

1．成本加成定价法

所谓成本加成定价法，是指按照单位成本加上一定百分比的加成来制定产品销售价格。加成的含义就是一定比率的利润。其计算公式如下：

$$单位产品价格=单位产品总成本\times(1+加成率)$$

采用成本加成定价法，确定合理的预期利润率是一个关键问题。而预期利润率各国各行业环境不同，即使是同一类商品，也会出现悬殊情况。这种定价方法具有计算简单、简便易行的优点，在正常情况下按此方法定价可使企业获得预期盈利。其缺点是，忽视市场竞争和供求状况的影响，缺乏灵活性，难以适应市场竞争的变化形势。

2．售价加成定价法

所谓售价加成定价法，又称为毛利率法，这种方法与成本加成定价法类似，可以说是成本加成定价法变通的一种形式。零售企业往往以售价为基础进行加成定价。这里的成本就是商业企业的进货成本，加成率就是商业毛利率。其计算公式如下：

$$单位产品价格=单位产品总成本/(1+毛利率)$$

3．保本定价法

所谓保本定价法，是指企业制定的产品价格以保证能够回收全部成本为目标，产品价格等于单位产品成本。按照量本利分析法(也称盈亏平衡分析法),产品成本一般由变动成本和固定成本两部分构成。固定成本在一定范围内不因产量变化而变化,因而单位产品的固定成本就等于总固定成本除以预期销售量。因而,产品价格就等于单位产品变动成本与单位产品固定成本的和。其计算公式如下:

单位产品价格=产品总成本/预期销售量=总固定成本/预期销售量+单位产品变动成本

4. 目标利润定价法

所谓目标利润定价法,是指企业在保证回收成本的基础上,还要实现一定数额目标利润的定价方法。在采用目标利润定价法定价时,首先应明确所要实现的目标利润是多少;然后再根据产品的需求弹性来考虑各种价格及其对销售量的影响;最后将价格定在能够使企业实现目标利润的水平上。其计算公式如下:

单位产品价格=(总固定成本+总目标利润)/预期销售量+单位产品变动成本

例如:某企业投入固定成本为 600 万元,单位产品变动成本为 5 元,预计销售量为 80 万,若企业定价目标为实现目标利润 200 万元,则销售价格应定为[(600+200)÷80]+5=15 元。

(二)需求导向定价法

需求导向定价法是根据市场需求强度不同、消费者对价格心理的反应不同来确定产品价格的一种新型的定价方法。在现代,价格被看作是企业为消费者提供的一种选择,只有这种选择与消费者的承受能力、价格心理相一致时,价格才为消费者所接受,商品的交易才会产生。这种定价方法的具体做法如下。

1. 理解价值定价法

理解价值定价法是以消费者对产品价值的理解和感受程度来确定产品价格的一种方法。当然,卖方和买方会从不同的角度去理解产品的价值,卖方从成本费用和取得应有利润角度来理解,而买方则从产品的效用(使用价值)和市场供求状况等方面来判断产品的价值。假若两者的理解一致时,产品价格就能很快确定下来;若理解不一致,甚至差距相当大,而卖方又无法再降低价格时,则企业应采取有效的营销措施,通过广告宣传等活动来突出产品的特征及其提供的效用,加深消费者对产品价值的理解程度,使消费者提高其愿意支付的价格限度,最后企业才能确定自己产品的价格。

2. 需求差异定价法

需求差异定价法是以需求对象、需求地点、需求时间,特别是需求强度的差异为依据来进行产品定价的方法。

(1) 需求对象不同,其收入有明显差别,对同一产品的价格看法也有差别。企业可以根据高、中、低不同收入的对象规定不同的价格。例如,宾馆出租同一套房,对本国人和外国人分别予以不同的房价。

(2) 需求地点不同,各地消费者的生活水平不一致,对同一产品愿意出的价格也不一样。企业应分别对待,给予不同的价格优惠。例如城市和农村、发达地区和落后地区应区别对待。

(3) 需求时间不同,也应有不同的价格,旺季价格应高些,淡季价格应低些。

(4) 需求强度的差异,也应有不同的价格。如果一些消费者对某一产品有强烈需求,寻找了相当长的时间,一见到有这一产品出售,就会如饥似渴地马上购买,甚至抢着购买,如此可定较高价格，相反则应定较低价格。实施这一定价方法，在确定价格之前，应做市场细分，区分出若干个细分市场之后，然后对不同细分市场分别进行定价。

(三)竞争导向定价法

竞争导向定价法是以竞争品的价格为基础来制定本企业产品价格的定价方法。一般有三种情况：第一是与竞争品价格一样；第二是高于竞争品价格；第三是低于竞争品价格。到底采用哪一种，要根据产品特性、产品所处的生命周期以及企业的定价目标来决定。具体方法有以下三种。

1. 行情定价法

行情定价法又称为随行就市定价法。它是以同行业竞争产品现行的平均价格水平为基础，再适当考虑本企业产品的质量、成本等方面因素来确定产品价格的定价方法。这种方法是最简单、最常见的方法。这种方法定价风险小，因为它的价格随行就市，消费者容易接受，竞争对手能卖出去本企业也能卖出去。在有许多同行相互竞争的情况下，每个企业都生产着相似的产品，如钢铁、粮食等，价格高于别人，会造成产品积压；价格低于别人，又会损失应得利润，引起同行间竞相降价，两败俱伤。因此，在产品差异很小的行业，往往采用此定价法。另外，对于一些难以核算成本的产品，或者打算与同行和平共处，或者企业另行定价不能准确把握竞争对手和顾客的反应，也往往采用随行就市定价法。

2. 主动竞争定价法

主动竞争定价法是企业制定价格不是追随竞争者的价格，而是立足于市场竞争，并根据本企业产品的实际情况和竞争对手的产品差异状况来确定价格。主动竞争定价方法一般为实力雄厚或产品独具特色的企业所采用。这种定价方法一般采用低价以抢占市场，提高自己产品的市场占有率，甚至排斥和兼并中小企业。

3. 密封投标定价法

密封投标定价法又称招标定价法，是买方引导卖方通过竞争成交，由一个买主对多个卖主的出价择优成交的一种定价方法，主要用于招投标交易。建筑包工、产品设计、大宗商品的购买和政府采购等往往采用这种方法。一般的招标过程是：①由招标者(买方)发出招标公告，说明所要购买的商品或建设项目的具体要求，凡愿按条件交易者，可在规定时间内用密封信函将报价寄给招标者；②招标者在规定时间内召集所有投标者(卖方)，将报价信函当场启封，选择其中条件最有利的一家或几家投标者为中标者，进行交易。

参加投标企业要在众多的投标者中获胜，投标价格要有竞争力(即低于竞争者的报价)，但价格过低又会影响企业的赢利，因此，在定价时既要考虑中标率，又要考虑企业可能获得的利润。因此，企业的投标价格是根据竞争者的报价估计确定的，而不是根据企业自己的成本或者市场需求来制定的。

第四节 定 价 策 略

定价策略是企业争夺市场的重要武器，也是价格管理的核心内容。定价的重要意义在于使价格成为促销的有效手段。因此，企业必须善于根据市场状况、产品特点、消费者心理和营销组合等因素，正确选择定价策略。

一、新产品的定价策略

新产品是指全新的新产品或在本国市场上第一次出现的产品。企业推出新产品，最关心的问题是如何尽快收回投资和占领市场。但这两个目标往往是矛盾的，要尽快收回投资，需定高价，但不利于扩大市场占有率；要尽快占领市场并加以扩大，价格就不能高，那么收回投资就慢。所以，新产品初临市场，在定价方面万不可走错第一步。

1．撇油定价策略

撇油定价策略又称撇脂定价策略，这是一种高价格策略，它因与从牛奶中撇取奶油相似而得名。撇油定价策略是指对产品上市初期，价格定得较高，以便在较短的时间内获得最大的利润。

适宜采用这种策略定价的产品，一般都缺乏弹性，指定产品高价格也不会减少需求，小批量生产的成本也不会提高很大；产品市场在短期内不会是竞争者迅速增加；制定产品高价格还能使人们对其产生高档产品的印象。该策略的优点是：由于价格较高，不仅能在短期内取得较大利润，而且可以在竞争加剧时采取降价策略；企业可以限制竞争者的加入；符合消费者对待价格由高到低的心理。其缺点是：由于价格大大高于价值，不利于市场的开发与扩大，甚至会受到抵制；高价厚利会引来大批竞争者，一旦大打价格战，就可能会使价格惨跌。因此，企业在运用此策略时，应根据"价格易跌不易涨"的道理，先高后低，当竞争者涌入后，及时相应调整价格。

(扫一扫，看案例 8-1)

2．渗透定价策略

渗透定价策略是一种低价格策略。也就是在新产品投放市场时，价格定得较低，只求保本或微利，用低价吸引顾客，使消费者很容易接受，提高市场占有率，使商品逐步渗透，从而扩大销路和销量，快速占领市场。

采用这种策略定价的产品，其特点是潜在市场范围广，需求弹性大，企业生产成本低。这种定价策略的优点是：由于价格较低，一方面可以迅速打开产品销路，扩大销售量，从多销中增加利润；另一方面可以阻止竞争对手的加入，有利于控制市场。这种定价策略的缺点是：投资的回收期限较长，价格变化余地小。因此，生产能力较小的企业不宜采用这一策略。

3．满意定价策略

满意定价策略又称温和定价策略或君子价格策略。企业为了适应市场竞争的需要，首先对消费者进行市场调查，了解市场对某种产品的期望零售价格，即了解消费者愿意为某种产品支付的平均价格，然后根据调查结果倒算出新产品的生产成本和质量规格并组织生产。新产品上市后，按照企业的正常成本、国家税金和一般利润，定出中等价格，使企业既获得一般利润，又能吸引顾客，赢得顾客的好感。

这种策略是介于上面两种策略之间的一种新产品定价策略，即将新产品的价格定在一种比较合理的水平，使顾客比较满意，企业又能获得适当利润。这是一种普遍使用、简便易行的定价策略，以其兼顾生产者、中间商、消费者等多方利益而广受欢迎。但这种策略过于关注多方利益，反而缺乏争胜外拓的勇气，仅适用于产销较为稳定的产品，而不适合需求多变、竞争激烈的市场环境。

4. 反向定价策略

反向定价策略是指企业通过市场调查或征询分销渠道的意见，预测消费者对某种商品所期望的价格来确定新产品的上市价格，再按照上市价格预测出消费者的需求和购买力。这种定价策略有利于建立和提高企业的信誉，其缺点是带有一定的主观性，因为预测与实际总会存在某种差距。

5. 需求习惯定价策略

有些产品市场销售已久，在长期购销活动中形成了一种习惯价格，如日用工业品、主副食品等，企业在向市场投放这类新产品时，必须依照需求习惯定价。这种定价策略从价格上尊重了消费者的习惯，给消费者以价格稳定、合理的感受；其缺点是有时不能适应新的变化了的情况。

6. 随行就市定价策略

新产品投入市场时，亦可完全依赖供求状况灵活定价。这种定价策略要求价格不固定在某个点上，而是让买卖双方当面协商、满意成交。这种定价策略有利于企业从价格中及时把握市场行情，生产、经营适销对路的商品，它适用于生产经营小商品的企业。

二、产品组合定价策略

产品组合定价是指企业为了实现整个产品组合(或整体)的利润最大化，在充分考虑不同产品之间的关系，以及个别产品定价高低对企业总利润的影响等因素的基础上，系统地调整产品组合中相关产品的价格。主要的策略如下。

1. 产品线定价策略

产品线定价策略是指企业为追求整体收益的最大化，为同一产品线中不同的产品确立不同的角色，制定高低不等的价格。当企业生产的系列产品存在需求和成本的内在关联性时，为了充分发挥这种内在关联性的积极效应，需要采用产品线定价策略。在定价时，首先，确定某种产品价格为最低价格，它在产品线中充当招徕角色，吸引消费者购买产品线中的其他产品；其次，确定产品线中某种产品为最高价格，它在产品线中充当品牌质量象征和收回投资的角色；最后，产品线中的其他产品也分别依据其在产品线中的角色不同而制定不同的价格。如果是由多家企业共同生产经营时，则需要协商确定互补品价格。选用互补定价策略时，企业应根据市场状况，合理组合互补品价格，以发挥企业多种产品整体的组合效应。另外需要注意的是，产品线定价策略的关键在于合理确定价格差距。

2. 互补品定价策略

互补品是指两种或两种以上功能互相依赖、需要配合使用的商品。如汽车与机油、隐形眼镜与消毒液、饮水机与桶装水等。互补品定价策略具体做法是：把价值高而购买频率低的主件价格定得低些，而对与之配合使用的价值低而购买频率高的易耗品价格适当定高些。例如，为汽车定一个相对较低的价格，而相应地提高机油的价格或日常保养的费用；电动剃须刀架的价格定低一些，而刀片的价格适当提高。这样有利于提升市场竞争优势，并增加企业总体利润。

3．成套优惠定价策略

对于成套设备、服务性产品等，为鼓励顾客成套购买，以扩大企业销售，加快资金周转，可以使成套购买的价格低于单独购买其中每一产品的费用总和。如一家宾馆为顾客既提供住宿、餐饮服务，也提供娱乐、健身服务，那么，可考虑将住宿、餐饮的价格定低些，以吸引顾客，而将娱乐、健身的价格定高些，以获取利润。

4．副产品定价

在生产加工肉类、石油产品和其他化工产品的过程中，经常有副产品。如果副产品价值很低，处理费用昂贵，就会影响到主产品的定价。制造商确定的价格必须能够弥补副产品的处理费用。如果副产品对某一顾客群有价值，就应该按其价值定价。副产品如果能带来收入，将有助于公司在迫于竞争压力时制定较低的价格。

5．产品包定价

企业经常以一种价格出售一组产品，例如一整套化妆品、计算机及其配套的音箱或打印机、假期旅游公司为顾客提供的一系列活动方案等。这一组产品的价格低于单独购买其中每一种产品的费用总和。因为顾客可能并不打算购买其中所有的产品，所以组合价格必须较单独购买而言得有较大的优势，以此来推动顾客购买。假设一台计算机成本4500元、售价5000元，与之配套的音响成本450元、售价500元，打印机成本1500元、售价2000元，三样产品合计售价7500元、总成本6450元。若客户单独购买一台计算机，企业利润为500元。但企业为三者的打包价格由7500元让利至7000元以吸引客户购买后，企业实际利润为550元。既提高了附属产品的销量，又能为企业带来了更高的利润。

三、折扣定价策略

折扣定价策略就是降低商品价格，给购买者一定的价格折扣或馈赠部分产品，以争取用户，扩大销售。常见的折扣定价策略有以下七种。

1．现金折扣策略

现金折扣策略允许用现金或以提前付款的方式购买商品的顾客按原定价享受一定的折扣，鼓励顾客按期或提前偿付货款，以加速商品和资金周转，提高企业利润率。这种定价策略适用于价格昂贵的耐用消费品，尤其适用于采取分期付款的商品。

2．数量折扣策略

数量折扣定价策略是指卖方根据买方购买商品数量的多少，给予不同的折扣。购买商品越多，折扣越高，买方获利也越多。实行这种策略的目的在于鼓励买方大批量购买商品。数量折扣可分为累进折扣和非累进折扣。顾客在一定时间内(如一个月、一个季度、半年等)购买商品总量达到一定额度时，按其总量的多少给予折扣叫作累进折扣。同一顾客一次购买的商品达到一定额度时，按其总量多少给予折扣叫作非累进折扣。

3．季节性折扣策略

生产或经营企业向提前购买季节性强的商品的顾客给予一定的价格折扣，叫作季节性折扣策略。采用此策略的目的在于鼓励顾客早期购货,减少企业的资金负担和仓储保管费用,加速资金周转。

4. 交易折扣策略

根据中间商在商品流通中的不同地位和作用,给予不同的折扣,叫作交易折扣策略,如给予批发商的折扣大于给予零售商的折扣,鼓励中间商努力销售本企业的商品。

5. 组合折扣策略

组合折扣策略是指企业将彼此密切相关的商品组合配套,对购买成套商品的顾客给予价格折扣,使之比分别购买的价格低一些,如世界杯足球赛出售的套票、配套的茶具及餐具等。这种策略既有利于一次购齐、节省时间、享受优惠,又有利于企业增加销售。

6. 推广让价策略

企业对经营者为本企业经营的商品提供的各种促销活动(如刊登地方性广告、布置专门的橱窗、组织人员促销等)进行鼓励,给予津贴或减价作为报酬,这就是推广让价策略。这种策略对于扩大商品影响和销路有着重要的作用。

7. 运费让价策略

对较远的顾客,通过减价来弥补其部分或全部运费的策略称为运费让价策略。这种策略可吸引远方顾客经销本企业的商品,扩大市场范围,开辟新的销路。

四、心理定价策略

心理定价策略,就是根据消费者购买商品时的心理对产品进行定价,使之成为消费者可接受的价格。消费者的购买行为由消费心理支配,它运用心理学的原理,根据不同类型的消费者在购买商品时的不同心理动机来制定价格,以诱导消费者增加购买。心理定价策略主要有以下几种。

1. 整数定价策略

整数定价策略是指企业有意识地把商品的尾数去掉,以零划整制定整数价格。如:999.9元的商品,应定为 1000 元。这种策略主要是用于高档消费品或消费者不太了解的商品,使消费者感觉到商品的档位高一个层次。它是针对消费者的虚荣心理而确定的定价策略。一般来说,在这种情况下,价格的高低已成为显示身份的标志,而且能使消费者产生高档消费的满足感。

2. 尾数定价策略

尾数定价策略又称零头定价策略或非整数定价策略。它与整数定价相反,价格保留尾数,采用非整数的零头标价。这种策略是企业针对那些已经进入市场的成熟产品而制定的定价策略,一般会以 9 结尾,而针对中国人对于数字"6"或数字"8"的独特喜爱,企业也会采用 6 或 8 来结尾。例如:把 10 元的商品定价为 9.99 元或把 1000 元的商品定价为 998 元等。这是一种适应消费者希望自己能够买便宜货的心理而使用的价格策略。因为在消费者看来,零头价格是经过细心计算的最低价格,甚至一些高价商品看起来好像不太贵。另外,从心理学上看,尾数定价还会给人们一种定价精确的感觉,从而使消费者产生信赖感,激起购买欲望。

零头定价策略适用于中档、低档日用消费品。在对消费者的调查中还发现，零头定价对于没有经济主权的家庭成员用于个人消费时，最具吸引力。

3．声望定价

声望定价策略是指根据产品在消费者心中的声望、信任度和社会地位来确定价格的一种定价策略。声望定价可以满足某些消费者的特殊欲望，如地位、身份、财富、名望和自我形象等，还可以通过高价格显示产品的名贵。因此，这一策略适用于一些传统的名优产品、具有历史地位的民族特色产品，以及知名度高、有较大影响、深受市场欢迎的驰名产品。例如：我国的景泰蓝陶瓷在国际市场上价格为 2000 多法郎，是成功运用声望定价策略的典范。要特别指出的是，物以稀为贵，为了声望定价得以维持，需要适当控制市场拥有量。比如英国的劳斯莱斯轿车，在过去 50 年中，该公司只生产了 15 000 辆新车，美国艾森豪威尔总统因未能拥有一辆金黄色的劳斯莱斯汽车而引为终生憾事。但是，声望定价必须非常谨慎。如果产品质量或者服务跟不上，则可能会迅速丢掉市场。

4．招徕定价策略

招徕定价策略是指将几种商品的价格定得非常高或者非常低，在引起消费者的好奇心理和观望行为之后，带动其他商品的销售。这种策略常为综合型百货商店、超级市场甚至高档商品的专卖店所采用。一般顾客都有以低于一般市价的价格买到同质量商品的心理要求。企业抓住这一心理，将少数产品以非常低的价格出售，或是节假日和换季期间对部分商品实行折价让利销售，以此吸引顾客，促进其他价格比较正常的商品的销售，从而达到扩大连带商品销售的目的。

在实践中，也有故意定高价以吸引顾客的。珠海九州城里有 3000 港元一只的打火机，引起来人们的兴趣，许多人都想看看这"高贵"的打火机是什么样子。其实，这种高价打火机样子非常平常，虽无人问津，但它边上 300 元一只的打火机却销路大畅。

值得企业注意的是，用于招徕定价的商品，应该与低劣、过时商品明显地区别开来。招徕定价的商品，必须是品种新、质量优的适销产品，而不能是处理品。否则，不仅达不到招徕顾客的目的，反而可能使企业声誉受到影响。

5．习惯价格定价策略

习惯价格定价策略特别适合于那些关系国计民生的日常消费品。对于已经进入市场成熟的产品，由于市场上这些产品的价格长期以来一直维持在某个水平上，消费者已经完全习惯了这个价格，甚至在心理上产生了这样的看法：该价格就是"天经地义的，应该的"。例如：我国大部分的城市出租车起步价为 10 元，几十年如此，从未变过。因为出租车 10 元起步价已在消费者心里形成了根深蒂固的印象。若出租车公司贸然将起步价调整为 12 元则会导致消费者的不满。因此，企业把握消费者的这种习惯心理制定价格策略，在较长时期内保持产品的价格稳定不变，能满足消费者的某些心理需要，甚至能战胜竞争对手，继续稳固市场地位。

五、地区定价策略

一般来说，一个企业的产品，不仅卖给当地顾客，同时也卖给外地顾客。而卖给外地顾客，把产品从产地运到顾客所在地，就需要支付装运费。所谓地区性定价策略，就是企业要决定:对于卖给不同地区,包括当地和外地不同地区顾客的某种产品,是分别制定不同的价格,还是制定相同的价格。地区性定价的形式有如下几种。

1. FOB 原产地定价

FOB 是国际贸易术语 Free On Board 的简称。所谓 FOB 原产地定价,是指顾客(买方)按照出厂价购买某种产品。企业(卖方)只负责将这种产品运到产地或某运输工具(如卡车、火车、船舶、飞机等)上交货。交货后,从产地到目的地的一切风险和费用概由顾客承担。如果在产地某种运输工具上交货定价,那么每一个顾客都各自负担从产地到目的地的运费,这是很合理的。但是这样定价也有不利之处,即目的地较远的顾客有可能不愿支付高昂的运费而放弃购买这个企业的产品,而选择与其较近的企业的产品。

2. 统一交货定价

统一交货定价与 FOB 原产地定价正好相反。所谓统一交货定价,是指企业对于卖给不同地区顾客的某种产品,都按照相同的出厂价加相同的运费(按平均运费计算)定价。即对全国不同地区的顾客,不论远近,都实行一个定价。

3. 分区定价

分区定价的形式介于前二者之间。所谓分区定价,是指企业把全国(或某些地区)分为若干价格区,对于卖给不同地区顾客的某种产品,分别制定不同的地区价格。距离企业远的价格区,价格定得较高;距离企业近的价格区,价格定得较低。在一个价格区范围内实行一个定价。企业采用分区定价也存在问题:①在同一价格区内,有些顾客距离企业较近,有些顾客距离企业较远。企业往往会针对较远的顾客制定相应的价格,而相对较近的顾客会感觉价格偏高;②处在相邻价格区边界两边的顾客,他们相距不远,但是要按高低不同的价格购买同一种产品,造成顾客的不满。

4. 基点定价

所谓基点定价,是指企业选定某些城市作为基点,不管货物实际上是从哪个城市起运的,都按一定的出厂价加上从基点城市到顾客所在地的运费来定价。例如:某公司确定武汉为基点城市,则无论从哪发货,都一致性地按武汉发货来计算运费。货物从北京发出,销往长沙,但实际是按武汉至长沙的路程来计算运费。因此,为了提高定价的灵活性,公司往往会选定许多个基点城市,按照离顾客最近的基点城市计算运费。

5. 运费免收定价

有些企业因为急于和某些地区达成交易,会负担全部或部分实际运费。这些卖主认为,如果生意扩大,其平均成本就会降低,因此足以抵偿这些费用开支。采取运费免收定价,可以使企业加深市场渗透,并且能在竞争日益激烈的市场上站稳脚跟。

六、差别定价策略

1. 差别定价策略概念

差别定价策略是实际中应用较多的定价策略之一,也称为价格歧视(price discrimination)或歧视性定价,是对企业生产的同一种产品根据市场的不同、顾客的不同而采用不同的价格。

一般来说，对同一种产品，只要对不同类型的顾客采用不同的价格；或对多种产品，产品间的价格差别较其生产成本的差别不成比例时，就可认为企业采用了差别定价法。例如：工业用电和生活用电的价格不同，而每度电的生产成本是一样的。与采用统一价格相比，歧视性价格不仅更接近一个特定顾客愿意支付的最高价格(即"保留价格")，也可能服务于不能按统一价格购买的顾客，或者诱使他们消费得更多，从而能获取较大的利润。

差别定价策略的核心如下。

第一，差别定价是根据不同的情况对同一商品制定不同的价格。作为价格策略的一种形式，差别定价策略的应用目的是增加产品销量，扩大市场覆盖面，提高企业的市场占有率，使企业的生产能力能尽可能地均衡负荷。

第二，实行差别定价策略后，不同价格所形成的不同细分市场消费者必须有不同的需求。如电力公司根据用户的用途不同，把电价分成工业用电、民用电、商业用电等几种不同的价格。其中民用电价最低，而如果工业用户或商业用户不肯出高价买电，则这种差别定价就不能实行。实际上，这种情况意味着一定程度的垄断。由于供应有限，或者由于产品本身存在着差异性，使得用户非得以不同的价格去购买相同的产品。

第三，不同价格所形成的不同细分市场之间不能相互渗透。因为如果各细分市场之间能相互渗透，则高价市场就不可能维持。因为人们会买低价的产品去高价市场转卖。正因为这样，高档酒店会规定不许顾客自带酒水用餐。

第四，企业采用差别定价策略，须充分考虑其收益必须高于用于维持这种策略所承担的成本。如酒店为了维持在酒店销售较高价格的酒水，须保证该规定的执行(如可能为此与顾客打官司)，或可能因为过高的酒水价格而使酒店失去吸引力等。企业应在所失与所得之间进行平衡，以确定是否实行差别定价以及差别定价的幅度有多大。

第五，实行差别定价策略要有利于增加企业的收益。如增加产品的销售量，使企业的生产能力尽可能均衡地负荷、运用。例如，电力公司按时间段的不同实行差别定价，在夜间用电低峰期时实行低价来吸引顾客更多地用电，使企业的生产能力能尽可能得到充分利用。

2．差别定价策略的适用条件

首先，市场必须能够细分，而且这些细分市场要显示不同的需求程度。

之所以要细分市场，就是为了把市场分开后，利用各市场不同的需求价格弹性，采用不同的价格，以取得更大的利润。比如工业用电者一般不会因电价的变化而相应增减用电量，而居民用电量的多少则与电价的关系密切得多，供电公司可以通过差别定价即提高工业用电的价格，降低居民用电的价格来增加电的销售，从而增加收入。

其次，套利行为(即在各分市场间的商品转移)是不可能的或是昂贵的，即市场是"被分割"的，否则价格差别将随套利行为的进行而趋于消失。一般来说，劳务是难以套利的，比如律师出庭辩护、医生诊治病人、会计师审计查账、咨询人员的咨询服务等，因而最适于实行差别定价。产品由于地理位置差别也可形成分割市场，如经济特区与一般地区、国内市场与国际市场等。

再次，在高价市场上，有一定的市场势力；细分和控制市场的费用不应超过由差别定价而得到的额外收入；实行这种定价策略不会引起顾客的反感和敌意；差别价格的特定形式不应是非法的。

3. 差别定价策略的类型

差别定价策略根据以什么作为定价中心为分类标准，可以将其划分为：以顾客为基础的差别定价策略、以产品为基础的差别定价策略、以地域为基础的差别定价策略和以时间为基础的差别定价策略。我们根据差别定价策略的层次性将其划分为三种。

差别定价的第一级是厂商向每个顾客索要其愿意支付和可能支付的最高价格(即保留价格)，从而侵占消费者的所有剩余。在现实生活中，由于厂商不可能了解每一个消费者的最大支付意愿，同时消费者也不会如实回答他们的支付意愿，因而完全的差别定价是不可能的。但是，有时厂商可以通过自己的观察，大致估计出顾客的支付意愿，从而实施最大限度的差别定价策略。第二级叫数量折扣定价策略，就是通过对相同货物或服务的不同消费量制定不同的价格。买者根据其购买量被划分成多个组，并且每组只有一个具有明显差异性的价格。第三级差别定价是将消费者分为具有不同需求曲线的两组或更多组，就同一种商品向不同组的消费者索取不同的价格。

三种差别定价策略通常有以下几种运用形式。

(1) 根据消费者的心理支付价格，确定差别性价格。

美国运通公司的定价就是根据不同行业的心理支付价格而区别对待的。一开始，该公司对所有的客户，包括餐馆、服装店、航空公司、酒店业都实行3%的提成比率，这遭到了顾客的联合抵制。于是美国运通公司求助于麦卡锡公司。麦卡锡给美国运通公司开出的"药方"很简单，就是采取一级差别定价策略：把餐馆行业的服务提成比例降低到2%，把服务行业的提成比例降低到2.5%，与此同时把航空公司和酒店业的服务提成比例提高到3.5%。美国运通公司采纳了麦卡锡的建议，结果获得了丰厚的利润。有趣的是，美国运通公司就这项建议而支付给麦卡锡的酬劳高达300万美元，就麦卡锡公司而言，这本身就是一种差别性定价，因为麦卡锡公司知道美国运通公司可以出这么高的价格，未超出顾客的心理支付底线。

(2) 根据消费者消费数量或消费次数的多少，确定不同的价格。

这种方式在实际中应用较为广泛，目的是鼓励消费者增加消费数量。美国电力公司的三段定价法是个典型的例子。根据该公司的定价，如果消费者每月的消费量是在第一段消费量区间，将支付一个高价，如果消费量超过第一段消费区间，则超过部分可以享受一定折扣；如果消费量超过了第二段消费区间，则超过第二段消费区间的部分还可以享受更大的折扣。电力公司根据不同的消费量索取不同价格，不但可以赚到比采用单一定价策略更多的利润，而且消费者也会从中受益。又如，美国西北航空公司规定，凡是持有来程旧机票去购买返程机票的顾客给予非常优惠的价格，从而鼓励消费者对西北航空的"忠诚"。现如今，商家纷纷推出的商业折扣和返利促销的方式，也是一种差别定价，它"歧视"了购买数量和购买次数较少的顾客。

(3) 根据消费者的消费时间区段不同，确定不同价格。

这种差别定价是对不同时间确定不同价格，将消费者分成不同组别。例如对首轮放映的影片定一个高价，若干天后该影片热度下降时降低价格。此外，实行高峰价格(peak-load pricing)是另一种形式的差别定价。例如，电话收费标准就因打电话的时间的不同而不同，通话次数较少的非高峰区段定价较低。电信公司推出23点至次日6点的闲时流量包便是很好的例子。再如，北京至天津的城际列车按一天当中客流量的分布制定了三档票价：20元、25元、30元。早晚上下班时间票价较高，中午票价最低，在一天中票价成"U"形变化。还有像旅游景点根据旺季和淡季的差别收费的不同、空调等季节性商品随季节的价格波动等都属于差别定价。

(4) 根据消费者不同的消费意愿，确定不同价格。

泛美航空公司抓住了不同类型消费者的消费需求，实行差别定价。同等舱位支付的机票价格可能大不一样，常见的经济舱票价约 100 美元，而特别折扣价机票只要 30 美元，这种机票通常要求在两个星期以前预定并且不能退票，或者要求乘客不能在星期六以前乘坐返程飞机与家人团聚。需求弹性差别很大的不同类型的顾客会分别购买不同类型的机票，从而使得航空公司能够实行这种差别定价。

有这样一个例子，可以很好地反映出如何根据消费者不同的消费意愿定价——消费者对书的支付意愿差异相当大。买书的人可分为两个群体：新书一出版就想购买的人，只想买便宜书、打折书的人。因而出版商往往给一本书的精装本定一个高价，然后在大约一年以后再以低得多的价格发行平装本。平装本之所以定价低不是因为印刷便宜，而是因为需求较高的消费者已购买了精装本，而剩下来的消费者通常具有较大的需求弹性。

(5) 根据消费者不同的消费方式，确定不同价格。

同样以美国西北航空公司为例，其定价也"歧视"了中国乘客。上述根据乘运次数的优惠措施并未在中国实行，因为两国消费者的消费方式有较大差别。对中国普通居民来说，乘飞机是一种奢侈品，因而不常坐飞机，尤其不常坐国际航班，消费者多为商务乘客，因此采用数量折扣的收效不大，而美国居民收入较高，乘飞机较为频繁，使用差别定价可以有效地吸引消费者。

此外，对某些产品来说，不同的顾客对其有不同的用途，比如电力、自来水公司等公用事业公司区别工商用户和个人用户而采用不同的收费标准。

(扫一扫，看案例 8-2)

差别定价策略的运用可以体现出经营者的市场智慧。诚然，以成本竞争为基础的价格竞争是企业必不可少的竞争手段，然而对我国大多数企业来说，学习一些新的定价策略则更应该提倡。其中，差别定价策略的应用更是一门艺术，能够掌握并灵活运用这种定价策略必定对企业的经营大有裨益。

第五节 价格调整与企业对策

企业处于一个不断变化的环境中，为了生存与发展，有时候需要主动提价或降价，有时候又需要对竞争者的价格变动作出适当的反应。

一、企业主动调整产品价格

(一)企业提价的原因、方式及策略

1. 企业提价的原因

(1) 由于通货膨胀，物价上涨，企业的成本费用提高，这时企业不得不考虑提高产品价格。

(2) 企业的产品供不应求，不能满足所有顾客的需要，这时通过提价可以将产品卖给需求强度最大的顾客。

2．企业提价的方式和技巧

1) 向消费者公开成本费用的增加

企业通过媒体进行公开宣传或刊登广告，向消费者介绍产品的各项成本费用上涨情况，以获得消费者的理解，在企业的产品价格上涨时，使消费者能够了解其中的原因，并能在承受限度内接受产品的价格。

2) 提高产品质量

企业通过加大资金和技术的投入，不断提高产品质量，改进原有产品，增加新的设计、性能、规格、式样等，使顾客有更多的选择机会，使消费者真实地感受到，企业在为市场提供更好的产品和服务，价格的上涨是合理的，是可以接受的。

3) 增加产品分量

在产品涨价时增加产品供应的分量，使顾客觉得，产品分量增加了，价格自然要上涨。

4) 改变包装

改变一下产品的包装，新的包装形式如色彩、形状、样式的变化，也为产品价格的提高提供了依据，消费者比较容易接受价格的变化。

3．企业提价的策略

无论什么原因造成的提价，对消费者总是不利的。因此，必须注意消费者的心理反应，以采取合适的提价策略。

(1) 对于因成本上升而造成的提价，要尽量降低提价幅度，同时努力改善经营管理，减少费用开支。同时，向消费者公开成本费用的增加。企业通过媒体进行公开宣传或刊登广告，向消费者介绍产品的各项成本费用上涨情况，以获得消费者的理解，在企业的产品价格上涨时，使消费者能够了解其中的原因，并能在承受限度内接受产品的价格。

(2) 对于供不应求而造成的提价，要在充分考虑消费者承受能力的前提下，适当提价，切忌哄抬物价而招致消费者的抱怨。

(3) 属国家政策调整而提高商品价格，要多做宣传解释，以消除消费者的不满，并积极开发替代品，以更好地满足消费者需求。

(4) 属经营者为获利而提高价格，要搞好销售服务，改善销售环境，增加服务项目，靠良好的声誉适量提价。

(二)企业降价的原因、方式及策略

1．企业降价的原因

(1) 企业的生产能力过剩，因而需要扩大销售，但是企业又不能通过产品的改进和加强销售工作等方式来扩大销售。在这种情况下，企业就需要考虑降价。

(2) 在强大的竞争者的压力之下，企业的市场占有率降低。例如，在国际市场上，由于日本竞争者的产品质量较高、价格较低，使美国的汽车、电子产品、照相机、钟表等丧失了一些市场阵地。在这种情况下，美国一些公司不得不降价竞销。

(3) 企业的成本费用比竞争者低，企图通过降价来掌握市场或提高市场占有率，从而扩大生产和销售量，降低成本费用。在这种情况下，企业也往往发动降价攻势。

2．企业降价的方式和技巧

1) 提供额外的服务

在价格不变的情况下，企业为消费者支付运费，实行送货上门或免费安装、调试、维修以及为顾客保险等。这些费用应该计入生产成本，企业承担了这一部分费用，实际上属于额外费用支出，等于降低了产品价格。

2) 产品价格不变价值增加

企业改进产品性能，提高产品的质量，增加产品功能，在价格不变的情况下，实际上等于降低了产品的价格。

3) 加大各种折扣比例

加大折扣或者在原有基础上扩大各种折扣比例，在其他条件不变的情况下，实际上等于降低了产品的价格。

4) 实际降低价格

在企业产品的成本费用下降，并且市场营销环境发生变化的情况下，为了让消费者获得更多的实惠，为了企业产品在价格上有更大的优势，为了产品的销售量扩大，企业可自主调低价格。在价格降低时，还要向消费者解释降价的原因，避免引起不必要的误会。

3．企业降价的策略

经营者采取降价措施时，应注意降价的幅度、频率和降价时机的选择。

(1) 降价幅度要适宜。降幅过小，不能引起消费者的注意和兴趣，起不到预期的效果；降价幅度过大，则会引起消费者对商品质量的疑虑，同样达不到促销的目的。因此消费者对降价存在一个知觉"阈限"，经营者降价应在此阈限范围内进行。根据经验，消费者对价格降低10%～30%能理解。当然这一理解阈限因商品特性及经济环境的不同而有差异。

(2) 降价不宜过频。为避免由于商品价格降低、幅度把握不准，造成多次降价，使消费者产生不信任的心理效应，所以，必须保持降价后的相对稳定。

(3) 准确选择降价时机。对于流行性商品，当流行高峰一过就要马上采取降价策略，否则，失去时机后即使降价也难以收到预期效果；对于季节性商品，当时至季中仍然库存过大时，应采取适当的降价措施；对于一般性商品，降价的最佳时机在进入成熟期后的峰点临近时，此时消费者对产品评价尚高，降价有可能刺激需求，使峰点后移，延长成熟期。

二、企业被动调整产品价格

被动调价是由于竞争者的价格变化，而迫使企业调整价格，大部分的企业是随着市场价格的变动而变动，但如果企业产品有自己的特色，有技术领先的优势，即可凭借优势调高价格或保持原有的价格水平。

如果企业的产品具备自身技术、性能上的优势，并且特色鲜明，同类产品在各方面无法与之抗衡，在竞争企业纷纷降低产品价格以获得市场竞争优势的时候，本企业的产品完全可以凭借价格以外的优势，保持原有的价格水平，甚至提高产品的价格，以较高的价格水平塑造产品的品牌形象，即品质优良、技术先进、独具特色。

如果企业的产品在价格以外的因素上与同类企业没有明显的差异，没有自身的技术等优势，那么就要考虑利用降低价格来应对市场竞争。随着市场价格竞争的激烈，如果企业没有其他的竞争手段，只能被动地调低价格，以保持市场竞争的地位。价格降低的幅度取决于该企业的市场营销战略，以及企业产品成本高低等因素。

三、顾客对企业变价的反应

企业无论提价或降价，这种行动必然会影响到购买者、竞争者、经销商和供应商，而且政府对企业变价也不能不关心。在这里，首先要分析购买者对企业变价的反应。

首先，顾客对于企业降价可能会有这样的理解：①这种产品的式样老了，将被新型产品所代替；②这种产品有某些缺点，销售不畅；③企业财务困难，难以继续经营下去；④价格还要进一步下跌；⑤这种产品的质量下降了。

其次，企业提价通常会影响销售，但是购买者对企业的某种产品提价也可能会这样理解：①这种产品很畅销，不赶快买就买不到了；②这种产品很有价值；③卖主想尽量取得更多利润。

一般来说，购买者对于价值高低不同的产品价格变动的反应有所不同。对于那些价值高、经常购买的产品的价格变动较敏感；对那些价值低、不经常购买的小商品，即使单位价格变动较高，购买者也不太注意。此外，购买者虽然关心产品价格变动，但是通常更关心取得、使用和维修产品的总费用。因此，如果卖主能使顾客相信某种产品取得、使用和维修的总费用较低，那么，它就可以把这种产品的价格定得比竞争者高，以取得较多的利润。

四、企业对竞争者变价的反应

在现代市场经济条件下，企业经常会面临竞争者的变价挑战。如何对竞争者的变价做出及时、正确的反应，是企业定价策略的一项重要内容。

1．不同市场环境下的企业反应

在同质产品的市场上，如果竞争者降价，企业必须随之降价，否则顾客就会购买竞争者的产品，而不购买本企业的产品；如果某一个企业提价，且提价会对整个行业有利，其他企业也会随之提价。但是，如果某一个企业不随之提价，那么，最先发动提价的企业和其他企业也不得不取消提价。

在异质产品市场上，企业对竞争者变价的反应有更多的选择余地，因为在这种市场上，顾客选择卖主时不仅要考虑产品的价格因素，还要考虑产品的质量、服务、性能、外观、可靠性等多方面的因素。因而在这种产品市场上，顾客对于较小的价格差异并不在意。

面对竞争者的变价，企业必须认真调查研究如下问题：①为什么竞争者要变价；②竞争者打算暂时变价还是永久变价；③如果对竞争者变价置之不理，将对企业的市场占有率和利润有何影响；④其他企业是否会作出反应；⑤竞争者和其他企业对于本企业的每一个可能的反应又会有什么反应。

2．市场领导者的反应

在市场上，市场领导者往往容易遭到其他企业的进攻。这些企业的产品可与市场领导者的产品相媲美，它们往往能通过进攻性的降价来争夺市场领导者的市场阵地。在这种情况下，市场领导者有以下几种策略可供选择。

(1) 维持价格不变。因为市场领导者认为，如果降价就会减少利润收入，而维持价格不变仅对市场占有率有一定的影响，但以后还能恢复市场阵地。当然，维持价格不变的同时，还要改进产品质量、提高服务水平、加强促销沟通等，运用非价格手段来反击竞争者。许多企业的市场营销实践证明，采取这种策略比降价和低利经营更划算。

(2) 降价。市场领导者之所以采取这种策略，主要是因为：降价可以使促销量和产量增加，从而使成本费用下降；市场对价格很敏感，不降价就会使市场占有率下降，而市场占有率下降之后，则很难得以恢复。但是，企业降价以后，仍应尽力保持产品质量和服务水平。

(3) 提价。提价的同时，还要致力于提高产品质量，或推出某些品牌，以便与竞争对手争夺市场。

3．企业应变需考虑的因素

受到竞争对手进攻的企业必须考虑：①产品在其生命周期中所处的阶段及在企业产品投资组合中的重要程度；②竞争者的意图和资源；③市场对价格和价值的敏感性；④成本费用随着销量和产量的变化而变化的情况。

本 章 小 结

价格是与企业盈利联系最紧密的因素之一。企业定价时要充分考虑企业的定价目标，主要包括以获利为定价目标、以维持和扩大市场占有率为定价目标、以投资报酬率为定价目标和以稳定市场价格为定价目标。同时考虑产品成本、市场状况、消费者心理及宏观环境等因素。企业的定价方法主要有成本导向定价法(具体包括成本加成定价法、收支平衡定价法、收益比较定价法、竞争导向定价法)、需求导向定价法及竞争导向定价法。

本章还详细介绍了企业定价策略，包括新产品定价策略、价格调整策略、心理定价策略、折扣定价策略和组合定价策略等。其中价格调整的形势有两种：一是主动调整价格，二是被动调整价格。企业在进行价格调整策略时，要注重分析和研究消费者、竞争对手对价格调整的反应情况，有效地制定调整出适合企业自身实力的产品价格，同时应该加强价格调整的技巧的运用。

思考与练习

1. 产品价格主要受哪些因素影响？这些因素之间的关系如何？
2. 为什么当前的最大利润并不能作为企业普遍的定价目标?
3. 哪一种类型的成本与定价更加相关，是固定成本还是可变成本?为什么？
4. 企业的定价目标有哪几种？
5. 比较成本导向定价法、竞争导向定价法和顾客导向定价法的差异。
6. 如何利用价格策略和技巧确定商品价格？

实践训练

1. 举一个定价策略运用的实例。
2. 调查分析上海大众不同品牌汽车的定价策略。

(扫一扫，看案例分析)

第九章 分销渠道策略

【学习目标】

通过本章的学习，要求掌握分销渠道的定义、功能与类型、基本原理与策略，其中包括商品分销渠道模式，中间商的功能和类型，分销渠道的选择与管理，产品分销渠道的设计，营销物流等内容。

【关键概念】

分销渠道　渠道长度　渠道宽度　批发商　零售商　密集分销　独家分销　选择分销

【案例导入】

渠道冲突　雅芳的转型之痛

雅芳创建于 1886 年，由"雅芳之父"大卫·麦可尼(David McConnell)从一瓶随书附送的小香水中受到启发，公司起初名称叫作"加州香芬公司"(the California Perfume Company)。经过 100 多年的发展，雅芳已成为世界上最大的美容化妆品公司之一，旗下产品包括著名的雅芳色彩系列、雅芳新活系列、雅芳柔肤系列、雅芳肌肤管理系列、维亮专业美发系列、雅芳草本家族系列、雅芳健康产品和全新品牌 Mark 系列，以及种类繁多的流行珠宝饰品。雅芳于 1990 年进入中国。雅芳(中国)有限公司现有 74 家分公司，覆盖国内 23 个省、5 个自治区及 4 个直辖市，拥有雇员约 2000 人。

2006 年 4 月 8 日，雅芳全球 CEO 钟彬娴宣布雅芳获得中国唯一的直销试点资格。4 月 11 日上午，几十名雅芳内部经销商聚集于广州天河时代广场的雅芳总部。但这次，他们不是如往常一样来提货的，而是因为"公司开展直销损害到专卖店销售利益"，从而要向雅芳高层为直销"开闸"后专卖店的生存讨个"说法"。专卖店经销商"群访"雅芳广州总部的事件意味着，首获直销试点的雅芳，开始面临一场新的转型"阵痛"。

当时，雅芳拥有 6000 多家专卖店以及 1700 多个商店专柜，但是，它们大部分是由经销商投资。雅芳通过 34%～40% 的利润空间来说服经销商们进行前期的投资，但是自从雅芳方面透露将开展直销以来，经销商们的生意明显下降，甚至在广州、上海等一些地方的旺铺生意也是一落千丈，从而出现了经销商集体"逼宫"、到雅芳总部"讨说法"的局面。

这是典型的供应商—经销商之间的渠道冲突！简单地讲，渠道冲突是相互依赖的一个渠道成员察觉到另一渠道成员正在阻止或妨碍其完成目标,从而引起压力和矛盾的过程。渠道冲突,已经成为雅芳在直销转型过程中难以回避的一道坎,是雅芳适应新的直销游戏规则所必须经历的痛苦过程。

化妆品企业适用于哪种分销渠道?雅芳的渠道改革为何会引发经销商集体"逼宫"?雅芳该如何直面经营模式转变所带来的渠道冲突"阵痛"?通过本章的学习将给出答案。

(资料来源:http://www.globrand.com/2006/46180.shtml)

分销策略是 4P 中第三个可控制的营销要素。企业所拥有的渠道资源已经成为参与市场竞争,获取竞争优势的关键资源。在市场竞争中,企业若能有效管理渠道成员和协调渠道成员利益,就能构筑竞争壁垒,实现产品的流通,获取竞争优势。分销渠道承担着将所要销售的产品准确、快捷、方便、经济地送达消费者手中的职责。价格策略和促销策略在很大程度上依靠企业的分销渠道模式的实现。本章主要介绍分销渠道的概念与功能、分销渠道设计、分销渠道管理和营销物流等内容。

第一节 分销渠道的概念与类型

一、分销渠道的概念、特征及功能

(一)分销渠道的概念

分销渠道也称分销通路或销售渠道,是指某种货物和劳务从制造商向消费者移动时取得这种货物和劳务的所有权或帮助转移其所有权的所有企业和个人,主要包括中间商、代理中间商,以及处于渠道起点和终点的制造商与消费者;或者定义为产品在其所有权转移过程中,从生产领域进入消费领域所经过的途径,是促使产品或服务顺利地被使用和消费的一整套相互依存的组织。

(二)分销渠道的特征

(1) 销售渠道是一个由不同企业或人员构成的整体,即由参加商品流通的各种类型的机构和人员组合而成。如生产者和各种类型的代理商、零售商以及消费者等,这些统统被称为渠道成员。

(2) 销售渠道反映某一特点产品或服务价值实现的全过程,它的"起点"是制造商(生产者),"终点"是最终消费者或工业用户。

(3) 分销渠道的核心业务是购销。在销售渠道中,产品所有权至少要转移一次。即使是代理商的转卖,也属于间接转移产品所有权的性质。

(4) 在销售渠道中,除了商品所有权转移形成的"商流"外,还有其他使生产者和消费者相连接的流动形式,如实物流、信息流、资金流等。它们相辅相成,但在时间和空间上并不完全一致。

(5) 分销渠道是一个多功能系统。它不仅要发挥调研、购销、融资、储运等多种职能,在适宜的地点,以适宜的价格、质量、数量提供产品和服务,满足目标市场需求,而且要通过分销渠道各个成员的共同努力，开拓市场，刺激需求，迎接系统之外的竞争，取得竞争的胜利。

(6) 销售渠道一般相对固定，因此，企业在设计分销渠道时，应充分考虑未来可能发生的变化，从长计议。

(三)分销渠道的功能

分销渠道对于企业来说至关重要，会对企业的市场营销策略造成影响。它的功能主要有以下几点。

第一，分销渠道的选择直接制约和影响着其他方面营销策略的确定。

第二，销售策略既需要企业内部各种策略的协调配合，又需要其他企业的密切合作，这与产品策略、价格策略、促销策略有显著的不同。因此，企业分销渠道的建立与通畅，在很大程度上依靠与相关企业或个人的良好协作关系。

第三，分销渠道的选择是一个相对长期的决策过程。分销渠道一旦建立并相对稳定下来，要想改变是比较困难的。即使市场情况发生了很大的变化，要改变和替代原有的经销关系，其难度也是很大的。因此，企业的管理者在选择分销渠道作出决策时，应该立足于长远，慎重考虑，不但要分析分销渠道本身的利弊优劣，还应该考虑分销渠道选择对其他营销策略的影响。

第四，分销渠道反馈回来的市场需求信息是企业调整经营行为的依据。作为一个生产企业，其产品绝大部分要通过各种分销渠道"输送"给消费者，市场的信息也必须通过各个渠道反馈回来，如果渠道选择不当，市场信息不能反馈或传递"滞后"，都将对企业经营决策造成影响，有时甚至造成产品积压或长期脱销，给企业带来巨大损失。

此外，分销渠道在联结产销、反馈信息、促进销售、承担风险、实体分配、协商谈判等方面也起着巨大的作用，如表9-1所示。

表9-1 分销渠道的功能

渠道的功能	渠道的作业
信息收集和传播	收集和传播有关潜在顾客、实现顾客、竞争对手和其他参与者的营销调研信息
实体占有与转移	从制造商到最终顾客的连续的储运工作和转移工作
所有权转移	产品物权通过渠道成员从制造商最终转移到消费者
分担风险	渠道成员分担各种经营风险
付款(回款)	通过银行和其他金融机构向生产者承付销售账款
订货	渠道成员向制造商进行有购买意图的反向沟通行为
促销	通过渠道成员传播有关产品的富有说服力的沟通材料，吸引更多的顾客购买
谈判	相互协商以达成有关产品的价格和其他条件的最终协议
融资	渠道成员间通过汇集和分散资金，以负担渠道工作所需费用
服务	售前、售中、售后服务及管理咨询服务

二、分销渠道的类型及各自结构

分销渠道可以按照不同的标准，从不同的角度进行划分。不同的渠道类型，其渠道模式也不同。

(一)根据是否通过中间商转卖来划分：直接渠道与间接渠道

1. 直接渠道

直接渠道是指没有中间商参与，商品生产者(制造者)通过自己的销售人员或销售机构把商品直接销售给消费者(用户)的渠道类型。

直接销售渠道的形式主要有：生产者直接销售产品；销售人员上门推销；通过设店、设门市部销售；邮寄；电话、电视直销；网上销售；与用户、客户之间的合约销售。

直接渠道是工业品销售的主要方式。大型机器设备、专用工具以及技术复杂、需要提供专门服务的产品，几乎都采用直接渠道销售。在消费品市场，直接渠道也越来越多地被使用，如鲜活商品和部分手工制品、特制品都常使用直销的方式。随着计算机的普及和网络技术的发展，网上销售这种直销方式也得到了迅速发展。

直接渠道的优点主要有：①生产者通过与用户直接接触，能及时、具体、全面地了解消费者的需求，以及市场变化情况，从而能及时地调整生产经营决策。②销售环节少，商品很快到达消费者手中，从而缩短了商品流通时间，减少了流通费用，提高了经济效益。③能够直接给用户提供良好的售后服务，增强企业竞争力，促进企业产品的销售。

直接渠道的缺点主要有：①生产者增设销售机构、销售设施和销售人员，这就相应增加了销售费用，同时也分散了生产者的精力。②由于生产者自有的销售机构总是有限的，致使目标顾客的需求不能及时满足，易失去部分市场。③由于生产者要自备一套商品库存，这就相应减缓了资金的周转速度，从而减少了对生产资金的投入。④商品集中在生产者手中，抵御市场风险的能力较差，一旦市场状况发生变化时，生产者要承担全部损失。

2. 间接渠道

间接渠道是指有一级或多级中间商参与，产品经由一个或多个商业环节销售给消费者(用户)的渠道类型。同直接渠道相比，间接渠道是较长的销售渠道，也是消费品销售的主要方式，许多工业品也采用间接渠道。

间接销售渠道的优点是：①对生产者来说减少了交易次数，节省了花费在销售上的人力、财力、物力。②充分利用中间商的仓储、运输、保管作用，减少了资金占用和耗费，并可利用中间商的销售经验，进一步扩大产品销售。③中间商庞大的销售网络，使它能收集大量的信息，掌握市场动态，具有很强的引导消费、指导消费的能力。

间接销售渠道的缺点是：①流通环节多，销售费用增加，可能会增加消费者的负担，也增加了流通时间。②中间商对消费者提供的售前售后服务，往往由于技术不专业等原因而不能令消费者满意。③生产者获得市场信息不及时、不直接。

(二)根据分销渠道中间环节的多少来划分：长渠道和短渠道

1. 长渠道

长渠道是指经过两个或两个以上的中间环节把产品销售给消费者的分销渠道。其主要形式如下。
(1) 生产者→零售商→消费者。
(2) 生产者→批发商→零售商→消费者。
(3) 生产者→批发商→专业批发商→零售商→消费者。

长销售渠道的优点有：渠道长、分布密、触角多，能有效地覆盖市场，扩大商品的销售，能充分利用中间商的职能作用，市场风险小。当然，长销售渠道也有缺点，如长销售渠道使生产者市场信息迟滞；商品价格不利于竞争；生产者、各中间商与消费者相互之间关系极其复杂，难以协调等。

2．短渠道

短渠道是指没有或只有一个中间环节的销售渠道。短渠道有以下两种形式。
(1) 生产者→消费者。
(2) 生产者→零售商(代理商)→消费者。

短销售渠道能减少流通环节，流通时间短，费用省，产品最终价格较低，能增强商品竞争力；信息迅速、准确地反馈给生产者，从而使生产者及时作出决策；由于环节少，生产者和中间商较易建立直接的、密切的合作和服务关系。但短销售渠道使生产者承担较多的商业职能，不利于集中精力搞好生产；流通环节少，销售范围受到限制，不利于产品的大量销售。

(三)根据在同一流通环节中使用中间商数量的多少来划分：宽渠道和窄渠道

销售渠道的宽度，是指组成销售渠道的每个环节或层次中，使用的相同类型的中间商的数量。同一层次或环节的中间商越多，渠道就越宽；反之，渠道就越窄。产品和劳务在从生产者向消费者转移的过程中，不仅要经过若干流通环节，而且也要通过流通环节中若干中间商的努力，从而完成转移。它主要有以下两种类型。

1．宽渠道

宽渠道是指生产者在同一流通环节利用中间商的数目较多，形成渠道的宽度大，因此被称为宽渠道。一般来说，消费品中的日用品和工业品中的标准化产品适合于宽渠道营销。宽渠道营销的优点如下。

(1) 通过多家中间商，分销广泛，可以迅速地把产品推入流通领域，使消费者随时随地可以购买到其需求的产品。
(2) 促使中间商展开竞争，使生产者有一定的选择余地，提高产品的销售效率。

不足之处在于：由于每个层次同类中间商较多，各个中间商推销某一种产品不专一，不愿意花更多的时间、精力推销某一产品；同时，生产者与各中间商之间的关系比较松散，在遇到某些情况时关系容易僵化，不利于合作。

2．窄渠道

窄渠道是指生产者在同一流通环节中只选择一个中间商销售自己的产品。其优点如下。
(1) 由于每一层次中同类中间商较少，生产者与中间商的关系非常密切，生产者可指导和支持中间商开展销售业务，有利于相互协作。
(2) 销售、运货、结算手续大为简化，便于新产品的上市、试销，迅速取得信息反馈。

不足之处在于：生产者对某一中间商的依赖性太强，情况一旦发生变化(如中间商不想再和生产者合作),容易使生产者失掉所占领的市场;只限于使用一个中间商销售,容易使中间商垄断产品营销,或因销售力量不足而失掉消费者;产品销售渠道范围较窄,市场占有率低,不便于消费者购买。因此,窄渠道适用于销售专业技术性强、生产批量小的产品。

渠道宽度与长度配合对照表如表9-2所示。

表9-2 渠道宽度与长度配合对照表

渠道策略	渠道宽度		
	广泛销售	选择销售	独家销售
渠道长度	长	短	很短
中间商数目	所有中间商	有限数目的中间商	一个地区只有一个中间商
渠道费用	高	较低	较低
宣传任务	生产者	中间商	生产者或中间商
商品类型	便利品	价格较高的选购品或特殊品	高单价的商品或特殊品

(四)根据渠道成员之间相互联系的紧密程度来划分:传统分销渠道和分销渠道系统

在分销渠道中,渠道成员之间相互联系的紧密程度不同。根据渠道成员之间相互联系的紧密程度来划分,我们可以得出传统分销渠道和分销渠道系统两种类型。

1. 传统分销渠道

传统分销渠道是由独立的生产者、批发商和零售商所组成的。它们在保持距离的情况下讨价还价、谈判销售条件,摒弃在其他方面自主行事,各自追求利润的最大化,而不顾整体的利益。传统分销渠道是一个高度松散的销售组织网络。

2. 分销渠道系统

分销渠道系统是指渠道成员为提升渠道竞争能力,降低不必要的渠道开支费用,共同为顾客服务,实行纵向或横向联合,或利用多渠道达到同一目标市场,以取得规模经济效益。联合的方式主要有三种:垂直分销渠道系统、水平分销渠道系统和多渠道分销系统。

(1)垂直分销渠道系统。这种系统是对传统渠道进行再选,实行专业化管理和集中计划的销售组织网络。网络中的渠道成员为取得经营规模经济和最大的市场效果采取一体化经营或联合经营,其中的一个成员拥有较大的权力,可以迫使其他成员合作。这种分销渠道有三种主要形式。

① 团体式垂直营销系统,也称公司系统。这是指在单一所有权下把生产和销售两个连续的阶段结合在一起,一家公司拥有和统一管理若干工厂、批发机构和零售机构等,控制市场分销渠道的若干层次,甚至控制整个分销渠道。拥有统一管理和控制权的公司,可以是生产者,也可以是中间商,既可以工商一体化经营,也可以商工一体化经营。

② 支配式垂直营销系统。这不是通过共同的所有权,而是以某一方面的规模和权力来协调生产和销售的连续阶段结合的形式。如拥有优势品牌的生产商可以得到转卖中间商的强有力的合作与支持。

③ 契约式垂直营销系统。这是指不同层次的生产者和经销商为了实现其单独经营所不

能达到的经济效益和销售效果，以契约形式结成的联合体。这种系统也有三种形式：一是批发商组织自愿连锁店。这是批发商为帮助独立的零售商与大型连锁零售商竞争而组织的自愿连锁店。它由批发商拟定使独立零售商销售业务标准化和取得经济进货的计划，实行"联购分销"。二是特许经营组织。这是由经营特许人的渠道成员把生产和经销过程的连续阶段衔接在一起的联合组织。这种联合有四种方式：一是生产商组织的零售商特许经营系统；二是生产商组织的批发商特许经营系统；三是服务公司组织的零售商特许经营系统；四是零售商合作社，这是一群独立的小零售商为了与大零售商竞争而联合组织的从事批发和部分生产业务的机构。该机构集中采购和统一规划广告业务，所得利润按成员采购比例返还给成员。非成员零售商也可以向合作社进货，但不分配利润。

(2) 水平分销渠道系统。这种系统是指两个或两个以上的相互无关联的企业自愿联合，以资金或计划共同开拓新的市场营销机会，以实现每一个企业由于缺乏资金、技术、生产或营销资源等而无力单独经营，或惧怕风险，或期望实现最佳协同的效果而实行的暂时或永久性的相互合作。

(3) 多渠道分销系统。这种系统是指一个企业建立两条或更多的分销渠道以达到一个或更多的顾客细分市场。如美国国际商用机器公司，除自设IBM产品中心外，还与西尔斯、大陆计算机公司和其他计算机商店、办公用品经销商，以及价值增值转卖商等签订合同销售IBM产品。

从某种意义上来说，渠道成员的利润，归根到底是通过渠道终端的产品销售才能实现的。虽然成员之间存在事实上的买卖关系，但更多的是大家都有共同的利益：使终端能够尽量多地将大家所经营的产品销售出去。英国乔恩·休斯(Jon Hughes)在《供应链再造》一书中谈到一个新理念："未来成功的企业应该主要依靠其外部资源。"现在，越来越多的企业认识到这一现代理念，并结成良好的合作伙伴关系，共同为顾客服务。

第二节　分销渠道的设计与管理

一、分销渠道的设计

合适的分销渠道是提升企业销售力的重要基础。一个渠道系统是在适应市场机会和条件的过程中，经过严格分析、设计、选择和评估后而产生的。

分销渠道设计的关键是确定企业产品到达目标市场的最佳途径。分销渠道的长短、宽窄以及是否使用多种渠道等，要受到一系列主客观因素的制约。从分销渠道设计的角度来说，营销人员要考虑以下问题：所销售的是何种性质的产品，面对什么样的目标顾客，消费市场有何特点，竞争对手渠道策略如何，中间商情况、企业自身状况如何，环境特征等。

(一)产品特征

不同产品的特征将影响生产者对分销渠道的设计。这些特征一般包括产品的物理特征、化学特征、技术特征、质量特征等多方面，如对于技术非常复杂和非标准化的产品一般应进行直销，否则可以考虑多借助中间商的力量进行分销。

在实践中，我们一般将产品划分为创新性产品和实用性产品两类，针对它们不同的特点选择相应的渠道策略。创新性产品具有更新换代的速度快、贬值率高、生命周期短等特点。这种类型的产品所面向的市场消费者需求处于快速变动中，未来需求情况也往往难以预测。像高科技产品、时尚用品等一般都属于这一类型的产品。对于创新性产品，要求产品一出生产线就应以最快的渠道到达消费者的手中，以最大限度地缩短产品在渠道中的时间。这是创新性的高贬值率和市场需求的不确定性，给渠道策略提出的要求。因此，要求渠道应尽量短和尽量宽才能符合要求。实用性产品具有较长的生命周期，其面向的市场需求具有稳定、可预测的特点，随时间变化的变动较小，但产品的同质化程度较高，致使行业竞争激烈，单品价格的利润率较低，只能通过扩大市场销量赢得更大利润。因此，在渠道策略上可选用较长、较宽的渠道，这样有助于提高产品的市场覆盖率。例如，可口可乐公司的"无处不在"渠道策略最著名。

(二) 顾客特征

分销渠道设计明显地受到顾客特征的影响，包括顾客的数量、地理位置分布、购买产品的频率、每次的购买数量、对不同促销方式的敏感程度等。

(1) 购买批量大小。购买批量大，多采用直接销售；购买批量小，除通过自设门市部出售外，多采用间接销售。

(2) 消费者的分布。某些商品消费地区分布比较集中，适合直接销售；反之，适合间接销售。工业品销售中，本地用户产需联系方便，因而适合直接销售。外地用户较为分散，通过间接销售较为合适。

(3) 潜在顾客的数量。如消费者的潜在需求多，市场范围大，需要中间商提供服务来满足消费者的需求，宜选择间接分销渠道。若潜在需求少，市场范围小，则生产企业可直接销售。

(4) 消费者的购买习惯。有的消费者喜欢到企业买商品，有的消费者喜欢到商店买商品。所以，生产企业应既直接销售，也间接销售，满足不同消费者的需求，同时也可以增加产品的销量。

(三) 中间商特征

渠道设计还必须考虑各类各家中间商的实力、特点，诸如广告、运输、储存、信用、训练人员、送货频率等方面具有的不同特点，这些因素都会影响企业对分销渠道的选择。

1. 中间商数目不同的影响

使用中间商的数量一般根据企业的产品在市场上的竞争地位和展露程度来决定，一般有三种选择。

(1) 独家分销，是指企业在某一地区或目标市场，在一定时间内，只选择一家中间商销售本企业的产品，双方签订合同，规定中间商不得经营竞争者的产品，制造商则只对选定的经销商供货。一般来说，这种分销形式适用于消费品中的家用电器、工业品中的专用机械设备。这种分销方式对中间商和制造企业各有利弊。

对中间商的好处是：可以独家享受替厂家分销产品的全部权利和利益，一般不需要做降价竞争，能够较好地保证利润的获得，如果分销的是名牌产品，还可以提升自己的市场形象，与厂商建立良好的长期合作关系。对中间商的不利之处在于：如果制造厂商出现危机，中间商也会受到影响；如果销售不力，就难以保持独家分销的地位，可能会被厂商所淘汰。

对制造厂商的好处是：对中间商的控制比较容易，可以自主确定产品的分销价格，发货、运输、结算比较简单，在广告等其他促销方式方面可以与中间商达成合作，能够降低分销成本；可以提高中间商的分销积极性，加强对顾客的服务，防止其他同类厂商利用此分销渠道。其不利之处是：受中间商的牵制较大，难以找到合适的中间商，可能会因此失去拓展市场的更好机会。

(2) 选择式分销，是指企业在同一目标市场上，选择几家经过挑选的、比较合适的中间商来销售企业产品，而不是选择愿意经销本企业产品的所有中间商。由于中间商数量不多，厂商与中间商之间一般配合较协调和密切。这种分销方式对中间商来说，可以维持较稳定的产销关系，获取较为稳定的利润。对厂商来说，比独家分销能拥有更高的市场份额，由于中间商数量不多，相对密集式分销来说成本又较低。

很多厂商在分销其新产品时，往往先采用密集式分销，在一个较短的时间内快速打开市场，然后更改为选择式分销，淘汰不合格的中间商，减少中间商数量，提高分销效率，控制费用增长。

(3) 密集式分销，是指企业对中间商不加选择，吸收尽可能多的分销商来分销自己的产品。其目的是尽可能在一个较短的时间内提高产品的展露度和品牌知名度，也提高顾客购买的方便性，抢占更高的市场份额，这是这种分销方式的好处。其不足之处是：成本负担较重，中间商一般不会承担相应的广告费用，必须由企业全部承担，收款问题和退货问题也较多。一般来说，日常生活中的便利品会采用这种分销方式。

2. 中间商的能力

中间商的能力对企业的渠道设计具有较大的影响。对中间商的选择一定要分析其经营能力、经营水平和周转能力，然后做一个综合评价，选出最理想的中间商。因此，对中间商的评价主要涉及一个评价指标体系的确定和利用问题。

(1) 经营能力。可以选用的指标有：资金实力、人员构成、经营面积及位置分布、仓储能力等。

(2) 经营水平。经营水平是指以经营能力为基础所表现出来的中间商的市场活动能力。可以衡量的指标有：适应力、创造力、吸引顾客能力等。

(3) 资金周转能力。这是指中间商的资金周转快慢、筹资能力、偿债能力、债权回收能力和资金的合理安排和使用能力等。实践中，一般采用层次分析法来确定中间商的资金周转能力。

(四) 企业特征

企业自身的状况会影响分销渠道的设计选择。企业的长期发展目标、规模、财务能力、产品的组合能力、销售力量，过去的业务、经验及现行的营销策略等因素都影响着企业对分销渠道的选择。由于渠道一旦建立后再更换，其成本费用很高，而且不容易改换。因此，企业在设计和选择分销渠道时应考虑到与企业长期目标的相符程度。企业的整体规模对拥有的市场范围、获得大客户、争取中间商的合作具有决定性作用；企业的财力状况能够决定哪些营销只能自己承担，哪些职能委托给中间商。企业的产品组合广度越大，企业与顾客直接营销的能力越强；产品组合的深度越大，越能吸引该类产品的中间商；产品组合的关联性越强，使用的分销渠道性质越相同或类似，会使企业形成渠道偏好。

(五)市场因素

产品目标市场的特点，直接影响到销售渠道的选择。

(1) 市场面的大小。产品销售的市场面大，销售渠道就应长些；而市场面小，销售渠道就应短些。

(2) 顾客的集中程度。在顾客数量一定的条件下，如果顾客集中在某一地区，则可由企业派人去直接销售或设立销售网点；但如果顾客比较分散，则必须通过中间商，才能有效地将产品转移到顾客手中。

(3) 用户购买数量的大小。如果用户每次购买的数量虽大，但购买频率低时，可采用直接销售渠道或短渠道，大多数的生产资料产品都采用这种渠道；而如果用户每次购买的数量小、购买频率高时，则宜采用长渠道，一般日用消费品多采用这种渠道。

(4) 竞争者的销售渠道。在选择销售渠道时，应参考竞争者的销售渠道。如果自己的产品比竞争者的好，则可选择同样的销售渠道；如果自己的产品不如竞争者，则应尽量避开。

(5) 竞争特性。当市场竞争不激烈时，可采用同竞争者类似的分销渠道；反之，则采用与竞争者不同的分销渠道。

(六)环境特征

各种环境因素及其变化对销售渠道的选择都有影响。政治法律因素直接限制着企业使用何种销售渠道。如我国的化肥、烟草等专卖制度，使得这些产品的生产企业必须按照专卖程序选择销售渠道。科学技术的发展有可能为某些产品创造新的销售渠道。如食品保鲜技术的发展，使得如水果、蔬菜等的销售渠道由过去的直接渠道变为多渠道销售。经济形势使得企业在经济萧条时，不得不考虑尽量使用费用低廉的方式把产品送到消费者手中，使企业缩短销售渠道，减少或取消那些会提高产品最终售价的不必要的服务项目。当然，销售渠道的选择还必须适应大环境。当经济不景气时，生产者总是要求以最经济的方法将其产品推向市场。这就意味着利用较短的渠道，取消一些非根本性的服务，即使它们能提高产品的最终价格。另外一些法律规定和限制也将影响到销售渠道的选择。例如，美国法律对于竞争市场的保护，使得诸多可能造成垄断的销售渠道不能被采用。

二、分销渠道的管理与维护

对渠道的管理与维护是企业分销中一个很重要的环节。所谓销售渠道管理与维护，其中心任务就是要解决销售渠道中所存在的矛盾冲突，提高销售渠道成员的满意度和积极性，促进销售渠道的协调性和提高销售渠道的效率。销售渠道的管理与维护是保证所选的销售渠道有效运行的重要条件。销售渠道管理与维护中涉及的问题主要包括：选择渠道成员、激励渠道成员、评价渠道成员和渠道改进等方面。

(一)选择渠道成员

选择中间商首先要确定其能力。销售能力、支付能力、经营管理能力、信誉等方面的内容都是我们考察的重点。

企业为自己的产品选择中间商时,常处于两种极端情况之间:一是企业可以毫不费力地找到特定的商店并使之加入渠道系统。例如,日本丰田汽车公司很容易吸引新的经销商销售它的产品。其原因可能是因为它很有声望,也可能是因为它的产品能赚钱。另一个极端是,生产者必须经过种种努力才能使经销商愿意加入到渠道系统中来。企业找中间商难也好,易也罢,一般来讲,企业选择中间商应根据以下条件:①经销商的服务对象与自己的目标市场一致。②零售商应位于顾客流量大的地段;批发商应有较好的交通运输及仓储条件。③有经销该产品必备的知识、经验和技术,较强的售前、售中、售后服务能力。④信誉好,形象好,及时付款。⑤热心经销本企业的产品。

(二)激励渠道成员

虽然生产商给予中间商某种权利会起到一定的激励作用,生产商和中间商签订的合同里面也已经规定了中间商的责任和义务,但这些权利和义务必须由生产商通过不断地监督和鼓励才能更好地实施。

刺激和鼓励渠道成员努力工作的前提是,生产商要了解各个中间商的需要和欲望。中间商并非生产者铸造的营销链中的一个环节,而是一个独立的、与生产企业并行的经营者,拥有自己的市场,不是生产商的雇用;中间商通常认为自己主要是顾客购买商品的采购员,其次才是生产商的销售代理人。他们感兴趣的是销售顾客想买的商品,而不是生产商自己的产品;中间商关心的是所有产品的销路,而不是某一产品的销路。这些都是对生产商不利的。在没有某种鼓励的前提下,中间商往往不愿为某单独产品付出销售努力,或是提供销售记录。生产商激励中间商应以适度激励为基本原则,尽量避免激励不足和激励过分两种情况。对中间商过分激励,给予其慷慨的优惠条件超过了他取得合作与努力水平所需的条件时,虽能激发中间商的销售兴趣,取得高销售量,但企业未必能获得高利润;同样,当生产商给予中间商的条件过于苛刻,以致不能激励中间商努力工作时,也会使销售量下降,利润减少。

1. 激励中间商的措施

对中间商激励的具体措施如下:①向中间商提供适销对路、物美价廉的产品,给中间商创造良好的销售条件;②合理分配利润,或者给予独家经销权和有价值的特许地位;③向中间商提供销售和维修人员的培训;④与中间商共同进行广告宣传,承担部分广告费用;⑤资金资助,通过融资,采取售后付款或先部分付款的方式,促进中间商积极进货,努力推销商品;⑥尽可能地与中间商保持信息传递的连续性,增进沟通。

2. 建立与中间商的良好关系

如何处理好生产者与中间商之间的关系,使二者之间保持较高的亲和性,是生产者销售成功的关键。在实践中,一般采用项目合作、构建伙伴关系、分销规划等措施来构建生产者与中间商的良好关系。

(扫一扫,看案例9-1)

(三)评估渠道成员

生产者除了选择和激励渠道成员外,还必须定期评估他们的绩效,如果某一渠道成员的绩效过分低于既定标准，则须找出主要原因，同时还应考虑可能的补救方法。当放弃或更换中间商将会导致更坏的结果时，生产者则只好容忍这种令人不满的局面。当不幸出现更坏的结果时，生产者应要求工作成绩欠佳的中间商在一定时期内有所改进，否则，就要取消其中间商的资格。通常评估中间商的项目包括：销售配额完成情况；销售增长情况；产品的销售范围及占有率；平均存货水平；向顾客交货时间；对损坏和遗失商品的处理；对顾客服务的表现；与公司促销和培训计划的合作情况。

三、分销渠道的变革

市场情况纷繁复杂，瞬息万变。生产企业的任务不能仅限于设计一个良好的分销渠道，并推动其运转。随着市场的变化，对分销渠道系统还要定期进行调整，以适应市场的新动态。

企业市场营销分销渠道的调整可从三个层次上来研究：从经营层次上看，其调整可能涉及增加或剔除某些渠道成员；从特定市场的规划层次上看，其调整可能涉及增加或剔除某特定的市场渠道；在企业系统计划阶段上看，其调整可能涉及创建一个全新的分销系统。

(一)增减渠道成员

增减渠道成员是指在某一分销渠道里增减个别中间商，而不是增减各种渠道模式。企业作这个决策时通常需要进行经济效益分析，主要是作直接增量分析，通过分析，要弄清楚这样一个问题，即增加或减少某渠道成员后，企业利润将如何变化；同时也要分析这一变化是否会引起渠道其他成员的反应，其他成员的销售是否会受到影响等。对这些情况企业在决定渠道成员增减时必须充分考虑到，以便采取相应的措施防止出现不必要的矛盾。

(二)增减渠道

增减渠道是指增减某一渠道模式，而不是增减渠道里的个别中间商。当生产企业利用某一分销渠道销售产品不理想时，或者市场需求扩大而原来的渠道模式不能满足需求时，生产企业一方面会削减某条渠道，同时又会增加某条渠道。在减少或增加某条渠道时，生产企业要考虑增减某一渠道会带来的经济效益以及其他渠道的反应，并且要顾及到被剔除的渠道日后可能成为本企业渠道的竞争者，保留的渠道是否会产生不安全感，从而降低销售量等可能性。生产企业要对此作出预防措施。

(三)调整整个渠道系统

调整整个渠道系统是指生产企业对所利用的全部渠道进行调整。如直接渠道改为间接渠道，单一渠道改为多渠道等。对生产企业来说，最困难的渠道变化决策就是改进和修正整个市场营销渠道系统，它不仅会使全部销售渠道改观，而且还会涉及营销组合因素的相应调整、营销策略的改变。作为生产企业，对调整全部渠道要特别谨慎，要进行系统分析，以防考虑不周，影响企业的全部销售。

第三节 中间商概述

一、中间商的类型

中间商是指产品从生产者转移到消费者的过程中,专门从事商品流通业务,促进买卖行为发生和实现的组织或个人。它主要包括商业企业、物资企业和外贸企业。中间商通过购买和销售产品,转移产品所有权,以及将实物运送给买方。

(一)按照在商品流通转让过程中是否取得商品的所有权划分

按产品流通过程中有无所有权转移,中间商可以分为经销商和代理商。它们的区别在于是否取得商品所有权,经销商取得商品所有权,而代理商不取得商品所有权。

1. 经销商

经销商是指从事商品交易业务,在商品买卖过程中拥有商品所有权的批发商和零售商。产品经过经销商交易一次,产品的所有权就将经过一次转移。经销商必须首先用自己的资金进行购买,以取得产品所有权,然后才能出售,并承担全部经营风险。

2. 代理商

代理商是指从事商品交易业务,接受生产者委托,但不具有商品所有权的中间商。它们从事代购、代销或提供信息、咨询服务等,促成商品交易的实现,从而获得一定的服务手续费或佣金。代理商主要有以下几种类型。

1) 企业代理商

企业代理商是指受生产者的委托签订销货协议,在一定区域内负责代销生产企业产品的中间商。产品售出后生产者按销售额的一定比例付给企业代理商佣金,生产者与代理商之间是委托代销关系。代销商不需要资金,也不必承担任何风险,实际上类似于生产者的推销员。生产企业通过代理商,可以使产品尽快地推向市场,并开拓新的市场。因而在推销新产品、开拓新市场时,可以考虑借助代理商推广。

2) 销售代理商

销售代理商是一种独立的中间商,受生产者委托,全权负责、独家代理生产者的全部产品。其销售范围不受地区限制,并拥有一定的售价决定权,双方关系一经确定,生产企业自身不能再进行直接的销售活动。销售代理商要对生产企业承担较多的义务,在销售协议中,一般会规定在一定期间内的推销数量,并为生产企业提供市场调查、预测的情报,负责进行商品宣传促销等活动。

3) 寄售商

寄售商是指受生产企业的委托,为生产企业进行现货代销业务的中间商。生产企业将产品交付给寄售商,根据销售额的大小提供一定比例的佣金。双方议定价格,销售后将所得货款扣除佣金和有关销售费用后,再交付给生产企业。寄售商要自设仓库、经营场所,以便存储、陈列商品,使顾客能及时购买现货。寄售商在发掘潜在购买力、开辟新市场、处理滞销商品等方面能发挥积极作用。如果寄售商品没有全部售出,则寄售商不承担任何责任。

3. 经纪人

经纪人是指在买卖双方交易洽谈过程中起着沟通和促成交易媒介作用的机构或个人。它既无商品所有权，也不持有和取得现货，与任何买卖双方都没有一个固定的关系，往往是为买卖双方牵线搭桥，协助谈判，促成交易，交易达成后，提取少量佣金。

(二)按照在流通转让过程中的地位和作用划分

按照中间商在流通转让过程中所处的地位和所起的作用不同，中间商可以划分为批发商和零售商两类。批发商和零售商的区别在于是否直接服务于消费者或用户，批发商不直接服务于消费者，而零售商则直接将产品卖给最终消费者。

1. 批发商

批发商是指那些主要从事批发业务的企业。批发是指将购进的商品批量转售给各类组织购买者的业务。在商品流转过程中，批发商不直接服务于最终消费者，只是将商品转售给为了转卖或者商业用途而进行购买的人。

2. 零售商

零售商是指从生产企业和批发企业进货，将产品卖给最终消费者或用户的中间商。

它与批发商既相互依存，又存在区别。首先，从交易对象来看，零售商的买卖活动一般是在企业(批发商或生产商)与消费者之间进行，交易过程终了，商品即脱离流通领域进入消费领域，即零售是流通过程的终点；而批发商的买卖活动一般是在企业之间进行的，批发交易结束后，商品仍处在流通领域。其次，从交易数量和购买频率看，零售商每次销售产品的数量比较少，但频率高，零售网点相对较多；而批发商每次销售的数量一般比较大，销售频率低，因而批发商的网点相对较少。最后，从出售商品的经济用途来看，零售商出售的商品，大都是供个人直接消费的商品；而批发商出售的商品主要是供给企业为生产加工用或施工零售商转卖。

二、批发商的主要类型

批发商的主要业务活动是批发商品流转活动，即批发商品的购、销、存、运活动。批发商是经销商的一种。一般根据购买目的来判断一个经销商是不是批发商，如果一个经销商购买产品的目的不是为了销售给用户或者最终消费者，而是为了转售给其他经销商，这种经销商就被称为批发商。

1. 批发商的分类

从不同的角度，可以将批发商划分为以下类型。

(1) 按经销商品的用途，可分为生产资料批发商和消费品批发商。

(2) 按经销商品的种类，可分为一般批发商和专业批发商。前者经营商品种类繁多，如百货批发站；后者是经营某一类或几类商品，如五金电器批发公司等。

(3) 按服务地区范围大小，可分为全国性批发商、区域性批发商和地方性批发商。担负全国性商品批发业务的叫全国批发商；承担一个省、区及其相邻地区范围批发业务的叫区域批发商；只担负某一市、县或某一贸易区批发业务的叫地方批发商。它们三者之间的这种划分不是绝对的。

(4) 按是否拥有商品所有权，可分为经销批发商和代理批发商。

(5) 按服务的内容，可分为综合服务批发商和专业服务批发商。综合服务批发商是为生产者、零售商或用户提供市场经营的各种服务。专业批发商又可分为三种：①承运批发商，是根据零售商或用户的订单，从生产企业取得货物后直接运送给购买者，它设有营业场所，但没有仓库。②货车贩运批发商，是把从生产企业批发来的商品承包运送给零售商或用户。③现货自运批发商，是用低价现金售货，但商品由购买者自行运输。

批发商的分类具体如图 9-1 所示。

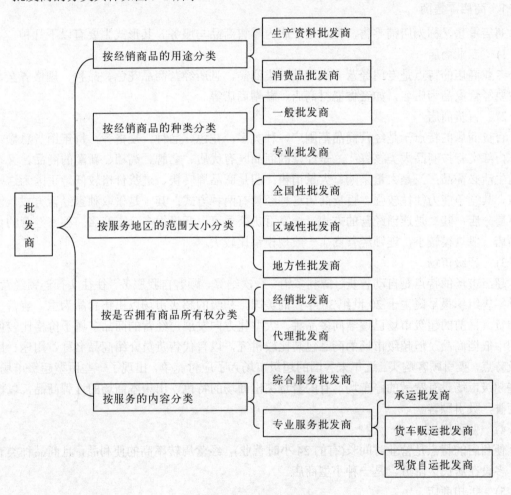

图 9-1　批发商的分类

2. 批发商的发展趋势

(1) 集中化和分散化并存。集中化表现在选购类产品的批发业务越来越趋向集中，被少数大公司所控制；批发商的分散化则指日常用品的批发业务越来越分散，小批发商越来越多。

(2) 信息化程度不断提高。它表现在电脑、信息和管理在批发商中得到了更广泛的应用，信息化的发展使得及时提供存货成本最低的存货量指标、确定不盈利的产品、及时提供最低订货成本的订货批量和计算运输成本最低的运输路线成为可能。

(3) 批发商加强了市场调查，经常了解和掌握新技术、新品种的动态，了解零售商、消费者的需求，使它们知道从制造企业购进哪些产品或不购进、少购进哪些产品，可以减少风险。

(4) 批发商越来越加强了对供应商诚信的要求。严格禁止供应商贿赂自己的采购人员。

三、零售商的主要类型

零售商的种类繁多，一般把它们分为三大类。

1. 商店零售商

商店零售又称为店铺零售，特点是在店内零售商品与服务。其形式主要有以下几种。

1) 专业商店

专业商店的特点是专门经营一类或某几类商品，且所经营商品花色、品种、规格齐全，以主要经营商品为店名，如音像器材商店、鞋帽商店等。

2) 百货商店

百货商店的特点一是经营商品范围广，种类多，花色、品种、规格齐，每年销货总额较大，内部实行按商品大类核算；二是经营的商品既有优质、名牌、高档、新潮的商品，又有日常生活必需品；三是大量采购、大量销售；四是商品周转快、进货价格较低。正因为这些特点，其竞争能力往往较强。百货商店这种经营有两种方式：其一是采取独家经营方式，没有下属分店；其二是连锁经营的方式，一家百货公司可以开设很多分支商店。独家经营的百货商店一般规模较小，连锁经营商店一般规模都比较大。

3) 超级市场

超级市场的特点是自动售货、薄利多销、一次结算、顾客自我服务，往往实行连锁经营。这种零售组织最早诞生于20世纪30年代的美国，初级的超级市场以出售食品为主，兼营少量杂货。目前的超级市场已逐渐向多品种、大型化方向发展，经营的商品多属于价格比较便宜的中低档商品。但超级市场的商品包装比较讲究，以替代售货员介绍商品名称、用途、用法及特点，吸引顾客购买。近年来各国的超级市场为了应付竞争，出现了一些巨型超级市场，有些超级市场设有宽敞的停车场，有的着意突出商场的特色、出售本商场的订牌商品，以树立商誉，吸引顾客。

4) 便利店

便利店的特点是营业时间长(有的24小时营业)，经营周转率高的便利品，且商品种类有限，多设在居民区附近，是一种小型商店。

5) 折扣商店

折扣商店又称廉价商店，这是一种以低价方式销售标准化商品的商店。那种偶尔减价或特卖的商店，不能称作折扣商店。其突出特点有：一是多位于租金便宜、交通繁忙地段；二是通常以低价销售商品，且品种较齐全；三是主要经营全国性品牌产品，保证商品质量；四是实行自助式售货；五是设施较少，尽量降低费用；六是大力开展广告促销宣传。折扣商店是顺应消费者对商品价格的敏感度而发展起来的。近年来，折扣商店面对百货商店的降价竞争，已逐步从经营普通商品发展到经营专门商品，如体育用品折扣商店、电子产品折扣商店、折扣书店等。

6) 减价商店

减价商店是以低价和大量销售为特征的另一种零售商店。折扣商品一般以正常价格从批发商那里进货，以较低利润率出售实现低价。减价商店则通过非正常渠道低价进货，集中经营那些市场行情变化较大、质量较高的商品，如家具、服装、鞋类产品等。减价商品大多是生产企业不再生产的、断码、过时或滞销的产品，这类产品质量一般有保证。

7) 工厂门市部

工厂门市部由制造商自己拥有和经营，它们一般销售多余的、不正常和不规范的商品。这些门市部有时候联合起来在工厂门市部大厅联销。

2．无店铺零售商

无店铺零售是指不经过店铺销售商品的零售形式。无店铺零售商主要有以下几种。

(1) 直销。直销是指生产者自己或通过直销员向消费者销售产品，包括集市摆卖、上门推销、举办家庭销售会等。集市摆卖是我国和东南亚国家的农民及小工业生产者的传统自销方式。上门推销源于古代和中世纪的行商，今天仍然普遍使用。如雅芳公司通过雅芳小姐推广其"家庭主妇的良友、美容顾问"概念，在全世界约有100万名直销商，每年创造20亿美元以上的销售额，成为全世界最大的化妆品公司和头号直销商。

除集市摆卖外的其他直接销售方式成本较高，销售人员佣金通常为销售货款的20%以上，而且还需要支付销售人员的培训、管理及奖励费用。

(2) 邮购和电话订购。向特定潜在顾客邮寄信函、折叠广告、商品目录甚至录像带、计算机光盘等宣传品，顾客收到并作出购买决策后，可通过公司设立的免费电话选购所需商品，公司派人送货上门，或通过邮局汇款邮购。如顾客可以通过800免费电话向DELL计算机公司订购台式计算机或笔记本电脑。

(3) 电视营销。通过闭路电视频道宣传介绍产品，极具说服力和感染力，顾客可通过免费电话订购或到指定地点购买。这种方式较多用于新产品及化妆品、家用电器、健身器材的销售。

(4) 网络营销。这是应用计算机网络的营销方式，通过互联网发布产品信息，宣传介绍产品，顾客利用家用计算机即可了解所需产品的信息，若决定购买，即通过网上下订单，指示银行划账，公司能实时获取有关订购信息，通过电话确认后即送货上门。如DELL计算机公司销售台式计算机或笔记本电脑，除上述的可通过免费电话下订单外，亦可通过互联网下订单，由于互联网上可以通过图片、动画、声音、Flash等形式形象生动地传递产品信息，让消费者更多、更详尽地了解其所需商品的情况，目前DELL公司的网络营销方面的销售额正不断递增，几乎占到了50%以上，成为网络营销最成功的范例。

(5) 自动售货。即通过自动售货机销售商品和服务。这是第二次世界大战以后零售设施的一项重要发展，主要用于一些具有高度方便价值的购买品，如饮料、香烟、糖果、报纸、书籍、化妆品、胶卷、唱片等。这种售货机在西方国家随处可见，昼夜服务，为消费者带来了极大便利。不过由于营销成本较高，自动售货价格比一般商店价格高15%～20%。近年来，自动售货机不仅在有形商品的零售中迅速发展，而且发展到服务行业，如自动点唱机、自动洗衣机、自动取款机、自动交费机。

(6) 购货服务。这是一种专为某些特定的顾客服务的零售形式，通常由学校、医院、政府机关等大单位派采购人员参加购货服务组织，该组织选择一些零售商与之建立长期业务关系，对组织成员凭购货证给予价格优待。

3. 零售组织

零售组织是组合式零售类型，主要有以下几种形式。

(1) 正规连锁。即单一资本运营，由两家或两家以上同类商店组成的联合经营组织。它是最典型的连锁，最容易形成权力集中的大资本。各连锁分店实行统一形象、统一进货、统一经营、统一管理。正规连锁比单店经营具有价格优势，由于总部的配送中心统一地大量进货，可以获得更大的折扣并降低运输成本，而且统一广告和统一的促销手段可使各分店同样受益，降低促销费用。因此，正规连锁具有零售的规模效益。

(2) 自愿连锁和零售商合作社。自愿连锁是由批发企业牵头，成员在保持资本独立的前提下自愿组成的零售集团，它们依托批发企业从事大量采购和共同销售业务。零售商合作社是独立零售商基于自愿原则组成的联合组织，集中采购，联合促销。这些组织以合作达到降低成本、增强实力的目的，以对抗正规连锁的价格挑战。

(3) 消费合作社。这是由消费者自愿投股成立的零售组织，目的是避免中间商的过分剥削，保护自己的利益。消费合作社采取一人一票原则选举代表，实行民主管理，社员按购货额分红；或定低价只供应社员，不对非社员开放。

(4) 特许经营组织。这是拥有特许权的授权者(生产商、批发商或服务企业)与特许权的接受者(购买某种特许权的独立零售商)之间，通过契约建立的一种组织。一些独特的产品、服务、专利、商标或管理模式，常常采用特许经营方式经营，如肯德基的特许专卖店遍布全世界。特许权的所有者通常是一些享有盛誉的著名企业。

(5) 商店集团。这是一种商业上的垄断组织，包括各行业的若干商店，通常是多元化经营，在一个控股公司的操纵下实行统一的分销和管理。如奶品农场公司除了在中国香港和中国台湾经营惠康超市连锁店以外，还在中国香港、深圳经营曼宁药店，形成零售商店集团。它与连锁店既相似又有区别，经营的商品属于不同类型，所属商店各有自己的风格。

第四节 营销物流

营销物流是分销渠道管理中的一项重要内容，它就是通过计划、执行和控制，使原材料和制成品在适当的时间和地点到达用户手中。产品交易过程是产品所有权的转移和产品物质实体运动相统一的过程。如果产品不能顺利地从生产者到达消费者手中，那么，市场营销的活动就将落空。在产品转移过程中，生产者、中间商在购销产品的同时，必然分别进行着储存、运输、包装、分拣等活动。我们将这些活动称为营销物流。营销物流表现了销售渠道的另一面。

一、营销物流的概念和作用

1. 营销物流的概念

营销物流是指产品实体从生产者向消费者转移过程中所发生的一系列活动，具体包括：运输、仓储、存货、收发货、包装、管理和处理订货等，反映产品时间和空间位置的变换，它是提高企业为顾客服务水平的重要内容，是影响顾客购买和连续购买企业产品的重要因素，搞好物流管理有助于提高企业的竞争能力。

物流的概念有狭义物流和广义物流。广义的物流包括原材料的"采购物流"、加工场所内半成品的"生产物流"和制成品的"销售物流"，形成整体的供应链管理。从市场营销的角度看，营销物流管理只涉及制成品从生产者到消费者这一流通过程中的时间、空间转移。

传统的物流观念是以企业产品为出发点，然后寻找出一条成本最低的途径，将产品送到消费者手里。现代市场营销提出了"市场后勤"观念，即以市场为起点，后向安排企业的物流活动。也就是说，现在的营销物流管理并非等同于人们经常理解的只是运输、仓储、配送，一说到做物流，估计很大一部分人想到的就是搞运输、搞仓储，而这些都只是物流的基本工作，做营销物流的目标是在合适的物流费下最大限度地满足销售需求，满足客户需求，这是一个艰难的系统工程，通过运输、仓储、装卸、搬运、配送、流通加工等各个环节之间的密切配合来达到产品的三个效用：持有效用、形式效用和地域效用。

根据物流的程度和环节，营销物流管理包括对商品的包装、搬运、装卸、运输、库存、流通加工以及信息处理的要素，其中商品的存储、运输、配送和加工是物流的中心环节。

2．营销物流的作用

营销物流的作用主要是实体分配以搭建生产与消费之间的桥梁，具体如图 9-2 所示。营销物流的目标解释为以最小的成本向消费者提供最满意的服务。因此，营销物流的任务可以概括为：以最小的成本，在正确的时间，正确的地点，以正确的条件，将正确的商品送给正确的顾客。物流所创造的价值体现在商品的时间和空间效用上，即保证顾客在需要的时候方便获取。

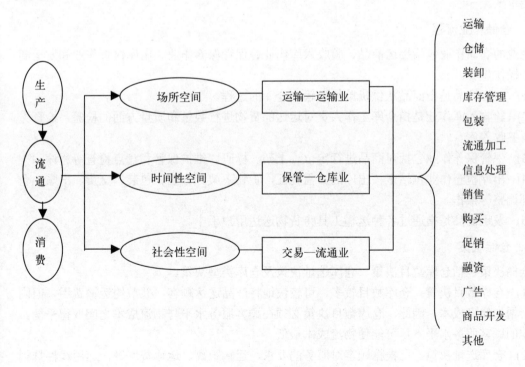

图 9-2　物流的功能

二、商品的储存

商品的仓储是指产品离开生产领域而尚未进入消费领域之前，在流通领域的合理停留。为了保证社会再生产的顺利进行和满足顾客的消费需求，必须保持一定数量的产品储存。其关键问题在于仓库的选择和存货水平的控制。

1．现代仓储在营销物流系统中的作用

过去的仓储起着储存原材料与产成品的作用，可以统称其为存货，储存的作用是将原材料输送到生产部门，把产成品销售出去。

20世纪90年代以来，由于零库存、物流供应链与物流联盟等新理论的出现，仓储所扮演的角色转变为如何以更短的周转时间、更低的存货率、更低的成本和更好的顾客服务为内容的物流目标。仓库已经不再是储存商品的设施，仓库的运转效率大大提高，人们关注产品在企业的流动速度，有些企业的产品在仓库的存放时间大大缩短。

为了满足顾客廉价和快捷的服务需求，营销物流管理人员非常关注仓储过程中的成本和周转速度。很多企业重新建设仓库以达到加速订单处理和降低物流成本的目标，有的企业还根据其战略规划、市场分布，重新选择仓库地址，为供应链中的顾客提供更好的服务。

仓储能为原材料等其他储存物品提供时间效用，起到季节性需求调整的作用。同时，根据市场需要设计的仓储还能够缩短企业为顾客提供服务的时间，更快捷地按照顾客所要求的时间和地点将商品送到顾客手中。随着有形物品销售过程中服务附加功能的完善，仓储变得越来越重要。

2．仓储作业流程

企业的仓储作业包括接运商品、验收入库作业、保管保养作业、出库检查作业和发运商品五个操作步骤。

（1）接运商品是指商品从供货单位运输到仓库的过程。

（2）验收入库作业是指仓库工作人员对运达的货物进行数量和质量方面的检验，检查无误后再签收入库。

（3）保管保养作业包括对商品进行定位、上架、标码、维护保管和盘点检查等程序。

（4）出库检查作业包括审核出库的必需凭证，货物下架、分割、包装、交货、出账、仓库内部调整等操作。

（5）发运商品是指通过各种运输工具将货物送达用户手中。

3．仓储决策

仓储决策包括仓库数目决策、仓库选址决策及仓库类型决策。

（1）仓库数目决策。仓库数目较多，可较快地将产品送达顾客，并节约运输费用，但同时也会增加储存成本。因此，仓库数目决策必须在顾客服务水平与物流成本之间取得平衡，在既定的顾客服务水平下尽可能使物流成本最低。

（2）仓库选址决策。可根据顾客对服务的要求、运输距离、运输费用等，运用线性规划法进行。

（3）仓库类型决策。即决定自建仓库还是租用仓库。自建仓库便于加强管理控制，但需

投入较多资金，且缺乏灵活性；租用仓库选择余地较大，方式也较灵活。企业可根据待储存商品的规模等，选择适当的仓库类型。

三、商品的运输

1. 运输的概念

运输是指借助各种运输工具将商品由产地向消费地进行空间移动的活动。运输过程不改变产品的实物形态，也不增加其数量，但能创造商品的空间效用，实现其使用价值。运输是物流的中心活动，是物流管理十分重要的环节。

2. 合理组织商品运输的基本要求

商品运输的合理化，是指商品在运输过程中，按照合理的流向，使商品行经的里程最近，环节最少，时间最短，费用最低，安全完好地从产地运到消费地。

在组织商品运输工作中，要贯彻及时、准确、安全、经济的原则，具体要做到以下几步。

(1) 按照合同规定的交货时间，如期把商品运到消费地，保证用户的需要。

(2) 保证在运输过程中不发生错误，按质按量到达指定地点。

(3) 要求在运输过程中，商品不发生变质、残损、丢失，不发生人身事故等。

(4) 要选择最合理的运输路线和运输工具，节约人力、物力和财力，降低运输费用。

3. 运输的主要途径

现阶段，我国企业商品运输方式主要有铁路运输、水路运输、公路运输、航空运输、管道运输和集装箱运输等。这六种运输方式使用不同的运输工具，在商品运输中发挥着不同的作用。如表 9-3 所示为运输方式对照表。

表9-3 运输方式对照表

运输方式	适 用	运输费用	特 点
铁路运输	长途运输 运量大、体积大、笨重的低价值产品	较低	运输量大，运输速度慢，不灵活，不能送货上门
水路运输	体积大、价值低、不易腐烂的产品	低	运输量大，需具备配套条件，运输速度慢，易受气候条件的影响
公路运输	短途运输	较高	灵活、迅速，能送货上门，运输量上限
航空运输	急需产品、易腐保鲜产品、轻质产品	昂贵	运输速度快
管道运输	石油、天然气、煤气、铁矿石、砂石	比水运高、比铁路低	安全性强，减少中间环节
集装箱运输	交电、仪器、小五金、小型机械工艺品、化学品等各类产品	较高	产品损耗少，便于装卸、搬运和仓储

4. 运输决策

储存和运输是对产品的可得性影响最大的两个物流功能环节，是物流管理的核心。据统计，对于一般制造企业来说，运输成本要占到物流总成本的 45% 左右。由此可见，运输是物流过程中最具潜力的成本控制领域。运输决策主要涉及选择合理运输路线和最佳运输方式两

方面。

(1) 选择运输路线。在组织商品运输前，首先必须选择合理的运输路线，就近供应，减少运输，避免对流、迂回、重复等不合理运输，努力使运费降为最低。对运输路线的选择，可以采用最小元素法进行。

(2) 选择运输方式。企业可选择的运输方式主要有六种：铁路运输、公路运输、水路运输、航空运输、管道运输和集装箱运输。每种运输方式各有其特点和优缺点，企业应该结合产品特点、顾客要求、运输距离等因素综合考虑进行选择。另外，联运方式将两种或两种以上的运输方式结合使用，不仅给企业带来了许多便利，也节省了运输费用，因此被越来越多的企业所采用，企业在作运输方式决策时也必须加以考虑。

四、商品的配送

1. 配送的概念

根据中华人民共和国国家标准《物流术语》，"配送"被定义为："在经济合理区域范围内，根据用户的要求，对物品进行拣选、加工、包装、分割、组配等作业，并按时送达指定地点的物流活动。"

一般来说，配送的本质是根据用户的要求，在物流据点内，如仓库、配送中心等，进行分拣、配货等作业，并将配好的货物实时地送交收货人的过程。它是一种以现代送货形式来实现资源最终配置的经济活动，它也是物流中一种特殊的、综合的活动形式。配送是商流与物流紧密结合的运作工程，既包含商流活动，也包含物流活动中若干功能要素。也就是说，不能将配送简单地理解为交货、送货。

从配送活动的实施过程来看，配送包括"配"和"送"两个方面的内容，"配"是对货物进行集中、分拣和组配，"送"是以各种不同的方式将货物送达指定地点或用户手中。可以将配送归纳出以下几个特点。

(1) 配送不只是送货，也不是生产企业推销产品所直接从事的销售型送货，而是从物流节点至用户的一种特殊送货形式。从送货的功能上来看，其特殊性表现在：从事送货的是专职流通企业，而不是生产企业；配送是"中转"型送货，而不是一般传统意义上的送货，尤其是从工厂至用户的送货往往是直达型；一般送货是生产企业生产什么就送什么，有什么就送什么，而配送则是需要什么就送什么，是以用户为驱动源的。

(2) 配送不是一般的运输和输送，而是运输与其他活动共同构成的结合体。虽然配送活动离不开运输，但在整个运输过程中它处于"二次运输""支线运输""末端运输"的位置，即是最终货物配置，是接近顾客的行为，是从物流节点至用户终端的运输。

(3) 配送不是供应和供给，它不是广义概念的组织资源订货、签约、进货、结算及对物资处理分配的供应，而是以供应者送货到用户的形式进行供应。从服务方式上看，配送是一种"门到门"的服务，可以将货物从物流节点一直送到用户的仓库、营运现场、车间乃至生产线的起点。

(4) 配送不是消极的送货发货，而是在全面配货的基础上，充分按照用户的要求进行服务，它是将"配"和"送"有机地结合起来，完全按照用户需求的数量、种类、时间等进行分货、配货、配装等工作。

(5) 配送是一项有计划的活动。配送需要根据客户的需要,以及从事配送的企业的能力,有计划进行的送货活动,以满足客户预定的需要。

2. 配送决策

配送决策主要解决合理配送的问题,具体来说需要考虑两个方面:库存决策和送货运输方式选择。

五、商品的流通加工

营销物流过程中的商品加工也称为流通加工,它是营销物流系统中一个非常重要的部分。

1. 流通加工的概念

流通加工是流通中的一种特殊形式。

商品流通是以货币为媒介的商品交换,它的重要职能是将生产及消费(或再生产)联系起来,起"桥梁和纽带"作用,完成商品所有权和实物形态的转移。因此,流通与流通对象的关系,一般不是改变其形态而创造价值,而是保持流通对象的已有形态,完成空间的转移,实现其"时间效用"及"场所效用"。

流通加工则与此有较大的区别,总的来讲,流通加工在流通中,仍然和流通总体一样起"桥梁和纽带"作用。但是,它却不是通过"保护"流通对象的原有形态而实现这一作用的,它是和生产一样,通过改变或完善流通对象的原有形态来实现"桥梁和纽带"作用的。

流通加工是在物品从生产领域向消费领域流动的过程中,为促进销售、维护产品质量和提高物流效率,对物品进行加工,使物品发生物理、化学或形状的变化。

流通加工和一般的生产型加工在加工方法、加工组织、生产管理等方面并无显著区别,但在加工对象、加工程度方面差别较大,其差别主要如下:

(1) 流通加工的对象是进入流通过程的商品,具有商品的属性。以此来区别多环节生产加工中的一环。流通加工的对象是商品,而生产加工的对象不是最终产品,而是原材料、零配件、半成品。

(2) 流通加工程度大多是简单加工,而不是复杂加工。一般来讲,如果必须进行复杂加工才能形成人们所需的商品,那么,这种复杂加工应专设生产加工过程,生产过程理应完成大部分加工活动,流通加工对生产加工则是一种辅助及补充。需要特别指出的是,流通加工绝不是对生产加工的取消或代替。

(3) 从价值观点看,生产加工的目的在于创造价值及使用价值,而流通加工则在于完善其使用价值,并在不做大改变的情况下提高价值。

(4) 流通加工的组织者是从事流通工作的人,能密切结合流通的需要进行这种加工活动。从加工单位来看,流通加工由商业或物资流通企业完成,而生产加工则由生产企业完成。

(5) 商品生产是为交换和消费而生产的,流通加工的一个重要目的,是为了消费(或再生产)所进行的加工,这一点与商品生产有共同之处。但是流通加工有时候也是以自身流通为目的,纯粹是为流通创造条件,这种为流通所进行的加工与直接为消费进行的加工从目的上来讲是有区别的,这又是流通加工不同于一般生产的特殊之处。

2. 流通加工的地位

流通加工在整个营销物流中具有非常重要的地位，具体表现如下：

(1) 流通加工有效地完善了流通。流通加工在实现时间、场所两个重要效用方面，确实不能与运输和储存相比，因而，不能认为流通加工是物流的主要功能要素。流通加工的普遍性也不能与运输、储存相比，流通加工不是所有物流中必然出现的。但这绝不是说流通加工不甚重要，实际上它也是不可轻视的，是起着补充、完善、提高增强作用的功能要素，它能起到运输、储存等其他功能要素所无法起到的作用。所以，流通加工的地位可以描述为是提高物流水平，促进流通向现代化发展的不可少的形态。

(2) 流通加工是物流中的重要利润源。流通加工是一种低投入、高产出的加工方式，往往以简单加工解决大问题。实践证明，有的流通加工通过改变装潢使商品档次跃升而充分实现其价值，有的流通加工将产品利用率提高 20%～50%，这是采取一般方法提高生产率所难以企及的。根据我国近些年的实践，流通加工仅就向流通企业提供利润这一点上，其成效就并不亚于从运输和储存中挖掘的利润，是物流中的重要利润源。

(3) 流通加工在国民经济中也是重要的加工形式。在整个国民经济的组织和运行方面，流通加工是其中一种重要的加工形态，对推动国民经济的发展和完善国民经济的产业结构和生产分工有一定的意义。

3. 流通加工的类型

(1) 为弥补生产领域加工不足的深加工。
(2) 为满足需求多样化进行的服务性加工。
(3) 为保护产品所进行的流通加工。
(4) 为提高物流效率，方便物流的流通加工。
(5) 为促进销售的流通加工。
(6) 为提高加工效率的流通加工。
(7) 为提高原材料利用率的流通加工。
(8) 衔接不同的运输方式，使物流合理化的流通加工。
(9) 以提高经济效益、追求企业利润为目的的流通加工。
(10) 生产-流通一体化的流通加工形式。

本 章 小 结

本章首先就分销渠道的概念、特征及功能进行了详细分析。分销渠道是指产品从生产领域向消费领域或者另一个生产领域转移时所经历的通道。在分销渠道中，会发生一系列的分销活动，可以将其归纳为"五流"，即商流、物流、货币流、信息流和促销流。根据不同的分类方法，可以把分销渠道划分为直接渠道与间接渠道、长渠道与短渠道、宽渠道与窄渠道、传统分销渠道与分销渠道系统等。分销渠道包括经销商、代理商、批发商和零售商。分销渠道的设计应该考虑的因素包括顾客及用户的特征、产品特征、竞争特征、企业的特征、环境特征和中间商特征。中间商的选择包括对使用中间商数量的确定和对中间商的评价。分销渠道的管理主要包括选择渠道成员、激励渠道成员和评估渠道成员。渠道的变革则主要围绕渠道成员数量、渠道规模和整个渠道的运行状况进行调整。

营销物流是分销渠道管理中的一项重要内容，它就是通过计划、执行和控制，使原材料和制成品在适当的时间和地点到达用户手中的过程。物流管理是对物流的各个环节进行有效的协调组织和控制。其中仓储、库存和运输是物流管理的中心环节。

思考与练习

1. 什么是销售渠道？它有哪些类型？其作用是什么？
2. 试述中间商的类型、特点及其作用。
3. 影响分销渠道策略选择的主要因素有哪些？
4. 如何设计分销渠道？
5. 如何进行营销物流管理？
6. 分销渠道的新发展是什么？

实 践 训 练

1. 试从你周围的实际生活中，举例说明销售渠道系统的新发展。
2. 对日用品(如牙膏)或高档品(如名牌西装)的分销渠道进行对比分析，理解它们之间的差异。
3. 如果你想营销一种无香精、无刺激的香皂，请问你会选择何种批发商及零售商？

(扫一扫，看案例分析)

第十章 促销策略

【学习目标】

通过本章的学习，了解促销的含义与作用，促销组合的基本内容以及各种促销方式的主要特点；掌握广告的设计原则和人员推销的基本策略，公共关系和营业推广的主要活动方式；应用促销组合理论，分析中国企业促销实践中存在的问题。

【关键概念】

促销 促销组合 广告 人员推销 公共关系 营业推广

【案例导入】

王老吉的促销策略

2002 年以前，从表面看，红色罐装王老吉(以下简称"红罐王老吉")是一个经营得很不错的品牌，在广东、浙南地区销量稳定，盈利状况良好，有比较固定的消费群，红罐王老吉饮料的销售业绩连续几年维持在 1 亿多元以上。发展到这个规模后，加多宝的管理层发现，要把企业做大，要走向全国，就必须克服一连串的问题，甚至原本的一些优势也成为困扰企业继续成长的障碍。为了破除障碍，加多宝开始了一系列的促销活动。

红罐王老吉的电视媒体选择主要锁定覆盖全国的中央电视台，并结合原有销售区域(广东、浙南)的强势地方媒体，在 2003 年短短几个月，一举投入 4000 多万元广告费，销量立竿见影，得到迅速提升。同年 11 月，企业乘胜追击，再斥巨资购买了中央电视台 2004 年黄金广告时段。正是这种疾风暴雨式的投放方式保证了红罐王老吉在短期内迅速进入人们的头脑，给人们留下一个深刻的印象，并迅速红遍大江南北。2003 年年初，企业用于红罐王老吉推广的总预算仅 1000 万元，这是根据 2002 年的实际销量来划拨的。红罐王老吉当时的销售主要集中在深圳、东莞和浙南这三个区域，因此投放量相对充足。随着定位广告的第一轮投放，销量迅速上升，给企业极大的信心，于是不断追加推广费用，滚动发展。到 2003 年年底，仅广告投放累计超过 4000 万元(不包括购买 2004 年中央电视台广告时段的费用)，年销量达到了 6 亿元——这种量力而行、滚动发展的模式非常适合国内许多志在全国市场，但力量暂时不足的企业。

在地面推广上，除了强调传统渠道的 POP 广告外，还配合餐饮新渠道的开拓，为餐饮渠道设计布置了大量终端物料，如设计制作了电子显示屏、灯笼等餐饮场所乐于接受的实用物品，免费赠送。在传播内容选择上，充分考虑终端广告应直接刺激消费者的购买欲望，将产品包装作为主要视觉元素，集中宣传一个信息："怕上火，喝王老吉饮料。"餐饮场所的现场提示，最有效地配合了电视广告。正是这种针对性地推广，消费者对红罐王老吉"是什么""有什么用"有了更强、更直观的认知。目前餐饮渠道业已成为红罐王老吉的重要销售传播渠道之一。

在消费者促销活动中，同样是围绕着"怕上火，喝王老吉"这一主题进行。如在一次促销活动中，加多宝公司举行了"炎夏消暑王老吉，绿水青山任我行"刮刮卡活动。消费者刮中"炎夏消暑王老吉"字样，可获得当地避暑胜地门票两张，并可在当地度假村免费住宿两天。这样的促销，既达到了即时促销的目的，又有力地支持巩固了红罐王老吉"预防上火的饮料"的品牌定位。

同时，在针对中间商的促销活动中，加多宝除了继续巩固传统渠道的"加多宝销售精英俱乐部"外，还充分考虑了如何加强餐饮渠道的开拓与控制，推行"火锅店铺市"与"合作酒店"的计划，选择主要的火锅店、酒楼作为"王老吉诚意合作店"，投入资金与它们共同进行节假日的促销活动。由于给商家提供了实惠的利益，因此红罐王老吉迅速进入餐饮渠道，成为主要推荐饮品。

这种大张旗鼓、诉求直观明确"怕上火，喝王老吉"的广告运动，直击消费者需求，及时迅速地拉动了销售；同时，随着品牌推广的进行，消费者的认知不断加强，逐渐为品牌建立起独特而长期的定位——真正建立起品牌。

红罐王老吉成功的品牌定位和传播，给这个有175年历史的、带有浓厚岭南特色的产品带来了巨大的效益：2003年红罐王老吉的销售额比上年同期增长了近四倍，由2002年的1亿多元猛增至6亿元，并以迅雷不及掩耳之势冲出广东；2004年，尽管企业不断扩大产能，但仍供不应求，订单如雪片般纷至沓来，全年销量突破10亿元，以后几年持续高速增长，2010年销量突破180亿元大关。

(资料来源：http://www.wenku.baidu.com/view/c7160006abc30c2259019e14.html)

第一节 促销与促销组合的概念

一、促销的概念

促销又称促进销售(Promotion)，是企业通过人员和非人员的方式，沟通企业与消费者之间信息，引发和刺激消费者需求，从而促使消费者购买的活动。

从以上定义可以看出，促销具有以下几层含义。

(1) 促销要通过一定的方法进行。促销方式一般来说包括两大类：人员促销和非人员促销。人员促销即直接促销，是指通过推销员或销售员用口头直接向顾客宣传介绍商品，达到销售的目的；非人员促销即间接促销，是指通过一定的媒体传播商品的有关信息，以实现商品的销售的目的的活动，包括广告、公共关系和营业推广三个方面。促销方式的选择运用，是确定促销策略过程中需要认真考虑的重要问题。促销策略的实施，事实上也是各种促销方式的具体运作。

(2) 促销的实质是要达成企业与消费者买卖双方的信息沟通。企业作为商品的供应者或卖方，面对广泛的消费者，需要把有关企业自身及所生产的产品、劳务的信息传达给消费者，使他们充分了解企业及其产品、劳务的性能、特征、价格等，借以进行判断和选择。这种由卖方向买方的信息传递，是买方得以作出购买决策的基本前提。另一方面，作为买方的消费者，也把对企业及产品、劳务的认识和需求动向反馈到卖方，促使卖方根据市场需求进行生产。这种由买方向卖方的信息传递，是卖方得以适应市场需求的重要前提。可见，促销的实质是卖方与买方的信息沟通，这种沟通不是单项式沟通，而是一种由卖方到买方和由买方到卖方的不断循环的双向式沟通，如图10-1所示。

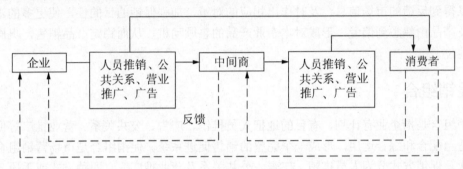

图 10-1　交易双方信息沟通

(3) 促销的最终目的是引发和刺激消费者产生购买行为。通过运用各种促销手段，对本企业产品的有效宣传，刺激消费者的消费欲望，引发消费需求和购买动机，促成消费者的购买行为，实现产品和劳务的转移。

二、促销的作用

在现代市场营销活动中，促销比之早期的商品推销有更为重要的作用。早期的商品推销，作用仅仅局限于直接促进商品所有权的转移。现代促销活动的作用则更为广泛和深刻。通过促销活动，不仅帮助或说服潜在顾客购买，而且更刺激了消费需求的产生。现代市场营销所需要的，不仅是开发价廉物美的产品，方便消费者购买，而且要有高效率的促销活动与之相配合。一件出色的产品，只有为消费者所欣赏，并惬意地购买，才能成为现实的产品，造福于公众和社会。由于竞争和消费者的购买特性，市场日益广阔，潜在顾客不断形成，使促销策略变得十分重要。

促销的作用主要体现在以下几个方面。

(1) 传递消息，提供情报。产品进入市场或即将进入市场，企业通过促销手段及时向中间商和消费者提供情报，引起社会公众广泛的注意，吸引他们注意这些产品和劳务的存在。通过传递产品信息，把分散、众多的消费者与企业联系起来，便利消费者选择购买，成为现实的买主。

(2) 唤起需求。在促销活动中向消费者介绍产品，不仅可以诱导需求，有时还可以创造需求。消费需求产生的原始动机，是由人类生存和发展的需要而引发的。随着经济发展和人民生活水平的提高，人们生存、发展需要的内容和范围也在不断扩展，从而形成不断发展的潜在需求。促销的重要作用就在于通过介绍新的产品，展示合乎潮流的消费模式，提供满足消费者生存和发展需要的承诺，从而唤起消费者的购买欲望，创造出新的消费需求。

(3) 突出特点。在同一类商品市场上，一种商品基本上是满足消费者某一方面的需求，商品的基本功能大体上也是相同的。面对市场上琳琅满目的商品，消费者往往难以准确地识别商品的性能、效用。企业通过促销活动，可以显示自身产品的突出性能和特点，或者显示产品消费给顾客带来的满足程度，或者显示产品购买给顾客提供的附加价值等，都促使消费者加深对本企业产品的了解，从而增加购买。

(4) 稳定销售。由于商品市场的激烈竞争，企业本身的产品销售可能起伏不定，企业的市场份额呈现不稳定状态，有时甚至可能出现较大幅度的滑坡。通过有效地实施促销活动，企业可以得到反馈的市场信息，及时作出相应的对策，加强促销的目的性，使更多的消费者对企业及产品由熟悉到偏爱，形成对本企业产品的惠顾动机，从而稳定产品销售，巩固企业的市场地位。

三、促销组合

促销组合是指企业有计划、有目的地把人员推销、广告、公共关系、营业推广等促销形式进行适当配合和综合运用，形成一个完整的销售促进系统。促销组合是市场营销组合的第二个层次。促销方式分为人员推销、广告、公共关系及营业推广等，四种方式或手段各有长处和短处，促销的重点在不同时期、不同商品上也有区别。因此，在实际制定策划过程中，就需要根据企业的现实要求，对四种促销方式进行适当选择，综合编配，形成不同的促销组合策略。

确定促销组合策略，主要应考虑以下因素。

(1) 促销目标。促进销售的总目标，是通过向消费者的报道、诱导和提示，促进消费者产生购买动机，影响消费者的购买行为，实现产品由生产领域向消费领域的转移。但在总目标的前提下，在特定时期对特定产品，企业又有具体的促销目标。例如，针对某些产品，企业的促销目标可以是引起社会的公众注意，报道产品存在的信息；也可以重点突出产品的特点、性能，以质量、造型或使用方便吸引顾客；还可以强调售后服务优良等。总之，在进行促销组合时，要根据具体而明确的营销目标对不同的促销方式进行适当选择，组合使用，从而达到促销目标的要求。

(2) 产品性质。不同性质的产品，消费者状况以及购买要求不同，因而采取的促销组合策略也不同。一般来说，具有广泛的消费者，价值比较小、技术难度也较小的消费品，促销组合中广告的成分要大一些；而有较集中的消费者，价值较大，技术难度也较大的工业品，运用人员推销方式的成分要大一些。公共关系、营业推广两种方式，在促销活动中对不同性质的产品的反应相对较均衡，应根据具体情况而定(见图 10-2)。

(3) 产品生命周期。产品生命周期的不同阶段，企业促销的重点和目标不同，要相应地制定不同的促销组合。介绍期重点是让消费者了解产品，所以主要采取广告方式，同时也可以通过人员推销诱导中间商采购。成长期和成熟期重点是增进消费者的兴趣、偏好，多采取不同形式的广告介绍商品的特点、效用。衰退期重点是促成持续地信任和刺激购买，多做广告效果已不大，适宜多采取营业推广的方式增进购买(见表 10-1)。

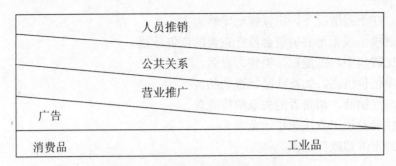

图 10-2 不同性质产品的促销方式选择

表 10-1 不同时期采取不同的促销方式

产品生命周期	促销重点目标	促销主要方式
介绍期	认识了解产品	各种广告
成长期	增进兴趣与爱好	改变广告形式
成熟期	促成信任购买	营业推广为主,辅以广告、减价等
衰退期	消除不满意感(全周期内)	改变广告内容,利用公共关系

(4) 市场性质。市场地理范围、市场类型和潜在顾客的数量等因素,决定了不同的市场性质;不同的市场性质,又决定了不同的促销组合策略。一般来说,目标市场的空间大,属于消费品市场,潜在顾客数量较多,促销组合中广告的成分要大一些;反之,目标市场的空间小,属于工业品市场,潜在顾客的数量有限,促销组合推销的成分则要大一些。

(5) 促销预算。究竟以多少费用用于促销活动,不同的竞争格局,不同的企业和产品都有所不同。促销预算一般是采取按营业额确定一个比例的方法,有的也采取针对竞争者的做法来确定预算额度的办法。一般来说,竞争激烈的产品,如化妆品、口服液等,促销预算往往较大。不同的预算额度,从根本上决定了企业可选择的促销方式。例如,促销预算大,就可以选择电视广告等费用较大的促销方式;反之,则只可能选择费用较低的促销方式。总之,企业应根据自己的促销目标和其他因素,全面衡量主客观条件,从实际出发,采取经济而又有效的促销组合。

四、促销的基本策略

不同的促销策略组合,形成不同的促销策略。例如,以人员推销为主体的促销策略,以广告为主体的促销策略等。而在以某一种促销方式的促销组合中,又因其市场竞争、企业性质、产品特点、促销目标等诸多条件的制约,组合的因素也有轻重缓急之分,进而形成特点各异、样式丰富的促销策略。但是,如果从促销活动运作的方向来区分,则所有这些促销策略都可以归结为两种基本的类型:推动策略和拉引策略。

1. 推动策略

推动策略是通过以人员推销方式为主的促销组合,把商品推向市场的促销策略。推动策略的目的,在于说服中间商和消费者,使他们接受企业的产品,从而让商品一层一层地渗透到分销渠道中,最终抵达消费者。

一般来说,在下列情况下,应以推动策略为主。
(1) 企业规模小或无足够的资金推行完善的广告计划。
(2) 市场比较集中,渠道短,销售力量强。
(3) 产品单位价值高,如特殊品、选购品。
(4) 企业与经销商、消费者的关系亟待改善。
(5) 产品性能及使用方法须作示范。
(6) 需要经常维修或需退换。

2．拉引策略

拉引策略是通过以广告方式为主的促销组合,把消费者吸引到企业特定的产品上来的促销策略。拉引策略的目的,在于引起消费者的消费欲望,激发购买动机,从而增加分销渠道的压力,进而使消费需求和购买指向一层一层地传递到企业。

下列情况适宜以拉引策略为主。
(1) 产品的市场很大,多属便利品。
(2) 产品的信息须以最快速度告诉消费者。
(3) 对产品的原始需求已显示有利趋向,市场需求日渐升高。
(4) 产品具有差异化的机会,富有特色。
(5) 产品具有隐藏性质,须告知消费者。
(6) 产品能够激起情感性购买动机。经过展示报道的刺激,顾客会迅速采取购买行为。
(7) 企业拥有充足的资金,有力量支持广告活动计划。

推动策略和拉引策略都包含了企业与消费者双方的能动作用。但前者的重心在推动,着重强调企业的能动性,表明消费需求是可以通过企业的积极促销而被激发和创造的;而后者的重心在拉引,着重强调消费者的能动性,表明消费需求是决定生产的基本原因。企业的促销活动,必须顺乎消费需求,符合购买指向,才能取得事半功倍的效果。

企业经营过程中要根据客观实际的需要,综合运用上述两种基本的促销策略。

第二节　人 员 推 销

一、人员推销的特点及基本形式

(一)人员推销的概念

人员推销是指通过推销人员深入中间商或消费者进行直接的宣传介绍活动,使其采取购买行为的促销方式。

人员推销是人类最古老的促销手段。远在小商品经济时代,商人的沿街叫卖、上门送货等就属于人员推销的性质。在商品经济高度发展的现代社会,人员推销这种古老的形式更焕发了青春,成为现代社会最重要的一种促销形式。

(二)人员推销的特点

同非人员促销相比,人员推销的最大特点是具有直接性。无论是采取人员推销面对面地与顾客交流的形式,还是采取推销人员通过电话访问顾客的形式,推销人员都在通过自己的声音、形象、动作或拥有的样品、宣传图片等直接向顾客展示、操作、说明,直接发生相互交流。人员推销的这种直接性的特点,决定了其在实施过程中既具有优于非人员推销的一面,也有劣于非人员推销的一面。

人员推销的优点主要表现在以下四个方面。

(1) 作业弹性大。推销人员与顾客保持直接联系,在促销过程中可以直接展示商品,进行操作表演,帮助安装调试,并且根据顾客反映出来的欲望、需求、动机和行为,灵活地采取必要的协调措施,对顾客表现出来的疑虑和问题,也可以及时进行讨论和解答。此外,推销人员在促销的同时,尚可兼做许多相关性的工作,如服务、调研、情报搜集等。

(2) 针对性强。采取广告方式等非人员推销手段,面对的是广泛的社会公众,他们可能是也可能不是该产品的顾客。而人员推销在作业之前往往要事先对顾客进行调查研究,选择潜在顾客,直接针对潜在顾客进行促销活动。针对性强可以减少浪费,促销绩效也比较明显。

(3) 及时促成购买。人员推销的直接性,大大缩短了从促销活动到采购购买行为之间的时间间隔。采取广告促销方式,顾客有一个接受、思考、比较、认定以及到店购买的时段,而人员推销活动,则可以使顾客的种种问题迎刃而解,在推销人员面对面的讲解、说服帮助下,可以促使顾客立即采取购买行为。

(4) 巩固关系。推销人员在与顾客长期反复的交往过程中,往往能培养出亲切友好的关系。一方面,推销人员在帮助顾客选择称心如意的商品,解决产品使用过程中的种种问题,使顾客对销售人员产生亲切感和信任感;另一方面,顾客对推销人员的良好行为予以肯定和信任,也会积极宣传企业的产品,帮助销售人员扩展业务,从而形成长期稳定的关系。

人员推销最主要的缺点:当市场人员广阔而又分散时,推销成本较高;同时,推销人员的管理也比较困难;此外,理想的推销人员也非易得。

(三)人员推销的基本形式

一般来说,人员推销有以下几种基本形式。

(1) 上门推销。上门推销是一种常见的人员推销形式。它是由推销人员携带产品的样品、说明书和订单等走访顾客,推销产品。人员推销是一种积极主动的推销形式,可以针对顾客的需要提供有效的服务,为顾客广泛认可和接受。

(2) 柜台推销。柜台推销又称门市推销,门市的营业员是广义的推销人员。门市里的产品种类齐全,能满足顾客多方面的购买要求,为顾客提供较多的购买方便,并且可以保障商品安全无损,因此,柜台推销适合于零星小商品、贵重商品和容易损坏的商品。

(3) 会议推销。它指的是利用各种会议,如在订货会、交易会、展览会、物资交流会等会议上向与会人员宣传和介绍产品,开展推销活动。这种推销形式接触面广,推销集中,可以同时向多个推销对象推销产品,成交额较大,推销效果较好。

二、人员推销的策略和步骤

(一)人员推销的策略

推销人员是企业与消费者之间的纽带。一方面,推销人员代表着企业,是企业的代表,因而对推销人员有一种流行的称谓，即销售代表；另一方面，推销人员或销售代表又从消费者那里带回市场需求的有关信息。因此，企业应认真研究人员推销的策略。

(1) 试探性策略，又称"刺激-反应"策略。推销人员在尚未了解到顾客具体要求的情况下，事先准备好几套话题，进行"渗透性"交谈。通过试探"刺激"，看顾客的反应，然后进行说服、宣传，以激发顾客的购买行为。

(2) 针对性策略，又称"配方-成交"策略。推销人员事先已大致掌握了顾客的基本或可能需求，从而有针对性地与之交谈，投其所好，引起对方的兴趣和购买欲望，促成交易。

(3) 诱导性策略，又称"诱发-满足"策略。通过交谈，看对方对什么感兴趣，然后诱导他对所感兴趣的商品或劳务产生购买动机；接着，因势利导，不失时机地介绍本企业经销的商品如何能满足这些需要，使其产生购买行为。这是一种"创造性的推销"，要求推销人员有较高的推销艺术，使顾客感到推销员是他的"参谋"。

(二)人员推销的主要步骤

1. 寻找顾客

人员推销的首要程序就是寻找潜在的顾客，只有有了特定的推销对象，推销人员才能开始实际的推销工作。

潜在顾客必须具备五个条件：有需要；有能力；有购买决策权；有接近的可能性；有使用能力。

寻找顾客的方法和途径有很多。

(1) 市场调查。推销人员可以利用市场调查的结果，从中寻找可能的顾客。市场调查可以由企业自己进行，也可以委托有关的市场咨询公司进行。

(2) 查阅调查。推销人员可以通过查阅现有的信息资料来寻找顾客。如工商企业名录、统计资料、各种年鉴、电话簿、有关的信息书报杂志等。

(3) 广告开拓。推销人员可以利用各种广告媒介来寻找潜在的顾客，如报纸、杂志、电视、广播、直接邮寄等。

(4) 他人介绍。推销人员可以请亲朋好友或现有的客户推荐、介绍潜在的顾客。这种方法的关键在于推销人员首先要取得现有顾客的信任，然后利用现有顾客的社会联系寻找更多的新顾客。

2. 计划准备

计划准备是指推销人员在接近某一潜在顾客之前进一步了解该顾客情况的过程。计划准备有利于进一步分析潜在顾客的"资格"，有利于制订推销面谈计划并开展积极主动的推销活动，保证较高的推销效率。计划准备的方法很多，有观察、查阅资料、朋友或推销伙伴的介绍等。

3. 接近顾客

接近顾客是指推销人员直接与顾客发生接触，以便成功地转入推销面谈。推销人员在接近顾客时既要自信，注重礼仪，又要不卑不亢，及时消除顾客的疑虑，还要善于控制接近时间，不失时机地转入正式面谈。

一般常用的接近顾客的策略有：通过朋友，自我介绍或利用产品接近顾客；利用顾客的求荣心理,采用馈赠或说明某种利益接近顾客。

以上策略的运用要视具体情况而定,但无论采用何种策略,必须使人感到诚实可信,同时,不宜诋毁竞争对手。

4. 推销面谈

推销面谈是指推销人员运用各种方法说服顾客购买的过程。推销过程中,面谈是关键环节,而面谈的关键又是说服。

推销说服的策略一般有两种:①提示说服。通过直接或间接、积极或消极的提示,将顾客的购买欲望与商品特征联系起来,由此促使顾客作出购买决策;②演示说服。通过产品、文字、图片、音响、影视、证明等样品或资料去劝导顾客购买商品。

以上两种策略,前者主要是言语面谈,后者则以非言语面谈为主。在说服过程中,要针对顾客的心理,灵活地、恰到好处地使用策略。

5. 应付异议

在推销员进行推销面谈时,顾客往往会对产品提出各种各样的异议,这就要求推销员必须首先认真分析顾客异议的类型及其主要根源,然后有针对性地实施处理策略。

一般常见的处理策略有:①肯定与否定法。即推销人员首先附和对方的意见,承认其见解,然后抓住时机表明自己的看法,否定顾客的异议,说服顾客购买。②询问处理法。即推销人员通过追问顾客,找出异议根源,并作出相应的答复与处理意见。③预防处理法。即推销人员利用顾客异议以外的商品的其他优点来补偿或抵消有关异议,从而否定无效异议。④延期处理法。即推销人员不直接回答顾客异议,而是进行冷处理,搁置一段时间以后再进行洽谈,效果可能会好些,不至于一下子就把两者关系搞僵,以致前功尽弃。

6. 促成购买

人员推销的重要环节是促使顾客做出购买决定,推销人员在认为时机已经成熟时,就应抓住时机,促成交易。

促成购买的常用策略有:①优点汇集成交法。把顾客最感兴趣的商品的优点或从中可得到的利益汇集起来,在推销结束前,将其集中再现,促进购买。②假定成交法。假定顾客已准备购买,然后问其所关心的问题,或谈及使用某商品的计划,以此促进成交。③优惠成交法。利用顾客求实惠的心理,通过提供优惠条件,促使顾客立即购买。④保证成交法。通过提供成交保证,如包修、定期检查等,克服顾客使用时的心理障碍,促成购买。

7. 售后跟踪

产品售出后,推销活动并未就此结束,推销人员还应该与顾客继续保持联系,以了解他们对商品的满意程度,及时处理顾客的意见,消除他们的不满。良好的售后服务,可以提高顾客的满意度,增加产品再销售的可能性。

(三)人员推销的组织方法

人员推销的组织方法有以下几种。

(1) 产品组织法。它是企业按所推销产品的性质、特征,组成若干个推销小组。每组负责推销某几种或几类产品。

(2) 销售区域组织法。即按销售区域分组，每组推销员负责一个地区的产品推销任务。

(3) 顾客组织法。即在市场细分的基础上，以不同的目标市场分组，每组推销人员负责向一定目标市场的顾客推销产品。

(4) 综合组织法。即将影响推销工作的各种因素综合起来考虑，有针对性地开展推销工作。具体有以下几种组织法：①产品和区域混合法；②产品和顾客混合法；③顾客和区域混合法；④产品、顾客、区域混合法。

三、推销人员的素质、选拔与训练

(一)推销人员的素质

推销员是企业与市场沟通的联络员，是搜集信息、传播信息、处理信息的中心。因此，推销员应该有较高的素质。在现代竞争十分激烈的市场经济中，一个理想的推销人员应具备以下素质。

1．要有良好的道德素质和进取精神

推销员首先要具有正确的经营思想，良好的职业道德；要具有高度的责任感和强烈的事业心；推销人员联系面广，情况复杂，肩负着联系企业与消费者的重任，同时要尽可能达成交易，工作是艰巨的。因此，合格的推销人员应具有对企业和产品高度的热忱，有坚定的信心，有勤劳的习惯，有任劳任怨的精神和克服困难的勇气。好的推销人员有一种内驱力，具有强烈要求完成推销任务的内在需要。

2．要有敏锐、深刻的观察能力

市场和顾客情况是非常复杂的，不仅差别大，而且受多种因素制约。因此，一个好的推销人员要有较高的观察和分析能力，眼观六路，耳听八方，及时掌握本企业所经营的产品的市场行情，为本企业提供全国同行业产供销的经济信息，以不断更新和扩充产品，提高企业的竞争和应变能力。

3．具有良好的服务态度

推销员不仅是企业的代表，也是消费者的顾问。平时要想顾客之所想，急顾客之所急，不辞劳苦，积极为顾客服务。为此，推销员要具有用户第一，用户是"上帝"的思想，善于掌握推销机会，主动创造形成推销机会的条件。

4．具有说服顾客的能力

推销员要想成功地说服顾客，必须使每一项推销活动建立在下列三个先决条件的基础上。

(1) 相信你自己。
(2) 相信你的产品。
(3) 相信你自己所代表的企业。

只有相信这三点才会产生积极性和动力，继而才能成功。反之，对自己所代表的企业缺乏信任是非常有害的；对自己推销的产品缺乏信心是十分危险的；而对自己缺乏自信心则是致命的，其结果只能是推销的失败。

5. 具有丰富的知识

推销员承担着多方面的职能，是企业经营的专门人才。因此，推销员必须具有旺盛的求知欲，善于学习并完善推销所必备的知识。

(1) 企业知识。

推销员应熟悉企业的历史及其在同行中的地位；企业的销售政策、商品种类以及服务项目；企业的定价策略、交货方式、付款条件及保修方法等有关销售知识。

(2) 商品知识。

推销员要了解商品的性能、结构、用途、用法、维修及管理程序等知识；同时还要了解与之竞争的商品的有关知识。

(3) 用户知识。

推销人员应了解何人握有购买决定权，其动机与习惯，采购的方式、条件、时间等情况。有位推销员与采购经办人洽谈了6个月，但一直未能达成交易。最后他了解到购买设备的大权在总工程师手里，而不是那位采购人员，便改变了做法，在继续与采购人员保持密切联系的同时，也积极与总工程师进行业务洽谈，最终做成了交易。

(4) 市场知识。

市场知识包括：现实的客户情况如何，怎样才能增加购买量；潜在的用户在何方，潜在的销售量有多大；有关政策法规是如何规定的。

好的销售人员，是一个"万事通"，是熟悉本行业产品的行家里手。

(二)推销人员的选拔

选拔优秀的推销人员，对于企业拓展市场极为重要。如果好的推销人才为竞争者所罗致，对企业将是双重损失。企业领导者的重要任务之一，就在于识别人才、选拔人才。推销人员的甄选，可选自企业内部，亦可对外公开招聘。从企业内部挑选，由于被选人员业已具备企业产品技术知识，对企业的政策及经营计划也比较清楚，可以减少培训的时间与内容，迅速扩充销售力量。

选拔的方式一般包括以下几个方面。

(1) 表格遴选。通常由应征人员先填写应征表格，包括年龄、性别、教育程度、健康状况、工作经历的基本项目，据以判别是否符合候选人的基本条件。

(2) 卷面测试。设计有关推销知识、商品知识、市场知识的试卷，用以考核备选人员的知识水平。这是招聘推销人员的一种基本方式。

(3) 个别交谈。个别交谈或面试是一项广泛运用的甄选方式。经过表格遴选出来基本符合条件的人员，企业销售主管和人事主管要对其进行面谈。这种方式可以比较满意地评定一个人的语言能力、仪表风度、推销态度、面临窘境的处理方法以及知识的深度、广度。

(4) 心理测验。除面试外，还可辅之以心理测验的方法。心理测验的主要类型及内容如下。

① 能力测验。主要是测知一个人全心全意做一项工作成果怎样，也称最佳工作表现测验，包括智力测验、特殊资质测验。

② 性格测验。主要是测知可能的推销人员将如何做他每天的工作，也称典型工作表现测验，包括态度测验、个性测验、兴趣测验。

③ 成就测验。主要是测知一个人对一项工作或某个问题所知的多寡。

(三)推销人员的培训

销售人员甄选决定后,应认真加以训练,才可充任企业的代表从事推销工作。原有的推销人员,每隔一段时间,也应组织集训,学习和认识企业新的经营计划、新的市场营销策略与新产品。

1. 推销人员训练的目标

推销人员训练的总目标一般如下。

(1) 以一定的推销成本获得最大的销售量。

(2) 稳定推销队伍。

(3) 达成良好的公共关系。

在总目标下,还应根据推销人员的任务、推销人员的建议以及推销工作中出现的问题,确定训练项目,作为每阶段训练的特殊目标。

2. 推销训练的内容

推销训练的内容一般包括:企业知识、产品知识、市场知识、推销技巧。具体要结合推销目标、推销职务所需的条件、推销人员现有的素质、企业的市场策略等因素来确定。

3. 推销训练的方法

推销训练的方法可分集体训练和个别训练两种。集体训练的方法有:专题演讲与示范教学,按学习纲要进行考试与品评,分组研讨,职位演练等。个别训练的方法有:在职训练、个别谈话、函授课程、采用手册或其他书面资料、利用视听教辅器材等。

推销人员的训练是一项经常性的工作,由于新产品、新技术、新设备、新建议、新市场、新竞争对手的不断产生,只要有推销人员和销售任务,就必须继续训练和反复训练。对训练效果进行品评,从而针对训练中的问题不断改进训练项目和内容。

4. 推销训练效果的测评

推销训练效果一般从以下几个方面进行品评。

(1) 新进推销人员达到一般水平所需时间。

(2) 受过训练与未受训练推销成果比较。

(3) 最佳与最差销售人员的个别受训背景。

(四)推销人员的报酬

为了吸引高素质的销售代表,企业应拟订一个具有吸引力的报酬计划。

销售代表的报酬水平,一般应以同类销售工作和所需能力的"当前市场价格"为依据。

销售代表的报酬一般采取三种方式。

(1) 纯薪金制。推销人员获得固定的薪金,开展业务所需的费用由企业支付。这种方式的优点是给推销人员很高的安全感,易于管理;缺点是缺少激励,难以激发推销人员的进取心。

(2) 纯佣金制。推销人员的报酬完全与其销售额或利润挂钩。在纯佣金制中,推销人员的各项费用开支,已计入所获的报酬中,费用开支大小完全由销售人员自己负责。纯佣金制的优点是给推销人员巨大的激励,鼓励推销人员尽心努力工作;其缺点是使推销人员缺乏安全感,不愿意做推销工作以外的其他工作。

(3) 薪金佣金混合制。企业把推销人员的报酬分成两大部分:一部分是相对固定的薪金,另一部分是佣金。这种方式既力求保留薪金制和佣金制的优点,又尽量避免各自的缺点。薪金与佣金的比例要根据企业的实际情况确定。

推销人员除了金钱报酬,还拥有精神报酬。这种报酬来自于推销成功所带来的成就感和受到顾主的重视。因此企业对推销人员的报酬构成中,应该考虑对他们的精神报酬的提供。

第三节 广 告

一、广告的概念

广告(Advertising)源于拉丁语(Adventure),有"注意""诱导""大喊大叫"和"广而告之"之意。广告作为一种传递信息的活动,它是企业在促销中普遍重视的应用最广的促销方式。广告有悠久的历史,自从人类社会出现商品交换和市场以来,就产生了广告。商品生产初期,社会分工使剩余产品进一步增加,交易日益增多,生产者和中间商为了广为招徕,就已开始利用一些比较原始的手段进行促销活动,广告便应运而生,如街头叫卖、悬挂招牌等。随着商品经济和科学技术的发展,广告形式也日益丰富。15世纪中叶,英国第一位印刷家威廉·凯克斯顿(William Caxton)引出第一张文学广告。1662年,英国《每日新闻》开始刊登报纸广告。1882年,哈默(Hammer)在伦敦安装了第一个灯光广告。20世纪20年代出现了广播广告,20世纪40年代出现了电视广告。

广告的定义随着时代的发展而变迁。早期人们通常把凡是以说服方式(包括口头方式和文字、图画等)、有助于商品和劳务销售的公开宣传,都称为广告。这是所谓广义的广告。随着时代的发展,人们逐步把广告的概念进一步界定,形成狭义的广告,或营销活动中的广告。在营销活动中,广告是指由特定的广告主,有偿使用一定的媒体,传播商品和劳务信息给目标顾客的促销行为。这个概念包含以下含义。

(1) 广告应有特定的广告主并由其付给一定的代价。市场营销活动中所说广告需要有特定的广告主,并为其所作的广告付费。这是广告与其他宣传形式的根本区别。企业为了扩大其知名度,推广其产品,都需要利用一定的大众传播媒介。如果由传媒本身组织的宣传报道,则无需付费;而由企业组织的宣传,则要向传媒付费。

(2) 广告是市场经济活动的一种传播手段。广告本身不是一个独立的实体,广告是市场营销活动的组成部分,它的真正目标是为增加销售作有效传播。因而广告的最后效果在于修正消费者的态度和行为。

(3) 广告以非人员方式有计划地进行促销活动。广告活动必须通过一定的媒体,并且要为之支付费用,它是一种系列活动,包括计划、准备和通过大众传播媒体作信息的传递。

(4) 商品广告的范围主要包括商品与劳务两大部分。商品与劳务构成市场经济活动的物质基础,广告活动与市场经济紧密结合。通过广告活动,能唤起对有关商品与劳务的需求,诱导和促进购买动机的产生。广告有时以树立产品和劳务的观念为目标,最终仍然是为了销

售商品与劳务。

二、广告的作用

市场经济条件下，无数生产者、中间商和消费者构成了错综复杂的经济联系。它们之间的联系，首先是进行信息沟通。通过传播商品信息，才能激起消费者的购买欲望，引起中间商和消费者的购买行为。如果这种信息传播单靠由生产者向中间商推销，中间商再向消费者推销的方式，则不仅信息传递速度较慢，传递范围也有限，并且整个沟通、传递过程的费用也将是极为庞大的。广告作为促销的一种重要形式，对于迅速、广泛地传播信息，沟通产销联系发挥了重要的作用。相对来说，利用广告传播信息，使整个产销联系的费用大大节省。从市场经济总体运行上看，广告节约了社会交易费用，是市场活动中必不可少的促销手段。

我国经济改革的市场取向，决定了广告在国民经济中的重要作用。广告是社会生产总过程的润滑剂，它有利于开展竞争，促进生产，指导消费，活跃经济，方便人民生活，加速商品流通，扩大对外交流。在市场营销活动中，广告的作用主要包括以下几个方面。

(1) 认识的功能。多种广告媒体传播面广而及时，深入到社会各个角落，传递到千家万户。对某些商品购买的决策人，人员推销反而不易接近，唯有广告才能迅速缩短距离、减少隔阂。广告可为企业敲开广大消费者之门，使他们对企业、产品、品牌、商标等有所认识。通过广告的介绍可帮助消费者认识新产品的质量、性能、用途、保养、使用方法和购买地点、手续以及各种售后服务情况。

(2) 心理的功能。广告可使消费者对企业和产品具有良好的印象，诱发消费者的感情，引起其购买的欲望，促进消费者采取购买行为。成功的广告活动，可以吸引顾客对企业和产品的偏爱，增加习惯型购买，防止销路萎缩，延长产品生命周期。在大多数情况下，利用广告来扩大销路比削价的办法更有效。削价不仅易遭到竞争者的报复，而且会引起消费者对产品的不信任感。生产者的广告活动，还可以增强中间商对产品的信心，密切工商关系。

(3) 美学的功能。广告也是一种艺术，好的广告能给人以美的享受，能使店容店貌更加宜人，能美化市容环境。广告设计可选择令人感兴趣的题材，进行艺术加工，形成形式与内容的统一，引人入胜。

(4) 教育的功能。广告题材十分广泛，它不仅来自商品本身，而且可选择与人们身心健康有关的题材，与儿童成长有关的题材，与社交活动有关的题材，有助于人们发愤进取的题材等，从而起到帮助消费者树立新的道德观、人生观和良好道德风尚的作用。

三、广告决策

(一)广告的目标

1. 广告目标的确定

决定广告策略，首先要考虑的因素是广告欲达成的目标。依据对增加销售和利润的重要程度，广告目标可以有以下四种。

(1) 显现。目标在于透过广告把商标、企业名称传送给社会，要让大家知道这家企业的存在，当推销人员去拜访时，脑子里已有印象。

(2) 认识。企业在目标顾客已看到或听到其广告后，进一步要通过广告让顾客充分认识企业和产品，记住产品的性能、品质特点。

(3) 态度。目标在于增进目标顾客对企业和产品的喜爱程度，希望通过广告改变人们的态度和思考方式，使其更倾向于本企业的产品。

(4) 销售。一切广告的最终目标都在于增加销售，但是广告本身很可能并不会达成某一交易。以销售为目标的广告，重点是宣传现在就买的理由。

由于广告目标的差别，可将广告分为两种类型：企业广告，目的在于提高企业的名望，属于商誉广告，可间接加强产品的推广；产品广告，目的在于提供产品信息，增进商品销售。产品广告又分为开拓性广告和竞争性广告，前者的目的在于唤起初级需求，适用于产品初期推广阶段；后者的目的在于唤起选择性需求，适用于市场成长阶段及成熟阶段。

2．影响广告目标制定的因素

在广告目标制定过程中，影响广告目标形成的因素很多，概括来讲主要有以下几个方面。

(1) 企业的市场发展总策略。企业广告目标是企业营销目标的重要组成部分，广告目标必须与之相协调。

(2) 市场供求状况的变化。企业商品处于不同的供求状态下，广告目标必然不同。在商品供不应求的条件下进一步巩固企业和品牌形象就显得十分重要，此期的广告活动有可能带动企业的系列品牌销售，甚至是极好的连带促销良机。

(3) 产品的市场生命周期。商品在市场上销售的过程，是商品的市场导入、成长、成熟和衰退的过程。商品在市场上处于不同的周期阶段时，所采取的广告目标也必然有所不同。

(4) 市场状态。市场状态是指市场上的垄断与竞争态势。可以概括为四种模式：纯粹垄断市场状态、寡头垄断市场状态、垄断性竞争市场和纯粹竞争市场。

(5) 消费者特征及所处的行为程序阶段。消费者对不同的产品有不同的购买特点，在购买过程中也有不同阶段的行为特征，广告必然要针对具体的情况和要求选择相应的目标。

(二)广告预算

广告预算是指广告企业与广告部门对广告活动所需费用的计划，它规定了一定时期内广告的经费、使用等状况。广告预算从财务上决定了企业广告宣传的规模和进程。广告预算大，企业可以从事许多种类的广告，也可选择一些花费高昂的广告，反之则只可能进行有限的选择。

影响广告预算的因素主要有：产品新颖程度，产品差别的可能性，产品竞争能力，目标市场的大小，竞争对手的强弱等。当然，最根本的是企业自身的实力如何。企业的实力雄厚，财务状况良好，预算的额度就可能大一些。

广告预算的主要方法如下。

(1) 倾力投掷法。在企业实力雄厚的情况下，广告预算采取广告费用能支付多少，就定多少的办法。这种方法的优点在于有利于大力宣传企业的产品，易于迅速扩大知名度。其缺点是广告费用的支出不一定符合市场开发的需要，可能出现浪费。

(2) 销售百分比法。按销售额的一定百分比确定预算。其中因销售额的选择不同，如可选上年的销售额，本年计划的销售额，以及前几年平均的销售额等，可能有不同的销售百分比。这种方法的优点是：广告费与销售额挂钩，使企业的每一笔广告费支出都与企业盈亏息息相关。其缺点是因果倒置,把销售额的变动作为广告费变动的原因而不是结果,由于不区分市场情况,常依过去的经验采取同一百分比,缺乏机动性。西方发达国家企业的广告费用一般占销售收入的3%~5%,我国工业企业的广告费用一般不超过销售收入的1%。

(3) 竞争对等法。以竞争对手的广告支出作为参照来确定企业的广告预算。其基本假定是竞争对手的支出行为在本行业中有一定的代表性,同时本企业有能力赶上竞争对手的广告努力。这种方法的优点是有利于企业竞争,其缺点是竞争对手的广告费用不易确定,并且很多方面难于模仿。常用市场占有率法计算公式如下。

广告预算=(竞争对手广告费总额/竞争对手市场占有率)×本企业预计市场占有率

(4) 目标任务法。在确定广告预算时主要考虑企业广告所要达到的目标。首先应尽可能明确广告的目标;其次确定这些目标所要从事的工作;最后估计每项工作所需的成本,各项成本相加即广告预算。这种方法的优点是逻辑上合理,使企业的特定目标与广告努力联系起来。其缺点是广告目标不易确定,预算也就不易控制。

除上述方法外,还有其他方法,包括量力支出法、武断法、利润比例法和销售单位法等。

(三)广告媒体的选择

1. 广告媒体的种类

广告所发出的各种信息,必须通过或负载到一定的媒介载体上才能传达到消费者。广告媒体是在广告主与广告接收者之间起媒介作用的物体。广告所运用的媒体,有报纸、杂志、广播、电视、电影、幻灯片、户外张贴、广告牌、霓虹灯、样本、传单、书刊和包装纸等,其中最常用的四大媒体是报纸、杂志、广播、电视。同时,作为一种新兴的广告媒体的网络广告,在营销传播中,正扮演着越来越重要的角色。由于不同的广告媒体有不同的特点,起不同的作用,并各有其优缺点,因此在广告活动中应根据实际情况择善而行。

2. 各种媒体的优缺点

就五大媒体来说,其优缺点主要表现在以下方面。

(1) 报纸广告。优点是读者的广泛性;有较大的伸缩性,可选择某类报纸,且可精读和泛读;有较高的可信性。缺点是不易保存;不易从造型、音响方面创新;各报费用差异大。

(2) 杂志广告。优点是针对性强;有较长的时效性,可以反复阅读、过期阅读;比之报纸在色彩、造型方面有创新的良好条件。缺点是因专业性强,传播范围有限。

(3) 广播广告。优点是传播速度快;传播范围广;费用较电视等广告便宜。缺点是较难保存;听众过于分散;相对于电视来说创新形式有所限制,只闻其声,不见其形。

(4) 电视广告。优点是具有直观性,有听觉、视觉的综合效果;具有传播的广泛性,深入千家万户;具有趣味性。缺点是针对性不强;竞争者较多;价格昂贵。

(5) 网络广告。网络,作为新兴的广告媒体,对传统的广告和营销的影响是伴随着互联网和网民的快速增长而产生影响的。这种广告媒体和传统的上述四大媒体相比,有着巨大的优势。它包括针对性强、费用相对低廉以及多感官刺激和双向互动等特征。其缺点在于可能引起浏览者的不满。

3. 选择广告媒体时应考虑的因素

根据各种媒体客观上存在的优缺点,在选择时应着重考虑以下因素。

(1) 产品的性质。工业品和消费品，高技术性能产品和一般性产品，应分别选用不同的媒体。如服装广告，重要的是要显示其式样、颜色，最好在电视和杂志上用彩色画面做广告，可以增加其美感和吸引力；高技术性能的机械电子产品，则宜用样品做广告，可详细说明其性能。

(2) 消费者的媒体习性。不同媒体可将广告传播到不同的市场，而不同的消费者对杂志、报纸、广播、电视等媒体有不同阅读、视听习惯和偏好。广告媒体的选择要适应消费者的这些习惯和偏好才能成功。如妇女用品广告，刊登在妇女杂志上较好；学龄前儿童广告，最好的媒体是电视。

(3) 媒体的流通性。不同的媒体，传播的范围有大有小，能接近的人口有多有少。市场的地理范围关系到媒体的选择。目标市场面向全国的产品，宜在全国性报纸杂志和广播、电视上做广告；局部地区销售的产品，则可选用地方性的广告媒体。

(4) 媒体的影响力。报刊的发行量，广播电视的收听、收视率、互联网广告的点击率，是媒体影响力标志。媒体的影响深入到市场的每一个角落，但越出目标市场则浪费发行；需要一定频率才能加深消费者印象的，消费者接触少就不易收效；需要把握季节性宣传的，不能及时刊登就会丧失机会。

(5) 媒体的成本。广告活动应考虑企业的经济负担能力，力求在一定预算的条件下，达成一定的触及、频率、冲击与持续。

(四)广告的步骤与方法

为使广告活动取得预期效果，除认真研究各种主客观因素、选择广告媒体、拟定广告预算外，还必须精心设计和制作广告。好的广告必须先有好的广告稿本。创作良好的广告稿本应遵照以下四个步骤。

(1) 引起注意。只有引起消费者的注意，才能达到广告宣传的目的。因此，制作广告首先要使消费者对宣传的事物产生注意力，通过各种方式吸引消费者。从心理学上说，注意分为无意注意和有意注意。前者是指无目的的、由外部刺激引起的注意，后者指自觉的、由本身发生的刺激所引起的注意。在现实生活中，大部分的注意都是无意注意。广告的制作，要力求使顾客由无意注意转化为有意注意。

广告制作中引起注意的方法一般有以下几种。

① 增强刺激。在其他因素不变的情况下，注意力与刺激的强弱成正比。艳丽的色彩、曲调悠扬的音乐等因素都能加强刺激。

② 扩大地位。将广告置于显著的位置，或将广告的重点置于展示的中心，会达到引人注目的效果。

③ 加强对比。通过大小、轻重、浓淡、动静、强弱等方面的强烈对比，也能引起注意。

④ 突出目标。在广告内容、构图上力求中心突出，才能引起注意。否则，内容过于庞杂零乱，会使人不知所云。

(2) 把握兴趣。在引起注意的基础上，要进一步诱发顾客兴趣。强调产品利益，可以引起顾客的关注和好奇心，这是把握兴趣的关键。此外，由于消费者的文化、职业、年龄的不同，兴趣各异，应针对具体情况，从广告语言、气氛、造型等方面适应消费者的不同需要。

(3) 形成愿望。在拟定广告稿本时，应运用心理学或社会学的技巧，以理智和情感，触动消费者对某一产品产生需求，诱发其购买动机。

(4) 诱导行为。必须使消费者深信企业的产品确实可满足其个人需求，并使其态度倾向于广告提示。由于消费者需求不同，故应区分异质产品，区分潜在市场，并分别作提示，建立商标印象，促进诱导工作的完成。

四、广告效果的测定

广告效果是广告主通过广告媒体传播信息给消费者产生的影响程度。广告应讲求经济效果。要提高广告宣传的经济效果，首先应对广告效果进行测定和分析，找出广告活动中的问题所在，改进广告设计及制作，避免有形损失和无形损失，发现提高广告效果的方法。

测定广告效果，可以从广告引起的销售效果和广告自身的效果两个方面来进行。

1. 销售效果

销售效果是把广告费用与销售额的增加作比较。其计算公式为

$$广告效果比率=(销售增加率/广告费增加率)\times 100\%$$

采用此法测算广告效果，只能作衡量广告效果的参数。因为商品销售的增减及增长的快慢，是由多种因素决定的，广告的影响只是诸因素之一。而在诸因素中要把广告因素单独抽出来，又是难以办到的。并且广告作用的发生，不一定有立即性，常常附有延迟性的影响。所以，广告效果测定还应主要从广告本身的效果来测定。

2. 广告本身效果

广告本身效果是以广告的收视率、收听率、产品知名度等间接促进销售的因素为根据的。广告本身效果的测定，主要包括以下项目。

(1) 注意度测定。所谓注意度测定，是指对各种媒体广告的读者率、收听率、收视率的测定。

(2) 记忆度测定。这是指对广告重点内容的记忆，如企业名称、商品名称、商标、商品性能等，其中主要是知名度的测定。其目的是了解消费者对广告印象的深刻程度。

(3) 理解度测定。这是指消费者对广告所表达的内容和信息的理解程度的测定。测定理解度，对改进广告创作技术有重要参考价值。

(4) 购买动机形成测定。其目的是测定广告对顾客的购买动机形成究竟起多大作用。

广告自身效果测定的方法，可采取市场调查、实验以及专家评价等形式。当然，仅有上述广告的经济效果测定还不够。广告所传播的范围广，对社会影响大，因此，广告也要注意对社会的影响，其效果测定也应包括社会效应的内容。

3. 广告的社会效应

广告的社会效应如何，主要是看它是否对社会负责，具有社会责任感。广告的社会责任如下。

(1) 实事求是。广告的生命在于真实，切不可作欺骗性宣传。

(2) 不可诽谤。广告要受法律责任的约束。

(3) 造福社会。从社会道德观念出发，以增进社会福利为准则。

(4) 团结人民。广告要尊重各族人民的风俗习惯，加强各族人民的团结。

(5) 遵守国家政策法令。

第四节 营业推广

一、营业推广的对象

营业推广又称销售促进,也就是我们普遍理解的促销活动。它是指经营者运用各种短期诱因鼓励购买以促进产品或服务的销售的一种方式。

(一)营业推广的作用

近年来,营业推广在促销组合中的作用日益加强,营业推广的费用在企业促销费用支出中的比例越来越大,已远远超过广告费用支出。企业之所以对营业推广倍加青睐,是因为在日益剧烈的市场竞争中,营业推广发挥着独特的作用。

1. 加速新产品市场导入的进程

当消费者对刚进入市场的新产品还不够了解,不能作出积极的购买决策时,通过有效的营业推广措施,如免费试用、折扣优惠等,可以在较短时间内迅速让消费者了解新产品,促进消费者接受产品,从而加速市场导入的进程。

2. 强化消费者重复购买的行为

消费者对某一产品的首次购买,并不一定保证其再购。但是,通过销售积分奖励、赠送购物券等多种推广形式的运用,则可以在很大程度上吸引消费者重复购买,进而养成对该产品的购买习惯。

3. 刺激消费者迅速购买

通过运用价格优惠、附赠品等多种方式,形成强烈的利益诱导,可以在短期内刺激消费者的购买欲望,加速消费者的购买决策,从而在短期内迅速扩大企业的销售额。

4. 抵御竞争者的促销活动

当竞争对手大规模展开促销活动时,可以有针对性地选择营业推广的手段,抵御和反击竞争者促销行为,保持顾客忠诚度,维持本企业的市场份额。

必须明确,由于营业推广只是一种战术性的营销手段,它的运用只起到一种即时激励的作用,因此,一般难以建立品牌忠诚,也难以在销售大幅度下滑中发挥起死回生的作用。

(二)营业推广的对象

这里包括以消费者为对象的推广方式、以中间商为对象的推广方式,以及以推销人员为对象的推广方式。有赠送优惠券、折扣优惠、付费赠送、陈列、演示、展览等推广形式,几乎包括除人员推销、广告和公共关系以外的各种促销手段的总和。

二、营业推广的特征

与其他促销方式不同,营业推广多用于一定时期、一定任务的短期特别推销。一般来说,人员推销、公共关系、广告等促销方式都带有持续性和常规性，而营业推广则常常是上述促销方式的一种辅助手段，用于特定时期、特定商品的销售。

营业推广主要是一种战术性的营销手段，而非战略性的营销手段，作为一种短期的促销方式，营业推广一般具有两个相互矛盾的特征。

(1) 强烈呈现。营业推广的许多方法往往把销售的产品在消费者的选择机遇前强烈地呈现，似乎告诉消费者这是一次永不再来的机会，购买该产品可以带来额外的好处。通过这种强烈的刺激，迅速消除顾客疑虑、观望的心理，打破顾客的购买惰性，使其迅速购买。

(2) 产品贬低。由于营业推广的很多方法都呈现强烈的吸引氛围，有些做法难免显出企业急于出售产品的意图，如果使用不当，就可能使消费者怀疑产品的品质，从而产生逆反心理。

营业推广这种刺激迅速购买的方式，暗含了一个基本的假设前提：消费者的购买欲望，是可以通过强烈刺激而释放或提前释放的。因此，企业在以其他方式促销的同时，短期内需要给予消费者一剂"兴奋剂"来消除其惰性，增加商品购买。当然，这种方式的副作用就是可能造成产品贬低，因而要适可而止，因地因商品适度开展。

三、营业推广的形式

营业推广的形式主要有以下三种。

1. 针对消费者的营业推广形式

(1) 样品。即将一定数量的产品免费送给消费者使用。样品的发送方式有：上门赠送、邮寄、在商店中发放、附在另一种商品上或在产品广告中标明。通过样品推广新产品是有效也是最昂贵的方法。

(2) 优惠券。优惠券是持有者在购买某种产品时可免付一定金额的单据。优惠券发放方式：邮寄、附在其他商品中，插在杂志或报纸广告中。其回收率因发放方式的不同而不同。一般来说，报纸优惠券在期限内的回收率约为2%，直接邮寄分发的约为8%，附在其他产品中的则有17%的回收率。优惠券在刺激成熟品牌的销售和鼓励新产品的使用方面效果较好。

(3) 现金折扣。现金折扣与优惠券差不多，不同的只是减价发生在购买之后，而不是在购买之时。顾客购物后将一张"购物证明"寄给生产企业，然后生产商用邮寄方式向消费者退还部分购物货款。

(4) 赠奖(或礼物)。赠奖是以相对较低的价格出售或免费提供某种商品，以此作为对购买某特定产品的刺激。其形式包括：①随附赠品，将赠品附在商品或包装里面；②免费邮寄赠品，就是当消费者寄来购买的证据时，回寄一件商品；③自然赠送，即把产品以低于正常零售价的价格出售给消费者，或向消费者提供各种各样的印有企业名称的赠品。

(5) 竞赛(抽奖、游戏)。竞赛是提供赢得现金、旅游、商品等机会，作为购买某种商品的结果。竞赛是消费者在购买某种商品后向组织者提供参加竞赛的东西，如建议、广告词、商品知识，交由评价小组审查，确定获奖者。抽奖是消费者购买商品后，参加有奖品的抽奖活动。游戏是指购买时提供参加的竞猜游戏。

(6) 惠顾回报。消费者从特定的卖主手中购买产品时，能得到现金或其他形式的回报，而这些回报是以购买量为基础的。比如航空公司大多有一个"经常乘客计划"，即规定一定的里程数，乘坐飞机里程达到这一数目的旅客可得到一次免费航程。

(7) 免费试用。这里是指邀请潜在购买者免费尝试产品，希望他们作出购买决定。

(8) 购买现场(POP)陈列和示范表演。POP 陈列和示范表演是指在销售现场帮助零售商布置现场。企业派人员将自己的产品在销售现场进行示范表演，介绍产品，尤其是技术性比较强的产品，有助于消费者认识、了解产品，激发消费者的购买欲望。企业将质量优良、价格优惠、服务周到的产品陈列，以吸引消费者的注意力和激发购买欲望。

2．针对中间商的营业推广形式

(1) 购买折扣。这是指在一定时期内，经销商从每次购买中得到的对于报价的直接折扣。这种折扣可以鼓励中间商购买一定数量的产品或经营它们平时不愿进货的新产品。

(2) 津贴。津贴是指因为零售商在某些地方为企业产品作出了奉献，企业给予它们某种形式的利益以示鼓励和酬谢。如广告津贴是对经销商为产品代做广告的酬谢；陈列津贴是为了酬谢经销商陈列产品及举办特别展示的活动。

(3) 免费商品。在中间商购买某种产品达到一定数量时，企业为其提供一定数量的免费产品。企业还可以提供印有企业名称或广告信息的特别广告商品，如钢笔、铅笔、日历、记事本、烟灰缸、打火机、文具等。

3．主要的商业推广形式

(1) 商业展览和会议。全国性商业组织、地区商业机构和行业协会每年都要组织展览和会议，向一定范围的企业出租场地，以在展览会上展示他们的产品。

(2) 销售竞赛。销售竞赛对象包括推销人员和中间商，目的是激励销售人员或经销商在某段时期内增加销售成果，给那些做得成功的人以奖赏。大多数公司每年都进行一次或多次的销售竞赛，称之为"奖励方案"，表现优异者可以得到旅行、奖金或礼物等。

以上是针对不同对象的营业推广形式，对经销商来说，考虑并选择使用哪种形式来达到目标，还需要综合考虑营业推广目标、产品类型、市场环境、竞争条件和各种形式的效益成本等各种因素，对推广的强度、对象、途径、时间及推广的预算制定出具体的营业推广方案。公司每年将不定期地针对经销商及消费者策划一些促销活动，或设计一些促销方案供经销商参考。

一般来说，营业推广促销在短期内可以刺激产品销量迅速上升，赢得一定的竞争优势。但从长期来看，营业推广促销不可能建立品牌忠诚度，也不能拯救走向衰退的产品，因此其长期效果不是太大。但是营业推广促销又是市场营销不可缺少的手段之一，企业和经销商都应该对其熟练掌握和操纵。

第五节　公　共　关　系

一、公共关系的含义

公共关系(Public Relations)是指一个组织为改善与社会公众的联系状况，增进公众对组织的认识、理解与支持，树立良好的组织形象而进行的一系列活动。企业公共关系作为一种特殊的促销形式，包含了更为具体的内容。

1. 企业公共关系是指企业与其相关的社会公众的相互关系

这些社会公众主要包括：供应商、中间商、消费者、竞争者、信贷机构、保险机构、政府部门、新闻传媒等。企业不是孤立的经济组织，而是相互联系的"社会大家庭"中的一分子，每时每刻都与其相关的社会公众发生着频繁广泛的经济联系和社会联系。所谓企业公共关系，就是指要同这些社会公众建立良好的关系。

2. 企业形象是企业公共关系的核心

企业公共关系的一切措施，都是围绕着建立良好的企业形象来进行的。企业形象一般是指社会公众对企业的综合评价，表明企业在社会公众心目中的印象和价值。在激烈的市场竞争中，一旦企业建立了良好的形象，就会拥有不凡的商誉，供应商愿意提供货源，甚至同意赊欠；中间商和消费者愿意购买产品；信贷机构愿意提供贷款；企业也容易寻求合作伙伴，开拓市场，从而使企业在竞争中占据有利地位。反之，一旦企业给社会公众造成了恶劣印象，则可能逐步被市场淘汰。

3. 企业公共关系的最终目的，是促进商品销售，提高市场竞争力

从表面上看，企业公共关系仅仅是为了建立良好的形象，同其他促销方式相比，企业公共关系的促销性似乎并不存在。但从本质上看，企业作为社会经济生活基本的经济组织形式，营利性是它的基本准则。公共关系的最终目的，无疑仍然是促进商品销售。正因为如此，公共关系才成为促销的一个重要方式，只不过它是一种隐性的促销方式。通过企业公共关系达成促销的目的，首先经历了一个树立企业形象的环节，经由良好的企业形象，企业首先推销了自身，从而促进了自身产品的销售。

二、公共关系的作用

公共关系作为一门经营管理的艺术，它有着非常重要的作用，主要表现在以下三个方面。

1. 传播宣传，树立形象

企业在开放型、网络型、竞争型的市场体制中，为了生存和发展，就必须处理好企业面临的各种社会关系，树立良好的企业形象。所谓企业形象，是指社会公众和企业职工对企业的整体印象和评价。企业形象是通过其知名度、美誉度和信任度三大要素展示。强有力的企业形象，可以使顾客喜欢购买其产品，取得中间商的合作，容易取得银行信任而贷到货款，能够增强凝聚力、稳定职工队伍、吸引优秀人才。如果企业发行股票，则能够提高股票价值。因此，良好的企业形象是企业一笔巨大的无形资产。现代企业的竞争已经从商品竞争、技术竞争、价格竞争、服务竞争扩大到信誉竞争、形象竞争。企业形象，已经成为企业在市场竞争中取胜的重要法宝之一。

树立企业良好的信誉和形象，一方面要靠高质量的产品和优质的服务，另一方面必须借助公共关系，将企业产品和服务等信息迅速传播给社会公众，增强社会公众的了解和信任，树立和维护企业形象。

2. 调解纠纷，争取谅解

在市场营销中，由于利益的差别，形成了错综复杂的关系，充满了各种矛盾。如果处理不当，就会产生各种纠纷。企业要自觉地运用公共关系，尊重公众的整体利益，重视舆论，

尤其在市场营销策略发生失误时，应实事求是地采取措施予以补救，使各种纠纷得到妥善处理。

因此，公共关系活动的功能之一，是减少企业与社会各方面的摩擦，促进企业与社会公众的相互了解。

3．协调决策，提高效益

企业公共关系的现状直接影响到企业的经济效益。企业的公共关系部门根据获得的信息，进行准确的分析评估，将消费者对企业产品的要求等信息直接反映给企业决策阶层，协助其作出正确决策。企业决策层在制定营销战略和策略时，容易忽视公共利益，影响自己的形象。这时，公共关系部门应分析评议本企业过去和现行决策，弥补决策失误，维护和提高企业的形象，在提高企业经济效益的同时，增进社会效益。

由此可见，公共关系在企业的市场营销活动中有着重要的作用，是企业市场营销策略的重要组成部分。当然，公共关系并不能代替其他营销策略，还要以产品、定价、分销、促销策略作为基础。因此，良好的公共关系将为企业顺利从事营销活动铺平道路。

三、公共关系的特点及方式

1．公共关系的特点

公共关系作为企业促销组合的一个重要组成部分，具有其自身的特点。

1) 注重长期效应

公共关系要达到的目标是树立企业良好的社会形象，创造良好的社会关系环境。实现这一目标并不强调即刻见效，而是一个长期的过程。企业通过各种公共关系的运用，能树立良好的产品形象和企业形象，从而能长时间地促进销售和占领市场。

2) 注重双向沟通

公共关系是企业与社会公众的一种双向的信息交流活动。企业通过公共关系活动，实现企业内外信息的沟通与企业内外人际关系、内外环境的和谐统一，建立起相互理解与信任的关系，从而为企业的发展获得良好的环境。

3) 注重间接促销

公共关系传播信息，并不是直接介绍和推销商品，而是通过积极参与各种社会活动，宣传企业营销宗旨，联络感情，扩大知名度，从而加深社会各界对企业的了解和信任，达到间接促销的目的。

2．公共关系的方式

企业公共关系直接的目标是树立良好的社会形象。良好形象的树立，一方面，企业要在生产中创造优质名牌产品，在经营中重合同、守信用，诚实、热忱地对待客户；另一方面，则需要开动传播机器，提高企业的知名度和美誉度，即广泛展开公关活动。

公共关系活动的主要方式有以下几个方面。

(1) 利用新闻媒介。利用新闻媒介宣传企业及产品是企业乐意运用的公关手段。新闻媒介宣传是一种免费的广告。由大众传媒进行宣传，具有客观性或真实感，消费者在心理上往往不设防，传媒客观性带来的社会经济效益往往高于单纯使用商业广告。企业应善于将其生产经营活动和社会活动发展成为新闻。企业活动中经常会出现许多新情况、新事物、新动向，因而要学会与传媒建立和保持良好的合作关系。努力引起社会公众的关注，通过新闻媒介达到比广告更为有效的宣传。

（2）参与社会活动。企业是社会的一分子，在主要从事生产经营活动的同时，也应积极参与广泛的社会活动，在广泛的社会交往中发挥自己的能动作用，赢得社会公众的爱戴。例如，参与上级和社会组织的各种文化、娱乐、体育活动；参与赞助办学、扶贫、救灾活动等。通过参与各种社会活动，一方面，充分表现企业对社会的一片爱心，展示企业良好的精神风貌；另一方面，广交朋友，亲善人际关系，从而以企业对社会的关心换来社会对企业的关心。

（3）组织宣传展览。企业可以组织编印宣传性的文字、图像材料，拍摄宣传影像带以及组织展览等方式开展公共关系活动。通过一系列形式多样、活泼生动的宣传，让社会各界认识企业、理解企业，从而达到树立企业形象的目的。企业宣传展示的内容既可以是企业历史、企业优秀人物、企业取得的优异成绩，也可以是企业技术实力、名牌产品等。企业宣传展示的形式尽可能多样化，利用光电、声音、图像、文字模型等，从不同侧面充分展示企业形象。

（4）塑造企业形象。企业形象的传播，一个重要的方面是要通过全体职工的言谈举止来进行的。社会各界从与之交往的企业职工身上，同时可以感受到该企业的形象。因此，企业应结合实际情况，有计划、有步骤、有重点地建设企业文化，提高企业职工素质，活跃企业文化氛围，美化企业环境，从深层次有效地进行公关活动。同时，企业要建立和完善企业识别系统，以鲜明的企业特色，使社会公众获得深刻的印象，便于社会公众识别并产生忠诚扩散效应。

四、公共关系的原则与实施步骤

1. 公共关系的原则

围绕树立良好的企业形象，开展公共关系活动必须遵循两条基本原则。

（1）以诚取信的真实性。每一个企业都企盼获得良好的形象，然而良好的形象需要企业本着诚实的态度向社会公众介绍自身的客观情况，借以获得社会公众的信任才能建立。以诚实对公众，最终也将得到公众信任的回报。如果凭一时的妄自吹嘘来树立企业的形象，最终必然为公众所唾弃，陷入画虎不成反类犬的被动局面，失去公众的信任和支持，企业终将难有大成。

（2）利益协调的一致性。企业生存发展依赖于社会，既为社会公众提供消费品，同时也依靠社会公众提供原料、贷款等。企业与社会公众互相依存，二者的利益根本上应该是一致的。因此，开展公关活动，也应本着二者利益协调一致的原则，把社会公众的利益同企业利益结合起来，通过为社会作出贡献来赢得公众，建立良好的企业形象。

2. 公共关系的实施步骤

公关关系的主要职能是信息采集、传播沟通、咨询建议、协调引导。作为一个完整的工作过程，应包括四个相互衔接的步骤。

（1）调查研究。调查研究是做好公共关系工作的基础。企业公共关系工作要做到有的放矢，应先了解与企业及其所实施的政策有关的公众的意见和反映。公共关系要把企业领导层的意图告知公众，也要把公众的意见和要求反馈到领导层。因此，公关部门必须收集整理提供信息交流所必需的各种材料。

(2) 确定目标。在调查分析的基础上明确了问题的重要性和紧迫性，进而根据企业的总目标的要求和各方面的情况，确定具体的公共关系目标。一般来说，企业的公共关系的直接目标是：促成企业与公众的相互理解，影响和改变公众的态度和行为，建立良好的企业形象。公关工作是围绕着信息的提供和分享展开的，因而具体的公关目标又分为传播信息、转变态度、唤起需求。企业不同时期的公关目标，应综合公众对企业理解、信赖的实际状况，分别确定以传递公众急切想了解的情况，改变公众的态度，或是以唤起需求，引起购买行为为重点。

(3) 交流信息。公关工作即是以有说服力的传播去影响公众，因而公关工作的过程也是交流信息的过程。企业面对广大的社会公众，与小生产条件下简单的人际关系大不相同。必须学会运用大众传播媒介及其他交流信息的方式，从而达到良好的公关效果。

(4) 评价结果。应对公共关系活动是否实现了既定目标及时评价。公关工作的成效，可从定性与定量两方面评价。信息传播可以强化或转变受传者固有的观念与态度，但人们对信息的接受、理解和记忆都具有选择性。传播成效的取得，是一个潜移默化的过程，在一定时期内很难用统计数据衡量。有些公关活动的成效，可以进行数量统计，如理解程度、抱怨者数量、传媒宣传次数、赞助活动等。评价的目的，在于为今后公关工作提供资料和经验，也可向企业领导层提供咨询。

本 章 小 结

促销是企业市场营销组合四要素中必不可少的一个方面。促销一般包括广告、人员推销、营业推广和公共关系。市场营销者必须知道如何使用这四种促销方式，把有关产品的信息传递给目标顾客。

企业促销策略往往是在对各种促销手段加以认真组合的基础上产生的。促销手段的组合应考虑产品类型、"推"和"拉"的策略、购买者准备阶段、产品生命周期等因素，还应合理分配促销费用。

人员推销是一个双向沟通的互动过程，相对于非人员推销有其优点，也有缺点。人员推销的方法有上门推销、柜台推销和会议推销三种。推销人员应具有相应的素质，企业在选拔人员进行促销时，应注意采用正确的策略和步骤并对其进行相应的训练。

广告是企业促销组合中十分重要的组成部分，是运用得最为广泛和最为有效的促销手段。企业的广告促销方案一般包括确定广告目标、决定广告预算、制定广告策略、评价广告效果四个步骤。

营业推广对象包括以消费者为对象的推广方式、以中间商为对象的推广方式，以及以推销人员为对象的推广方式。营业推广是一种追求短期促销效果的行为，相对于其他促销方式而言，营业推广常常是促销方式的一种辅助手段，用于特定时期、特定商品的销售，具有强烈呈现和产品贬低两种相互矛盾的特征。

公共关系是企业利用各种传播手段，沟通内外部关系，塑造自身良好形象，为企业的生存和发展创造良好环境的经营管理艺术，是企业促销策略组合中的一项重要措施。企业营销活动中的公共关系通常采用以下手段：利用新闻媒介；参与社会活动；组织宣传展览，从不同侧面充分展示企业形象。

思考与练习

1. 促销的含义是什么？企业为什么要做促销？
2. 什么是广告？广告有哪些作用？
3. 传统的四大广告媒体和新兴的网络媒体相比，各有何优劣？
4. 什么样的产品适合采用网络作为广告媒体？
5. 营业推广这种促销策略，适合什么样的产品和企业采用？
6. 公共关系促销的特点是什么？
7. 人员推销这种方式，适合哪些类别的产品采用？推销人员应具有哪些素质？
8. 人员推销的职责包括哪些？
9. 人员推销的程序包括哪些？
10. 对处于创业初始阶段的中小企业来说，如何才能高效地使用多种广告手段帮助销售业绩的提高？
11. 以你熟悉的某种产品为对象，设计一个可行的广告解决方案。

实 践 训 练

请你登录 http://www.jing-ba.com，在了解该公司的产品以后，进行一次该类产品的市场调查。然后，根据你所学习的相关专业知识，为该公司的产品或某个产品，尝试性地设计出你认为新颖有效的促销方案。(提示：你还可以登录中国营销传播网、中国策划网参阅有关营销实战人士的促销策划方案作为借鉴。)

(扫一扫，看案例分析)

第十一章 营销管理

【学习目标】

本章主要讲授市场营销计划、市场营销组织与市场营销控制等内容。通过本章的学习，了解市场营销计划的作用与内容、市场营销组织的主要类型等，并掌握处理营销部门与其他职能部门关系的技能以及市场营销控制的主要方法，应用市场营销审计方法，分析和处理企业营销管理的绩效问题，对企业全部市场营销业务进行总的效果评价。

【关键概念】

营销计划　营销组织　营销控制　营销审计

【案例导入】

夜访家乐福——你究竟丢失了多少销售机会

区域：某公司北京大区

检查项目：订单准确率

检查问题：你究竟丢失了多少销售机会

检查方式：联合检查——夜访

检查卖场：家乐福

检查描述：家乐福是某公司北京大区的核心KA店，有专业人员进行维护。该公司北京大区为提升销售业绩，推出了终端精细化管理策略，其中一项就是"订单准确率"。公司对销售人员下达的执行标准为：每天早上顾客可以第一时间在商店中买到产品；晚上商店关门时刚好能把货卖完。标准推出后一个星期，各业务组反馈的信息是全部按标准执行到位。

某周末晚上8点，各城市经理突然接到通知，要求到家乐福门口集合，召开现场会议。晚上8:30，人员全部到齐，开始进店检查。令所有人吃惊的是，货架上仅存的几十箱产品被一扫而光，马上成为空架，从8:40以后消费者尽管光临了货架，但拿走的却是其他品牌的产品。从8:45开始，消费者几乎已经不再选择什么品牌了，只要货架上有货拿起来就走。

检查结果：订单不准确，大约丢失500箱产品的销售机会。

现场会议：最好的店尚且如此，其他店可想而知。举一反三，每天有多少销售机会从我们眼前溜走。家乐福马上要求各区域自检，一个星期后继续检查，发现问题及时处理，做得优秀的给予奖励。

(资料来源：刘燕青. 夜访家乐福——你究竟丢失了多少销售机会? .《销售与市场》)

市场营销的计划、组织和控制构成了市场营销管理的主体部分。市场营销计划是企业在分析市场状况基础上预先制定的行动方案和规划，它是企业管理经营的重要依据；市场营销组织是计划的制定和执行的载体，市场营销的成功和市场计划的实现离不开有效的市场营销组织。市场营销控制则通过监测检查市场营销计划完成和实现情况，适时适当地进行调整和改进以保证计划的有效实现。

第一节 营销计划

一、营销计划的概念

营销计划(Marketing Plan)是企业从顾客的角度来分析现状，指出企业面临的需求、问题及机会，然后制定出企业期望达成的目标及探讨出达到目标的策略。

营销计划探讨的内容为：您的企业是个什么样的企业(Who you are?)、您服务的对象是谁(Who you serve?)、您提供什么(What you offer them?)、您目前所处的状况及地位如何(Where you are today?)、您日后想成为什么样子(What you want to be tomorrow?)、您如何从目前的状况达到您所期望的状况(How you achieve it?)，并将如何达成目标的状况做成一些执行计划(Action Plan)，明确地指出在何时(When)、何地(Where)、用什么资源(Which)、期望完成什么(What)、如何完成(How)、谁负责(Who)。

二、营销计划的基本流程

制订营销计划的基本过程如图 11-1 所示。

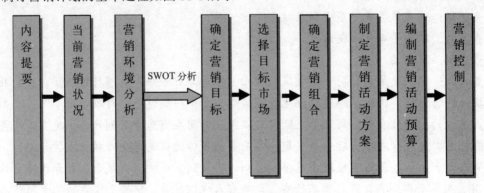

图 11-1 营销计划流程

(一)内容提要

内容提要是对企业主要营销目标和措施的简明概括的说明，以便于企业领导者很快掌握整个计划的核心内容。

(二)当前营销状况

它主要对企业产品当前营销状况进行分析,包括市场情况、产品情况、竞争情况和分销渠道情况等。

(1) 市场情况。市场的范围有多大、包括哪些细分市场、市场及各细分市场近三年营业额、顾客需求状况及影响顾客行为的各种环境因素等。

(2) 产品情况。产品组合中每个品种的价格、销售额、利润率等。

(3) 竞争情况。主要竞争者是谁,各个竞争者在产品质量、定价、分销等方面都采取了哪些策略,它们的市场份额有多大以及变化趋势等。

(4) 分销渠道情况。各主要分销渠道的近期销售额及发展趋势等。

(三)营销环境分析

营销环境分析的内容主要有两个方面:外部环境因素分析和内部环境因素分析。外部环境因素包括关键宏观环境因素(PEST因素,即政治法律、经济、社会文化、技术)与微观环境因素(顾客、竞争者、分销商和供应商);内部环境因素的分析包括企业基本素质、企业财务状况、设备能力、技术能力、销售活动能力、新产品开发能力、市场决策能力、组织机构、经营者及员工队伍、经营管理基础、产品的市场地位、企业形象、企业文化等。通过对企业内外部环境的分析,发现企业所面临的机会与威胁,找出企业的优势与劣势。

具体的分析方法有:①外部环境要素评价矩阵;②"雷达"图分析法;③产品评价法;④内部要素评价矩阵;⑤SWOT分析法。其中,SWOT分析法运用较多。

(四)确定营销目标

营销目标的确定是为了指导营销行动,其主要内容包括销售量、销售额、销售成本、经营利润、市场占有率、品牌知名度等,如表11-1所示。

表11-1 公司层次目标、事业层次目标及营销功能层次目标

公司层次目标	事业层次目标	营销功能层次目标
◆ 维持不低于10%的股利发放; ◆ 建立提升客户满意度的服务体制; ◆ 多元化经营使营销资源利用率极大化	◆ 维持市场领导地位; ◆ 市场占有率30%; ◆ 产品获利率10%; ◆ 产品收入金额及成长率15%	◆ 导入加盟店经营的方式; ◆ 营销渠道上建立各种营销渠道; ◆ 售后服务维持90分以上的知名度

(五)选择目标市场

在选择目标市场时,需要在详细评价各细分市场的发展前景、潜在利益、可接近性、差异性、行动可能性的基础上,根据市场竞争状况、企业的目标和资源以及企业高层决策偏好来确定企业的服务对象。

(六)确定营销组合

市场营销组合的确定是根据企业所处的市场竞争环境而决定,以满足消费者需要为行动

准则。由于产品、价格、渠道和促销这四大因素相互依存、相互影响、相互制约，因此在进行市场营销决策时，不能孤立地考虑某一因素，因为单一因素并不能保证营销目标的实现。只有对四大因素进行优化组合，才有可能达到预期目标。

(七)制定营销活动方案

营销组合策略需要通过具体的营销活动来实施。由于营销组合的变量和组合模式较多，因此，相应的营销活动方案也较多，如广告活动方案、新产品开发行动、促销方案、市场调研方案等。无论营销活动方案有多少种，其方案设计要素主要为：活动的目的、项目内容、时间进度、预算、人员安排、负责人等。

(八)编制营销活动预算

营销预算是编制企业预算的基础。营销预算编制的基本思路为：以企业的总体目标为前提，根据市场预测和以往预算基础数据及新增预算规模，经过综合平衡进行编制。编制营销预算包括预算总额和预算分配两项工作。

(九)营销控制

营销活动的开展，除了做好营销计划工作外，必须对营销活动过程加以控制，以防止营销活动与营销目标偏差的积累超过承受范围，达不到预期的营销目标。营销控制一般围绕营销战略、营销运行状态这两方面进行。

三、营销计划的主要内容

企业市场营销计划的制订，因其行业、市场需求、竞争状况和企业实力的差异而各不相同。表 11-2 中的计划内容是较全面的，实际应用可适当增减。

表 11-2　营销计划大纲

计划步骤	计划内容
第一部分：市场环境分析	◆ 政府法规、经济、人口、社会文化、技术环境、自然资源； ◆ 市场状况； ◆ 竞争状况； ◆ 产品状况； ◆ 分销状况； ◆ 创新效果； ◆ 制造能力； ◆ 供应链整合能力
第二部分：SWOT 分析	SWOT 分析总结
第三部分：确定目标	◆ 财务目标； ◆ 营销目标

续表

计划步骤	计划内容
第四部分：确定营销战略	◆ 目标市场； ◆ 定位； ◆ 调研与研发； ◆ 产品与服务； ◆ 价格； ◆ 分销渠道； ◆ 广告与公关； ◆ 促销； ◆ 推销人员管理
第五部分：营销活动方案	◆ 各种方案与策划； ◆ 方案的具体落实
第六部分：营销预算	◆ 营销预算总量的确定与分配； ◆ 损益表
第七部分：营销控制	◆ 营销战略控制； ◆ 营销运作控制
第八部分：营销计划概述	◆ 目标； ◆ 实现目标的战略； ◆ 行动方案

(一)计划概述

这是营销计划的高度概括。企业高层决策者往往通过目标的可实现性、战略的可行性及方案的可操作性来把握计划的要点。

(二)环境分析

环境分析是制订计划的基础。通过对营销环境进行扫描，提出利用机会、避开威胁、发挥优势、减少劣势的相应思路与措施。

(扫一扫，看案例 11-1)

(三)目标

企业应提出指导制定营销战略和行动方案的目标体系。无论是财务目标，还是营销目标，都要强调目标的适度激励、明确与可量化、时间约束与可实现性。

(四)营销战略

营销战略是指企业要达到目标所应采取的营销战略、途径、营销组合等，包括成长、竞争、产品、战略等诸多内容。在制定营销战略的过程中，需要分析企业的资源配置能力。任何一种营销战略的实施，都需要得到供应链成员、人力资源、财务、生产、采购、后勤等部门的大力支持。

(五)行动方案

行动方案是营销战略的具体化结果。方案中将以表格的形式分列行动内容、时间安排、由谁负责、承办人、预计成本与效果等内容。

(六)预算

营销预算是营销活动开展的硬约束。预算的提出依据要充分、合理、切合企业实际情况,并要区别不同情况,做到刚性预算与柔性预算的统一。

(七)控制

企业应依据目标、行动方案、预算定额等定期检查营销计划的执行情况。控制的基础是计划目标的拟定,而计划目标的准确性需要预测来保证。强化对营销活动开展的判断力训练和基于权变导向的应变计划准备都是控制环节中必不可少的。此外,各种简单易行、切合企业实际情况的控制机制、模式、手段、方法是防止营销计划偏离正常目标的重要保证。

【营销链接 11-1】

广告计划表

实施项目	负责人	预估费用	进度											
			1月	2月	3月	4月	5月	6月	7月	8月	9月	10月	11月	12月
①产品分析														
②消费者购买分析														
③市场规模及需求动向														
④广告战略														
⑤拟订文案表现计划														
⑥广告作品试制作														
⑦媒体计划														
⑧广告预算														

第二节 营销组织

市场营销计划的落实,必须通过营销组织来进行。没有高效运行的营销组织作保证,再好的计划都可能达不到预期的目的,甚至会成为一堆废纸。因此,企业要在市场营销部门与其他职能部门之间建立一种组织关系。在营销部门内部，企业也必须有一个高效地执行计划的组织形式。

一、营销组织设计的原则

(一)组织与环境相适应的原则

比起企业的其他组织机构，市场营销组织与企业外部环境，尤其是市场环境存在着更加紧密的相互影响关系。设计和建立市场营销组织首先要考虑与环境的适应性问题。

(二)目标原则

市场营销组织的设计和建立，一定要服从于企业目标的实现，即营销组织机构的设置与规模，要与所承担的任务与规定达到的目标一致。

(三)责、权、利相统一原则

责、权、利相统一原则即每个部门的设置，在明确其任务与目标的基础上，一定要弄清楚其职能与职责范围，明确规定其应拥有的权力，并把职责、权力与经济利益联系起来。三者有机结合，才能促使营销组织积极主动有效地完成各项任务。

(四)统一领导原则

无论企业的营销组织机构由多少个部门和环节组成，它必须是一个统一的有机整体，需要贯彻局部服从整体，实行统一领导的原则。

(五)精简原则

组织机构要根据营销业务发展与管理要求，设备齐全，但要力求精简，使管理部门划分得当，管理层次合理。因为部门过多，难以控制；管理层次过多，信息交流不畅。

(六)灵活性原则

营销组织应具有一定的灵活变通性。一般来说，当企业面临的市场环境不利，营销规模与范围有所减少时，营销组织要有收缩能力，使企业能生存下去；相反，随着市场的活跃与繁荣，营销规模和范围有所扩大时，营销组织则要有扩张能力，便于企业迅速捕捉有利机会，求得更大发展。

(七)效率原则

营销组织的设置，要求达到运转灵活，高效率。市场形势瞬息万变，营销活动要反应快捷迅速，制定决策和策略安排要果断，上下传递和拍板要敏捷，协调一致。否则，将会丧失有利的盈利机会。

(八)注重人才发现与培养

人、机构、程序是构成组织的三大要素。营销组织的不同部门和不同管理层次，需要不同素质的人才。因此，人才的发现与合理使用，对营销经理来说是至关重要的。

二、营销组织设计的步骤

营销组织设计的基本步骤如表 11-3 所示。

表 11-3　营销组织设计的基本步骤

基本步骤	主要内容
设计导向	◆ 企业目标与战略、规模； ◆ 行业特点； ◆ 竞争状态； ◆ 市场环境
职能设计	◆ 经营、管理职能； ◆ 销售、市场、服务等管理业务总体设计
结构设计	◆ 职能结构； ◆ 层次结构； ◆ 部门结构； ◆ 职权结构
横向协调设计	◆ 信息方式与制度； ◆ 协调方式与制度； ◆ 控制方式与制度； ◆ 综合方式与制度
规范设计	◆ 管理工作程序； ◆ 管理工作标准； ◆ 管理工作方法
人员设计	员工总量确定与岗位分配
完善与再设计	根据环境变化、企业状况和现有营销组织的运行，对上述各设计要点进行调整和创新设计

三、营销组织结构的类型

表 11-4 表明了不同市场营销观念导向下的企业组织系统。

表 11-4 观念导向与企业组织架构设计

营销导向	主要观点	企业组织架构示意图
生产观念	◆ 核心部门是生产部门； ◆ 推销部门只负责推销产品； ◆ 其他营销活动由相关部门负责； ◆ 销售经理的地位低，职能单一，仅管理销售队伍	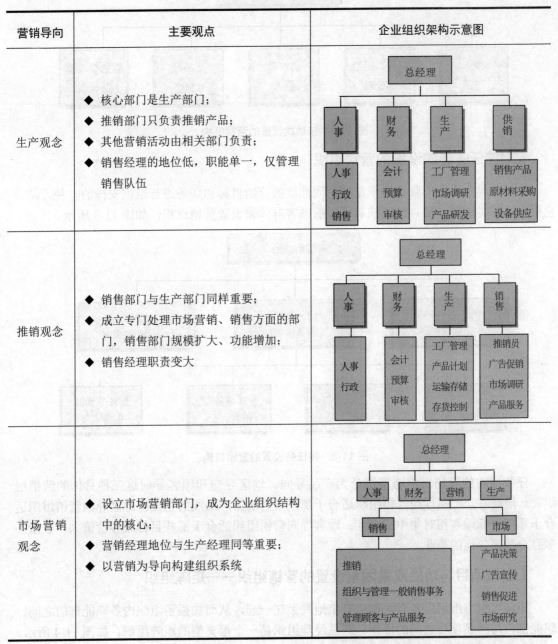
推销观念	◆ 销售部门与生产部门同样重要； ◆ 成立专门处理市场营销、销售方面的部门，销售部门规模扩大、功能增加； ◆ 销售经理职责变大	
市场营销观念	◆ 设立市场营销部门，成为企业组织结构中的核心； ◆ 营销经理地位与生产经理同等重要； ◆ 以营销为导向构建组织系统	

(资料来源：仇向洋，等. 营销管理[M]. 北京：石油工业出版社，2006.6)

(一)按功能设置的营销组织

按功能设置的营销组织是一种常见的营销组织结构，它是按照各种功能进行组织安排的。例如，从事广告活动的人员隶属广告部，由广告部经理领导。而每个部门经理则向分管营销的副总经理负责，这一组织形式较适用于产品种类不多、市场相对集中的小企业，如图 11-2 所示。

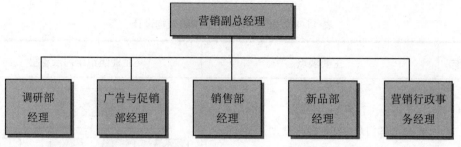

图 11-2 按功能设置的营销机构

(二)按任务导向设置的营销组织

按任务导向设置的营销组织是按不同性质的营销目标和任务进行组织安排的一种方法。它根据不同类别的产品、地区或者不同的顾客群体来设置营销组织,如图 11-3 所示。

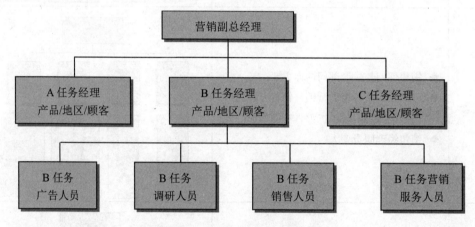

图 11-3 按任务设置的营销机构

任务导向的营销组织通常细分为产品导向、地区导向和顾客导向这三种具体的营销组织。一般而言,产品导向营销组织适合于那些具有多条产品线的企业;地区导向营销组织适合于那些目标顾客相对集中的企业;顾客导向营销组织适合于那些目标顾客价值大,数量不多且分散在各地的企业。

(三)按项目与功能双重因素设置的营销组织——矩阵组织

矩阵组织将组织内各有关部门有机地联系在一起,从而加强了组织内各职能部门之间、职能部门与产品项目之间的协作。产品经理组织是一个很典型的矩阵组织,如图 11-4 所示。

在营销副总经理下设各职能部门经理,各职能部门下都有管理或执行人员。营销副总经理既领导产品项目经理,又领导各职能部门。每个产品经理都要对其负责,而每一职能部门,如广告部、市场研究部等都要为各产品部配备相关的工作人员,以协助该产品经理工作。因而职能部门配备的产品项目工作人员则受双重领导,即在执行产品项目方面受产品经理领导,而在执行其他日常工作方面,则受职能部门的经理领导。由于各职能部门的垂直系统和各产品项目的水平系统组成了一个矩阵,因此,这种组织结构就叫作矩阵结构。这种组织结构往往被一些大型公司或跨国公司所使用。

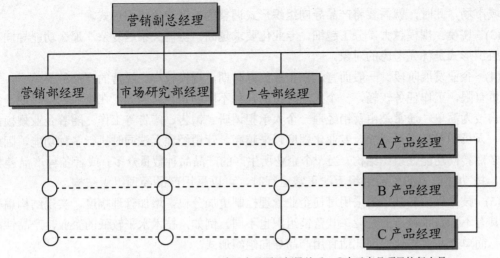

图 11-4　产品经理矩阵组织

当企业的规模进一步扩大，并存在关联度不大的产品系列时，上述三种组织结构均不适应，事业部制的组织结构也就应运而生。一般而言，营销部门在事业部制的设置有以下三种形式。

(1) 公司层不设营销部门，事业部中设营销部门。

(2) 公司层设适当的营销部门，事业部中设相应的营销部门。

(3) 公司层设强大的营销部门，事业部中设较小的营销部门。

上述三种形式的选择导向为：营销部门在不同层级的设置所产生的营销利益最大化。事业部制组织结构往往被巨型跨国公司和多元化经营的企业集团所选用。

四、影响营销组织选择的因素

营销组织的选择与运行往往受众多因素的影响，这些因素一般可分成以下两大类。

(一)外部因素

(1) 环境。环境主要有产业、政府政策、顾客、供应商和金融机构等。

(2) 竞争者。竞争者营销组织选择及运行的示范效应对企业的影响最大。

(3) 供需关系。供需关系变化，直接影响企业生产经营的规模和产品结构。因此，需要按供需关系变化对组织进行调整。

(二)内部因素

(1) 组织目标。实现组织目标是设计营销组织时首先要考虑的问题。如当企业旨在完成某项任务而非注重日常管理时，任务导向的组织结构较为有效。

(2) 战略。企业营销组织系统应适应企业战略的需要，战略决定组织，而组织又会随着战略的变化进行调整。如具有多条产品线的企业，选择产品导向组织形式。而当企业战略调整引起的产品结构调整，把多样产品调整为成熟的标准化产品，而且，发展战略为开拓更多的区域市场，此时，就需要将产品导向组织形式调整为地区导向组织形式。

(3) 规模。规模越大，分工越细，专业化要求越高，协调关系越复杂。那么功能导向和矩阵组织形式是优先考虑的对象。

(4) 企业发展阶段。一般而言，在企业创办时期，规模较小，经营的产品种类单一，专业人员有限，工作任务较轻，一个人同时扮演几种不同的角色。因此，在企业创办时期，组织结构较为简单，通常是由营销经理一个人承担调研、销售、广告等工作。随着企业规模的扩大，人员和责任不断增加，专业化程度越来越高，营销经理无法同时执行多种功能，因此企业必然转向功能性组织结构。当一个企业所生产的产品品种数量众多，或者各种产品差异很大，按功能设置的营销组织无法正常运行时，可以采用产品经理组织结构。

(5) 技术。信息技术的采用可使企业管理控制更加分权，增加管理幅度，实现结构扁平化。具有不同技术特点的企业，其营销组织也不同。例如，技术水平较低的企业，产品性能简单，简单产品多样化，因此适宜用产品导向组织形式。

(6) 组织成员的能力。在设计组织结构时，必须考虑本企业可利用的人力资源。如果企业决定采用产品经理组织形式，那么就必须要有足够数量的合适的产品经理，如果企业一时找不到合适的人选，则只好改用传统的功能性组织。

(7) 组织文化。组织结构必须适应本企业的组织文化。如果一个企业习惯于一种分工明确、领导绝对权威的组织文化，那么突然改用矩阵组织结构就不合适。

五、营销组织系统的再设计

由于企业发展、企业内部条件的变化和企业外部环境的变迁，企业营销组织的变革与再造已成为营销组织设计的重点。因此，应当在以下几方面做好工作。

(一)做好营销组织诊断工作

这是营销组织再造的重要基础，其工作内容包括两个方面。

(1) 组织调查。通过系统地收集现有资料、组织问卷调查、召开座谈会等方式了解有关营销组织的信息。

(2) 组织分析。重点围绕营销职能、营销组织关系、营销业务活动流程和营销决策这四个方面分析研究，明确现行营销组织结构设计和运行中的成功经验和所存在的问题，为下一步再造方案的设计打下基础。

(二)积极稳妥的再造思想

采取系统综合调整方针。营销组织结构的再造对企业影响很大，一旦再造失误，直接影响企业产品销售，甚至会导致企业经营业绩的严重下滑。而且，营销组织的再造，往往会涉及相应的责权利的变动、规章制度的调整、部门与人员的利益变化。所以，再造必须采取系统综合的调整方针，重点做好营销组织结构设计的配套调整，企业营销系统内部包括人员、任务、结构和技术的平衡配套调整，企业营销组织内部与外部供应链的配套调整这三个方面的工作。

(三)选择恰当的营销组织再造方式

企业营销组织的再造,需要在改良式、突变式、计划式及其组合的方式中进行选择。企业应当在组织诊断的基础上,根据市场环境、竞争态势、企业承受能力、员工素质等诸多因素的综合分析,确定适应本企业营销组织再造的方式。

第三节 营销控制

所谓营销控制,是指市场营销管理者检查市场营销计划的执行情况,如果计划与执行结果不一致,则要找出原因,采取措施,以保证计划的完成。营销控制的中心是目标管理。

一、营销控制的基本过程

市场营销控制过程较为复杂,涉及要素较多。一般的市场营销控制过程如图11-5所示。在市场营销执行与控制的基本过程中,必须做好以下四个方面的工作。

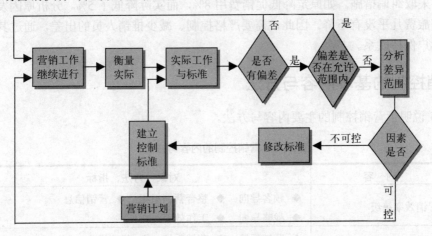

图 11-5 营销控制过程

(一)建立标准

建立标准是检查和衡量营销实际工作的依据。而且,标准的制定应当具体,尽可能量化。例如,麦当劳的衡量标准就包括:①95%以上的顾客进餐馆后3分钟内,服务员必须迎上前去进行接待;②事先准备好的汉堡包必须在3分钟内加热完毕以供应顾客;③服务员必须在就餐人离开后5分钟内把餐桌打扫干净等。

控制标准的制定应切合企业实际,并具有激励作用。制定标准还需考虑因产品、地区、竞争等的不同而产生的统一性与差别化的协调,不能要求两个不同地区的推销员创造同样的销售业绩。此外,一般控制标准还应有一个变动范围,如规定推销员每次访问一个用户的费用标准为80~120元。

(二)衡量绩效

衡量绩效就是将控制标准与实际结果进行比较。若结果与标准相符,或好于标准,则应总结经验，继续工作；若结果未能达到预期标准，而且超过承受范围，则应找出原因。

(三)偏差分析

产生偏差通常有两种情况：一是计划执行过程中的问题；二是计划本身的问题。例如，企业的推销员没有完成预定的销售指标，可能是因为自己的能力或投入不足，也可能是由于销售指标定得过高。在实践中，造成偏差的原因往往是复杂多样的，因此，营销经理必须综合考虑各种因素。

(四)纠偏行动

明确了产生偏差的原因后，一般有两种应对措施。

(1) 修改标准。当导致偏差的因素为不可控时，企业需要修改标准。如预计市场份额太高，企业根本无法达到，而影响市场份额的因素多且有些不可控，此时，就需要调低市场份额标准。

(2) 采取纠偏措施。当导致偏差的因素为可控时，企业没有必要修改标准，而是要针对可控因素，采取纠偏措施。如原定降低促销费用8%，而实际降低了5%。分析原因发现：推销人员的差旅费几乎没有下降。因此，需要严格控制、减少推销人员的出差，通过其他低成本方式与客户保持联系。

二、营销控制的基本内容与方法

表11-5说明了营销控制的主要内容与方法。

表11-5 营销控制的内容与方法

导向	内容		对象、方法、指标
营销战略控制	营销效率等级		◆ 顾客导向　◆ 整合营销组织　◆ 营销信息 ◆ 战略导向　◆ 工作效率
	营销审计		◆ 营销环境　◆ 营销系统　◆ 营销战略 ◆ 营销效益　◆ 营销组织　◆ 营销功能
营销运行控制	年度计划控制	销售分析	◆ 销售差异分析，即分析绝对不同因素对销售的不同影响 ◆ 地区销售差异分析，即具体地区的销售差异分析
		市场占有率分析	◆ 全部市场占有率 ◆ 服务市场占有率 ◆ 相对市场占有率
		营销费用率分析	营销费用与销售额之比
		财务分析	◆ 销售利润率　◆ 资产收益率　◆ 资本报酬率 ◆ 资产周转率等
		客户态度	◆ 建议与投诉系统 ◆ 固定客户样本 ◆ 客户调查

续表

导向	内容		对象、方法、指标
营销运行控制	年度计划控制	预算	◆ 按产品销售、地区销售编制预算及销售预算总表 ◆ 营销预算日进度控制 ◆ 营销预算每周评估 ◆ 营销预算月度检查 ◆ 营销预算季度评估
	盈利能力控制	渠道费用	◆ 工资、奖金、差旅费等直接推销费用 ◆ 广告、销售促进、展览会等促销费用 ◆ 租金、折旧费、保险费、包装费等在内的仓储费用 ◆ 托运费、运输工具折旧费、运输保险费等在内的运输费用 ◆ 营销管理工资、交通、办公费等其他营销费用 ◆ 生产的材料费、人工费和制造费
		损益表	◆ 把工资、租金等各种性质的费用分解到推销、广告、包装、运输、开单、收款等各项功能性营销活动中 ◆ 将各项功能性费用分配给批发、零售等营销渠道 ◆ 收入、生产成本和营销费用的综合
		重要盈利能力指标	◆ 销售利润率、资产收益表和净资产收益率 ◆ 资产周转率　　存货周转率 ◆ 现金周转率　　应收账款周转率
	效率控制	销售人员效率	◆ 每位销售人员平均每天的推销访问次数 ◆ 每次推销的平均时间 ◆ 每次推销的平均收入与成本 ◆ 每百次推销的订单百分比 ◆ 每次赢得的新客户数和失去的老客户数 ◆ 销售人员成本占销售收入的百分比等
		广告效率	◆ 每种媒介的广告成本 ◆ 客户对每一媒介注意、联想和阅读的百分比 ◆ 客户对广告内容与效果的评价 ◆ 广告前后客户态度的变化 ◆ 受广告刺激引起的访问或购买次数等
		促销效率	◆ 优惠销售所占百分比 ◆ 每一销售的陈列成本 ◆ 赠券回收百分比 ◆ 示范引起访问次数等
		配送效率	存货水平、仓储位置、分装、配货重组与运输效率等

三、营销审计

营销审计是指对企业市场营销环境、目标、战略和活动进行全面的、系统的、独立的、定期的检查,以便确定问题的范围和各项机会,并提出行动计划的建议,以提高公司的营销业绩。它具有全面性、系统性、独立性、定期性等四个特征。

市场营销审计由检查企业营销形势的六个主要方面组成。

(一)市场营销环境审计

市场营销环境审计包括宏观环境与任务环境两种环境的审计。①宏观环境:是指人口、经济、生态、技术、政治、文化等环境因素。②任务环境:是指市场、顾客、竞争者、分销和经销商、供应商、公众等环境因素。

(二)市场营销战略审计

企业是否用市场导向确定自己的任务、目标并设计企业形象,企业的营销是否与公司的竞争地位、资源和机会相适应,能否使确定的战略适应产品生命周期的阶段、竞争者的战略以及经济状况。企业是否运用了细分市场的最好根据,是否为每个目标细分市场制定了一个正确的市场地位和营销组合;企业在市场定位、企业形象、公共关系等方面的战略是否卓有成效,所有这些都需要经过市场营销战略审计的检验。

(三)市场营销组织审计

市场营销组织审计主要是对企业结构、功能效率及部门间联系效率的检验。它包括:企业的市场营销主管人员是否有足够的权力和明确的责任开展影响顾客满意程度的活动,营销活动是否按功能、产品、最终用户和地区最理想地进行组织,是否有一支训练有素的销售队伍,对销售人员是否有健全的激励、监督机制和评价体系,市场营销部门与企业其他部门的沟通情况以及是否有密切的合作关系等。

(四)市场营销系统审计

企业市场营销系统包括市场营销信息系统、市场营销计划系统、市场营销控制系统和新产品开发系统。对市场营销信息系统的审计,主要是审计企业是否有足够的有关市场发展变化的信息来源,企业管理者是否要进行充分的市场调研,企业方面是否运用最好的方法进行市场和销售预测。对营销计划系统的审计,主要是审计营销计划工作系统是否有效,销售预测和市场潜量衡量是否正确地加以实施,是否进行了销售潜量和市场潜量的科学预测,是否将判定的销售定额建立在适当的基础上。对市场营销控制系统的审计,主要是审计控制程序是否足以保证年度诸目标的实现,管理当局是否定期分析产品、市场、销售地区和分销渠道的盈利情况,是否定期检查营销成本。对新产品开发系统的审计,主要包括审计企业开发新产品的系统是否健全,是否组织了新产品创意的收集与筛选,是否在新产品构思投资之前进行了适当的概念调研和商业分析。

(五)市场营销生产率审计

市场营销生产率审计,是审计企业的盈利率和成本效益,主要包括审计企业不同的产品、市场、地区和分销渠道相应的盈利率分别是多少,企业是否要进入、扩大、缩小或放弃若干细分市场,其短期和长期的利润率。审核市场营销费用支出情况及其效益,进行成本效益分析,包括营销活动花费是否合理,是否可采取降低成本的措施。

(六)市场营销职能审计

市场营销职能审计是对企业的产品、价格、分销、促销及销售队伍效率的审计。它包括企业产品线目标是否合理,产品线的制定是否科学,企业的产品质量、特色、式样、品牌的顾客欢迎程度,企业定价目标和战略的有效性、市场覆盖率,企业分销商、经销商、代理商、供应商等渠道成员的效率。广告目标、费用、预算、顾客及公众对企业广告的效果影响,公关宣传预算是否合理,公共关系部门的职员是否精干,销售队伍的目标、规模、素质、能动性等。

本 章 小 结

营销计划是企业从顾客导向的角度来分析现状,指出企业面临的需求、问题及机会,然后制定出企业期望达成的目标及探讨出达到目标的策略。

营销计划制定的基本过程:内容提要→当前营销状况→营销环境分析→确定营销目标→选择目标市场→确定营销组合→制定营销活动方案→编制营销预算→营销控制。

企业应当在组织诊断的基础上,根据市场环境、竞争态势、企业承受能力、员工素质等诸多因素的综合分析,动态地设计相应的营销组织结构形式,合理配置营销资源,进行营销组织再造,实现营销主体和营销环境的动态平衡。

所谓营销控制,是指市场营销管理者检查市场营销计划的执行情况,如果计划与执行结果不一致,则要找出原因,采取措施,以保证计划的完成。营销控制的中心是目标管理。

营销审计是指对企业市场营销环境、目标、战略和活动进行全面的、系统的、独立的、定期的检查,以便确定问题的范围和各项机会,并提出行动计划的建议,以提高公司的营销业绩。它具有全面性、系统性、独立性、定期性等四个特征。

思考与练习

1. 编制营销计划的基本原则是什么?
2. 营销计划的制定步骤有哪些?
3. 营销组织结构有哪几种类型?各有什么优劣势?
4. 营销控制的基本内容与指标是什么?
5. 一家大型航空公司营销副总经理被要求去提高航空公司的市场份额,然而,他没有比其他职能部门更多的权力去影响乘客的满意程度。

- 他不能雇佣或培训机组人员(人事部门)。

- 他不能决定食品的种类和质量(供应部门)。
- 他不能执行飞机上的清洁标准(维修部门)。
- 他不能确定飞行的进度表(业务部门)。
- 他不能确定票价(财务部门)。

他能控制什么？他只能控制营销调研、销售人员、广告和促销。然而，他必须花力气通过其他部门的服务来让乘客旅行舒适，直到满意。造成这种现象的原因是什么？应该如何改进？

实 践 训 练

【实训一】编制营销计划

实训目标：

1. 培养学生市场营销计划的制定能力。
2. 培养学生了解市场营销计划的实施能力。

内容与要求：

1. 能运用所学原理进行年度计划控制、盈利能力控制、市场营销审计能力。
2. 联系有关企业，为企业编制一份"年度营销计划"，通过实际动手操作，使学生了解、掌握产品营销计划的编制程序和方法。

【实训二】年度营销计划控制

实训目标：

1. 明确年度计划的控制目的，熟悉年度计划控制的程序与方法。
2. 培养学生一定的年度计划控制的操作能力。

内容与要求：

1. 收集相关资料，主要有：模拟企业年度营销计划、销售额、营销费用、利润、市场占有率、顾客反映等(途径：模拟公司、因特网、产品销售现场)。
2. 对收集到的资料运用多种年度控制方法进行分析计算，并对照年度营销计划找出营销实绩中的差异，分析差异产生的原因，提出改进措施或建议。
3. 将上一步的相关内容落实在文字上，写出年度计划控制报告。

(扫一扫，看案例分析)

第十二章 市场营销新理念

【学习目标】

通过本章的学习，了解关系营销与交易营销的差别、关系营销的基本模式；掌握网络营销的概念及功能；掌握直复营销的概念及内容；了解服务营销理念、服务营销组合和服务质量差距模型；了解绿色营销、定制营销、整合营销、长尾营销、营销伦理等营销前沿理论。

【关键概念】

关系营销 网络营销 直复营销 服务营销 市场营销前沿理论

【案例导入】

中国国际航空公司与中国工商银行的"关系"

2001年2月，中国国际航空公司与中国工商银行关于国航常旅客奖励计划和工行牡丹国际信用卡持卡人消费奖励计划合作项目的签字仪式在京举行，此项合作的开展将在国内第一次实现航空里程累积奖励与银行卡消费积分奖励的有机结合。此次合作的主要内容是：国航知音会员使用中国工商银行发行的牡丹国际信用卡，每消费2元人民币或者港币均可获得1点消费积分，每消费1美元可获得4点消费积分，每5000点消费积分可以兑换500公里国航知音里程。达到规定的累计里程时，可获得中国国际航空公司提供的免费机票、免费升舱及其他方面的奖励与服务。合作将为双方客户提供更全面、更优质的服务，有利于实现合作双方客户资源的优势互补，也将为双方展开全方位、深层次的合作打下坚实的基础。

(资料来源：《中国信用卡》2001(3))

市场营销实践活动是动态的，自然要求营销理论必须随着实践的发展有所优化和调整。

第一节 关系营销

1984年，科特勒(Philip Kotler)提出的"大市场营销"概念，增加了政治权力和公共关系这两种营销工具，这种策略思想直接启发了关系营销概念的提出。美国市场营销学者巴巴拉·本德·杰克逊(Barbara B. Jackson)于1985年最早把关系营销作为一种新型市场营销观念提出。20世纪80年代后期，关系营销得到了迅速的发展。最初，关系营销理论关注的焦点是如何维系和改善同现有顾客之间的关系，后来又提出要与不同的顾客建立不同类型的关系。直到今天，人们对关系营销的讨论和关系营销的实践，已从单纯的顾客关系扩展到了企业与供应商、中间商、竞争者、政府、社区等的关系。这样，关系营销的市场范围就从顾客市场扩展到了供应商市场、内部市场、竞争者市场、分销商市场、影响者市场、招聘市场等，从而大大地拓展了交易营销的含义和范围。

一、关系营销的内涵与特征

(一)关系营销内涵

关系营销突破了传统的4P组合策略，强调充分利用现有的各种资源，采取各种有效的方法和手段，使企业与其利益相关者(顾客、分销商、供应商、政府等)建立长期的、彼此信任的、互利的、牢固的合作伙伴关系，其中最主要的是企业与消费者的关系。

我们可以从以下三个方面来理解关系营销的定义。

(1) 关系营销牵涉多个利益相关方。企业在追求自身利益的时候，不可避免地和顾客、分销商、供应商、政府等产生关系，为了营销的顺利开展，企业需要考虑各方的利益并实现多方共赢，从而为以后的长期合作建立起牢固的关系。

(2) 如何留住顾客，并与顾客建立长期稳定的关系，是关系营销的实质。关系营销体现的不是赤裸裸的金钱交易关系，而是体现了更多的人文关怀，它注重消费者，通过和消费者的交流、沟通，更好地满足消费者、方便消费者，从而提高顾客满意度与忠诚度，实现市场份额的巩固和提高。

(3) 关系营销和交易营销比较，有很大的区别，主要区别如表12-1所示。

表12-1 关系营销与交易营销的区别

交易营销	关系营销
如何吸引和征服顾客	如何保持顾客
不了解对方	了解对方
创造交易	创造关系
解决不信赖产生的问题，让对方believe	建立信赖关系，让对方believe in
主要关注售前、售中活动	关注售后活动

(二)关系营销本质特征

1. 双向沟通

在关系营销中，沟通应该是双向的而非单向的。只有广泛的信息交流和信息共享，才可能使企业赢得各个利益相关者的支持与合作。

2. 合作双赢

一般而言，关系有两种基本状态，即对立和合作。只有通过合作才能实现协同，合作是

"双赢"的基础。即关系营销旨在通过合作增加关系各方的利益，而不是通过损害其中一方或多方的利益来增加其他各方的利益。当然，合作双赢的关系能否得到稳定和发展，情感因素也起着重要作用。因此，关系营销不只是要实现物质利益的互惠，还必须让参与各方能从关系中获得情感的需求满足。

3. 反馈与控制

关系营销要求建立专门的部门，用以跟踪顾客、分销商、供应商及营销系统中其他参与者的态度，由此得到及时反馈，及时了解关系的动态变化，及时采取措施消除关系中的不稳定因素和不利于关系各方利益共同增长的因素。此外，通过有效的信息反馈，也有利于企业及时改进产品和服务，更好地满足市场的需求。

由此可见，关系营销是企业与顾客、企业与企业间的双向的信息交流，是企业与顾客、企业与企业间的合作协同为基础的战略过程，是关系双方以互惠为目标的营销活动。

二、关系营销的市场模型

关系营销的市场模型概括了关系营销的市场活动范围。在"关系营销"概论中提到，一个企业需要处理好与多个利益相关方的关系，主要是与六个子市场的关系，如图12-1所示。

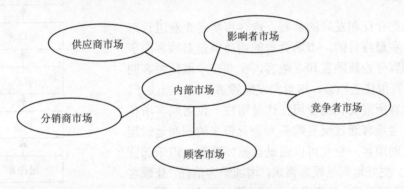

图 12-1 关系营销市场模型

(一)供应商市场

没有企业可以独自解决自己生产所需的所有资源。现实的资源交换中资源的构成包含了人、财、物、技术、信息等多个方面。其中，与供应商的关系决定了企业所能获得的资源数量、质量及获得的速度。企业与供应商结成紧密的合作网络，能够促进资源交换顺畅、高效地进行。另外，公司在市场上的声誉也是部分来自于供应商所形成的关系。

(二)内部市场

员工是企业的内部市场。企业要想让外部顾客满意，首先得让内部员工满意。因为只有工作满意的员工才可能以更高的效率和效益为外部顾客提供更加优质的服务，并最终让外部顾客感到满意。没有满意的员工，就没有满意的顾客。内部市场不只是企业营销部门的营销售货员和直接为外部顾客提供服务的其他服务人员，它包括所有的企业员工。因为在为顾客创造价值的生产过程中，任何一个环节的低效率或低质量都会影响最终的顾客价值。

(三)竞争者市场

在竞争者市场上,企业需要面对现有竞争者、潜在竞争者、替代品竞争者,面对这些竞争者,企业可以在对抗性竞争和合作性竞争中选择。对抗性竞争必然有成功者和失败者;合作性竞争既有竞争又有合作,它要求企业营销活动的主要目的是争取与那些拥有和自己具有互补性资源竞争者的协作,实现知识的转移、资源的共享和更有效的利用。例如,在一些技术密集型产业,越来越多的企业与其竞争者进行了研究与开发的合作,这种方式的联盟可以分担巨额的产品开发费用和风险。越来越多的迹象表明,现代竞争已经从你死我活发展为既竞争又合作的双赢模式。

(四)分销商市场

在分销商市场上,零售商和批发商的支持对于产品营销的成功至关重要。由于市场竞争的不断加剧,零售商和批发商的实力日益强大,特别是零售商作为直接面对顾客的渠道终端,正在成为供应销售链的主导。因此,生产型企业必须采取积极的营销策略来保证渠道畅通,协调分销商对资源的合理分配。

(五)顾客市场

顾客是企业存在和发展的基础,顾客市场是企业进行市场竞争的中心和最终目的。市场竞争的实质就是对顾客的争夺。企业的顾客分为新顾客和老顾客,企业在争取新顾客的同时,必须重视留住老顾客,培育和发展顾客忠诚。据统计,争取一位新顾客所需要花的费用往往是留住一位老顾客所花费用的六倍,老顾客通过反复购买为企业带来的利润远远超过只交易一次的顾客。企业可以通过数据库营销、俱乐部营销等多种形式,更好地满足顾客需求,增加顾客信任,让顾客与企业的关系不断升华,最终成为企业的忠诚顾客,如图 12-2 所示。

图 12-2 关系营销的升华层次

(六)影响者市场

政府、新闻媒体、金融机构、社区,以及诸如消费者权益保护组织、环保组织等各种各样的公共事业团体,对于企业营销目标的实现和企业的长远发展都会产生重要影响。企业必须重视影响者市场,并通过积极有效的公共关系等沟通手段来改善、保持、加强与影响者市场的关系。

三、关系营销的基本模式

(一)关系营销的中心:顾客忠诚

关系营销的核心是顾客忠诚,如何获得顾客忠诚呢?发现顾客需求——满足需求并保证顾客满意——营造顾客忠诚,构成了关系营销的三部曲。

(1) 企业要分析顾客的需求、发现顾客的需求。市场营销的作用在于满足已有的需求和创造未来的需求,顾客的需求是顾客购买行为产生的最基本的条件,是企业进行市场营销必须关注的点。通过对顾客需求的分析,发现顾客需求的差异性,企业才能够针对性地提供顾客需要和适合的产品,这是获取顾客忠诚的第一步。

(2) 满足需求并保证顾客满意。如果不能提供顾客需要和适合的产品,就不能满足顾客需求;需求得以满足的顾客并不必然会产生满意,顾客可能会觉得该产品既没有什么不满,也没有什么满意的,就是一般而已。这时企业可在提供满意的产品和服务外,采取提供附加利益、提供信息通道等方法来取得顾客满意。

(3) 顾客维系。维系原有顾客,减少顾客的叛离,要比争取新顾客更为有效。维系顾客分为对满意顾客的维系和对不满意顾客的维系。维系满意的顾客不仅仅需要维持顾客的满意程度,还必须分析顾客产生满意程度的最终原因,从而有针对性地采取措施来维系顾客;对不满意顾客的维系如果操作得当,可以增加顾客的回头率,并且在顾客的帮助下不断改进,营销中的不足最终使关系营销得以完善。

(二)关系营销的梯度推进

贝瑞(Leonard L. Berry)和帕拉苏拉曼(A. Parasuraman)归纳了三种创造顾客价值的关系营销层次,即一级关系营销、二级关系营销和三级关系营销,企业在采取关系营销的时候,必须不断推进双方关系,如图 12-3 所示。

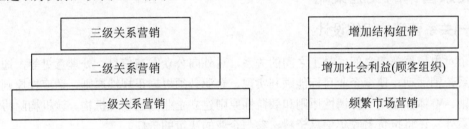

图 12-3 关系营销的梯度推进

1. 一级关系营销

一级关系营销在顾客市场中经常被称作频繁市场营销或频率市场营销。这是最低层次的关系,它维持顾客关系的主要手段是利用价格刺激增加目标市场顾客的财务利益。随着企业营销观念从交易导向转变为以发展顾客关系为中心,一些促使顾客重复购买并保持顾客忠诚的战略计划应运而生,频繁市场营销计划即是其中的一例。所谓频繁市场营销计划,是指对那些频繁购买以及按稳定数量进行购买的顾客给予财务奖励的营销计划。

2. 二级关系营销

二级关系营销是既增加目标顾客的财务利益,也增加他们的社会利益。在这种情况下,营销在建立关系方面优于价格刺激,公司售货员可以通过了解单个顾客的需要和愿望,并使服务个性化和人格化,来增加公司与顾客的社会联系。因而二级关系营销把人与人之间的营销和企业与人之间的营销结合起来。其主要表现形式是建立顾客组织,以某种方式将顾客纳入到企业的特定组织中,使企业与顾客保持更为紧密的联系,实现对顾客的有效沟通和控制。

3. 三级关系营销

与顾客建立结构性的纽带关系,同时附加财务利益和社会利益。结构性联系要求提供这样的服务：它对关系客户有价值，但不能通过其他来源得到。这些服务通常以技术为基础，并被设计成一个传递系统，而不是仅仅依靠个人的建立关系的行为，从而为客户提高效率和产出。良好的结构性关系将提高客户转向竞争者的机会成本，同时也将增加客户脱离竞争者而转向本企业的利益。

(三)关系营销的作用方程

企业面临着同行业竞争对手的威胁，同时在外部环境中还有潜在进入者和替代品的威胁以及供应商和顾客讨价还价的较量。企业营销的最终目标是使本企业在产业内部处于最佳状态，能够抗击或改变这五种作用力。双方的影响能力可用下列三个作用力方程表示。

(1) "营销方的作用力"小于"被营销方的作用力"。
(2) "营销方的作用力"等于"被营销方的作用力"。
(3) "营销方的作用力"大于"被营销方的作用力"。

引起作用力不等的原因是市场结构状态的不同和占有信息量的不对称。在竞争中，营销作用力强的一方起着主导作用，当双方力量势均力敌时，往往采取谈判方式来影响、改变关系双方作用力的大小，从而使交易得以顺利进行。

四、关系营销的实施策略

(一)关系营销的组织设计

为了对内协调部门之间、员工之间的关系，对外向公众发布信息、处理意见等，通过有效的关系营销活动，使得企业目标能顺利实现，企业必须根据正规性原则、适应性原则、针对性原则、整体性原则、协调性原则和效益性原则建立企业关系管理机构。该机构除协调内外部关系外，还将担负着收集信息资料、参与企业的决策的责任。

(二)关系营销的资源配置

面对当代的顾客、变革和外部竞争，企业的全体售货员必须通过有效的资源配置和利用，同心协力地实现企业的经营目标。企业资源配置主要包括人力资源和信息资源。人力资源配置主要是通过部门间的人员转化、内部提升和跨业务单元的论坛和会议等进行。信息资源共享方式主要是：利用计算机网络、制定政策或提供帮助削减信息超载，建立知识库、回复网络或组建虚拟小组等。

(三)关系营销的效率提升

与外部企业建立合作关系，一方面，必然会与之分享某些利益，增强对手的实力；另一方面，企业各部门之间也存在着不同的利益，这两方面形成了关系协调的障碍。具体的原因包括：利益不对称、担心失去自主权和控制权、片面的激励体系、担心损害分权。

关系各方环境的差异会影响关系的建立以及双方的交流。跨文化间的人们在交流时，必须克服文化所带来的障碍。对于具有不同企业文化的企业来说，文化的整合对于双方能否真正协调动作有重要的影响。

第二节 网络营销

20世纪90年代以来,飞速发展的国际互联网促使网络技术应用急剧增长,在全球范围内掀起应用互联网热。中国互联网络信息中心(China Internet Network Information Center,CNNIC)公布称,截至2008年6月底,中国互联网用户数量已升至2.53亿人,超过美国成为世界上最大的互联网市场。网民数量占中国人口的19.1%,相比之下,美国网民约占人口总数的70%,发达国家的平均上网的普及率是50%左右,与发达国家相比我们的普及率差距非常大,意味着我们的前景非常广阔。随着电脑在日常生活领域的普及,目前大量企业纷纷开辟网上战场,在网上安营扎寨。2004年中国电子商务交易额达4000多亿元人民币,2005年中国电子商务交易额达7400亿元,2006年我国电子商务交易总额超过15 000亿元。这里有资金雄厚、人员众多的跨国集团,也有刚刚起步的个人小公司。世界范围内的企业纷纷上网提供信息服务和拓展业务范围,积极改组企业内部结构和发展新的管理营销方法。网络营销就是伴随着信息技术的发展而发展的。目前互联网已经发展成为辐射面更广、交互性更强的新型媒体,它不再局限于传统的广播电视等媒体的单向性传播,可以与媒体的接收者进行实时的交互式沟通和联系。随着上网用户的迅猛增加,互联网市场已成为一个急速扩展、潜力巨大的市场,蕴含着无限商机。如何在这巨大的网络市场上开展网络营销、占领市场,对企业来说既是机遇也是挑战。

一、网络营销的内涵

网络营销是指以互联网络作为传播手段,采用相关的方式、方法和理念实施营销活动以更有效地促成个人和组织交易活动的实现的过程。网络营销作为适应网络技术发展与信息网络时代社会变革的新兴策略,越来越受到企业的重视。网络营销在国外有多种表述,如Cyber Marketing,Internet Marketing,Network Marketing,E-Marketing等。不同的词组有不同的侧重和含义,目前较常见的表达是E-Marketing。作为新的营销方式和营销手段实现企业营销目标,网络营销的内容非常丰富。

(一)网络营销针对网上虚拟市场

要求企业及时了解和把握网上虚拟市场的消费者特征和消费者行为模式的变化,为企业在网上虚拟市场进行营销活动提供可靠的数据分析和营销依据。

(二)网络营销的手段和方式

1. 网上市场调查

利用互联网交互式的信息沟通模式来进行市场调查活动,包括直接在网上通过问卷进行调查,或通过网络来收集市场调查中所需的其他二手资料。利用网上调查工具,可以提高调查效率和调查效果。互联网作为信息交流渠道,成为了信息海洋,因此在利用互联网进行市场调查时,重点是如何利用有效工具和手段实施调查和收集整理资料。获取信息不再是难事,关键是如何在信息海洋中获取想要的资料信息和分析出有用的信息。

2. 网上消费者行为分析

互联网用户作为一个特殊群体，有着与传统市场群体截然不同的特征，因此要开展有效的网络营销活动必须深入了解网上用户群体的需求特征、购买动机和购买行为模式。互联网作为信息沟通工具，正成为许多兴趣、爱好趋同的群体聚集交流的地方，并且形成一个个特征鲜明的网上虚拟社区，了解这些虚拟社区的群体特征和偏好是网上消费者行为分析的关键。

3. 网络营销战略的制定

不同企业在市场中处于不同的地位，在采取网络营销实现企业营销目标时，必须采取与企业相适应的营销战略，因为网络虽然是非常有效的营销工具，但企业实施网络营销时需要进行投入并且有风险。企业在制定网络营销战略时，还应该考虑到产品周期对网络营销战略制定的影响。

4. 网络营销组合策略的制定

网络作为信息有效的沟通渠道，对传统的营销组合思想产生了极大的影响。因此，企业应该根据网络独特的功能和优势及自身情况，来设计网上产品和服务策略、网上价格策略、网上渠道策略及网上促销策略等市场营销组合策略。

5. 网络营销管理与控制

网络营销常会遇到许多传统营销活动没有遇到的新问题，如网络产品质量保证、消费者隐私保护、在线支付及结算管理、网络订购与物流配送的协调以及信息安全与保护等。这些问题都是网络营销必须重视和进行有效控制的问题，若忽略了这些问题，网络效果会适得其反，甚至会产生很大的负面效应。

(三)网络营销对市场营销发展方向和领域的贡献

第一，互联网超越时空限制的特性，及其传送文字、声音、动画和影像的多媒体功能，较之传统的媒体，在表现的可能性和丰富性上要杰出得多，正可以发挥营销人员的创意。

第二，互联网络可以展示商品目录，连接资料库提供有关商品信息的查询，可以和顾客进行双向沟通，可以收集市场情报，可以进行产品测试与消费者满意调查等，是产品设计、信息提供以及顾客服务的最佳工具。

第三，互联网络上的促销是一对一的、双向的、消费者主导的、非强迫的、循序渐进的，同时也是一种低成本与人性化的促销，因此符合分级与直销的发展趋势，深化并促进了关系营销与数据库营销的理论和实践。

第四，互联网络使用者数量快速成长并遍及全球，使用者多属于年轻、中产、高教育水平的阶层，因此是极具开发潜力的市场渠道。互联网络上的营销可由产品信息提供至收款、售后服务，一气呵成，因此也是一种全过程的营销渠道，为营销 4P 与 4C 的整合提供了现实的可能性。

二、网络营销的特点

与传统的营销策略和营销手段相比，网络营销具有诸多鲜明的特点。

1. 营销成本低

传统的营销方式往往要花大量的经费用于产品目录、说明书、包装、储存和运输，并设专人负责向顾客寄送各种相关数据。而运用网络营销后，企业只需将产品的信息输入计算机系统并上网，顾客就可自己查询，无须设专人寄送数据，电子版本的产品目录、说明书等不必再进行印刷、包装、储存和运输。这样就大大节约了营销费用，降低了营销成本。

2. 营销环节少

在网络营销中，营销数据不必再求助于出版商，企业可以直接安排有关数据上网供顾客查询，潜在的顾客也不必再等企业的营销人员打电话告诉他们所要查询的信息，他们自己可以在计算机上查找。网络营销的运用使企业的营销进程加快，信息传播更快，电子版本的产品目录、说明书等随时可以更新。对于软件、书籍、歌曲、影视节目等知识性产品来说，已经没有了海关和运输问题，人们可以直接从网上下载并采用电子方式付款。

3. 营销方式新

营销方式新即在购买的同时，顾客可以自行控制购买过程。现今顾客的需求多种多样，他们在购买产品时，希望能够掌握更多有关产品的信息，得到更好的售后服务。联盟的营销者运用多媒体展示技术和虚拟现实技术，使得顾客可以坐在家中了解最新产品和最新价格，选择各种商品，作出购买决策，自行决定运输方式，自行下订单，从而获得最大的消费满足。

4. 营销国际化

随着冷战的结束，经济一体化和全球化是大趋势。网络营销有助于企业进军国际市场，在国际市场占有一席之地。互联网络已经形成了一个全球体系，企业运用网络进行营销，能够超越时间和空间的限制，随时随地提供全球性的营销服务，使国外的顾客与本企业在网上达成交易，实现全球营销。

5. 营销全天候

网络营销可以一直进行，没有时间限制。企业的营销信息上网后，电子"信息服务员"就可以一直进行工作，一天24小时、一年365天从不间断。

三、网络营销中的营销组合

市场决定着市场营销战略，在互联网络的巨大影响下的市场必须要求市场营销战略的更新。企业必须以市场为生命，从市场营销因素最基本的组合4P来调整、更新自己的营销战略。

(一)产品/服务

目前，适合在互联网络上销售的产品通常有如下几种。
(1) 具有高科技感或与计算机相关的商品。
(2) 目标市场为网络用户的商品。
(3) 市场需求地理范围广的商品。
(4) 设店销售有困难的特殊商品。
(5) 消费者依据网络信息就可作购买决策的商品。

互联网络所提供的产品主要在于信息的提供，除了充分显示产品的性能、特点、质量以及售后服务等内容外,更重要的是能够对个别需求进行一对一的营销服务。企业要根据用户对产品提出的具体或特殊要求进行产品的生产供应,以最大限度地满足消费者的需求。在网络上可开展以下工作。

(1) 提供消费者之间、消费者与企业之间的互动讨论区,借以了解消费者需求、市场趋势等,以作为企业改进产品开发的参考。

(2) 在网络上建立消费者意见调查区,了解消费者对产品特性、质量、包装及样式等的意见,以协助企业产品的开发与改进。

(3) 建立网上消费者自助设计区,提供顾客化的产品与服务,如顾客可以自行设计服装的款式和花色,购车者可以自行决定其所需的颜色和配件等。

(二)价格

任何企业的网络定价都不是孤立行为,必须按照企业的目标市场战略及市场定位战略的要求来进行。虽然网络交易的成本相对比较低廉,但因交易形式多样化,所以价格弹性比较大。企业制定产品价格应在核算产品成本的基础上,适当增加无形成本的含量,精确计算产品中的无形价值量,并完全掌握消费者的购买信息,因此应该以理性的方式制定价格战略。网络定价可以采取下列方法。

(1) 消费者可通过网络价格查询功能,查询市场上相关产品的价格,进而理性地购买价格合理的产品,即可以货比三家。因此企业一定要在对上网企业相关产品价格和竞争情况进行认真调研的基础上,合理估计本企业产品在消费者心目中的形象,进而确定产品的价格。

(2) 可以开展网络会员制,依据会员过去的交易记录与偏好、购买数量的多少,给予顾客折扣,鼓励消费者上网消费。

(3) 建立网络议价系统,与消费者直接在网上协商价格。

(4) 建立自动调价系统,可以依季节变动、市场供求形势、竞争产品价格变动、促销活动等,自动进行调价。

(三)分销

互联网络直通个人,使得销售针对性加强,商品直接展示在顾客面前,并直接接受顾客订单,任何一个单个用户对企业都具有重要意义。这种直接互动与超越时空的购物方式,无疑是分销渠道的一场革命。

(1) 设立虚拟商店橱窗,使消费者如同进入实际的商店一般;同时商店的橱窗可以因季节、促销活动、经营战略的需要迅速地改变设计。虚拟橱窗不占空间,可 24 小时开张,服务全球顾客,并由售货员回答任何专业性的问题,这样的优势绝非一般商店可以比拟。

(2) 可以结合相关企业的相关产品,共同在网络上组织商品展销,消费者一次上网,可以饱览各种商品,增强上网意愿与消费动机。例如,房地产商可以结合家具、厨房设备、家电、灯具、装饰材料等合并促销,以增加渠道的吸引力。

(3) 采取灵活的付款方式。目前金融机构已率先进入信息网络,企业通过金融机构采取更加灵活的购买付款方式已成为可能。在互联网络的推动下,企业可以依赖金融机构的专业信息优势,针对不同的用户采取灵活的付款方式,达到刺激和方便消费者购买的目的。

(4) 可以在网络上以首页方式设立虚拟经销商或虚拟公司,提供各类商品目录及售后服务。除部分产品可以自网上取货(如计算机软件、电子图书等)外,大部分产品采用送货上门或邮寄等方式。

(四)促销

网络促销具有一对一服务与消费者需求导向的特点,除了可以作为企业广告外,也是发掘潜在顾客的最佳渠道。但网上促销基本是被动的,因此如何吸引消费者上网,并提供具有价值诱因的商品信息,对于企业来说,是一个重大挑战。常用的促销方法如下。

(1) 利用网上聊天的功能,举行消费者联谊活动或网络记者招待会。这种方式可以跨越时空进行沟通,同时也是一种低成本的促销活动。

(2) 网络促销可以利用诱因工具,如进行网上竞赛游戏、提供折扣券与赠品券、样品赠送、发放彩券和进行抽奖等,以提高消费者上网搜寻及购买产品的意愿。

(3) 网络广告目前已成为最普遍的商业宣传方式,可以宣传企业与产品信息,阐释企业理念和企业文化,说明售后服务与质量保证措施等,进而提高企业在消费者中的知名度和美誉度。

(4) 外文版页面和网络广告也是企业产品国际化不可或缺的促销活动。

四、网络营销与电子商务

网络营销作为互联网最早的成功商业应用,近年来获得了长足的甚至是革命性的发展。随着网络营销活动的日渐深入,它不再仅仅是营销部门市场经营活动方面的业务,还需要其他相关业务部门如采购部门、生产部门、财务部门、人力资源部门、质量监督管理部门和产品开发与设计部门等的配合。因此,局限在营销部门在互联网上的商业应用已经不能适应互联网对企业整个经营管理模式和业务流程管理控制方面的挑战。电子商务是从企业全局角度出发,根据市场需求来对企业业务进行系统规范的重新设计和构造,以适应网络知识经济时代的数字化管理和数字化经营需要。

不同的公司和不同的组织对电子商务有不同的定义,但基本内容是一致的。比较权威的定义是经济合作与发展组织(Organization for Economic Cooperation and Development,OECD)给出的定义:电子商务是关于利用电子化手段从事的商业活动,它基于电子处理和信息技术,如文本、声音和图像等数据传输。电子商务主要是遵循 TCP/IP 协议,通讯传输标准,遵循 Web 信息交换标准,提供安全保密技术。如果给出一个简单系统的定义,电子商务是指系统化地利用电子工具,高效率、低成本地从事以商品交换为中心的各种活动全过程。网络营销作为促成商品交易实现的企业经营管理手段,显然是企业电子商务活动中最重要的商业活动。根据国际数据公司(International Data Corporation,IDC)的系统研究,电子商务的应用可以分为这样两个层次或类型:第一个层次是面向市场,以市场交易为中心的活动,它包括促成交易实现的各种商务活动,如网上展示、网上公关、网上洽谈等活动,其中网络营销是其中最重要的网上商务活动;同时还包括实现交易的电子贸易活动,主要是利用 EDI、互联网实现交易前的信息沟通、交易中的网上支付和交易后的售后服务等。两者的交融部门就是网上商贸,它将网上商务活动和电子贸易活动融合在一起,因此有时将网上商务活动和电子贸易统称为电子商贸活动。第二个层次是指如何利用互联网来重组企业内部经营管理活动,并与企业开展的电子商贸活动保持协调一致。最典型的是供应链管理,它从市场需求出发,利

用网络将企业的销、产、供、研等活动连在一起,实现企业网络化、数字化管理,最大限度地适应网络时代市场需求的变化。

五、网络营销与传统营销的整合

网络营销作为可交换的营销理念和策略,凭借互联网特性对传统经营方式产生了巨大的冲击,但这不应该成为片面夸大网络营销作用的理由,更不能说网络营销将完全取代传统营销。网络营销与传统营销的整合是一个务实的、创造性的过程。

(1) 互联网作为新兴的虚拟市场,它覆盖的群体只是整个市场中某一部分群体,许多群体由于各种原因还不能或者不愿意使用互联网,如老人和落后的国家地区,因此仍需要传统的营销策略和手段覆盖这部分群体。

(2) 互联网作为一种有效的渠道有着自己的特点和优势,但对于许多消费者来说,由于个人生活方式不同,有些人不愿意接收或者使用新的沟通方式和营销渠道,如许多消费者不愿意在网上购物,而习惯在商场一边购物一边休闲。

(3) 互联网作为一种有效的沟通方式,可以方便企业与用户之间直接双向的沟通,但消费者有着自己的个人偏好和习惯,愿意选择传统方式进行沟通,如报纸有网上电子版本后,并没有冲击原来的纸质出版物,相反起到了相互促进的作用。

(4) 互联网只是一种工具,营销所面对的是有灵性的人,因此一些以人为本的传统营销策略所具有的独特的亲和力是网络营销没有办法替代的。随着技术的发展,互联网将逐步克服上述不足,在很长一段时间内网络营销与传统营销是相互影响和相互促进的,最后实现融洽的内存统一。可以预见将来再也没有必要谈论网络营销了,因为营销的基础之一就是网络。

总之,网络营销与传统营销是相互促进和补充的,企业在进行营销时应根据企业的经营目标和细分市场,整合网络营销和传统营销策略,以最低成本达到最佳的营销目标。网络营销与传统营销的整合,就是利用整合营销策略实现以消费者为中心的传播统一、双向沟通,实现企业的营销目标。

第三节 直复营销

传统的销售渠道绝大部分具有一层以上的渠道,通常通过批发商、零售商,最终把产品销售给顾客。零售商主要通过其零售商店来销售产品,这种零售方式叫作"店铺零售",这是一种比较传统、比较被动的销售方式。随着市场经济的发展、科学技术的进步,各种新型营销方式得以逐步形成和发展。而生产商与渠道商利润瓜分矛盾的加剧,店铺租金、店员工资和广告的种种支出,休闲活动由购物向保健娱乐的转移,都促成了无店铺零售的诞生。

一、直复营销概述

1. 直复营销的含义

直复营销,英文为 Direct Marketing。美国著名市场学家菲利普·科特勒在 1988 年出版的《市场营销管理》第 6 版中,只将其视为分销的一种方法,但在 1991 年该书第 7 版中,则将直复营销纳入促销内容中。美国直复营销协会(American Direct Marketing Association,

ADMA)为直复营销下的定义是:一种为了在任何地方产生可度量的反应和(或)达成交易而使用一种或多种广告媒体的互相作用的市场营销体系。

这个定义说明直复营销人员和目标顾客之间是"双向信息交流"。而传统的市场营销活动中,营销人员总是将信息传递给目标顾客,却无法了解这些信息究竟对目标顾客产生了何种影响,是"单向信息交流"。在直复营销活动中,顾客可通过多种方式将自己的反应回复给直复营销人员。没有反应行为的目标顾客人数对于直复营销人员来说也是一种反应,一种不足的反应。只要某一媒体能将顾客和直复营销人员联系起来,信息双向交流就可进行。直复营销人员能很确切地知道何种信息交流方式使目标顾客产生了反应行为,其具体内容是什么,是想订货还是咨询。直复营销作为现代无店铺零售的主要形式,有其自身鲜明的特点,与交易营销和直销有明显的区别。

2. 直复营销与交易营销的区别(见表12-2)

表12-2 直复营销与交易营销的区别

项　目	交易营销	直复营销
对象及细分依据	以目标顾客群为单位进行销售,细分目标顾客群的依据是人口因素、心理因素等	以单个顾客为单位进行销售,细分顾客依据是消费者资料库(姓名、地址、购买习惯等)
销售途径	通过零售店销售	通过媒体进行销售
媒体利用	利用大众媒体	利用针对性很强的媒体
广告目的	广告的目的在于树立企业形象,引起顾客兴趣,使顾客建立对品牌的忠诚等。它是单向沟通。顾客接受广告和采取购买行为之间有一段时间间隔	广告的目的是让消费者立即订货或咨询。它是双向沟通
促销手段是否公开	促销手段比较公开	促销手段具隐蔽性
附加价值	不具有送货上门的优点	送货上门服务带来附加价值
对产品的控制	产品一旦进入销售渠道,营销人员就难以对其进行控制	在产品送达消费者手中的整个过程中,营销人员都能够对产品实行有效的控制
营销手段是否具有人情味	没有	极富人情味,进一步还可以利用关系营销进行销售
顾客的风险感	比较小,因为顾客和产品的接触直接	很大,因为顾客没有接触产品

3. 直复营销与直销的区别

直复营销与直销在字面上的区别很明显:直复营销(Direct Marketing),直销(Direct Selling)。它们都是无店铺零售(制造商不需要经过中间商和零售店铺,将商品直接销售给顾客)的形式,与自动售货、购货服务共同构成了当今零售业发展的无店铺零售新潮流。也正是因为如此,人们容易产生误解和混淆。

直复营销是指直复营销者利用广告介绍产品,顾客可写信或打电话订货,订购的货物一般通过邮寄交货,用记账卡付款。直复营销者可在一定的广告费用开支允许的情况下,选择可获得最大订货量的传播媒体,使用这种媒体的目的是扩大销售量,而不像普通广告那样刺激消费者的偏好和树立品牌形象。

二者的区别在于推销员介入与否，直复营销是以非个人方式向消费者推销产品，非个人方式诸如电话、电视、目录、信函等。公司与顾客之间没有推销员介入；而直销必须是以个人方式向顾客推销商品，家庭销售会也罢，推销员上门推销也罢，公司与消费者之间必须有推销员的介入。

二、直复营销的方式

直复营销是不在商店的柜台上进行销售的。它一般是通过邮寄交货，用记账卡(信用卡)付款。它的优点之一，就是顾客坐在家中就可以买到自己需要的商品。但这里就出现了这样一个问题：企业是如何了解到顾客需求的，顾客又是怎样了解到商品信息的。直复营销的方式主要有以下几种。

1. 邮购目录(Mail—Order Catalog)

邮购目录是指销售商按照选定的目标顾客名单寄发邮购目录，或者备有样品目录随时供顾客索取，达到让潜在的顾客了解商品信息的目的。在公司寄给目标顾客的邮购目录中，除了告诉顾客进行订货的方式、支付方式等外，通常都附有顾客可以与之联系的免费回应的电话号码。该方式适宜经营完整产品线的综合商品邮购商店使用。在美国，采用邮购目录的公司每年寄出的目录高达 124 亿份，而且其种类也多达 8500 多种，平均每户家庭每年收到的目录至少有 50 种以上。

以邮购目录作为直复营销方式能否取得成功，在很大程度上取决于企业是否了解自己的邮购目录对象；是否能有效地调节库存，能否提供质量好的商品，能否形成自己的特色，以及是否为顾客着想等。有些以邮购目录作为直复营销方式的企业，通过在邮购目录中增加文学色彩或信息特征来吸引读者；有的通过寄送样品、建立热线回答问题、寄送礼物给"最佳顾客"等，加强与顾客的联系，有的企业还以某种理由捐赠一定比例的利润，使企业更显出特色。

2. 直接邮寄(Direct—Mail)

直接邮寄是指企业通过向选定的目标顾客直接寄发邮件来推销产品。企业直接寄发出去的邮件，除去信函外，还有传单和广告。直接邮寄同邮购目录一样，也附有企业提供给目标顾客的免费回应电话号码。近年来，一些企业还开始通过邮局直接给选定的目标顾客邮寄声、像磁带，甚至计算机软盘。例如，著名的福特汽车公司给对它所做的汽车广告、有回应的潜在顾客邮寄一种计算机软盘。顾客在软盘的"菜单"上，可以找到他感兴趣的内容，了解有关的技术说明，看到吸引人的汽车图样，得到可能经常被人们提及的一些问题的答案。研究显示，直复营销人员获得的直接反应交易中，以来自直接邮寄和邮购目录者为最多，高达 48%，其余来自电话营销的回应为 7%，来自传单者的为 7%，而来自杂志报纸的为 6%。

在一般情况下，企业以直接邮寄作为直复营销的方式，是希望能直接销售自己的产品或服务。有时也可以是为企业的推销人员搜集线索，与顾客交流某些感兴趣的信息，或者用礼物奖赏那些对本公司忠诚的顾客。当然，使用直接邮寄作为直复营销的方式能否取得成功，邮寄对象是否选得准确是很重要的。

3. 电话营销(Telemarketing)

电话营销是指使用电话直接向顾客销售，实现企业与顾客之间的沟通。其目前已成为一种主要的直复营销方式。营销人员可以使用免费电话处理顾客服务和顾客的投诉，或者接收电视和广播广告，或者直接邮寄产品目录推销带来的订货。还可以用电话直接向顾客和企业销售，培养和选定主要销售对象，联系距离较远的顾客，或为现有的顾客或客户服务。1987年，美国的销售商为了推销其产品和劳务，仅仅在电话费上就花费约1420亿美元。

电话营销被大量地用于对消费者市场的营销。有人做过统计：在美国，每年平均每个家庭要收到19次征求订货的电话，并打出16次订货电话。电话营销也被大量地用于对企业的营销，使用电话营销，大大减少了同经销商直接接触的人员数，可减少差旅费，提高销售额。

4. 电视直复营销(Television Marketing)

电视(包括有线电视和无线电视)是通过网络和频道不断发展的直复营销媒体。电视以两种形式向顾客直接推销商品。

(1) 通过直复广告。企业通过电视台播放描述产品的广告节目，并提供给顾客一个免费回应的电话号码用于订货。顾客可以打免费电话订购电视广告上介绍的产品。直复广告比较适合于书籍、杂志、小型家用电器、唱片、磁带等产品的销售。

(2) 家庭购物频道。这就是整个电视节目或整个频道都用于推销产品或劳务。在美国，最大的电视直复营销机构是家庭购物电视公司。该公司的电视台一天播放24小时。电视节目主持人提供的廉价产品的范围，从珠宝、电灯、娃娃玩具、服装，到电动工具和家用电器——这些产品都可以按抛售的价格从该公司购得。观众可以打一个该公司提供的免费回应的电话订购商品。所订货物一般都在48小时内寄出。

5. 其他媒体营销

其他媒体营销主要是指无线电广播、杂志和报纸的直复营销。企业可以通过无线电广播、杂志、报纸来推销产品，听到或读到由这些媒体传播的商品信息的人，可以拨打企业提供的免费的电话号码进行订货。

6. 电子购物(Electronic Shopping)

消费者可以通过视频信息系统，操作某个小型终端，用对讲式闭路电视订购电视屏幕上显示的商品；也可使用个人电脑通过网络接通中心数据库站，对提供销售的各种产品进行比较。

目前，家庭电子购物的使用者仍相当少，但是，使用的人数会随着更多的顾客拥有了有线电视和个人计算机而不断增长。

7. 订货机购物

有些企业已经设计了一种专门用于顾客订货的装置——订货机。订货机和自动售货机不同。后者，顾客只要向机中投入货币，机器即可输出机中存有货物。而前者，输入的不是货币，而是订货指令或查询指令，输出的也不是货物，而是屏幕上的图像。订货机通常被放在商场、机场等地。

三、开发营销的数据库系统

为了成功地实施直复营销，企业应该建立开发用于营销的数据库系统。菲利普·科特勒认为："营销数据库是一组经过企业处理的有关各个顾客、潜在顾客及不能肯定者的资料，这些资料是容易找到的，并有助于更新换代领先、技能领先、产品或服务销售，或维持顾客关系等销售目标的实现。"

建立营销数据库，需要计算机主机等硬件支持，需要开发数据处理软件，需要进行数据的搜集及处理，需要对操作者进行培训，需要对程序设计等方面进行投资。建立营销数据库，需要花费大量的时间及资金。而一旦它能正常运行，营销部门就可准确找到目标顾客群，可以降低营销成本，提高营销效率；可以使顾客成为企业长期、忠实的用户，企业稳定的顾客群，从而为营销和新产品开发提供准确的信息；可以运用数据库与顾客建立紧密关系，企业可使顾客不再转向其他竞争者，同时使企业间竞争更加隐秘，避免公开、自然化的对抗。

第四节　服　务　营　销

经济社会随生产力的发展而发展，人类经历了以农、林、牧、渔为代表的农业经济社会，以蒸汽机为标志的工业经济社会，进入了以计算机、智能、网络等为代表的服务经济社会。服务占 GDP 的比重持续升高(发达国家比重 1970，55%→1999，71%；发展中国家比重：1970，41%→1999，51%)，服务业从业人员比重持续增长，发达国家有超过 2/3 员工就业于服务部门，美国 1999 年就有高达 80%的员工就业服务部门。服务和制造业关系不断加强，越来越多的制造企业意识到，服务不只是服务业的事，服务对有形产品重要性不断提升，正如 IBM "硬件和软件都在服务的包装下进行销售"，并提出"IBM 是世界上最大的服务企业"。总之，服务经济时代已经到来，作为营销人员，如何掌握和运用服务营销显得尤为重要。

一、服务与服务营销概述

(一)服务概念与特征

所谓服务，是指一种能够有效提供某种满足或利益的活动过程。就如教学是向学生提供学习的活动过程，音乐会是向听众提供音乐欣赏的过程，在这个过程结束后，不产生教学或音乐的所有权的转移，也不产生教室或音乐大厅的所有权的转移。这种活动过程即服务，它具有如下四个特征。

1. 无形性

服务本身不具有形态，不能提前摆放出来，它不能被触摸，不能被品尝，不能被嗅到，也不能被看到，很难事先判断和预知结果的好坏，甚至事后也难以理解和把握其优劣。

2. 可变性/异质性

服务是由特定的人在一定的环境下表现出来的一系列行为过程，不同的人表现不一，同一个人在不同环境下的表现也不一样，因此没有两种服务会完全一致，而总是有所区别，这导致服务本身难以像电视机那样进行标准化生产。

3. 同时性/不可分离性

服务生产的过程就是消费者消费的过程，就如师生的教和学，两者同时进行。这种情况下，顾客可能参与生产过程，由此导致服务质量受到多方面的影响，控制难度加大。一是雇员本身行为影响服务质量；二是顾客的配合与否影响服务结果；三是顾客之间也会互相影响。

4. 易逝性/易消失性

服务具有无形性的同时，还具有生产和消费的同时性，服务不可以储存，一经生产，就必须消费掉，否则就毫无用处。就如飞机只要一起飞，如果还有空座位，则空座位的价值为零。

(二)服务营销概述

服务营销并不是指服务业的营销，服务营销是企业在充分认识消费者需求的前提下，为充分满足消费者需要而在营销过程中所采取的一系列活动。也就是说，服务营销包含两种类型：①服务产品的营销，即服务企业的整体市场营销策划活动；②以实体产品为主的顾客服务营销，即有形产品市场营销活动中的服务。

无论是哪种类型的服务营销，服务本身都具有无形性、差异性、不可分离性和易逝性，由此决定了服务营销与市场营销之间存在着区别，其本质差别表现如下。

(1) 服务营销以提供无形服务为目标，即便存在有形产品，有形产品本身更多是承载无形服务。

(2) 服务营销以顾客为中心，追求通过无形服务让顾客满意。

(3) 服务营销的质量控制具有特殊性。

(4) 服务营销中时间因素的重要性明显，产品同时性和易逝性导致企业必须关注供求波动。

(5) 服务营销的分销渠道特定化，服务本身产销同时，不可存储后通过渠道送货，导致服务渠道的特殊性。

二、服务营销组合

服务营销非常重要，成功的服务营销需要从细节做起，做好服务营销的每个部分，由此争取实现理想的效果。服务营销组合公认包含服务产品、服务价格、服务渠道、服务促销、服务员工管理、有形展示和过程管理七个部分，即 7P。

(一)服务产品

1. 服务产品的整体概念

服务产品并不是一个简单的概念，它由核心产品、形式产品、期望产品、延伸产品和潜在产品构成，如图 12-4 所示。对服务产品的整体概念进行开发，有利于识别消费者购买服务时追求的基本利益，有利于通过服务产品的不同层次满足消费者需求，有利于根据服务产品各层次的最佳组合确立产品的市场定位，有利于通过服务产品的各层次形成特色与其他竞争产品区别开来。

2. 服务项目概念

当顾客购买服务的时候，通常并不只是接触单一的服务产品，作为企业在提供服务的时候，提供单一的服务产品显然是不够的。例如顾客去酒楼购买餐饮服务，越来越多的人可能会考虑停车方便与否；顾客去超市购物，很可能考虑存包方便与否。因此，大多数制造商和服务提供商都会给顾客提供一系列的利益，这些利益不仅包括顾客所要购买的核心服务产品，还包括作为附加产品提供给顾客的各种各样的服务，核心服务和附加服务一起构成了服务项目。附加产品的不同正是成功厂商与失败厂商的区别所在。无论是服务还是其他商品，随着竞争的加剧和行业的成熟，核心产品逐渐趋同。虽然企业经理需要继续考虑如何改善核心产品的质量，但是在成熟的产业中，他们通常会在与核心产品紧密相连的附加性服务中寻求创建竞争优势的突破口。

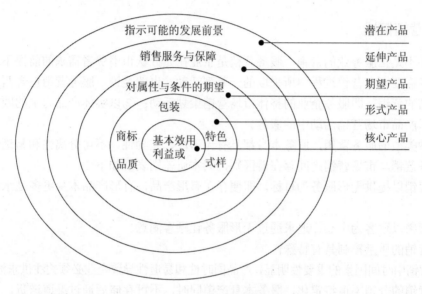

图 12-4 服务产品概念层次图

3. 服务组合

企业提供给顾客多个服务项目，这些项目就构成了服务组合。服务组合就是企业的服务业务经营范围，由服务产品线的多少、服务产品组合的深度共同构成。服务组合也存在优化的问题，即如何扩大服务产品组合、如何缩减服务产品组合、如何进行产品线延伸和填充，服务组合的优化决策可以通过波士顿矩阵法完成。

4. 服务新产品开发

服务新产品的开发有以下几种方式。

(1) 主体服务创新——创造出市场上没有的核心服务。
(2) 主要过程创新——用新途径传递已有核心产品和附加利益。
(3) 产品线延伸——企业对现有产品线的进一步扩大。
(4) 过程延伸——通常情况下会在原有的高接触渠道基础上增添一些低接触渠道。
(5) 附加性服务创新——增加新的便利性服务或增强性服务，或者改进已有的附加性服务。
(6) 服务改进——最普遍的一种创新方式，主要是指现有产品的微小变化和改进。
(7) 改变风格——最简单的创新方式。

(8) 改善实体产品——完全创新；换代；改进新产品；仿制。

5．服务品牌决策

服务品牌决策包括品牌化决策、品牌使用者决策、品牌名称决策、品牌战略决策、品牌重新定位决策。

(二)服务价格

1．影响服务定价的因素

影响服务产品定价的因素主要有三个方面，即成本费用、需求和竞争。成本是服务产品价值的基础部分，它决定着产品价格的最低界限，如果价格低于成本，企业便无利可图；市场需求影响顾客对产品价值的认识，决定着产品价格的上限；市场竞争状况调节着价格不断波动的幅度，并最终确定产品的市场价格。值得强调的是，在研究服务产品成本、市场供求和竞争状况时，必须同服务的基本特征联系起来进行研究。有几个现象需要特别关注：服务价格中成本并不仅仅取决于原材料，服务成本的衡量和计算要复杂得多；供求关系和服务价格的相互影响，降价并不必然带来销量的增加，顾客可能把价格视为评价无形服务的质量的重要因素。

2．服务价格调整策略

1) 新服务产品的定价

撇脂定价法：企业推出的新服务产品，在刚推出时，以尽可能高的价格投放市场，以求得最大收入、尽快收回投资。

渗透定价法：在新服务产品的介绍期，制定较低的价格，以吸引大量的顾客，并迅速占领市场，取得较好市场占有率。

2) 差别定价与弹性定价

依顾客支付的意愿来定价，在定价中充分考虑价格/时间差异、顾客支付能力差异、地理位置差异等。

3) 折扣定价

折扣定价的通常目的，一是对服务渠道商提供报酬；二是作为一种促销手段刺激顾客加大购买力。

4) 牺牲定价法

第一次的订货或第一次合同要价很低，或者是提供个别的低价服务，希望以牺牲该服务的利润来吸引顾客，从而获得更多的生意，而后来的生意价格能够带来预期的利润。

5) 系列定价法

通过服务的质量、数量、水平的充分变化，以此来制定一系列的价格。例如移动公司对动感地带、神州行、全球通的定价就是一种系列定价法。

(三)服务渠道

1．一般产品的分销

(1) 分销渠道：又称分配渠道、配销渠道，是指某种产品从生产者向用户转移过程中所经历的一次取得所有权或协助所有权转移的商业组织和个人，即产品所有权转移过程中，所经过的各个环节连接起来形成的通道。

(2) 渠道类型：按长度划分为零层渠道、一层渠道(生产者—零售者—消费者)、二层渠道(生产者—批发商—零售者—消费者)、三层渠道(生产者—代理商—批发商—零售者—消费者)；按宽度划分为独家分销、选择性分销、密集型分销。

(3) 中间商的类型：经销商；代理商；制造商的分支机构与办事处等。

2．服务的渠道类型

1) 直销

优点：对服务的供应与表现可以保持较好的控制，如果经由中介机构处理，往往容易造成失控的问题；以真正个性化的服务方式，能在其他标准化以外的市场产生有特色的服务产品；可以从对顾客的直接接触中，及时反馈有关信息，包括顾客的需要以及变化，对竞争对手产品的意见等。

缺点：由于服务的不可分离性，直销方式也可能产生一些问题，如不利于业务的扩大；采取直销的方式，有时意味产生地区性市场的局限，尤其是人的因素占很大比例的情况下。

2) 经由中介机构销售

特许经营：是指特许人授权给授许人，使其有权利用授权者的知识产权，如商标、设备、分销渠道、产品、商号等。

代理：主要用于观光、旅游、旅馆、运输、代理、保险、信用、工商业服务业代理。

经纪：某些类型的服务，因为传统的惯例或必要性，必须由经纪来做，如股标、广告、会计、法律。

3) 电子销售

通过电子途径进行服务的销售。对于服务的边沿产品，如飞机票、电影票等，可以通过网络销售；对于作为核心产品的服务本身，顾客可以到现场完成服务的过程。同时，对于某些服务，顾客可以通过电子渠道完成整个服务过程，如远程教育、网络电影等。

(四)服务促销

相对于有形商品而言，服务需要一种更复杂、更全面的整合营销沟通，它涵盖了内部沟通、交互沟通和传统的外部沟通。其中外部沟通主要是指企业和顾客的双向沟通，包括交易营销 4P 之一的企业向顾客促销，也包括从顾客指向企业的信息反向流动；内部沟通是指发生在企业和雇员之间的双向沟通，雇员可以在一线接触顾客，他们掌握的信息对企业非常重要，同时企业的任何促销都必须通过他们才能够很好地传递给顾客；交互沟通产生于雇员与顾客的交互作用的过程，顾客通过雇员感知服务，雇员必须依靠顾客的配合才能够实现服务的成功。三个方面的沟通必须顺畅，促销信息需要保持一致，否则服务在沟通中就会变样，导致服务促销的失败，如图 12-5 所示。

(五)服务员工管理

服务员工是服务的重要组成部分，他们提供服务并决定服务的质量；服务员工代表服务企业，在顾客眼中员工是服务组织的化身；服务人员就是服务组织的营销人员。服务员工非常重要，是赢得顾客忠诚和竞争优势的源泉。没有满意的员工，就没有满意的顾客。

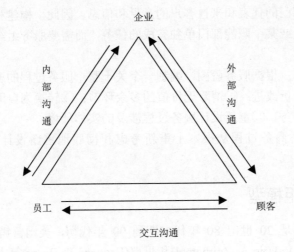

图 12-5　服务促销三角

服务企业需要这样的员工战略：确保服务员工愿意并且能够传递优质的服务，并激励他们的行为以顾客为导向、以服务为理念。如何吸引、开发和保留优秀员工对企业无比重要。要建立一支以顾客为导向、以服务为理念的员工队伍，"员工"战略必须围绕四个基本主题。

(1) 雇用正确的人员。
(2) 进行人员开发，保证服务质量。
(3) 提供所需的支持系统。
(4) 保留最好的人员。

(六) 有形展示

有形展示就是指在服务市场营销管理的范畴内，一切可传达服务特色及优点的有形组成部分。有形展示的作用如下。

(1) 通过感官刺激，让顾客感受到服务给自己带来的利益。
(2) 引导顾客对服务产品产生合理的期望。
(3) 影响顾客对服务产品的第一印象。
(4) 促使顾客对服务质量产生"优质"的感觉。
(5) 帮助顾客识别和改变对服务企业及其产品的印象。
(6) 协助培训服务员工。
(7) 为服务交互过程提供方便。
(8) 实施差异化的一种手段。

(七) 过程管理

服务过程是指一个产品或服务交付给顾客的程序、任务、目标、结构、活动和日常工作。过程管理是在追求服务卓越过程中的一个薄弱环节。过程管理始终是持续的质量改进的基本关注点。

服务过程设计遵循以下几个步骤。
(1) 制定服务蓝图：对于服务企业来讲，建立和绘制服务蓝图是一项系统工程。它涉及服务组织的许多职能部门的代表和来自客户的意见和信息。因此，构建和绘制服务蓝图并非是一项可以责成某个人或某个职能部门单独完成的任务，而需要服务组织内部相关部门或个人协同配合。

(2) 编制服务剧本：根据服务蓝图，编制一个关于整个服务过程的剧本。

(3) 服务过程的分析改进：①消除无价值的多余环节；②转换为自助服务；③传递直接服务；④提供捆绑式服务；⑤重新设计服务过程涉及的实体环境。

(4) 过程再造：对商务过程从根本上重新考虑和彻底地重新设计以带来绩效的动态改进。

三、服务质量差距模型

服务质量差距模型是 20 世纪 80 年代中期到 90 年代初，美国营销学家帕拉苏拉曼(A. Parasuraman)、赞瑟姆(Valarie A. Zeithamal)和贝瑞(Leonard L. Berry)等人提出的，服务质量差距模型是专门用来分析质量问题的根源。顾客差距即顾客期望与顾客感知的服务之间的差距——这是差距模型的核心。要弥合这一差距，就要对以下四个差距进行弥合：差距 1——不了解顾客的期望；差距 2——未选择正确的服务设计和标准；差距 3——未按标准提供服务；差距 4——服务传递与对外承诺不相匹配，如图 12-6 所示。

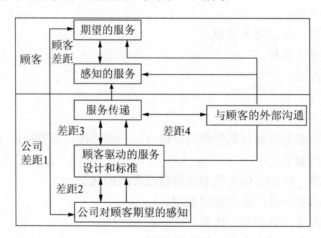

图 12-6　服务质量差距模型

1. 管理者认识的差距(差距 1)

管理者认识的差距是指管理者对期望质量的感觉不明确，产生的原因如下。

(1) 对市场研究和需求分析的信息不准确。

(2) 对期望的解释信息不准确。

(3) 没有需求分析。

(4) 从企业与顾客联系的层次向管理者传递的信息失真或丧失。

(5) 臃肿的组织层次阻碍或改变了在顾客联系中所产生的信息。

治疗措施各不相同。如果问题是由管理引起的，显然不是改变管理，就是改变对服务竞争特点的认识，不过后者一般更合适一些。因为正常情况下没有竞争也就不会产生什么问题，但管理者一旦缺乏对服务竞争本质和需求的理解，则会导致严重的后果。

2. 质量标准差距(差距2)

质量标准差距是指服务质量标准与管理者对质量期望的认识不一致，原因如下。

(1) 计划失误或计划过程不够充分。
(2) 计划管理混乱。
(3) 组织无明确目标。
(4) 服务质量的计划得不到最高管理层的支持。

第一个差距的大小决定计划的成功与否。但是，即使在顾客期望的信息充分和正确的情况下，质量标准的实施计划也会失败。出现这种情况的原因是，最高管理层没有保证服务质量的实现。质量没有被赋予最高优先权。治疗的措施自然是改变优先权的排列。今天，在服务竞争中，顾客感知的服务质量是成功的关键因素，因此在管理清单上把质量排在前列是非常有必要的。

总之，服务生产者和管理者对服务质量达成共识，缩小质量标准差距，要比任何严格的目标和计划过程重要得多。

3. 服务交易差距(差距3)

服务交易差距是指在服务生产和交易过程中员工的行为不符合质量标准，具体如下。

(1) 标准太复杂或太苛刻。
(2) 员工对标准有不同意见，例如一流的服务质量可以有不同的行为。
(3) 标准与现有的企业文化发生冲突。
(4) 服务生产管理混乱。
(5) 内部营销不充分或根本不开展内部营销。
(6) 技术和系统没有按照标准为工作提供便利。

可能出现的问题是多种多样的，通常引起服务交易差距的原因是错综复杂的，很少只有一个原因在单独起作用，因此治疗措施不是那么简单。差距原因粗略分为三类：管理和监督；职员对标准规则的认识和对顾客需要的认识；缺少生产系统和技术的支持。

4. 营销沟通的差距(差距4)

营销沟通的差距是指营销沟通行为所做出的承诺与实际提供的服务不一致，产生的原因如下。

(1) 营销沟通计划与服务生产没统一。
(2) 传统的市场营销和服务生产之间缺乏协作。
(3) 营销沟通活动提出一些标准，但组织却不能按照这些标准完成工作。
(4) 有故意夸大其词，承诺太多的倾向。

引起这一差距的原因可分为两类：一是外部营销沟通的计划与执行没有和服务生产统一起来；二是在广告等营销沟通过程中往往存在承诺过多的倾向。

在第一种情况下，治疗措施是建立一种使外部营销沟通活动的计划和执行与服务生产统一起来的制度。例如，至少每个重大活动应该与服务生产行为协调起来，达到两个目标。

第一，市场沟通中的承诺要更加准确和符合实际。

第二，外部营销活动中作出的承诺能够做到言出必行，避免夸夸其谈所产生的副作用。

在第二种情况下，由于营销沟通存在滥用"最高级的毛病"，所以只能通过完善营销沟通的

计划加以解决。治疗措施可能是更加完善的计划程序，不过管理上严密监督也很有帮助。

总之，通过对质量差距模型的分析，能够改进服务营销中存在的质量问题，从而促使服务营销的改进。

第五节　市场营销前沿理论

营销理论是在西方企业经营思想和管理实践演进的过程中逐步发展起来的，如今已成为对所有企业具有普遍指导意义的重要理论。市场营销理论是在总结了大量企业经营成功和失败的经验与教训的基础上形成的，营销学者将这种思想进行了提炼、归纳和整理，使其成为大家更容易理解和接受的营销理论。因此，市场营销理论是在对企业经营实践和由实践而产生的经营思想进行广泛考察、深入分析、认真提炼后形成的具有普遍指导意义的经营哲学和操作知识。

现代市场营销理论的发展是社会环境变化的产物，社会环境对营销理论的形成与发展起着决定性的作用。自20世纪80年代以来，由于市场营销实践出现了许多新情况、新问题，市场营销学家们据此提出了许多新观点、新看法，从而使市场营销理论进入新的发展时期。

一、营销前沿理论的内涵与特征

随着世界经济全球化的深入、区域经济一体化的蓬勃发展，以互联网、知识经济、创新经济、高新技术为代表，以满足消费者需求为核心的新经济迅速发展，营销理论必将根据实践呈现出新的特点。

以信息经济、网络经济和知识经济为特征的新经济时代引领人类进入了瞬息万变的信息社会和个性时代，使得企业的营销环境发生了全面而深刻的变化，而营销领域随之出现了各类新观念又使得营销这门学科呈现出多样化和细分化的趋势。在此背景下，学术界必然提出很多与此相关的营销新观念和新问题，它们大多产自西方的营销实践，在理论研究领域尚未得到深层次的分析和挖掘。于是，总结和归纳新经济背景下营销实践的新思路与新特点是十分必要和必需的，这既能对营销理论的发展趋向有所预计，又能对国内企业界人士的营销实践提供新的思路。

营销前沿理论是指当前营销理论界探索和研究的最新理论问题及成果。营销理论新发展不同于比较成熟和系统的市场营销理论，通常提出的时间不长，尚处于探索和完善过程。市场营销新发展的特征主要体现在以下三个方面。

（1）不确定性。营销前沿理论中所讨论的营销观点和方法都具有暂时的不确定性，这些观点和方法都是有待学术论证或实践检验的，这为我们深入地探索并发展营销学科奠定了基础。通常较为确定的理论内容已经进入常用的营销学相关教材，直接用以指导学生、掌握，这些确定的理论知识一般不再研究。市场营销的基本理论体系，如营销哲学、环境以及营销战略等，这些都是已经经过论证并被学界和实践界广泛认同的理论框架，都是相对比较确定的，而在这一确定性的框架下，还需要根据市场和环境的变迁探索新的研究论题，并对其进一步研究论证。

（2）新颖性。随着时代的变迁和经济的发展，环境不断发生着日新月异的变化。同时，伴随经济发展的营销活动也是不断变化的，在变化之中会引发的新问题，从而导致了新的研究主题或研究方法的产生，而这些正是营销前沿理论应该关注的热点。

(3) 热点性。营销前沿理论的热点性主要是指其探索的问题是普遍受到理论界乃至企业界积极关注的，是被大家讨论、思考得比较多的问题，而这些问题在当前或者未来都将对学界研究和企业实践产生一定的影响。

二、学习营销前沿理论的意义

新媒体和新营销渠道的出现正在为市场营销带来全新的挑战与机遇，企业的营销策略与行为也将因此发生深刻变革，学术界有待于探索更具灵活性和适应性的营销观点。营销学界一方面要从国内外的营销研究理论中汲取精华，用以指导企业的营销实践；另一方面要结合经济发展转型中的实际环境因素，探索新的营销观点、将其融入和贯通到营销理论与实践中。

随着营销实践的发展，营销的理论研究必将越来越丰富。尽管对于当前理论研究和实践进步的考察不代表营销学的全部进展，但却足以预见营销理论和实践的未来趋向。对于处在不同营销阶段的企业而言，除了要知道最新的标向之外，还要了解和学习其演变的路径，以便更好地适应自身所处的发展阶段，进而实现提升与超越。

市场营销是研究企业经营活动及行为的学科，营销既包括理论，也包括实践，而理论是用以指导实践的基础。以 4P 为代表的传统营销理论，目前已研究得较为成熟并被实践所证明。但是，随着科技的发展以及经济环境的变迁，需要审时度势地探索新的营销现象，进一步提出新的营销理论用以指导营销实践，即所谓的营销前沿理论。营销前沿理论既包含了传统营销理论体系的核心思想，又涵盖着顺应时代发展的新的营销观念。营销前沿理论在指导当前和未来营销实践的同时，也是对营销理论体系的完善和创新，而这些创新并非是盲目的，而是在前人研究的基础上进行的。因此，它是科学的，同时这些理论也是有待进一步检验和丰富的。

对于在校大学生而言，尤其是营销专业的本科生，学习营销前沿理论，在领会营销理论的同时还能启发其新思路，对于写作并完成毕业论文大有裨益。与此同时，对于那些有意报考营销专业硕士学位考试的学生也有着更重要的指导作用。掌握营销前沿理论，是其进行理论和实践研究的基础。

(扫一扫，看案例 12-1)

三、营销前沿理论的内容

1. 绿色营销

现代产业的高速发展和都市规模的不断扩大，给人类社会带来了日益丰富的产品和发达的物质文明。但是，全球环境却在不断地恶化，尤其是 20 世纪 70 年代以来，全球资源减少、气温升高、臭氧层破坏、"三废"物质排放大量增加，使全球的水质污染、空气污染、海洋赤潮、酸雨、泥雨、水土流失和荒漠化等问题愈演愈烈，一系列令人震惊的环境事件不断发生。在非洲，干旱使几千万人置于危机之中；在印度，博帕尔农药厂化学品泄漏事件造成 2000 人死亡；在墨西哥，液化气罐爆炸造成 1000 人遇难；在瑞士，农用化学品、溶剂和汞泄冲到莱茵河，使数百万条鱼被毒死；在全球，由于饮用水被污染，每年大约有 6000 万人死于腹泻等。正是在这种背景下，促进了绿色产业、绿色消费、绿色市场营销的蓬勃发展。

20世纪六七十年代，绿色营销(Green Marketing)开始萌芽。20世纪80年代正式提出绿色营销的概念。英国的肯·毕提(1992年)和美国的杰奎琳·奥特曼(1993年)首次在出版著作中明确提出绿色营销的概念。此后，绿色营销进入快速发展时期。

对于绿色营销的内涵，很多学者都对此进行了界定。毕提指出，绿色营销是一种能辨识、预期及符合消费的社会需求，并且可带来利润及永续发展的管理过程。绿色营销观念认为，企业在营销活动中，要顺应时代可持续发展战略的要求，注重地球生态环境保护，促进经济与生态环境协调发展，以实现企业利益、消费者利益、社会利益及生态环境利益的协调统一。奥特曼认为，从组织的角度来看，环境考虑必须被纳入营销的各个环节，从新产品到沟通以及之间的任何一点。绿色的整体性特征表明，除了供应商、零售商和新的利益相关者涉及绿色营销外，教育工作者、社区成员、管制者、非政府组织也卷入其中，环境问题应与消费者的主要需求相平衡。魏明侠、司林胜等(2001年)指出，绿色营销是在可持续发展观的要求下，企业从承担社会责任、保护环境、充分利用资源、长远发展的角度出发，在产品研制、开发、生产、销售、售后服务全过程中，采取相应措施，达到消费者的可持续消费、企业的可持续生产、全社会的可持续发展三方面的平衡。魏琦(2005年)认为，绿色营销是指在绿色消费的驱动下，企业从保护环境、反对污染、充分利用资源的角度出发，通过市场调查、产品开发、产品定价和分销以及售后服务等一系列经营活动，满足消费者的绿色需求，实现自身的盈利。尽管不同学者对绿色营销的界定不完全一致，但并没有本质上的差异。

概括起来，绿色营销是指企业在生产经营过程中，将企业自身利益、消费者利益和环境保护利益三者统一起来，以此为中心对产品和服务进行构思、设计、制造、销售和沟通的营销过程。这一营销观念强调，经济的发展不能以牺牲环境为代价，要实现经济、社会和环境三者的协调发展。这就要求企业在开展市场营销活动的同时，努力消除和减少生产经营对生产环境的破坏和影响。具体来讲，企业在选择生产技术、生产原料、制造程序时，应符合环境保护标准；在产品设计和包装装潢设计时，应尽量降低产品包装或产品使用的剩余物，以降低对环境的不利影响；在分销和促销过程中，应积极引导消费者在产品消费使用、废弃物处置等方面尽量减少环境污染；在产品售前、售中、售后服务中，应注意节省资源、减少污染。可见，绿色市场营销观念的实质，就是强调企业在进行市场营销活动的同时，要努力把经济效益与环境效益结合起来，尽量保持人与环境的和谐，不断改善人类的生存环境。绿色市场营销的焦点是考虑企业营销活动同大自然、同消费者身心健康的关系。其次，绿色产品与传统产品不同。绿色产品除具有核心产品、技术产品、服务产品外，还应注重绿色表现。它除考虑对环境减少危害因素外，还应尽量减少对消费者身心的负面影响。

2．整合营销

20世纪90年代后半期，"整合营销"(Integrated Marketing)开始成为企业的一种新的营销观念。整合营销是指企业必须调动其所有的资源，并有效地协调各部门的努力来提高对顾客的服务水平和满足程度。当满足顾客的需要成为企业全部经营活动的中心之后，企业内部资源的协调配置就成为提高企业经营效益的重要问题。我们经常会发现，由于企业内部各部门在为顾客提供利益满足的认识和行为上的不一致，导致企业的营销目标无法顺利实现。如产品设计和生产部门会抱怨销售部门过于迁就顾客的利益而不顾公司的利益；各地销售部门为了完成销售指标而相互"窜货"，破坏企业的统一价格政策；某一部门的营销行为无法得到其他部门的支持和配合等。因此，企业越来越需要加强企业内部的组织和协调，以提高营销资源的利用效率。

整合营销作为市场营销的一种策略思想，是从营销策略组合的思想发展而来的。从20世纪50年代尼尔·鲍顿(Neil Borden)最早提出营销策略组合的概念以后，曾经有不少营销学者对于企业营销策略的组合进行过归纳，其中以杰罗姆·麦卡锡1960年提出的"4P"组合最具代表性。营销策略组合在理论上指出了系统协调的重要性，而整合营销则进一步强调了如何通过加强内部营销，激励所有部门的团队精神，来实现这种系统协调。整合营销强调两个方面：一是企业的各部门必须围绕企业总体的营销目标加强彼此的协调；二是各部门(不仅是营销部门)的人员都必须确立为顾客利益考虑的思想观念。整合营销观念的形成反映了系统哲学理论在企业经营观念发展方面的深化。

3. 定制营销

一方面，经济全球化及市场国际化，使得资源、商品能够在全世界范围内自由流动，买方市场因此急剧膨胀，市场上的商品越来越丰富，品种繁多到了令人目不暇接的地步。消费者对商品的选择有了极大的余地，因而不再只关心"数量上的满足"，更希望获得"品质上的享受"；另一方面，企业在经营过程中，往往在生产前先根据各种因素将整体市场加以细分，确定自己的目标市场，再根据这一市场上消费群体的需求，设计开发产品并投入大量生产。但按照这种程序生产出来的产品常常无人问津，这是因为企业在进行细分时忽略了每个消费者的需求差异，认为在某一特定市场中顾客的消费爱好是一致的。因此，产品虽然能够满足某些共同的需要，却不适应由于顾客差异造就的多样化偏好。基于以上两点，适应消费者个性化需求的定制营销模式应运而生。

大规模定制(Mass Customization，MC)思想源于传统生产方式面临的巨大挑战和冲击，该思想最早由Alivin Toffler在*Future Shock*(1970年)中提出，Stanley Davis在*Future Perfect*(1987年)中首次使用Mass Customization(翻译为"大规模定制"或"大批量定制")一词，B. Joseph Pine II在*Mass Customization:The New Frontier in Business Competition*(1993年)中第一次对大规模定制进行了系统论述：大规模定制的核心是产品品种的多样化和定制化急剧增加，而不相应增加成本。Davis将大规模定制定义为一种可以通过高度灵敏、柔性和集成的过程，为每个顾客提供个性化设计的产品和服务，来表达一种在不牺牲规模经济的情况下，以单件产品的制造方法满足顾客个性需求的生产模式。而狭义上的大规模定制可以理解为一个系统，该系统可以利用信息技术、柔性过程和组织结构，以接近大规模生产的成本提供范围广泛的产品和服务，满足单个用户的特殊需求。

概括起来，我们将定制营销定义为：定制营销是指在大规模生产的基础上，将市场细分到极致程度——把每一位顾客视为一个潜在的细分市场，并根据每一位顾客的特定要求，单独设计、生产产品并迅捷交货的营销方式。它的核心目标使以顾客愿意支付的价格并以能获得一定利润的成本高效率地进行产品定制。

4. 精准营销

在信息化、网络化和数字化的今天，消费者需求呈现碎片化和再中心化的趋势。一方面是消费者需求越来越复杂，越来越体现个性化，市场呈现多元化、碎片化特征；另一方面在消费者网络互动越来越便利的情况下，消费者又倾向于汇集成不同的群落，分享共同的消费体验和价值观，体现出再中心化的特征。在这种新形势下，传统的 4P 策略面临着严峻的挑战，它们只能提供大众化的产品，像大海捞针一样地向消费者海量轰炸营销信息，导致了营销效率低下，营销资源浪费严重。信息化和数字化的发展，大数据概念应运而生。在大数据的框架下，人们构建网络平台，建立数据仓库，在现代数据挖掘技术的帮助下，从海量数据中挖掘金矿。

在挑战的驱使和机遇的拉动下，精准营销应运而生，其目的是打破传统营销局限，依托现代科学技术，充分利用数据资源，将传统的"狂轰滥炸"式的营销发展为现代的"精准制导"式的营销。

20 世纪 90 年代末，美国营销学者 Lester Wunderman 首先提出精准营销的概念。他认为，精准营销以生产商的客户(包括销售商)为中心，通过各种收集数据的方式建立客户资料库，对数据进行科学分析，找准潜在客户，根据客户的特征制定操作性较强的营销传播方案，并尽可能详细地追踪客户的资料。菲利普·科特勒也认为大众营销时代已经过去，未来的主流是精准营销，并于 2005 年提出定义：精准营销是指企业在营销中采取更精准的、可衡量的和高回报的营销沟通，营销沟通计划更注重结果和行动，更重视对直接销售沟通的投资。Zabin 和 Brebach(2008 年)认为，精准营销是为了促进营销目标的有效达成，企业在正确的时间，使用正确的渠道，向正确的客户传播正确的信息，从而有效影响目标顾客购买决策的一种现代营销方式。以上定义的重点在于关注营销沟通的准确性和高效性。国内学者徐海亮(2006 年)梳理了国内外研究，将精准营销定义为：在精准定位的基础上，建立个性化的顾客沟通服务体系，实现企业可度量的低成本扩张之路。吕魏(2008 年)对精准营销提出了定义：精准营销是以科学管理为基础，以洞察客户为手段，恰当而贴切地对市场进行细分，并采取精确的营销操作方式，将市场做深做透，进而获得预期效益。国内定义强调所有营销活动都应贯穿精准营销的思想。精准营销作为一种新的营销范式，一提出就引起了学术界和企业界的极大关注，对于营销理论和实践创新具有颠覆性的意义。

5. 长尾营销

相对于与热门产品对应的大众市场营销不同，小众产品的营销工作更具普遍性。小众产品通常对应于利基市场，目标消费者群体数量有限，单个非热门产品的市场规模不大。在营销实践当中，一旦某个产品的市场规模有限，而目标消费者分布又较为分散的状态下，满足这类消费者需求的成本往往很高，难以获得利润。所以，对于很多企业来说，非热门产品就像鸡肋，放弃觉得可惜，投入大量资源开发又得不偿失。那么，是否有一套行之有效的策略来针对这类产品的营销呢？长尾营销为此提出了针对性的解决方案，它将小众产品称为"长尾产品"，为这些长尾产品的营销打开了一扇新的大门。长尾营销的基本设想是若能将无数的长尾产品汇集起来，其市场规模则可以抗衡热门产品。美国学者 Chris Anderson 于 2004 年提出，网络为买卖双发提供了新型聚集平台，网络渠道的兴起为长尾产品的销售提供了可能性。在《长尾理论》一书中，Chris Anderson 详细论述了长尾市场是对传统"20/80"法则的颠覆。

6. 体验营销

体验，也叫体会，是指用自己的生命来验证事实，感悟生命，留下印象。体验经济是指有意识地以商品为载体、以服务为手段，使消费者融入其中的活动。菲利普·科特勒曾经指出，顾客需求的变化是市场营销顺利进行的风向标。在体验经济时代，顾客的需求发生了较大的改变：一是感情需求的比重增加。消费者在关注产品质量的同时，往往会把更多的精力放在追寻情感的愉悦和满足上。人们购买产品的目的已不仅仅局限于生活的必需，而是出于一种情感上的渴求，或是追求某种与自我理想相吻合的产品。二是小众的个性化需求在上升。人们越来越追求那些能够促成自己个性化形象、能彰显自己与众不同的个性的产品和服务。三是消费者热衷于参加产品的设计和制造。消费者与企业营销活动之间的互动越来越多，消费者往往把自身的想象力和创造力体现在产品外观个性化和功能个性化中。

在此背景下，我们将体验营销界定为：体验营销是指以体验作为营销方式或营销客体的市场营销。也就是说，体验营销是企业通过营造一种氛围，设计一系列事件，以促使顾客变成其中的一个角色尽情地"表演"，并在主动参与的表演过程中产生深刻且难忘的体验，从而为获得的体验向企业让渡货币价值的营销活动。我们可以将一次体验营销活动比喻成一场戏，企业的工作就是搭建舞台、编写剧本，而顾客的角色就是演员，再由体验将这两者紧密联系起来。

7．营销伦理

农夫山泉"砒霜门"事件所反映出的不仅仅是食品、饮料安全的表面问题，其隐藏在问题背后深层次的原因是整个行业的营销伦理的严重失范。营销伦理学(Marketing Ethics)是20世纪80年代兴起并在20世纪90年代末21世纪初得到迅速发展的一门新的交叉学科。它根据伦理学的道德原理对企业经营活动中的营销策略、营销行为进行道德评价和伦理批评，也就是判断企业的营销活动是否符合消费者和社会的利益，能否给广大消费者及社会带来最大幸福的一个有效的价值标准。营销伦理的研究领域主要是企业在市场营销活动中的道德问题，即企业为了满足消费者日益增长的物质和文化需求所进行的以产品、定价、渠道、促销为主要内容的营销活动中所涉及的道德问题。这一研究有利于健全和维护市场营销活动的秩序，提高市场营销人员的道德水平和专业素质，增加企业的价值，使市场营销活动更加公平有效。

营销伦理失范可能出现在市场调查、产品策略、定价策略、分销策略、促销策略、竞争策略等营销活动的全过程。企业应该从企业外部、企业内部两个方面深刻探究影响企业营销道德水平高低的因素及失范的原因，并从外部环境建设、内部环境建设、营销人员道德建设三个方面实现营销伦理的建设与维系。

8．非营利组织营销

过去，市场营销只在营利性的企业中广泛应用，但现在许多非营利组织也开始在其战略制定当中越来越多地考虑到市场营销的问题，如大学、医院、博物馆、体育馆，甚至是城市、国家、教堂。

例如一些大学面临报名人数下降、成本上升的问题，需要采用市场营销手段争取生源和经费。它们正在重新确定目标市场，改进沟通和促销方式，以便更好地满足学生的欲望和需要。不少社会团体也都面对着巨大的营业赤字，它们也必须加大对赞助人的市场营销力度，以便削减赤字。

类似这样的非营利组织还有很多，它们与企业的一个重要区别在于它们受到"无利润分配机制"的限制。这决定了它们具有一些独特的行为方式和准则，同时也意味着它们开展市场营销活动将不可避免地带有其独特性。非营利组织市场营销实践的开展与理论研究的深入,将给既有的市场营销哲学带来新的思考。

9. 全方位营销

当世界进入 21 世纪之际,一个以数字化经济为代表的新经济时代开始形成,数字、网络、信息经济开始深入到社会生产和生活的各个方面,从而对市场营销的理论和实践提出了挑战。技术带来了新一代的沟通和广告工具,从手机、传真机、光盘到在机场和购物中心使用的交互式电视,营销人员可以利用精心定位的信息与选定的顾客沟通。顾客利用电子商务可以在自己家里设计产品或服务,并且完成订购和付款。最后通过快递,他们可以在 24 小时之内收到自己采购的商品。从测试新产品所使用的虚拟现实显示技术,到销售这些产品的在线虚拟商店,技术的巨大新进展对营销的各个领域都有影响。

以菲利普·科特勒为代表的一些营销学者开始对新经济条件下的市场营销哲学进行了新的探索,他们提出了新经济条件下的"全方位营销"观念,认为在新经济条件下,企业必须把重心由"产品投资组合"转向"客户投资组合";将"客户价值""核心能力""合作网络"作为塑造市场的三大基本要素;营销过程表现为以价值为基础的活动,由"价值探索""价值创造""价值传递"等阶段所构成;企业的营销管理也主要由"需求管理""资源管理""网络管理"三方面所构成。其相互之间的联结与互动构成了"全方位营销"的架构(见图 12-7)。

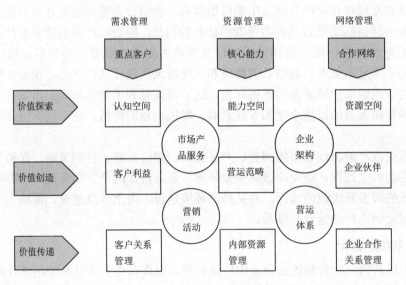

图 12-7　全方位营销架构

本 章 小 结

市场营销学是一门紧密结合实际生活、具有活力、不断发展的科学。在经济社会的发展过程中,市场营销本身也在不断发展,不断形成新的市场营销理念。传统营销的中心任务是交易,新理念注意到企业为达成交易付出了成本,关系营销通过营销相关方的关系建立来降低成本并赢取长远利润。随着电脑和网络的普及使用，网络营销崭露头角，众多企业纷纷进驻网络营销。结合零渠道优点和现代促销手段的直复营销成为开发市场的利器。服务营销不局限于服务业，而是为整个市场营销开辟了新的领域，形成了新的理念，并具备独特的操作性。

思考与练习

1. 关系营销与交易营销有何区别？关系营销的基本模式是怎样的？
2. 什么是网络营销？和传统营销有何区别？
3. 什么是直复营销？直复营销工具有哪些？
4. 服务营销组合是什么？
5. 各市场营销前沿理论的不足在哪里？

实 践 训 练

【实训一】进行一次网上购物

实训目的： 通过实训帮助学生了解网络营销的运作方式和技巧。

实训组织： 每个组员保证单独完成自己的工作。

实训要求： 由任课教师安排指导，每个学员必须完成至少一次网上购物，提交总结报告。总结报告的内容要符合要求，内容要真实完整。

实训考核： 总结报告将作为平常成绩考核的一部分。

【实训二】运用服务营销质量差距模型分析一个现实企业存在的具体问题

实训目的： 通过实训帮助学生了解企业实际情况，掌握质量差距模型分析方式，培养独立思考和处理问题的能力。

实训组织： 将班级同学划分为若干项目小组，小组规模一般是 5~7 人，每个小组选出一个组长，负责小组活动的分工，每个组员要保证完成自己的工作。

实训要求： 由任课教师安排，学生根据老师提供或自己联系的企业，进行观察分析，提出见解。最后提交分析报告。报告的内容要真实客观，分析要清晰，见解要实在，内容要完整。

实训考核： 分析报告将作为平常成绩考核的一部分。

(扫一扫，看案例分析)

第十三章 国际市场营销

【学习目标】

通过本章的学习,了解国际市场营销与国际贸易、国际市场营销与国内市场营销的区别及国际战略联盟的有关内容,掌握国际市场营销环境的内容及其在国际市场营销活动中的重要作用,应用选择国际目标市场的基本标准,揭示和分析进入国际市场的主要方式和基本营销策略。

【关键概念】

国际市场营销 国际贸易 国际战略联盟 国际市场营销环境

【案例导入】

南海物资总公司"泡沫箱"产品的国际营销战略

民营小企业以产品本土化优势来开发海外市场才能使企业富有竞争力。1994年南海物资总公司到缅甸考察投资项目时发现,渔业资源是缅甸出口创汇的主要资源,但缅甸工业发展落后。为了海产品的保鲜和运输,缅甸每年需要从国外进口大批的聚乙烯泡沫箱。该厂对市场进行调查后发现,由于聚乙烯泡沫箱体积大,因而尽管其分量轻但运输成本却很大。一个聚乙烯泡沫箱在中国售价是13~14元人民币,而在缅甸仰光的价格却高达约80元人民币。

其实,看上生产聚乙烯泡沫箱这个发财机会的商家当时不计其数,但他们最后都被办厂所遇到的困难吓退了。因为缅甸是一个尚未开放的国家,缺少建立现代化工厂的条件。但该厂善于利用缅甸电费便宜、水近乎免费、劳动成本低的投资环境,选准当地市场的紧俏商品项目投资,只用了107万元人民币和两个半月时间建厂。

在市场营销方面,南海物贸总公司早在聚乙烯泡沫箱厂投产前便在缅甸的报纸和电视上大放产品广告,吓走了那些也想到缅甸办厂的外国商家;产品上市后,遇到新马泰商家企图运销聚乙烯泡沫箱到缅甸抢占市场,他们又不惜血本大幅度降价,将泡沫箱由1000缅币降到300缅币,最终逼得国外商家望而却步,不敢竞争缅甸的聚乙烯泡沫箱市场。

由于产品本土化,使得投资成本降低,每只泡沫箱的市场售价只有13元人民币,比新马泰国家进口的泡沫箱每只便宜60元。强劲的竞争优势使得该厂不仅挤走了新马泰泡沫箱推销商,而且还扩大了泡沫箱在缅甸的使用范围。原先该厂生产的泡沫箱只是供装运海产品用，但由于其售价低廉，使得日本和韩国在缅甸的电器生产商也纷纷转向该厂订购，用于包装电器。最近，该厂继投资泡沫箱厂之后，又办起了纸箱厂。此外，他们根据缅甸渔业资源丰富的特点，用盈利后的250万元人民币在缅甸办起了一个烤鱼片厂，并利用制作烤鱼片的边角废料办起了一个鱼粉厂。

(资料来源：兰苓.现代市场营销学.北京：首都经济贸易出版社，2005)

当一个企业不断发展壮大，国内市场不能满足其发展需要，力图拓展市场边界，参与国际市场竞争的时候，国际市场营销活动就成为企业的必然选择。

第一节　国际市场营销概述

一、国际市场营销的概念

国际市场营销是世界经济发展的必然产物，它作为进军国际市场的企业行为，是跨越国界的市场营销活动，是国内市场营销的延伸与扩展，是指企业在一国以上从事经营与销售的活动。美国著名营销学家菲利普·科特勒在其《国际市场营销学》一书中指出："国际市场营销是指对商品和劳务流入一个以上国家的消费者或用户手中的过程进行计划、定价、促销和引导，以便获得利润的活动。"随着经济全球化的发展，各国企业的经营活动与国际市场的联系日益紧密。企业通过跨国经销，不仅可以把国内生产的产品销售到国际市场，或者跨境提供服务，而且还可以在海外投资建厂、生产和销售产品。

企业在从事国际市场营销活动的过程当中，由于面临的国际环境不同，因此不能简单地照搬国内营销的经验和理论，首先应该注重分析国内外不可控制的环境因素，研究企业开展国际化经营可能遇到的各种机会与威胁，作出是否实行国际化发展战略的决策；其次，根据企业自身资源、管理方式、目标市场的状况选择适合进入的国家市场，确定合适的进入方式；再次，企业要从国际市场顾客需求出发，从分析人口、经济、政治法律、社会文化、技术水平及竞争环境等外在不确定性因素着手，善于从产品、定价、分销及促销等企业可控制因素中识别出哪些仍然适用于国际营销，哪些则需要进行适当调整后再加以应用，合理确定营销组合策略，进行适当的组织机构重建，实现企业营销目标。

二、国际市场营销的特点

为了保证企业在国际市场营销中获得成功，企业必须全面了解现代国际市场的基本特点。国际市场营销和国内市场营销存在着很大的差异性，其特点如下。

(1) 市场结构的复杂性。在国际市场中，由于受各国政治、法律、经济、生产力发展水平、地理位置、社会文化、科技水平等因素的影响，形成了复杂的国际市场结构。由于国际市场的差异性大，给企业的国际市场营销带来无数的发展机会，同时也增大了营销的风险性。

(2) 竞争的激烈性和多国性。现代国际市场是一个竞争异常激烈的市场，而且一种产品的生产和经营，往往有许多国家和地区的企业同时竞争，即"竞争的多国性"。因此，企业要研究如何调整营销策略组合，增强竞争能力，以满足不同国家和地区市场的消费需求，协调处理好不同市场的关系，促使企业目标利润的实现。

(3) 市场的异国性。世界各国的市场各具特色，即"市场的异国性"。因此，企业必须了解所选择的目标市场所在国的情况，寻找其与国内市场的不同之处，以便企业采取灵活多样的国际市场营销策略。

(4) 区域集团化。20世纪80年代以来，为了防止外国产品的竞争和保护本国或地区市场，国际市场的区域集团化成为一种趋势。

(5) 国际市场的风险大。国际市场营销比国内市场营销的难度大、风险高。主要受语言、环境复杂性、市场准入条件、国际惯例等因素的影响，营销的难度增大；同时企业承担的各种风险，如政治法律风险、汇率变动风险、自然风险和社会风险等，比国内市场高得多。因此，企业应采取一定的防止风险的措施，才能使企业在国际市场营销中减少损失。

三、国际市场营销与国际贸易的异同

国际市场营销与国际贸易具有相互联系或相同性质的一面，二者涉及的都是跨国界的商品交易活动，从总体上看都属于国际贸易范畴，从企业运作看则属于国际市场营销范畴。二者也存在着明显的区别：①角度不同。国际贸易从跨国界交易活动的总体上来看是研究国与国之间的贸易关系；国际市场营销则站在企业的角度，从微观上研究企业跨国界的商品销售问题。②范围不同。国际贸易涉及的范围是国际的商品流通或商品交易的问题；国际市场营销涉及的则是这种跨国界的商品交易的具体策略以及与此相关的问题。③流向不同。国际贸易涉及商品交易的两个方面，即涉及本国产品向外国的销售和本国购买外国的产品两个流向的商品交易；国际市场营销涉及的一般只是本国产品如何向国际市场的销售这种单一流向的交易。④对象不同。国际贸易的对象是外国厂商或政府，一般不涉及最终购买者；国际市场营销的对象则主要是外国的最终消费者。

四、国际市场营销的演化

企业跨国营销的发展同世界经济一体化及本国市场经济的发展紧密相连，其发展大致经历了这样的过程，即国内营销—出口营销—国际营销—多国营销—全球营销。从目前的现实看，众多国家仍处于国际营销阶段，少数发达国家的跨国公司已进入全球营销阶段。

1. 国内营销(Domestic Marketing)

国内营销是指以国内市场为企业唯一的经营范围，企业经营的目光、焦点、导向及经营活动集中于国内消费者、国内供应商、国内竞争者，其公司在国内从事营销活动可能是有意识的、自觉的战略选择，或者是无意识地、不自觉地想规避国外竞争者的挑战的被动选择。随着经济全球化的发展，当今企业要想发展壮大，绝对离不开国际市场。

2. 出口营销(Exporting Marketing)

出口营销是企业进入国际市场的第一阶段。其目标主场是国外市场，企业将在国内生产的产品销售到国外满足国外市场需求。在这一阶段，产品与经验成为发展出口营销的关键。同时，国际营销者还要研究国际目标市场，使产品适应每个国家的特殊要求。

3. 国际市场营销(International Marketing)

国际市场营销是企业进入国际市场的第二阶段。国际市场营销是将国内营销策略和计划扩展到世界范围。在国际营销早期阶段，企业往往将重点集中于国内市场，实行种族中心主义或本国导向，即公司不自觉地将本国的方法、途径、人员、实践和价值观用于国际市场上。随着企业从事国际营销的经验日益丰富、国际营销者日益重视研究国际市场，实行产品从国内扩展到国外的战略。

4. 多国营销(Multinational Marketing)

多国营销是企业进入国际市场的第三阶段。当企业进入国际市场营销后，逐渐发现世界各国市场的需求差异性很大，而且认识到这种差异性对企业发展的影响很大。企业为了适应各国市场的不同需求，就必须实行多国市场营销战略，即企业为每一个国家制定一种营销战略，以适应每个不同条件的国家的需要。在这一阶段，企业的导向是多中心主义。多中心主义是假设世界市场是如此不同和独特，企业要获得营销的成功，必须对差异化和独特化市场实行本土适应战略。这一阶段产品的战略是适应各国市场的战略。

5. 全球营销(Global Marketing)

全球营销是企业跨国经营的最高阶段。它是以全球为目标市场，将公司的资产、经验及产品集中于全球市场。全球营销是以全球文化的共同性及差异性为前提，主要侧重于文化的共同性，实行统一的营销战略，同时也注意各国需要的差异性而实行本土化营销策略。全球营销实行以全球为中心导向，其产品战略是扩展、适应及创新的混合体。

第二节　国际市场营销环境

一、国际文化环境

在国际市场营销中，每个国外市场都有一个与本国市场不同的文化和行为。世界各国社会文化的差异，决定了各国消费者在购买行为、消费方式、需求指向等方面都具有较大差别。在一个国家行之有效的营销策略，在另一个国家未必可行，因此，开展国际市场营销除了考虑成本优势以外，更要注重文化适应性的研究。

(一)物质文化

物质文化环境对国际营销的影响是多方面的，例如东道国传播媒介的方式和完善程度，直接影响到广告促销的方式选择和效果。如果在一个绝大多数人用全自动洗衣机洗衣服的国家，推销肥皂和推销机用洗衣粉的效果肯定不会一样。

(二)社会组织

社会组织是人们之间相互联系和沟通的方式。最基本的社会组织形式有家庭亲属关系、特殊利益集团、社会阶层和相关群体，不同社会组织对于国际营销有着不同程度的影响。在一些不发达的非洲国家，家庭规模仍然很大，家庭成员之间联系比较紧密，心理上彼此依赖，经济上相互扶持，许多消费决策都是从大家庭的范围和规模来考虑的。

(三)人口趋势

人口总量、城乡分布、城市化程度、人口增长速度、年龄结构、人口密度以及生育政策都会影响到对各种商品的市场需求。发展中国家人口的不断增长以及人口持续地从农村向城市地区流动，同时工业化国家不断下降的人口出生率将会对世界经济产生深远的影响。

(四)语言文字

语言文字是文化要素中最具特征、区别最明显的一个要素，是人类交流沟通的载体。在企业的国际营销中，经常会遇到语言翻译的问题。比如，某企业生产的"金鸡牌"鞋油，在我国是消费者乐于接受的品牌，但直译为 GOLDEN COCK 销往英美国家后，问题就出现了。原因在于 COCK 一词在当地英语俚语里是下流话，是众所周知的禁忌词，用它做产品商标，国际市场销路肯定会受到影响。国内有一种很有名的扑克，名叫马戏扑克，出口到英国时标上汉语拼音"MAXIPUKE"，而这个单词的英文意思是"最大限度的呕吐"，你说会有多少人愿意玩这种呕吐的游戏呢？

(五)宗教信仰

世界上各大宗教，都有其主要流行地区。在北欧、澳洲和北美，主要流行基督教；在西欧和南美，主要流行天主教；在中东以至北非，主要流行伊斯兰教；亚洲盛行佛教。不同的宗教有不同的文化倾向和戒律，形成不同的道德伦理标准，从而影响人们的购买动机和购买行为。因此，宗教节日一般是企业推销产品的好机会。如天主教徒在每星期五都要大量买鱼，鱼和鱼制品销售商可以抓住机会来扩大销售量。相反，日本索尼公司在泰国推销收录机的失败就是一个深刻的教训，在其电视广告中，佛祖释迦牟尼安详侧卧，双目紧闭，进入物我两忘的境界。不一会儿，画面上的索尼收录机放出美妙的音乐，佛祖听了居然凡心萌动，全身随音乐不停摆动，最后睁开了双眼。日商的本意是想宣扬自己的产品连佛祖听了也会动心，岂料佛教之国的泰国，举国上下信奉佛教，对释迦牟尼极为崇敬，他们认为这个广告是对佛祖的莫大侮辱，是对泰国的公然挑衅。泰国当局忍无可忍，最后通过外交途径向索尼公司提出抗议。此时索尼公司才醒悟过来，决定立即停播该广告，并公开道歉。

(六)审美、价值观念

不同国家、不同的民族有不同的审美观念，如颜色、花草、鸟兽等，它们对产品的图样设计、包装装潢和打开销路等都将产生重大影响。价值观念是人们对客观事物评价的标准，这主要包括对财富的观念、时间的观念、对生活的态度、对冒险的态度和对传统文化和现代文明的态度等，他们对人们的消费行为、消费方式都将产生巨大影响。例如，在美国，鹿能引起美好的联想，与打猎和户外活动相关，具有阳刚之气的含义；但是在巴西，鹿则变成了"同性恋"的俗称。又如，熊猫在大多数国家尤其是我国深受欢迎，因为它是和平、友谊的象征，但在信奉伊斯兰教的地区被看作严重的触犯禁忌；中东的大部分国家不喜欢六角星；利比亚人讨厌用猪或女性人身作商标；马达加斯加人认为猫头鹰是不祥之物；法国人忌用核桃花等。此外，不同的颜色对于不同的国家也有着不同的感觉，中国、英国和印度就比较崇尚黄色，但法国把黄色视为不忠诚，以色列视黄色为不吉祥，埃塞俄比亚更视其为丧色；埃及人视蓝色为恶魔；乍得人视黑色与红色为不祥之兆；葡萄牙人认为蓝色与白色含有不正派

之意等。如果广告中运用了这些被当地人视为禁忌的图案或色彩,必然会导致促销的失败。

(七)教育水平

教育水平与营销活动有密切的关系。一个国家的教育水平主要用文盲率和一般教育水准来衡量。经济发达的国家,一般教育水平较高。教育水平对企业的国际营销的表现为:①目标市场居民的受教育水平影响企业与产品的层次;②影响企业营销产品的质量高低和多样化程度;③影响企业国际营销方式。比如,在一个文盲较多的国家,常规的文字促销方式就行不通,需要更多地利用广播和电视进行广告宣传。

(八)风俗习惯

风俗习惯是人们自发形成的习惯性的行为方式,是一定社会中大多数人共同遵守的行为规范,主要包括消费习俗、婚丧习俗、节日习俗、经商习俗等。不同的风俗习惯,对企业国际营销产生不同的影响。不同的民族,在其漫长的经济生活和社会生活中,形成了独特的风俗习惯,这些风俗习惯反映了各族人民的共同心理,又被看作是民族的标志。如果在广告制作中总是以自我为中心,只是按照自己的感受去设计广告而不尊重目标受众的风俗习惯,其结果必将弄巧成拙,贻笑大方。其中,兔牌樟脑在澳大利亚销售的失败就是一个典型的例子。樟脑在澳大利亚有很大的市场,国内某企业为了打开该市场,于是发布了一则以一只可爱的玉兔为主画面的广告,但市场迟迟没能打开。为何中国人心目中"可爱的玉兔"到了澳大利亚就运交华盖了呢?据事后调查方知,澳大利亚的大草原是得天独厚的羊毛生产基地,因而当地人十分重视牧草的繁殖,而草原上成群的野兔每天都要吃掉大量的牧草,成为当地的一大公害。所以,中国的玉兔就当然不受欢迎了!

(九)商业习惯

由于各国文化背景不同,其经商方式,各种礼貌、习惯就有很大差异。在商业业务谈判中,各国商人的习惯也不一样,有的含蓄,而有的则喜欢干脆。外贸广告要根据不同国家不同地区消费者的不同消费心理作出不同内容的展示,因为不同的消费心理,对购买行为有很大的影响,因而会直接影响到广告的效果。例如,做产品"经久耐用"的广告,在发展中国家受欢迎,但在追求时髦和新颖的西方国家则备受冷落;宣传"实行三包"旨在使用户放心,国外广告受众却认为这种商品可能有什么不足;强调产品"价廉物美",在国内往往能奏效,西方发达国家的许多消费者却认为"好货不便宜,便宜无好货",退一步说,即使他不怀疑你的产品质量,也会觉得购买廉价商品有失身份而不屑一顾;又如,强调某产品荣获"××第二"的广告,在经济落后的国家受青睐,但却不讨日本人的喜欢。

(十)气候与地理

气候与地理是考察一个市场的重要因素,任何社会文化及经济的发展都离不开一定的地理条件。纬度、湿度和温差等气候特征会影响到产品和设备的用途及功能。某些在热带地区功能正常的产品到了温带地区则有可能变得不适用,例如适用于美国本土的建筑设备往往需要经过较大的修正后才能适应撒哈拉沙漠的热浪和沙尘。

总之,由于各国社会文化因素差异甚大,直接影响到企业的国际营销,企业如果将国内文化背景应用到国际营销中，必定是要失败的。

二、国际政治环境

国际市场营销的政治环境是指各种直接或间接影响和制约国际营销的政治因素的集合，包括政局的稳定性、政党和政府的干预等的国际政治环境和东道国的政治环境，它们对企业国际营销的活动产生重大的影响和制约作用。

(一)政局的稳定性

政局是否稳定，直接影响企业在该国的营销活动。了解政局的稳定程度，主要是预防政治风险。政治风险是指政局的不稳定给企业营销带来的不利影响，主要包括政府更迭、政体改变、社会动荡、治安混乱、爆发内战、政治谋杀、国家之间关系的重大变化等，这些因素都可能给企业的营销造成重大的经济损失。

(二)政党

政党是一个国家最主要的政治力量，政党的路线、方针对整个社会生活和企业的营销均产生重大影响。各国的政党可以分为一党制、两党制、多党制、多党合作制四种基本形态。各国执政党的变更，应是从事国际营销活动企业关注的对象，因为不同的政党有不同的政治主张，政府的重大经济政策受到执政党的影响。

(三)政府的干预措施

各国政府由于种种原因，对企业的国际营销均采取各种干预措施，严重影响了企业的营销活动。主要的干预措施有：进口管制；关税政策；价格管制；外汇管制；国有化政策；绿色贸易壁垒或技术壁垒及劳动力限制等措施。

三、国际法律环境

现代企业在市场经济中的行为主要由法律来规范和约束，企业在进行国际市场营销活动时必须了解有关法律，才能依法经营，避免不必要的法律纠纷。国际法律环境主要包括国内法律、国际法、东道国法律、解决国际营销争端的途径等。

(一)国内法律

国内法律即营销企业所在国本身有关从事国际市场的一些法律法规。它主要有出口控制，即限制、管制、管理出口许可证制度；进口控制，即通过关税、非关税、配额制严格控制进口产品和数量，国际收支赤字国这方面的控制尤为严格；外汇管制，即外汇供需和使用管制，包括限制本国出口商所能持有和获得的外汇数额，限制国外投资者所能汇出的利润数额等。

(二)国际法

国际法是调整交往中国家间相互关系并规定其权利和义务的原则和制度，国际法的主体即权利和义务的承担者是国家，依据是国际条约、国际惯例、国际组织的决议、有关国际问题的判例。对国际市场营销活动影响较大的国际经济法有保护消费者利益的立法(《国际产品责任法》)，确定生产者和销售者对其生产或出售的产品所应承担的责任，保护消费者的合法权益；保护生产制造者和销售者的立法(《工业产权法》)，包括《专利法》和《商标法》；保护公平竞争的立法，如《国际反托拉斯法》《限制性商业惯例》《保护竞争法》；调整国际经济贸易行为的立法，包括各种国际公约、条约、惯例、协定、议定书、规则等，主要有《国际贸易术语解释通则》《跟单信用证统一惯例》《联合国国际货物销售合同公约》及《保护工业产权巴黎公约》等。

(三)东道国法律

东道国法律是影响国际市场营销活动最经常、最直接的因素，东道国法律对国际营销的影响主要体现在产品标准、定价限制、分销方式和渠道的法律规定和促销法规限制。企业从事国际市场营销活动，熟悉东道国的有关法规是一个基本要求。

四、国际经济环境

经济环境对企业的国际营销有着直接的影响，因为进口国经济状况的好坏，影响着消费者的需求结构和需求量，一般包括国民经济的发展情况、通货膨胀、经济发展阶段、消费结构等。

1. 国民收入水平

国民收入在某种程度上决定了市场的规模和潜在市场规模。世界各国按照国民收入分类，可以分为四种类型。

(1) 低收入国家：指国民收入很低。家庭收入只能维持自给自足生活的国家。

(2) 均等收入国家：指以计划经济为主体的国家，多数家庭收入较低，但两极分化现象不严重。

(3) 两极收入国家：指收入极端化的国家，即大多数人极穷、少数人极富，家庭收入贫富悬殊。

(4) 多数收入国家：指家庭收入中低档、中档、高档三个层次都有，其中多数家庭为中档收入的国家。这种类型的国家，消费品市场潜量最大。

2. 技术经济结构

依据各个国家生产技术结构、外向程度及其差别、在经济发展中所处的地位，可以把世界各国的经济结构分为四种类型。

(1) 自给自足的经济：指技术落后、生产力发展水平很低的国家。这种经济中的人口以农业生产为主，劳动生产率低，外汇短缺，购买力低，以维持生活为主，因而不是一个有吸引力的出口市场。

(2) 原料输出的经济：指技术经济落后，但因输出原料，特别是能源而获得大量外汇收入的国家，收入高，购买力大，如中东石油输出国。这些国家是与其单一经济有关的设备、技术和消费品的主要市场。

(3) 工业化进程中的经济：指已经建立了一定的物质技术基础，但国民经济仍在开创与改革进程中的国家。这种类型的经济,在资金、技术、设备、人才等方面,都有很强的吸收与消化能力,是有巨大潜力的市场。

(4) 工业化的经济:指已经实现工业化的发达国家。这种类型的经济,农业人口减少,是工业品、资本及新技术的出口国,主要进口原材料、半成品、高中档消费品及劳动密集型产品。

3．人口状况

人口是一个国家经济中的最基本要素,人口多,市场潜力大,特别是与人口相关的食品、服装等消费品市场。人口因素分析包括人口自然增长率、人口的性别和年龄结构、人口的地理分布、人口的民族构成等。

4．经济危机

经济危机的周期性变化,制约着国际市场的价格行情,从而影响企业的国际营销活动。经济危机一般表现为危机、萧条、复苏、高涨四个阶段,企业应针对不同阶段所表现的市场特征,采取相应的对策。

五、国际金融与外汇环境

经济基础结构是指一个国家的能源供应、交通运输、通信设备、广告公司、营销组织等。一般来说,目标市场的经济发展水平越高,基础结构也就越好。便利的交通运输为国际营销活动提供更多选择的机会,易于降低营销成本;邮政、电话、印刷、无线电、电视、电脑联网等国际通信设备水平及普及程度、因特网的使用面影响信息传递的速度和范围以及企业对市场信息掌握程度和速度,影响商务交易的便捷程度和交易成本,进而影响企业国际营销的竞争力;商业基础设施如仓库、冷冻、批发商、零售商网点设置、广告机构、市场调研机构、金融保险机构、管理咨询机构等的完备和效率直接影响国际营销活动的展开。企业必须考虑自然环境和基础设施对企业在从事国际营销活动的过程中的不同影响,选择适合当地自然环境和基础设施情况的国际营销策略组合,以期达到预定的营销绩效。

(一)国际金融制度及其风险

国际金融制度是国际金融活动的总的框架,是国际货币关系的总和,其主要内容包括国际收支及调节机构、汇率及汇率制度、国际货币资产或储备资产的确定、国际货币活动的协调与管理。

(二)国际金融市场和货币市场

国际金融市场是在全球范围内产生的多边资金借贷形成的资金供求市场,是生产国际化和资本国际化的必然结果,包括资金市场和金融市场,其中资金市场包括长期和短期资金市场,金融市场包括外汇市场和黄金市场。

(三)国际金融环境对国际营销的影响

国际金融环境对国际营销产生重大影响,主要体现在对产品竞争力影响和对销售策略的影响。

(四)外汇市场和外汇风险

外汇市场是应外汇买卖的需要而出现的,分为有形的外汇市场和无形的外汇市场,主要参与者有中央银行、经营外汇业务的各种机构包括外汇银行、外汇经纪商、外汇交易商、进出口商和投机者。

第三节 进入国际市场的方式

国际市场进入方式的选择是企业最关键的战略决策之一,因为它将直接影响到企业进入外国市场以后的经营活动以及一定数量资源的投入,因而如果开始选择不当,就会造成损失。而且从一种方式转换到另一种方式需要付出转换成本,有时候这种成本还相当高昂。这就要求企业在选择进入方式时要进行深入的分析和准确的判断。

企业可以有多种方式进入外国市场:出口进入方式,包括间接出口、直接出口;契约进入方式,包括许可证、特许经营、管理合同、合同制造、交钥匙工程;投资进入方式,包括合资经营和独资经营。选择特定的进入方式反映出企业在目标市场上想获得什么利益、如何获得这种利益等战略意图。因此,对于进行国际市场营销的企业来说,了解各种进入方式的特点有利于进行正确的选择。

一、出口进入方式

长期以来,出口一直被作为企业进入国际市场的重要方式。从宏观角度看,由于出口有利于增加国内就业、增加国家外汇收入、提高本国企业的国际竞争力,因此出口一直受到各国政府的鼓励。同时,从企业的角度看,为了降低国内竞争所带来的风险和进行自身扩张,各国的企业也都将扩大出口作为进入国际市场的重要方式。出口方式有许多优点。第一,由于出口面临的政治风险最小,它常被企业作为进入国际市场的初始方式。第二,当母国的市场潜量未能准确探知时,出口方式可以起到投石问路的作用。第三,当企业发现目标市场具有吸引力时,可以利用出口为将来直接投资积累经验。第四,当目标市场的政治、经济状况恶化时,可以以极低的成本终止与这一市场的业务关系。出口方式也有一些缺点。例如,汇率的波动和政府贸易政策的变动会给出口企业的收益带来负面效果。除此之外,出口企业也常常会发现难以对目标市场的变动作出迅速的反应,对营销活动的控制也较差。

出口可分为间接出口和直接出口两种方式。

(一)间接出口

间接出口是指企业使用本国的中间商来从事产品的出口。通过间接出口,企业可以在不增加固定资产投资的前提下开始出口产品,开业费用低,风险小,而且不影响目前的销售利润。况且,企业可借助此方式,逐步积累经验,为以后转化为直接出口奠定基础。

(二)直接出口

直接出口是指不使用本国中间商,但可以使用目标国家的中间商来从事产品的出口。在直接出口的方式下,企业的一系列重要活动都是由自身完成的,这些活动包括:调查目标市场，寻找买主，联系分销商，准备海关文件，安排运输与保险等。直接出口使企业部分或全部控制外国营销规划；可以从目标市场快捷地获取更多的信息，并针对市场需求制定及修正营销规划。

二、契约进入方式

契约进入方式是国际化企业与目标国家的法人单位之间长期的非股权联系，前者向后者转让技术或技能。

(一)许可证进入方式

国际营销活动的深入发展使得许可证已成为一种被广泛采用的进入方式。在许可证进入贸易方式下，企业在一定时期内向一外国法人单位(如企业)转让其工业产权，如专利、商标、产品配方、公司名称或其他有价值的无形资产的使用权，获得提成费用或其他补偿。许可证合同的核心就是无形资产使用权的转移。

许可证进入方式是一种低成本的进入方式。其最明显的好处是绕过了进口壁垒，如避过关税与配额制的困扰。当出口由于关税的上升而不再盈利时，当配额制限制出口数量时，制造商可利用许可证方式。当目标国家货币长期贬值时，制造商可由出口方式转向许可合同方式。许可合同的另一个长处是其政治风险比股权投资小。当企业由于风险过高或者资源方面的限制而不愿在目标市场直接投资时，许可证不失为一种好的替代方式。

许可证贸易方式同时也有许多不利方面。企业不一定拥有外国客户感兴趣的技术、商标、诀窍及公司名称，因而无法采用此方式。同时，这种方式限制了企业对国际目标市场容量的充分利用；它有可能将接受许可的一方培养成强劲的竞争对手；许可方有可能失去对国际目标市场的营销规划和方案的控制；甚至还有可能因为权利、义务问题陷入纠纷、诉讼。鉴于许可证进入方式存在的这些弊端，企业在签订许可证合同时应明确规定双方的权利和义务条款，以保护自身的利益。

(二)特许经营进入方式

特许经营进入方式是指企业(许可方)将商业制度及其他产权诸如专利、商标、包装、产品配方、公司名称、技术诀窍和管理服务等无形资产许可给独立的企业或个人(特许方)。被特许方用特许方的无形资产投入经营，遵循特许方制定的方针和程序。作为回报，被特许方除向特许方支付初始费用以外，还定期按照销售额一定的比例支付报酬。

特许经营进入方式与许可证进入方式很相似，所不同的是，特许方要给予被特许方以生产和管理方面的帮助，例如提供设备、帮助培训、融通资金、参与一般管理等。特许进入方式的优点和许可证进入方式很相似。在这种方式下，特许方不需太多的资源支出便可快速进入外国市场并获得可观的收益，而且它对被特许方的经营具有一定的控制权。它有权检查被特许方各方面的经营。如果被特许方未能达到协议标准和销售量或有损其产品形象时，则特许方有权终止合同。另外，这种方式政治风险较小，且可充分发挥被特许方的积极性，因而它是备受欢迎的一种方式。特许进入方式的缺点是：特许方的盈利有限；特许方很难保证被特许方按合同所约定的质量来提供产品和服务，这使得特许方很难在各个市场上保证一致的品质形象；把被特许方培养成自己未来强劲的竞争对手。

(三)合同制造进入方式

合同制造进入方式是指企业向外国企业提供零部件由其组装,或向外国企业提供详细的规格标准由其仿制,由企业自身保留营销责任的一种方式。

利用合同制造方式,企业将生产的工作与责任转移给了合同的对方,将精力集中在营销上,因而是一种有效的扩展国际市场的方式。但这种方式同时存在如下缺点:一是有可能把合作伙伴培养成潜在的竞争对手,二是有可能失去对产品生产过程的控制,三是有可能因为对方的延期交货而导致本企业的营销活动无法按计划进行。

(四)管理合同进入方式

管理合同进入方式是指管理公司以合同形式承担另一公司的一部分或全部管理任务,以提取管理费、一部分利润或以某一特定价格购买该公司的股票作为报酬。这种方式可以保证企业在合营企业中的经营控制权。

管理合同进入方式具有许多优点,企业可以利用管理技巧而不发生现金流出来获取收入,还可以通过管理活动与目标市场国的企业和政府发生接触,为未来的营销活动提供机会。但这种方式的主要缺点是具有阶段性,即一旦合同中约定的任务完成,企业就必须离开东道国,除非有新的管理合同签订。

(五)交钥匙承包进入方式

交钥匙承包进入方式是指企业通过与外国企业签订合同并完成某一大型项目,然后将该项目交付给对方的方式进入外国市场。企业的责任一般包括项目的设计、建造、在交付项目之后提供服务,如提供管理和培训工人,为对方经营该项目做准备。交钥匙合同除了发生在企业之间外,许多都是就某些大型公共基础设施(如医院、公路、码头等)与外国政府签订的。

交钥匙进入方式最具吸引力之处在于,它所签订的合同往往是大型的长期项目,且利润颇丰。但正是由于其长期性,也就使得这类项目的不确定性因素增加,如遭遇政治风险。对企业来说,预期外国政府的变化对项目结果的影响往往是很困难的。

三、直接投资进入方式

随着经济全球化及各国经济开放的发展,越来越多的企业将对外直接投资作为进入外国市场的主要方式。对外投资可分为两种形式:合资经营和独资经营。

(一)合资经营

合资经营是指与目标国家的企业联合投资,共同经营,共同分享股权及管理权,共担风险。联合投资方式可以是外国公司收购当地的部分股权,或当地公司购买外国公司在当地的股权;也可以双方共同出资建立一个新的企业,共享资源,共担风险,按比例分配利润。

合资经营的好处是:投资者可以利用合作伙伴的专门技能和当地的分销网络,从而有利于开拓国际市场;同时还有利于获取当地的市场信息,以对市场变化作出迅速灵活的反应;当地政府易于接受和欢迎这种方式,因为它可以使东道国政府在保持主权的条件下发展经济。但这种方式也存在弊端,例如双方常会就投资决策、市场营销和财务控制等问题发生争端,有碍于跨国公司执行全球统一协调战略。

(二)独资经营

独资经营是指企业独自到目标国家去投资建厂，进行产销活动。独资经营的标准不一定是100%的公司所有权，主要是拥有完全的管理权与控制权，一般只需拥有90%左右的产权便可以。独资经营的方式可以是单纯的装配，也可以是复杂的制造活动。其组建方式可以是收买当地公司，也可以是直接建新厂。

独资经营的好处是：企业可以完全控制整个管理与销售，经营利益完全归其支配；企业可以根据当地市场特点调整营销策略，创造营销优势；可以同当地中间商发生直接联系，争取它们的支持与合作；可降低在目标国家的产品成本，降低产品价格，增加利润。其主要缺陷是：投入资金多，可能遇到较大的政治与经济风险，如货币贬值、外汇管制、政府没收等。

第四节 国际市场营销策略

国际市场营销策略组合包括国际市场产品策略、国际市场定价策略、国际市场分销策略、国际市场促销策略、国际公共关系和大市场营销等。

一、国际市场产品策略

国际市场产品策略面对更为广大的国际市场，需要在市场营销原理具体的产品策略的基础上更为关注产品战略规划。国际市场产品策略是国际市场营销策略的核心部分。在国际市场营销中首先要解决的问题是产品的标准化和差异化问题。

(一)国际市场产品的标准化与差异化选择

1. 产品的标准化策略

国际产品的标准化是指企业向全世界不同的国家或地区的不同市场提供相同的产品，其实施前提是市场全球化。自20世纪60年代以来，社会、经济和技术的发展，使得世界各国和地区之间的交往日益频繁，相互之间的依赖性日益增强，消费者需求也具有越来越多的共同性。

对于企业来说运用标准化的产品参与全球竞争具有重要的意义。首先产品标准化策略可使企业获得规模经济，降低产品的研究、开发、生产、销售等费用。其次在全球范围内销售标准化产品有利于树立产品在世界上的统一形象，强化企业的声誉、提高企业的知名度。最后产品标准化还可以使企业对全球营销进行有效的控制。

2. 产品的差异化策略

国际产品差异化策略是指企业向世界范围内不同国家和地区的市场提供不同的产品，以适应不同国家或地区市场的特殊需求。产品差异化策略是为了满足不同国家或地区的消费者由于所处的环境不同而形成的对产品的多样化需求，这种策略更多的是从国际市场上消费者个性的角度来生产和销售产品的，能更好地满足消费者需要。但是，实施这种策略对企业有较高的要求。首先，企业要鉴别各个市场上消费者的特征，应该具有较高的市场调研能力。其次，要针对不同的消费者的需求特征设计不同的产品，对研发能力要求也较高。最后，生产和销售的产品种类增加，使管理的难度有所增加。

企业产品策略通常是差异化策略和标准化策略的组合,企业可根据目标市场的具体情况选择有所偏重的产品策略组合。

(二)国际市场产品的生命周期和新产品开发

国际市场产品生命周期是一个产品从研究开发成功投入国际市场,迅速成长到市场饱和,直至被市场淘汰退出整个国际市场的一个完整销售变化过程,与一般的典型产品市场生命周期相似。美国哈佛大学商学院教授雷蒙·弗农(Raymond Vernon)将国际产品的生命周期分为新产品发明阶段、产品成长和成熟初期阶段、产品成熟期和标准化阶段三个阶段。

新产品发明阶段,又称产品介绍期,企业在发达国家开发新产品,掌握新产品的发明、制造、应用,满足本国消费需求。

产品成长和成熟初期,由于发达国家的这种产品供过于求,将产品销售到其他较发达国家、发展中国家,这项技术逐渐被其中较发达国家学习掌握、进行研究和仿制。

产品成熟期和标准化阶段,该产品不断完善后可以进行标准化的大量生产,在世界范围内该产品的成本基本无差异,发达国家从较发达国家和发展中国家进口该产品,致力于新产品、新技术的开发。

新产品是能进入市场给消费者提供新的利益、新的效用、被消费者认可的产品。

由于经济发展程度不同,发达国家、较发达国家、发展中国家进入这三个阶段的时间先后也不同。图13-1说明了同一种产品在不同国家间生产和消费的过程,反映了不同国家市场机会的差异性,对企业进行国际营销具有重要的意义。

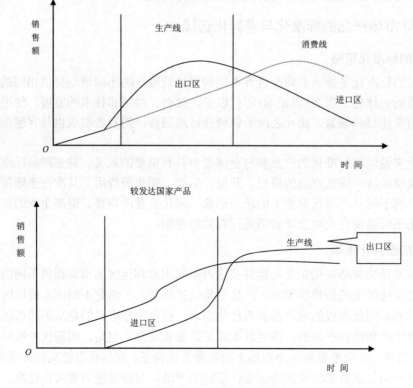

图13-1 国际产品的生命周期的三个阶段

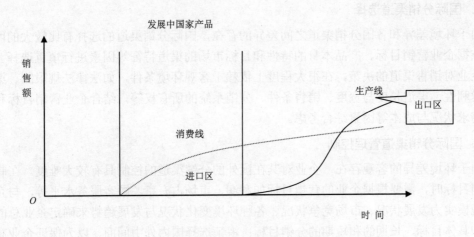

图 13-1　国际产品的生命周期的三个阶段(续)

二、国际市场定价策略

国际市场的价格问题不同于国内市场的定价，企业的国际定价决策不仅在经济上，而且在政治上也比较敏感。

1．国际市场产品定价的影响因素

影响国际市场产品定价的因素有定价目标、产品因素(包括产品成本因素、产品生命周期因素、产品的市场需求状况)和市场因素(包括市场竞争环境、市场竞争条件、母国和目标市场国家的政府政策及国际性因素)。

2．国际市场产品定价与调价策略

国际市场定价可以根据企业资源状况和国际市场竞争状况采取全球标准价格、双重价格和市场差别价格策略。全球标准价格策略即产品在世界各地实行统一的价格；双重价格策略即企业对某种产品制定两种不同的价格，在国内市场用一个与国内经济和购买条件相适应的价格，出口和在外国生产销售时采用与目标市场的经济状况与购买条件相适应的价格；市场差别价格策略是企业根据目标市场实际情况而制订的价格，目标市场不同，产品价格也不同。

三、国际市场分销策略

1．国际分销系统

国际营销的不同渠道如下。
- 生产企业→消费者。
- 生产企业→零售商→消费者。
- 生产企业→批发商→零售商→消费者。
- 生产企业→进口商→批发商→零售商→消费者。
- 生产企业→出口中间商→批发商→零售商→消费者。
- 生产企业→出口中间商→进口商→批发商→零售商→消费者。

2. 国际分销渠道选择

由于环境差异和各国分销渠道之间差异的存在，国际分销渠道的选择有比较大的困难，必须依据企业营销目标、产品本身的特性和目标市场的渠道特征等因素进行慎重选择。

企业对销售渠道的决策，在很大程度上依赖于客观环境条件，如法律法规限制、渠道控制、盈利性、渠道长度与宽度、销售条件、分销系统的所有权等，结合企业营销目标和产品市场需求状况与成本等因素综合考虑。

3. 国际分销渠道管理控制

由于环境差异的客观存在，企业对其在国外的分销渠道的控制具有较大难度。在制定国际分销目标时，需要根据企业的营销目标如利润、市场占有率、顾客服务水平等，与企业自身的规模实力发展状况、市场竞争状况、各种环境变化状况与发展趋势来确定企业总的分销目标和具体目标、长期的和短期的分销目标；审慎选择国内外中间商，以为保证企业高效率完成营销目标，通过适当手段评价、激励和控制国际分销渠道，在必要时对外分销渠道进行增加、替换更新、更换、改变等调整。

四、国际市场促销策略

由于国际市场环境的多样性和复杂性，国际市场促销策略的选择使用更多的需要针对目标市场的环境状况来确定。

1. 国际广告策略

在目标市场国，影响国际广告的主要限制性因素可能有语言文化和政府对广告的法规限制，包括对广告商品种类的限制、对广告内容的限制、对广告媒体时间的限制和对广告税率的限制。

同时，在国际广告中，要突出品牌宣传。品牌凝聚着企业在为提高其产品质量及附加价值等方面所付出的诸多心血，因而，它就成为其产品质量、信誉的象征，亦成为产品打开市场的"金钥匙"。所以，成功的外贸广告都应在其广告中突出宣传其品牌。南非著名的黄金城约翰内斯堡国际机场通往市区的高速公路两旁，密密麻麻地伫立着世界著名品牌的巨幅广告牌，其中一幅广告牌格外引人注目，HISENSE—CHINA'S FAMOUS BRAND，海信产品成功打入海外市场的原因，除了它过硬的质量和服务外，其品牌宣传功不可没。时下，我国部分外贸广告忽视对品牌的宣传，广告的主角不是产品的牌子，而是××厂长、××经理的大名、厂名等，这就未免本末倒置了，也就不可能使广告宣传收到预期的效果。

2. 国际市场人员推销策略

由于目标市场国与企业母国环境的巨大差异，企业在目标市场选择推销员时，尽管也可以选择其母国或第三国的公民，但一般企业仍录用当地人，以适应当地的文化观念，包括价值观、宗教信仰、风俗习惯、商业习惯等，这样做有利于企业取得预期的营销目标。

3. 国际销售推广

在国际营销中，具体的营销推广活动一般由目标市场国的代理商、经销商负责，企业也可能联合或独立举办国际商品展览会或展销会这类具有特色的营销推广活动，但在具体操作过程中也要注意目标市场国各种影响企业进行国际市场销售推广的因素，如当地政府的政策法规限制、经销商的合作态度和市场的竞争程度与状况。

五、国际公共关系

企业从事国际公共关系比在其母国的难度要大得多，范围也有所不同。在国际营销中，除利用公共关系来树立企业的良好形象和信誉，争取获得对企业有利的新闻报道，巩固企业在目标市场国的市场地位外，还要处理突发的谣言和对企业不利的新闻。

六、大市场营销

大市场营销又称广义的市场营销，是指企业为成功进入目标市场从事经营活动，在策略上协调使用经济的、心理的、政治的和公共关系等手段，来获得东道国经销商、供应商、消费者、市场营销研究机构、相关政府官员、各利益集团和宣传媒介等方面的合作和支持，达到企业的国际化经营目标。

1. 权力营销策略

运用权力的基本方式有权力强制、提供报酬、制定契约、专业服务、提供咨询等。

行政权力和行政渠道。企业在打算进入一个封闭型市场时，必须把其中各个集团的态度和立场给予定位，分清谁是反对者，谁是同盟者，谁是中立者。企业的目标在于战胜反对者，团结同盟者，争取中立者。为达到这个目标，企业可选择的总体战略如下。

(1) 通过补偿反对者所遭受的损失，使他们保持中立。
(2) 将支持者组成一个联盟，从而使分散的个别力量变为集合在一起的力量。
(3) 把中立者转变为同盟者。公司可通过施加影响或酬谢等方式将保持中立态度的团体转变为同盟者。

行政渠道其实是信息沟通的重要渠道。因此，任何国家的行政组织都十分重视信息沟通的行政渠道。通过信息沟通，可使行政组织内部分工合作、协调一致，保证整个行政工作体系提高工作效率。行政渠道作为信息通道具有稳定性和权威性的特点。这本身就具有重要的商业价值。它作为权力营销的渠道，是不可忽视的特殊渠道。

政府市场与社会集团消费。与权力营销相关的，不仅是通过行政权力和行政渠道进行有效的市场营销，而且应该重视既不同于消费者市场，又不同于生产者市场的政府市场和社会集团购买。

政府市场是一个巨大的市场，政府每年要采购大量的商品，要求提供大量的劳务，用于国防、教育、公共事业和其他需要。紧盯着这类庞大的购买市场，对于企业来说，就是获得了生存和发展的巨大机会，需要企业专门花时间和精力来研究和采取有效的手段进行行之有效的营销以达到企业的经营目标。

2. 权力营销与权力寻租

权力营销是市场营销的一种新的战略，其实质是巧妙地运用目标市场决策者(守门人)的权力和营销者自身的权力，通过招标、议价、定点生产、特许经营、注册商标、鉴定评审等形式，利用行政渠道传递信息，有效地促进营销目标的实现。

不论政治体制和经济体制如何不同，在国内市场营销和国际市场营销中，权力营销是客观存在的现实，而且也是市场营销的成功经验。

本 章 小 结

　　国际市场营销是指对商品和劳务流入一个以上国家的消费者或用户手中的过程进行计划、定价、促销和引导，以便获得利润的活动。国际营销的环境与国内营销很不相同，这就决定了国际营销的组合策略、营销战略以及营销管理过程有着许多特征。国际营销与国际贸易有共同点，但更具有差异性。

　　企业走向国际市场的主要动因是国内市场饱和及竞争激烈；国际市场具有吸引力；政府实施鼓励企业出口政策；科技的发展为企业走向国际市场奠定了物质基础。

　　企业的国际市场营销活动同样受到文化、政治、法律、经济和技术等方面因素的影响。物质文化、社会组织、人口趋势、语言文字、宗教信仰、价值观念、教育水平、民风民俗以及气候与地理等文化差异，决定了各国消费者在购买行为、消费行为和需求指向等方面具有较大差异。企业开展国际营销时要重视对一个国家的主权、政治体制、民族主义、政治稳定性和政治风险的研究，还要注意国际管理、国际公约、东道国涉外法规和商业争端解决机制等法律因素对企业营销活动的影响。国际经济环境比国内营销经济环境更加复杂。

　　为了有效地进入和占领国际市场，企业有必要依据一定的标准对国际市场进行细分。国际消费者市场可以依据地理变数、人口变数、心理变数、行为变数进行细分。国际工业品市场除了可以依据与消费品市场相同的标准进行细分以外，还可以根据最终用户特征、用户规模与购买力大小、购买组织的大小进行细分。

　　在进行国际市场细分后，企业必须从中选择一个或多个子市场作为自己的目标市场。作为目标市场的子市场要满足可测量性、需求足量性、可进入性和易反应性四个方面的要求。企业选择国际市场的过程一般包括两个步骤：一是对所有的国家进行筛选，二是评估经过筛选后剩下的国家或地区该行业的市场潜力。

　　在进行国际市场细分并选定了目标市场以后，企业应选择进入国际市场的方式。可供选择的方式有出口进入方式、契约进入方式和投资进入方式。企业在选择进入方式时，应考虑企业面临的各种因素并权衡各种模式的优缺点。

　　国际市场营销活动受双重环境，尤其是各国环境的影响，使营销组合策略复杂得多，难度也大得多。在产品策略方面，国际市场营销面临产品标准化与差异化策略的选择。在定价策略方面，国际市场定价不仅考虑成本，还要考虑不同国家市场的需求及竞争状况。在分析策略方面，国际营销企业不仅面临对国内出口商的选择，还要对国外中间商进行选择。在促销策略方面，广告、人员推销、销售促进和公共关系策略更复杂，实施难度更大。

思考与练习

1. 国际市场与国内市场的主要区别是什么？
2. 国际营销环境与国内营销环境有何不同？
3. 国际市场进入的方式有哪些？各方式有什么不同？
4. 国际营销策略与国内营销策略的区别是什么？

5. 国际营销有何发展趋势?

6. 解决国际营销争端的途径有哪些?如何选择?

7. 国际市场产品生命周期分为几个阶段?日本的松下电器公司为什么在 20 世纪 80 年代中期将彩色电视机的生产技术转移到中国来?

实 训 练 习

请为国外某一品牌汽车进入中国市场设计一个营销方案。

(扫一扫,看案例分析)

参 考 文 献

[1] 郭国庆，钱明辉．市场营销学通论[M]．7版．北京：中国人民大学出版社，2017．
[2] 聂元昆，贺爱忠．营销前沿理论[M]．北京：清华大学出版社，2014．
[3] 连漪．市场营销学[M]．北京：北京理工大学出版社，2006．
[4] H．克雷格·彼德森，W．克里斯·刘易斯．管理经济学[M]．吴德庆，译．北京：中国人民大学出版社，1998．
[5] 钱黎春，胡长深．市场营销学[M]．长沙：湖南师范大学出版社，2017．
[6] 崔译文，谢声．现代市场营销与实训教程[M]．广州：暨南大学出版社，2008．
[7] 姚飞．营销前沿与技能实训[M]．大连：大连理工大学出版社，2013．
[8] [美]菲利普·科特勒．市场营销管理[M]．梅清豪，译．北京：中国人民大学出版社，2001．
[9] 王方华．市场营销学[M]．上海：上海人民出版社，2012．
[10] 栾港．市场营销学[M]．北京：清华大学出版社，2015．
[11] 舒昌．市场营销学[M]．北京：清华大学出版社，2011．
[12] 钱旭潮．市场营销管理[M]．北京：机械工业出版社，2016．
[13] 谭俊华．市场营销学[M]．北京：清华大学出版社，2013．
[14] 林祖华．市场营销学[M]．北京：中国时代经济出版社，2003．
[15] 陈春宝．市场营销学[M]．北京：中国经济出版社，2004．
[16] 高云龙，朱李明．市场营销学教程[M]．北京：社会科学文献出版社，2003．
[17] 迈克尔．国际市场营销[M]．6版．陈视平，译．北京：电子工业出版社，2004．
[18] 吴晓云．全球营销管理[M]．天津：天津大学出版社，2003．
[19] [美] Philip Koller, Gary Armstrong．市场营销原理[M]．赵平，王霞，等，译．北京：清华大学出版社，2003．
[20] 吴健安．市场营销学[M]．北京：高等教育出版社，2004．
[21] 吕一林．现代市场营销学[M]．北京：清华大学出版社，2003．
[22] [美]菲利普·科特勒．营销管理[M]．11版．梅清豪，译．上海：上海人民出版社，2005．
[23] 陈文晓．现代营销(2007春季卷)．北京：现代营销杂志社，2007．
[24] [美]加里·阿姆斯特朗，菲利普·科特勒．市场营销教程[M]．6版．俞利军，译．北京：华夏出版社，2006．
[25] 阴双喜，何佳讯，王磊．网络营销基础——网站策划与网上营销[M]．上海：复旦大学出版社，2003．
[26] 张征宇．营销创新[M]．北京：经济管理出版社，2006．
[27] [美]麦可唐纳，等．大客户管理[M]．2版．徐嘉勇，等，译．北京：企业管理出版社，2006．
[28] 迈克尔．国际市场营销[M]．6版．陈视平，译．北京：电子工业出版社，2004．
[29] 甘碧群．国际市场营销学[M]．北京：高等教育出版社，2001．
[30] 郭朝阳．中国著名企业营销案例评析[M]．广州：广东经济出版社，2002．
[31] 邱斌．中外市场营销经典案例[M]．南京：南京大学出版社，2001．
[32] 方光罗．市场营销学[M]．大连：东北财经大学出版社，2008．
[33] 周玫．营销策划[M]．武汉：华中科技大学出版社，2009．

[34] 霍亚楼，王志伟．市场营销策划[M]．北京：对外经济贸易大学出版社，2008．

[35] 秦宗槐．营销策划[M]．合肥：安徽人民出版社，2008．

[36] 李光明．市场营销学[M]．北京：清华大学出版社，2007．

[37] 李先国．营销师[M]．北京：中国环境科学出版社，2003．

[38] 崔译文，谢声．现代市场营销与实训教程[M]．广州：暨南大学出版社，2008．

[39] 吴洛夫．市场营销学[M]．长沙：湖南人民出版社，2007．

[40] 许以洪，李双玫．市场营销学[M]．北京：机械工业出版社，2007．

[41] 方青云，袁蔚，孙慧．现代市场营销学[M]．上海：复旦大学出版社，2005．

[42] 吴勇，邵国良．市场营销[M]．北京：高等教育出版社，2006．

[43] 吴勇，车慈慧．市场营销[M]．北京：高等教育出版社，2002．

[44] 陈科鹤．现代市场营销学[M]．重庆：重庆大学出版社，2005．

[45] 李艳娥．新实用营销学[M]．广州：中山大学出版社，2005．

[46] 郭国庆，成栋．市场营销新论[M]．北京：中国经济出版社，1997．

[47] 郭国庆，成栋．市场营销[M]．北京：中国人民大学出版社，2002．

[48] 甘碧群．市场营销学[M]．武汉：武汉大学出版社，2003．

[49] 费明胜，郝渊晓．市场营销学[M]．广州：华南理工大学出版社，2005．